中华人民共和国住房和城乡建设部

城市轨道交通工程
投资估算指标

CHENGSHI GUIDAO JIAOTONG GONGCHENG
TOUZI GUSUAN ZHIBIAO

ZYA 3-12-2024

住房和城乡建设部标准定额研究所 主编

中国计划出版社
· 北 京 ·

图书在版编目(CIP)数据

城市轨道交通工程投资估算指标 : ZYA 3-12-2024 / 住房和城乡建设部标准定额研究所主编. -- 北京 : 中国计划出版社, 2024.4
ISBN 978-7-5182-1706-9

Ⅰ. ①城… Ⅱ. ①住… Ⅲ. ①城市铁路－铁路工程－工程造价－估算方法－中国 Ⅳ. ①U239.5

中国国家版本馆CIP数据核字(2024)第082676号

责任编辑:李　晨　　封面设计:韩可斌
责任校对:杨奇志　谭佳艺　　责任印制:李　晨

中国计划出版社出版发行
网址:www.jhpress.com
地址:北京市西城区木樨地北里甲11号国宏大厦C座4层
邮政编码:100038　电话:(010)63906433(发行部)
北京市科星印刷有限责任公司印刷

880mm×1230mm　1/16　34印张　1034千字
2024年4月第1版　2024年4月第1次印刷

定价:186.00元

总 说 明

为了合理确定和控制城市轨道交通工程投资，满足建设项目编制建设规划和可行性研究投资估算的需要，有利于工程建设投资控制和提高投资效果，编制《城市轨道交通工程投资估算指标》ZYA 3-12-2024（以下简称本指标）。

一、本指标主要是根据国家轨道交通工程设计规范、施工验收规范以及国家现行有关产品标准、质量评定标准、安全操作规程，并参考行业、地方标准及有代表性的工程设计、施工和其他资料，结合全国主要城市和部分地区近年来轨道交通工程有代表性的典型施工图和施工组织方案等有关数据，经分析测算后编制的。

二、本指标适用于新建、扩建的城市轨道交通工程（不含磁悬浮、单轨和有轨电车），市域铁路工程可参照执行，不适用于维修和局部改造的城市轨道交通工程。

三、本指标可作为建设规划阶段、可行性研究阶段编制投资估算的参考标准。在推行限额设计、多方案比选、开展项目评价等活动中，投资估算也可参照本指标执行。

四、本指标主要依据：

1.《城市轨道交通工程项目建设标准》（建标 104—2008）。

2. 住房城乡建设部　国家发展改革委关于印发《城市轨道交通工程设计概算编制办法》的通知（建标〔2017〕89 号）。

3. 住房城乡建设部　财政部关于印发《建筑安装工程费用项目组成》的通知（建标〔2013〕44 号）。

4. 北京市建设工程工程概算计价依据（2016 年）。

5. 城市轨道交通工程工程概算计价依据（2011 年）。

6.《建设工程工程量清单计价规范》GB 50500—2013。

7.《城市轨道交通工程投资估算指标》GCG 101—2008。

五、本指标主要参考：

1.《地铁设计规范》GB 50157—2013。

2.《地下铁道工程施工质量验收标准》GB/T 50299—2018。

3.《混凝土结构设计规范》GB 50010—2010（2015 年版）。

4.《城市轨道交通结构抗震设计规范》GB 50909—2014。

5. 各地典型工程资料、图纸及数据等。

六、指标的内容和有关说明。

1. 本指标分综合指标和分项指标，包括建筑安装工程费、设备购置费。指标中不含工程建设其他费用、基本预备费和专项费用，使用时可根据国家及项目所在地有关规定计取。

建筑安装工程费由直接费和综合费用组成。直接费由人工费、材料费、施工机具使用费组成。将《建筑安装工程费用项目组成》中的组织措施费（安全文明施工费、夜间施工增加费、二次搬运费、冬雨季施工增加费、已完工程及设备保护费）按比例分别摊入人工费、材料费和施工机具使用费。大型机械设备进出场及安装拆除、混凝土和钢筋混凝土模板及支架、脚手架费用计入直接工程费。综合费用由零星工程费、管理费、利润、规费和税金组成。

设备购置费依据设计文件规定，其价格由设备原价和设备运杂费组成。设备运杂费指除设备原价之外的设备采购、运输、包装及仓库保管等方面支出费用的总和。设备原价需包含备品备件费，若设备原价中不含备品备件费，其备品备件费按设备原价（不含软件费）的 3% 计列。

2. 本指标编制的范围包括城市轨道交通工程的土建及设备系统安装等内容，具体分为：车站，区间，轨道，通信，信号，供电，综合监控，火灾自动报警、环境与设备监控，安防与门禁，通风、空调与供暖，给水与排水、消防，自动售检票，站内客运设备、站台门，车辆基地，人防等共 15 章。

3. 地下车站及地下区间两端人防工程的土建部分并入车站土建指标中。

4. 本指标材料费中的柴油、电属于施工机具的动力费用，不同地区使用时，可测算调整。

5. 本指标中不含既有线路改造内容，发生时可根据实际情况计列。

6. 根据编制项目建议书及可行性研究投资估算深度的要求，车站、区间、轨道、通信、信号包括综合指标和分项指标；其他设备系统只计列综合指标；车辆基地章节主要包含了生产及办公用房、工艺设备、车辆基地盖板系统三个综合指标，附属工程以参考指标的形式体现。

7. 设备系统指标中选用的主要设备材料为国产设备及材料，其中采购保管费已包含在设备费中。如实际项目与指标测定采用的基准情况不同，可参考本指标水平作相应调整。

8. 线路拟采用全自动运行时，与列车运行有关的弱电指标可根据系统配置方案适当调整。

9. 综合指标无特别说明，单位为“m^2”时，数量应采用建筑面积，其他工程量计算规则详见各章说明。

七、价格、费率取定。

1. 价格取定。本指标中价格参照《北京市工程造价信息》（2019 年 4 月）取定，其中人工单价取中值，见表 1。

表 1　人工单价表

工程类别		人工费取值范围 /（元 / 工日）
城市轨道交通工程	地下结构（含盾构）	110.00~117.00
	地上结构（含地面）	107.00~114.00
	机电安装工程	99.00~106.00
	系统工程	109.00~121.00

2. 费率取定。本指标中综合费用和组织措施费费率参照北京市建设工程工程概算计价依据（2016 年）的配套取费标准计取。

（1）综合费用表，见表 2、表 3。

表 2　直接费为基数的取费表

序号	费用名称	取费基数	费率 /%				
			城市轨道交通（土建工程）				城市轨道交通（轨道工程）
			地下明挖	地下盖挖、暗挖	地下盾构	地上工程	
1	零星工程费	直接费	3.00	3.00	3.00	3.00	3.00
2	企业管理费	直接费 + 零星工程费	8.56	9.02	8.08	9.06	5.51
3	利润	直接费 + 零星工程费 + 企业管理费	7.00	7.00	7.00	7.00	7.00
4	规费	人工费	19.34	19.34	19.34	19.34	19.34
5	税金	直接费 + 零星工程费 + 企业管理费 + 规费	9.00	9.00	9.00	9.00	9.00

表 3　人工费为基数的取费表

序号	费用名称	取费基数	费率 /%			
			城市轨道交通（安装工程）			
			通信信号	供电系统	智能控制系统	机电工程
1	零星工程费	直接费	3.00	3.00	3.00	3.00
2	企业管理费	人工费	63.21	66.95	65.19	66.30
3	利润	人工费 + 企业管理费	29.00	31.00	29.00	29.00
4	规费	人工费	24.08	24.08	24.08	24.08
5	税金	直接费 + 零星工程费 + 企业管理费 + 利润	9.00	9.00	9.00	9.00

（2）施工组织措施费费率，见表 4、表 5。

表 4　土建及轨道工程取费表

序号	项目名称	取费基数	费率 /%				
			土建工程				轨道工程
			地上工程	地下明挖	地下盖挖、暗挖工程	盾构工程	
1	安全文明施工费	人工费 + 施工机具费	27.47	21.47	16.29	13.24	36.74
1.1	安全施工费		5.23	4.09	3.10	2.51	6.99
1.2	文明施工费		6.91	5.40	4.10	3.35	9.25
1.3	环境保护		4.86	3.80	2.88	2.34	6.50
1.4	临时设施费		10.47	8.18	6.21	5.04	14.00
2	夜间施工增加费	人工费 + 材料费 + 施工机具费	0.10	0.20	0.15	0.20	0.20
3	二次搬运费		0.10	0.15	0.20	0.10	0.10
4	冬雨季施工增加费		0.20	0.20	0.10	0.10	0.10
5	已完工程及设备保护费		0.08	0.10	0.10	0.10	0.10

表 5　安装工程取费表

序号	项目名称	取费基数	费率 /%		
			安装工程		
			通信、信号工程	供电工程	其他机电系统及智能与控制系统工程
1	安全文明施工费	人工费 + 施工机具费	18.22	18.22	18.22
1.1	安全施工费		3.22	3.22	3.22
1.2	文明施工费		4.60	4.60	4.60
1.3	环境保护		3.46	3.46	3.46
1.4	临时设施费		6.94	6.94	6.94

续表 5

序号	项目名称	取费基数	费率/%		
			安装工程		
			通信、信号工程	供电工程	其他机电系统及智能与控制系统工程
2	夜间施工增加费	人工费	0.90	0.82	0.90
3	二次搬运费		0.16	0.46	0.40
4	冬雨季施工增加费		0.50	0.50	0.50
5	已完工程及设备保护费		0.10	0.10	0.10

八、指标基数的计算。

指标基数按照表 6 的规则计算。其中：施工组织措施费按比例摊入人工费、材料费和施工机具使用费，分摊比例：人工费 8%，材料费 87%，施工机具使用费 5%。

表 6　指标基数的计算表

序号	项目	取费基数及计算式
	指标基价	一 + 二
一	建筑安装工程费	（四）+（五）
1	人工费	—
2	施工组织措施费分摊	计算基数 × 措施费费率 ×8%
（一）	人工费小计	1+2
3	材料费	—
4	施工组织措施费分摊	计算基数 × 措施费费率 ×87%
（二）	材料费小计	3+4
5	施工机具使用费	—
6	施工组织措施费分摊	计算基数 × 措施费费率 ×5%
（三）	施工机具使用费小计	5+6
（四）	直接费	（一）+（二）+（三）
（五）	综合费用	计算基数 × 综合费用费率
二	设备购置费	原价 + 设备运杂费

九、本指标的使用。

本指标中的人工、材料、施工机具使用费的消耗量原则上不作调整；人工、材料、机械价格可依据工程所在地建设行政主管部门发布的编制期造价信息进行调整；费率可参照指标确定，也可按工程所在地建设行政主管部门发布的费率进行调整。

具体调整办法如下：

1. 建筑安装工程费的调整。

（1）人工费：

人工费 = 指标人工工日 × 调整的人工价格

（2）材料费：

主要材料费＝指标主要材料消耗量 × 调整的材料价格

其他材料费＝指标其他材料费 × 调整后的主要材料费/（指标材料费小计－指标其他材料费－材料费中措施费分摊）

（3）施工机具使用费：

主要施工机具使用费＝指标主要机械消耗量 × 调整的机械台班价格

其他施工机具使用费＝指标其他施工机具使用费 × 调整后的主要施工机具使用费/（指标施工机具使用费小计－指标其他施工机具使用费－施工机具使用费中措施费分摊）

（4）直接费：

直接费为调整后的人工费、材料费、施工机具使用费之和。

（5）综合费用：

综合费用＝调整后的直接费 × 调整综合费率

（6）建筑安装工程费：

建筑安装工程费＝调整后的（直接费＋综合费用）

2. 设备购置费的调整。

指标中列有设备购置费的，按主要设备清单，采用调整的设备价格或上涨幅度进行调整。

3. 指标基价的调整。

指标基价＝调整后的（建筑安装工程费＋设备购置费）

十、建设项目投资估算编制。

编制建设项目投资估算，应按上述办法调整。指标中未列费用可根据有关规定调整。

十一、本指标中指标编号为“×Z－×××”或“×F－×××”，除注明用英文字母表示外均用阿拉伯数字表示。

其中：

“－”线前部分 × 表示章，Z 表示综合指标，F 表示分项指标；

“－”线后部分 ××× 表示划分序号，同一部分顺序编号。

十二、本指标中注明“×× 以内”或“×× 以下”者，均包括 ×× 本身；而注明“×× 以外”或“×× 以上”者，均不包括 ×× 本身。

十三、本指标表格中未注明（或省略）尺寸单位的宽度、厚度、断面等，均以“mm”为单位。

城市轨道交通工程投资估算指标汇总表

指标编号	项目名称	规格	单位	指标基价 / 元	工程内容
1	车站				
1.1	地下车站	—	—	—	—
1.1.1	车站主体	—	—	—	—
1Z-001	明挖 地下连续墙围护	地下两层站	m^2	13 191.00	围护结构、土方、支撑及降水、混凝土结构及防水等,不含监测、装修及附属设施费用
1Z-002	明挖 地下连续墙围护	地下三层站	m^2	13 386.00	围护结构、土方、支撑及降水、混凝土结构及防水等,不含监测、装修及附属设施费用
1Z-003	明挖 灌注桩排桩围护墙	地下两层站	m^2	12 248.00	围护结构、土方、支撑及降水、混凝土结构及防水等,不含监测、装修及附属设施费用
1Z-004	明挖 灌注桩排桩围护墙	地下三层站	m^2	12 480.00	围护结构、土方、支撑及降水、混凝土结构及防水等,不含监测、装修及附属设施费用
1Z-005	明挖 咬合式排桩围护	地下两层站	m^2	12 173.00	围护结构、土方、支撑及降水、混凝土结构及防水等,不含监测、装修及附属设施费用
1Z-006	明挖 锚索及土钉墙围护	地下两层站	m^2	10 023.00	土方、边坡防护、排水、混凝土结构及防水等,不含监测、装修及附属设施费用
1Z-007	盖挖 地下连续墙围护	地下两层站	m^2	15 483.00	围护结构、土方、支撑及降水、混凝土结构及防水等,不含监测、装修及附属设施费用
1Z-008	盖挖 灌注桩排桩围护墙	地下两层站	m^2	14 688.00	围护结构、土方、支撑及降水、混凝土结构及防水等,不含监测、装修及附属设施费用
1Z-009	暗挖(洞桩法PBA)	二层三跨 土质	m^2	24 723.00	土方、支护、初衬及二衬混凝土结构及防水、洞内临时工程等,不含监测、装修及附属设施费用
1Z-010	无柱式车站(连续墙围护)	地下两层站	m^2	13 392.00	围护结构、土方、支撑及降水、混凝土结构及防水等,不含监测、装修及附属设施费用
1Z-011	装配式车站(桩锚围护)	地下两层站	m^2	16 032.00	围护结构、土方、锚索、永久支撑、临时支撑及降水、混凝土结构及防水及装配式构件费用
1.1.2	出入口通道	—	—	—	—
1Z-012	明挖 型钢水泥土搅拌墙	框架结构	m^2	13 231.00	围护结构、土方、支撑及降水、混凝土结构及防水等,不含监测、装修及附属设施费用
1Z-013	明挖 灌注桩排桩围护墙	框架结构	m^2	14 509.00	围护结构、土方、支撑及降水、混凝土结构及防水等,不含监测、装修及附属设施费用

续表

指标编号	项目名称	规格	单位	指标基价 / 元	工程内容
1Z-014	明挖 咬合式排桩围护	框架结构	m^2	14 871.00	围护结构、土方、支撑及降水、混凝土结构及防水等，不含监测、装修及附属设施费用
1Z-015	明挖 土钉墙围护	框架结构	m^2	11 689.00	土方、边坡防护、排水、混凝土结构及防水等，不含监测、装修及附属设施费用
1Z-016	明挖 地连墙围护	框架结构	m^2	16 280.00	围护结构、土方、支撑及降水、混凝土结构及防水等，不含监测、装修及附属设施费用
1Z-017	暗挖出入口（CRD 交叉中隔壁法）	拱形结构 土质	m^2	22 931.00	土方、支护、初衬、二衬混凝土结构及防水、洞内临时工程等，不含监测、装修及附属设施费用
1.1.3	风道	—	—	—	—
1Z-018	明挖 型钢水泥土搅拌墙	框架结构	m^2	13 981.00	围护结构、土方、支撑及降水、混凝土结构及防水等，不含监测、装修及附属设施费用
1Z-019	明挖 灌注桩排桩围护墙	框架结构	m^2	14 937.00	
1Z-020	明挖 咬合式排桩围护	框架结构	m^2	15 128.00	
1Z-021	明挖 土钉墙围护	框架结构	m^2	12 579.00	土方、边坡防护、排水、混凝土结构及防水等，不含监测、装修及附属设施费用
1Z-022	明挖 地连墙围护	框架结构	m^2	16 674.00	围护结构、土方、支撑及降水、混凝土结构及防水等，不含监测、装修及附属设施费用
1Z-023	暗挖风道（CRD 交叉中隔壁法）	拱形结构 土质	m^2	23 470.00	土方、支护、初衬及二衬混凝土结构及防水、洞内临时工程等，不含监测、装修及附属设施费用
1.2	高架及地面车站	—	—	—	—
1Z-024	高架车站	建桥合一式	m^2	7 993.00	土方、基础、钢筋混凝土结构、屋面及保温防水等，不含装修及附属设施等费用
1Z-025	高架车站	建桥分离式	m^2	6 761.00	
1Z-026	地面车站	—	m^2	2 718.00	土方、基础、墙体、钢筋混凝土结构、混凝土屋面等，不含装修及附属设施等费用
1.3	明挖车站	—	—	—	—
1F-001	地下连续墙围护	深 35m 以内	m^3	4 115.00	导墙、连续墙、冠梁、泥浆外运等
1F-002	地下连续墙围护	深 45m 以内	m^3	4 557.00	

续表

指标编号	项目名称	规格	单位	指标基价 / 元	工程内容
1F-003	灌注桩排桩围护墙	—	m^3	3 885.00	冠梁、灌注桩、泥浆外运等
1F-004	咬合式排桩围护	一荤一素	m^3	3 127.00	
1F-005	型钢水泥土搅拌墙（SMW 工法桩）	隔一插一	m^3	1 096.00	冠梁、水泥搅拌桩、H 型钢插拔等
1F-006	双轮铣成槽连续墙围护	中风化	m^3	7 840.00	导墙、连续墙、冠梁、泥浆外运等
1F-007	土钉墙	—	m^2	257.00	挂网、喷射混凝土等
1F-008	砂浆锚杆	—	m	78.00	灌浆、锚杆制作及安装等
1F-009	预应力锚杆 钢绞线	—	m	449.00	锚杆制作、压浆、张拉锚固等
1F-010	预应力锚杆 钢筋	—	m	389.00	
1F-011	明挖土方	综合土质	m^3	103.00	挖土、装土、运土等
1F-012	大型支撑明挖土方	综合土质	m^3	130.00	
1F-013	土方回填	—	m^3	88.00	土方运输、回填、压实等
1F-014	明挖石方	普坚石	m^3	265.00	布孔、打眼、封堵孔口、爆破材料检查领运、安放爆破线路以及挖掘机挖石碴及运输等
1F-015	大型钢支撑	—	t	4 523.00	大型钢支撑、钢围檩制作、运输、安拆等
1F-016	混凝土支撑	—	m^3	3 302.00	混凝土支撑浇筑、拆除、运输等（不考虑拆除后钢筋回收）
1F-017	降水	—	口	58 628.00	降水井打设、使用及拆除
1F-018	钢筋混凝土结构	不含防水	m^3	3 020.00	钢筋绑扎、混凝土浇筑、模板制安拆等
1F-019	防水层	—	m^2	228.00	防水层、变形缝、施工缝等
1.4	盖挖车站	—	—	—	—
1F-020	盖挖土方	综合土质	m^3	192.00	挖土、装土、运土等
1F-021	盖挖石方	普坚石	m^3	468.00	人机配合凿石、清理基底、修理边坡、装运至洞口、由洞口提升至地面及运输等
1F-022	钢筋混凝土结构	不含防水	m^3	3 082.00	混凝土、模板、结构钢筋、预埋件、脚手架等
1F-023	盖挖防水层	—	m^2	243.00	防水层、变形缝、施工缝等
1.5	暗挖车站	—	—	—	—
1F-024	暗挖土方	综合土质	m^3	244.00	挖土、土方提升、装土、运土等

续表

指标编号	项目名称	规格	单位	指标基价 / 元	工程内容
1F-025	初衬结构	—	m^3	6 871.00	大管棚、小导管、注浆、喷射混凝土、钢格栅等
1F-026	二衬结构	—	m^3	3 089.00	钢筋混凝土、模板、防水、预埋件等工程
1.6	地基加固	—	—	—	—
1F-027	水泥粉煤灰碎石桩	CFG 桩	m^3	971.00	钻机定位、钻孔、填充料制作、运输、浇筑等
1F-028	水泥土搅拌桩	实桩	m^3	329.00	机械定位、钻进、喷浆、搅拌、成桩等
1F-029	双重管旋喷桩	—	m^3	693.00	定位、钻孔、喷浆、成桩等
1F-030	冻结法	含溶沉注浆	m^3	2 657.00	冻结平台制作、冻结管道制安、冻结、冻融后钻孔、溶沉注浆等
2	区间				
2.1	地下区间	—	—	—	—
2.1.1	明挖区间	—	—	—	—
2Z-001	正线 灌注桩排桩围护墙	单洞双线	m	293 899.00	围护结构、土方及支撑、钢筋混凝土结构、防水等
2Z-002	正线 地下连续墙围护	单洞双线	m	437 543.00	
2Z-003	正线 咬合式排桩围护	单洞双线	m	370 326.00	
2Z-004	正线 型钢水泥土搅拌墙	单洞双线	m	266 889.00	
2Z-005	正线 土钉墙围护	单洞双线	m	257 386.00	土方、边坡防护、排水、混凝土结构及防水等
2.1.2	暗挖区间	—	—	—	—
2Z-006	正线	土质 断面 $36m^2$ 以内 单洞单线	单延米	79 248.00	土方、支护、初衬及二衬钢筋混凝土结构、防水、洞内临时工程等
2Z-007	正线	次坚石 断面 $36m^2$ 以内 单洞单线	单延米	64 444.00	石方、支护、初衬及二衬钢筋混凝土结构、防水、洞内临时工程等
2Z-008	正线	普坚石 断面 $36m^2$ 以内 单洞单线	单延米	58 197.00	
2Z-009	正线	土质 断面 $80m^2$ 以内 单洞双线	单延米	195 771.00	土方、支护、初衬及二衬钢筋混凝土结构、防水、洞内临时工程等
2Z-010	正线	次坚石 断面 $80m^2$ 以内 单洞双线	单延米	142 644.00	石方、支护、初衬及二衬钢筋混凝土结构、防水、洞内临时工程等
2Z-011	正线	普坚石 断面 $80m^2$ 以内 单洞双线	单延米	131 220.00	

续表

指标编号	项目名称	规格	单位	指标基价 / 元	工程内容
2Z-012	临时竖井	11m × 3.6m × 34m（长 × 宽 × 深）	座	4 073 516.00	土方、支护、初衬结构、回填等
2Z-013	临时横通道	5.2m × 8.3m（宽 × 高）	延长米	105 600.00	
2Z-014	联络通道	土质 4m × 5.2m（宽 × 高）	延长米	45 778.00	土方、支护、初衬及二衬钢筋混凝土结构、防水、洞内临时工程等
2Z-015	联络通道	次坚石 4m × 5.2m（宽 × 高）	延长米	45 212.00	石方、支护、初衬及二衬钢筋混凝土结构、防水、洞内临时工程等
2Z-016	联络通道	普坚石 4m × 5.2m（宽 × 高）	延长米	45 190.00	
2.1.3	盾构区间	—	—	—	—
2Z-017	土压平衡盾构	管片外径 6.0m	单延米	50 353.00	盾构机及车架安拆，盾构掘进、干式出土，渣土外运，管片制作、拼装、设置密封条、嵌缝、手孔封堵，洞口处理，衬砌压浆，施工管线路铺拆等
2Z-018	土压平衡盾构	管片外径 6.2m	单延米	55 227.00	
2Z-019	土压平衡盾构	管片外径 6.6m	单延米	57 746.00	
2Z-020	土压平衡盾构	管片外径 8.5m	单延米	97 460.00	
2Z-021	泥水平衡盾构	管片外径 6.6m	单延米	63 810.00	盾构机及车架安拆，盾构掘进，水力出土、泥水干化处理，渣土外运，管片制作、拼装、设置密封条、嵌缝、手孔封堵，洞口处理，衬砌压浆，施工管线路铺拆等
2Z-022	泥水平衡盾构	管片外径 8.5m	单延米	106 831.00	
2Z-023	泥水平衡盾构	管片外径 13.6m	单延米	287 322.00	盾构机及车架安拆，盾构掘进，水力出土、泥水干化处理，渣土外运，管片制作、拼装、设置密封条、嵌缝、手孔封堵，洞口处理，衬砌压浆，施工管线路铺拆，中隔墙、弧形构件等预制构件安装等
2Z-024	单护盾岩石隧道掘进	管片外径 6.6m	单延米	66 065.00	掘进机及车架安拆，掘进机掘进、出渣，渣土外运，管片制作、拼装、设置密封条、嵌缝、手孔封堵，洞口处理，填充豆粒石及灌浆，施工管线路铺拆等
2.2	高架区间	—	—	—	—
2Z-025	预制简支梁	钻孔灌注桩基础 ϕ1 200 以内；H 40m 以内	m^2（水平投影）	6 575.00	基础及下部结构、上部构造、桥面系等
2Z-026	现浇连续梁	钻孔灌注桩基础 ϕ1 200 以内；H 40m 以内	m^2（水平投影）	8 286.00	

续表

指标编号	项目名称	规格	单位	指标基价 / 元	工程内容
2Z-027	钢－混结合梁	钻孔灌注桩基础 ϕ1 200 以内；H 40m 以内	m^2（水平投影）	10 627.00	基础及下部结构、上部构造、桥面系等
2Z-028	钢梁	钻孔灌注桩基础 ϕ1 200 以内；H 40m 以内	m^2（水平投影）	13 475.00	
2Z-029	U 型梁	钻孔灌注桩基础 ϕ1 200 以内；H 40m 以内	m^2（水平投影）	6 468.00	
2.3	地面区间	—	—	—	—
2Z-030	地面线	一般路基	双延米	6 358.00	路基、护坡、排水沟、涵洞、安全护栏、钢筋混凝土结构、挡土墙等
2Z-031	过渡段	桥头路基	双延米	24 986.00	土方、混凝土结构、挡土墙等
2.4	地下区间	—	—	—	—
2.4.1	明挖区间	—	—	—	—
2F-001	钢筋混凝土结构	—	m^3	2 595.00	混凝土浇筑、钢筋制安、模板安拆、脚手架搭拆等
2.4.2	暗挖区间	—	—	—	—
2F-002	暗挖土方	—	m^3	288.00	挖土方、土方提升、土方外运等
2F-003	机械开挖次坚石	—	m^3	432.00	机械挖石方、石方提升、石方外运等
2F-004	机械开挖普坚石	—	m^3	548.00	
2F-005	静力爆破次坚石	—	m^3	508.00	打眼、埋膨胀剂、挖石方、石方提升、石方外运等
2F-006	静力爆破普坚石	—	m^3	743.00	
2F-007	初期支护混凝土	—	m^3	4 954.00	混凝土喷射、钢筋网、钢格栅制安、材料运输等
2F-008	超前支护小导管注浆	ϕ42	m	111.00	小导管制安、注水泥浆等
2F-009	大管棚	ϕ159	m	480.00	大管棚制安、注水泥砂浆等
2F-010	二衬混凝土结构及防水	—	m^3	4 186.00	混凝土浇筑、钢筋制安、模板安拆、变形缝、脚手架、防水、变形缝等
2.4.3	盾构区间	—	—	—	—
2F-011	盾构机安装拆除	ϕ7m 以内	台・次	988 615.00	基座装拆，盾构吊装吊拆，车架及附属设备吊入组装、拆除吊出，水电气管安装拆除等
2F-012	盾构机安装拆除	ϕ11m 以内	台・次	2 103 587.00	
2F-013	盾构机安装拆除	ϕ15m 以内	台・次	4 084 073.00	

续表

指标编号	项目名称	规格	单位	指标基价 / 元	工程内容
2F-014	土压平衡盾构始发及到达掘进	ϕ6m 以内	台·次	2 028 135.00	钢支撑及井内轨道安拆，后靠混凝土制作、凿除，盾构机掘进、干式出土至井口装车、管片拼装，施工管线路铺拆、使用、回收，负环管片拆除、吊出井口、装车等
2F-015	土压平衡盾构始发及到达掘进	ϕ7m 以内	台·次	2 415 244.00	钢支撑及井内轨道安拆，后靠混凝土制作、凿除，盾构机掘进、干式出土至井口装车、管片拼装，施工管线路铺拆、使用、回收，负环管片拆除、吊出井口、装车等
2F-016	土压平衡盾构始发及到达掘进	ϕ11m 以内	台·次	7 872 015.00	钢支撑及井内轨道安拆，后靠混凝土制作、凿除，盾构机掘进、干式出土至井口装车、管片拼装，施工管线路铺拆、使用、回收，负环管片拆除、吊出井口、装车等
2F-017	泥水平衡盾构始发及到达掘进	ϕ7m 以内	台·次	2 981 914.00	钢支撑及井内轨道安拆，后靠混凝土制作、凿除，盾构机掘进、高压供水、水力出土排泥水至沉淀池、管片拼装，施工管线路铺拆、使用、回收，负环管片拆除、吊出井口、装车等
2F-018	泥水平衡盾构始发及到达掘进	ϕ11m 以内	台·次	9 291 794.00	钢支撑及井内轨道安拆，后靠混凝土制作、凿除，盾构机掘进、高压供水、水力出土排泥水至沉淀池、管片拼装，施工管线路铺拆、使用、回收，负环管片拆除、吊出井口、装车等
2F-019	泥水平衡盾构始发及到达掘进	ϕ15m 以内	台·次	31 875 186.00	钢支撑及井内轨道安拆，后靠混凝土制作、凿除，盾构机掘进、高压供水、水力出土排泥水至沉淀池、管片拼装，施工管线路铺拆、使用、回收，负环管片拆除、吊出井口、装车等
2F-020	单护盾岩石隧道掘进机始发及到达掘进	ϕ7m 以内	台·次	4 211 067.00	钢支撑及井内轨道安拆，后靠混凝土制作、凿除，掘进机掘进、出渣至井口装车、管片拼装，施工管线路铺拆、使用、回收，负环管片拆除、吊出井口、装车等
2F-021	土压平衡盾构正常掘进	ϕ6m 以内	m	14 529.00	盾构掘进、干式出土至井口装车、管片拼装紧固，施工管路铺设、照明、运输、供气通风、施工测量，管线路及支架拆除、吊装，隧道清淤等
2F-022	土压平衡盾构正常掘进	ϕ7m 以内	m	15 449.00	盾构掘进、干式出土至井口装车、管片拼装紧固，施工管路铺设、照明、运输、供气通风、施工测量，管线路及支架拆除、吊装，隧道清淤等
2F-023	土压平衡盾构正常掘进	ϕ11m 以内	m	32 531.00	盾构掘进、干式出土至井口装车、管片拼装紧固，施工管路铺设、照明、运输、供气通风、施工测量，管线路及支架拆除、吊装，隧道清淤等
2F-024	泥水平衡盾构正常掘进	ϕ7m 以内	m	17 513.00	盾构掘进、高压供水、水力出土排泥水至沉淀池、管片拼装紧固，施工管路铺设、照明、运输、供气通风、施工测量，管线路及支架拆除、吊装，隧道清淤等
2F-025	泥水平衡盾构正常掘进	ϕ11m 以内	m	34 773.00	盾构掘进、高压供水、水力出土排泥水至沉淀池、管片拼装紧固，施工管路铺设、照明、运输、供气通风、施工测量，管线路及支架拆除、吊装，隧道清淤等
2F-026	泥水平衡盾构正常掘进	ϕ15m 以内	m	92 673.00	盾构掘进、高压供水、水力出土排泥水至沉淀池、管片拼装紧固，施工管路铺设、照明、运输、供气通风、施工测量，管线路及支架拆除、吊装，隧道清淤等
2F-027	单护盾岩石隧道掘进机正常掘进	ϕ7m 以内	m	23 284.00	掘进机掘进、出渣至井口装车、管片拼装紧固，施工管路铺设、照明、运输、供气通风、施工测量，管线路及支架拆除、吊装，隧道清淤等
2F-028	同步及二次注浆	同步水泥粉煤灰，二次改性水玻璃	m^3	955.00	制浆、盾尾同步压浆、补压浆，封堵、清洗等
2F-029	豆砾石填充及灌浆	同步填充豆砾石及灌浆，二次改性水玻璃	m^3	1 267.00	吹填碎石、制浆、注浆、封孔、记录、质量检查、孔位转移等
2F-030	盾构渣土外运	运距 20km	m^3	105.00	装运卸

续表

指标编号	项目名称	规格	单位	指标基价 / 元	工程内容
2F-031	管片相关工程	管片外径 6.0m	环	7 140.00	混凝土管片密封条设置、嵌缝、手孔封堵等
2F-032	管片相关工程	管片外径 6.2m	环	7 815.00	
2F-033	管片相关工程	管片外径 6.6m	环	8 035.00	
2F-034	管片相关工程	管片外径 8.5m	环	13 110.00	
2F-035	管片相关工程	管片外径 13.6m	环	19 926.00	
2F-036	洞口处理	管片外径 6.0m	处	170 997.00	施工阶段安装临时止水带、防水钢板，隧道贯通后，拆除临时防水环板，安装柔性接缝环及钢环板，拆除洞口环管片及弃运，浇筑洞口钢筋混凝土环圈等
2F-037	洞口处理	管片外径 6.2m	处	185 333.00	
2F-038	洞口处理	管片外径 6.6m	处	201 030.00	
2F-039	洞口处理	管片外径 8.5m	处	282 771.00	
2F-040	洞口处理	管片外径 13.6m	处	505 292.00	
2F-041	钢筋混凝土管片	场外运距 10km	m^3	3 590.00	钢筋混凝土管片制作、试拼装、场外运输等
2F-042	钢管片制作	—	t	23 265.00	号料、切割、滚圆弧、刨边、刨槽、上模具焊接成型、钻孔、吊运、油漆等
2F-043	钢管片拆除	—	t	2 185.00	卸螺栓，吊拆管片，装运出井等
2F-044	大盾构内部预制结构	场外运距 10km	m^3	3 763.00	中隔墙、弧形构件等预制构件场内外运输、吊装、砂浆封堵、嵌缝等
2.5	高架区间	—	—	—	—
2F-045	钻孔灌注桩	ϕ1.2m；H 40m 以内	m^3	3 049.00	钻孔、泥浆制作及外运、灌注混凝土、钢筋笼制安等
2F-046	承台	—	m^3	2 860.00	挖土、弃土、混凝土浇筑、钢筋制安、模板安拆、脚手架搭拆等
2F-047	墩台	—	m^3	2 906.00	混凝土浇筑、钢筋制安、模板安拆、脚手架搭拆等
2F-048	预制简支梁	—	m^3	4 872.00	混凝土浇筑、钢筋制安、模板安拆、桥梁伸缩缝制安、搭拆钢管支架等
2F-049	现浇连续梁	—	m^3	5 123.00	混凝土浇筑、钢筋制安、模板安拆、桥梁伸缩缝制安等
2F-050	钢 – 混结合梁	—	m^2（水平投影）	6 801.00	钢箱梁制安、混凝土浇筑、钢筋制安、模板安拆、桥梁伸缩缝制安等
2F-051	钢梁	—	m^2（水平投影）	7 665.00	钢箱梁制安、喷漆等

续表

指标编号	项目名称	规格	单位	指标基价 / 元	工程内容
2F-052	U 型梁	—	m^3	5 036.00	混凝土浇筑、养护、钢筋制安、预应力张拉、模板安拆等
2F-053	桥面铺装及附属设施	—	m^2（水平投影）	776.00	混凝土浇筑、防水层铺装、泄水管、栏杆安装等
2.6	地面区间	—	—	—	—
2F-054	挖路床土方	—	m^3	65.00	挖土、运土、清理、夯压等
2F-055	填路床土方	—	m^3	57.00	运土、填土、夯压等
2F-056	钢筋混凝土挡墙	—	m^3	2 302.00	混凝土浇筑、钢筋制安、模板安拆、安装泄水管、搭拆脚手架等
2F-057	水泥砂浆砌片石挡墙	—	m^3	776.00	选修片石、铺浆、砌筑及填缝、安装泄水管、搭拆脚手架等
2F-058	级配砂石底层	—	m^3	270.00	清理基底、取料运料、摊铺、碾压等
2F-059	石灰、粉煤灰砂砾底层	厚 45cm	m^2	128.00	
2F-060	混凝土面层	厚 25cm	m^2	220.00	修压基底、混凝土浇筑等
2F-061	金属栏杆	—	m	647.00	材料运输、基础、栏杆制安等
2F-062	坡面防护	草皮	m^2	198.00	放样、铺砖、栽草等
2F-063	排水沟	—	m^3	735.00	选修片石、铺浆、砌筑及填缝、安泄水孔、整理及养护等
2F-064	防护网	—	m	319.00	立柱和栏杆制安、刷漆等
3	轨道				
3.1	地下线	—	—	—	—
3Z-001	地下线 一般减振段（现浇道床）	60kg 钢轨 DZⅢ型扣件 1 680 对 /km 混凝土短枕	铺轨公里	5 477 498.00	铺轨、铺道床、轨节拼装、焊接及运输、洞内临时动力照明等
3Z-002	地下线 一般减振段（预制道床）	60kg 钢轨 DZⅢ型扣件 1 680 对 /km 预制轨道板	铺轨公里	6 799 295.00	铺轨、运输、道床钢筋混凝土、预制道床安装、洞内临时动力照明等
3Z-003	地下线 中等减振段（现浇道床）	60kg 钢轨双层非线性扣件 1 680 对 /km 混凝土短枕	铺轨公里	6 035 571.00	铺轨、铺道床、轨节拼装、焊接及运输、洞内临时动力照明等
3Z-004	地下线 高等减振段（现浇道床）	60kg 钢轨 DZⅢ型扣件整体道床 减振垫	铺轨公里	13 416 285.00	铺轨、铺道床、轨节拼装、减振垫铺设、焊接及运输、洞内临时动力照明等

续表

指标编号	项目名称	规格	单位	指标基价 / 元	工程内容
3Z-005	地下线 高等减振段（现浇道床）	60kg 钢轨 DZⅢ型扣件 整体道床 混凝土短枕 钢弹簧固体阻尼	铺轨公里	15 954 968.00	铺轨、铺道床、轨节拼装、安装隔振器、焊接及运输、洞内临时动力照明等
3Z-006	地下线 特殊减振段（现浇道床）	60kg 钢轨 DZⅢ型扣件 整体道床 混凝土短枕 钢弹簧液体阻尼	铺轨公里	20 728 171.00	
3.2	高架线	—	—	—	—
3Z-007	高架线 一般减振段（现浇道床）	60kg 钢轨 整体道床 DZⅢ型扣件 混凝土短枕 护轮轨	铺轨公里	4 892 352.00	铺轨、铺道床、轨节拼装、焊接及运输、护轮轨等
3Z-008	高架线 中等减振地段（现浇道床）	60kg 钢轨 整体道床 双层非线性扣件 混凝土短枕	铺轨公里	5 640 369.00	铺轨、轨节拼装、铺道床、焊接及运输等
3Z-009	高架线 高等减振地段（现浇道床）	60kg 钢轨 整体道床 DZⅢ型扣件 混凝土短枕 减振垫	铺轨公里	13 651 932.00	铺轨、轨节拼装、铺道床、焊接及运输、减振垫铺设等
3.3	地面线	—	—	—	—
3Z-010	地面线 一般减振段（现浇道床）	60kg 钢轨 DZⅢ型扣件 整体道床 混凝土短枕	铺轨公里	4 762 675.00	铺轨、轨节拼装、铺道床、焊接及运输等
3Z-011	地面线 一般减振段（碎石道床）	50kg CZⅠ型扣件 / 弹条Ⅰ型扣件 1 440 对 /km 短轨枕 / 新Ⅱ型枕	铺轨公里	3 404 462.00	铺轨、铺道床、轨料运输等
3.4	铺轨	—	—	—	—
3F-001	地下线铺轨 一般减振段	60kg DZⅢ型扣件 1 680 对 /km 钢筋混凝土 双块式轨枕	铺轨公里	3 426 424.00	铺轨、焊接、运输、应力放散及锁定、洞内临时动力照明、开通前调整线路等
3F-002	地下线铺轨 中等减振段	60kg 钢轨 混凝土短枕 双层非线性扣件	铺轨公里	3 984 496.00	
3F-003	地下线铺轨 高等减振段	60kg 钢轨 混凝土短枕 DZⅢ型扣件	铺轨公里	3 455 575.00	
3F-004	地下线铺轨 特殊减振段	60kg 钢轨 混凝土短枕 DZⅢ型扣件	铺轨公里	3 454 172.00	
3F-005	地下线铺轨 预制道床 一般减振段	60kg 钢轨 DZⅢ型扣件	铺轨公里	3 082 560.00	

续表

指标编号	项目名称	规格	单位	指标基价 / 元	工程内容
3F-006	高架线铺轨 一般减振段	60kg 钢轨 混凝土短枕 DZⅢ型扣件	铺轨公里	3 106 459.00	铺轨、焊接、运输、应力放散及锁定、开通前调整线路等
3F-007	高架线铺轨 中等减振段	60kg 双层非线性扣件 1 680 对 /km 混凝土短枕	铺轨公里	3 742 770.00	
3F-008	高架线铺轨 高等减振段	60kg DZⅢ型扣件 1 680 对 /km 混凝土短枕	铺轨公里	3 218 837.00	
3F-009	地面线铺轨 混凝土道床	60kg DZⅢ型扣件 1 680 对 /km 混凝土短枕	铺轨公里	3 120 883.00	
3F-010	车辆段铺轨（50kg 轨）混凝土道床	50kg CZⅠ型扣件 / 弹条Ⅰ型扣件 1 440 对 /km 短轨枕 / 新Ⅱ型枕	铺轨公里	2 692 875.00	
3.5	铺道岔	—	—	—	—
3F-011	60kg 轨道 9# 单开道岔	混凝土道床	组	352 468.00	道岔运输及铺设等
3F-012	60kg 轨道 12# 单开道岔	混凝土道床	组	497 423.00	
3F-013	60kg 轨道 9# 交叉渡线	混凝土道床 间距 5m	组	1 774 983.00	
3F-014	60kg 轨道 12# 交叉渡线	混凝土道床 间距 5m	组	2 373 881.00	
3F-015	50kg 轨道 7# 单开道岔	混凝土道床	组	216 635.00	
3F-016	50kg 轨道 7# 交叉渡线	混凝土道床 间距 5m	组	1 179 690.00	
3.6	铺道床	—	—	—	—
3F-017	地下线 一般减振段现浇整体道床	C35 混凝土	m^3	1 465.00	模板安拆、钢筋绑扎、混凝土灌注等
3F-018	地下线 一般减振段预制板道床	自密实混凝土 预制轨道板	延长米	3 929.00	钢筋绑扎、基底混凝土及自密实混凝土浇筑、预制轨道板安装等
3F-019	地下线 中等减振段现浇整体道床	C35 混凝土	m^3	1 465.00	模板安拆、钢筋绑扎、混凝土灌注等

续表

指标编号	项目名称	规格	单位	指标基价 / 元	工程内容
3F-020	地下线 高等减振段整体道床	C35 混凝土 钢弹簧隔振器 固体阻尼	m^3	4 835.00	模板安拆、钢筋绑扎、混凝土灌注、安装钢弹簧隔振器等
3F-021	地下线 特殊减振段整体道床	C35 混凝土 钢弹簧隔振器 液体阻尼	m^3	6 736.00	
3F-022	地面线 一般减振段现浇整体道床	C35 混凝土	m^3	1 747.00	模板安拆、钢筋绑扎、混凝土灌注等
3F-023	高架线 一般减振段现浇整体道床	C35 混凝土	m^3	2 019.00	
3F-024	高架线 中等减振段现浇整体道床	C35 混凝土	m^3	2 019.00	
3F-025	高架线 高等减振段现浇整体道床	C35 混凝土 （含减振垫）	m^3	4 870.00	弹性减振垫铺装、钢筋绑扎、混凝土灌注等
3F-026	车辆基地 粒料道床	碎石道砟	m^3	315.00	铺道砟及运输、道床沉落整修等
3F-027	车辆基地 整体道床	C40 混凝土 （含橡胶嵌条）	m^3	2 097.00	模板安拆、钢筋绑扎、混凝土灌注、橡胶嵌条安装等
3.7	线路有关工程及备料	—	—	—	—
3F-028	线路有关工程 正线	—	铺轨公里	323 896.00	车挡、线路标志、防排流端子等
3F-029	线路有关工程 车辆基地	—	铺轨公里	293 922.00	车挡、线路标志等
3F-030	备料 正线	—	铺轨公里	83 750.00	道岔、轨枕、扣件等备料等
3F-031	备料 车辆基地	—	铺轨公里	144 855.00	
3F-032	防脱护轮轨	单侧	100m	51 904.00	防脱护轮轨及安装
4	通信				
4.1	专用通信	—	—	—	—
4Z-001	专用通信	—	正线公里	9 998 031.00	传输、公务电话、专用电话、无线通信、视频监视、广播、时钟、电源及接地、集中告警系统及备品备件等
4.2	公安通信	—	—	—	—
4Z-002	公安通信	—	正线公里	3 498 552.00	传输、无线、消防无线、视频监视、计算机网络、公安电话、电源及接地及备品备件等
4.3	办公自动化	—	—	—	—
4Z-003	办公自动化	—	正线公里	712 059.00	控制中心、车站、车辆段及停车场办公自动化系统

续表

指标编号	项目名称	规格	单位	指标基价 / 元	工程内容
4.4	乘客信息	—	—	—	—
4Z-004	乘客信息	—	正线公里	1 589 876.00	控制中心、车站、车载乘客信息系统
4.5	专用通信	—	—	—	—
4.5.1	传输	—	—	—	—
4F-001	控制中心	—	座	2 742 439.00	安装光线配线架、数字配线架、综合配线架、安装与调测传输设备、中心网络管理系统、本地维护终端、同步网络、BITS、GPS 接收机，数字通信通道调测，布放电缆及尾纤，机架加固，光缆引入及备品备件等
4F-002	车站	—	站	1 469 550.00	安装光线配线架、数字配线架、综合配线架，安装与调测传输设备，数字通信通道调测，布放电缆及尾纤，机架加固，光缆引入及备品备件等
4F-003	车辆段 / 停车场	—	处	1 294 671.00	
4F-004	传输线路	—	正线公里	1 005 005.00	敷设托架光、电缆、护套电线、安装托板托架、光 / 电缆引入及备品备件等
4.5.2	公务电话	—	—	—	—
4F-005	控制中心	—	座	1 355 093.00	安装与调测核心软交换控制设备、维护终端、打印机告警设备、计费系统设备、安装总配线架、自动电话机、数字话机，机架加固及备品备件等
4F-006	车站	—	站	147 664.00	安装与调测车站综合接入网关、综合接入设备，安装自动电话机、数字话机，机架加固及备品备件等
4F-007	车辆段 / 停车场	—	座	1 624 306.00	
4.5.3	专用电话	—	—	—	—
4F-008	控制中心	—	座	1 085 077.00	安装与调测中心调度专用交换机、调度操作台、维护管理终端、录音装置，机架加固及备品备件等
4F-009	车站	—	站	1 279 172.00	安装与调测车站调度专用交换机、值班操作台、调度及专用电话分机，安装通信综合设备柜、出线盒、桥架，敷设配线电缆，穿放电话线、机架加固等及备品备件

续表

指标编号	项目名称	规格	单位	指标基价 / 元	工程内容
4F-010	车辆段 / 停车场	—	座	8 140 554.00	安装与调测车站调度专用交换机、调度操作台、调度及专用电话分机、扩音对讲终端，安装通信综合设备柜、出线盒、桥架，敷设地区电缆、配线电缆，穿放电话线，设置人孔、手孔，敷设钢管、通信管道，机架加固及备品备件等
4.5.4	无线通信	—	—	—	—
4F-011	控制中心	—	座	9 932 700.00	安装与调测中央控制设备、调度控制台、网管设备，敷设电缆、电源线，全线无线系统调试与开通，机架加固及备品备件等
4F-012	车站	—	站	1 400 952.00	安装与调测集群基站、安装固定台及天线、小天线、功分器，布放射频馈线，敷设防护钢管，集群基站系统调测，机架加固及备品备件等
4F-013	车辆段 / 停车场	—	座	2 484 231.00	安装与调测集群基站及天线、馈线、调度控制台，安装天线铁塔、避雷器，布放射频馈线，敷设防护钢管，集群基站系统调测，机架加固及备品备件等
4F-014	漏缆线路	—	km	356 137.00	架设漏泄同轴电缆及调整调试，场强测试及整理分析，安装隧道口定向天及备品备件线
4F-015	车载	—	列	110 350.00	安装与调测车载电台及备品备件
4.5.5	视频监控	—	—	—	—
4F-016	控制中心	—	座	7 462 430.00	安装与调测中心视频控制设备、网管设备、录像回放设备、控制终端、监视器以及中心系统开通调试、机架加固及备品备件等
4F-017	车站	—	站	2 839 301.00	安装与调测车站控制设备、控制终端、监视器、录像存储设备、摄像机，敷设钢管、同轴电缆、机架加固等以及车站系统开通调试、机架加固及备品备件等
4F-018	车辆段 / 停车场	—	座	4 600 870.00	

续表

指标编号	项目名称	规格	单位	指标基价 / 元	工程内容
4.5.6	广播	—	—	—	—
4F-019	控制中心	—	座	238 702.00	安装与调测中心行车 / 防灾广播控制台、中心广播控制机柜、广播系统网管终端以及全线系统测试，机架加固及备品备件等
4F-020	车站	—	站	376 665.00	安装与调测车站行车 / 防灾 / 站台广播控制盒、广播控制机柜、扬声设备、噪声检测器及系统测试，敷设钢管、广播线缆，机架加固及备品备件等
4F-021	车辆段 / 停车场	—	座	885 237.00	安装与调测行车 / 防灾 / 运转广播控制盒、广播控制机柜、扬声设备及系统测试，敷设钢管、广播线缆，机架加固及备品备件等
4.5.7	时钟	—	—	—	—
4F-022	控制中心	—	座	476 531.00	安装与调测中心一级母钟设备、GPS 接收机及天线、监控计算机、子钟，敷设钢管、时钟线缆以及全线时钟系统调试、机架加固及备品备件等
4F-023	车站	—	站	171 127.00	安装与调测车站二级母钟设备、子钟，敷设钢管、时钟线缆以及车站时钟系统调试、机架加固及备品备件等
4F-024	车辆段 / 停车场	—	座	718 716.00	
4.5.8	电源及接地	—	—	—	—
4F-025	控制中心	—	座	1 678 127.00	安装与调测开关电源、UPS 不间断电源、蓄电池、电源切换屏、配电屏、监控设备、中心电源系统联调、机架加固及备品备件等
4F-026	车站	—	站	767 446.00	安装与调测开关电源、UPS 不间断电源、蓄电池、电源切换屏、配电屏、监控设备、车站电源系统联调、机架加固及备品备件等
4F-027	车辆段 / 停车场	—	座	969 801.00	安装与调测开关电源、UPS 不间断电源、蓄电池、电源切换屏、配电屏、监控设备、车辆段电源系统联调、机架加固及备品备件等

续表

指标编号	项目名称	规格	单位	指标基价 / 元	工程内容
4.5.9	集中告警	—	—	—	—
4F-028	控制中心	—	座	1 439 736.00	安装与调测集中告警终端、集中告警软件、交换机、服务器、机架加固及备品备件等
4.6	公安通信	—	—	—	—
4.6.1	传输	—	—	—	—
4F-029	控制中心	—	座	1 620 900.00	安装光纤配线架、数字配线架、综合配线架、安装与调测传输设备、中心网络管理系统、本地维护终端，数字通信通道调测，机架加固，光缆引入及备品备件等
4F-030	车站	—	站	803 678.00	安装光纤配线架、数字配线架、综合配线架、安装与调测传输设备，数字通信通道调测，机架加固，光缆引入及备品备件等
4F-031	派出所	—	处	802 246.00	
4F-032	传输线路	—	km	184 650.00	敷设托架光缆
4.6.2	无线通信	—	—	—	—
4F-033	控制中心	—	座	1 289 110.00	安装与调测中央控制设备、调度控制台、网管设备，敷设电缆、电源线，全线无线系统调试与开通，机架加固及备品备件等
4F-034	车站	—	站	882 433.00	安装与调测集群基站、安装固定台及天线、小天线、功分器，布放射频馈线，敷设防护钢管，集群基站系统调测，机架加固及备品备件等
4F-035	漏缆线路	—	km	331 589.00	架设漏泄同轴电缆及调整测试等
4.6.3	消防无线	—	—	—	—
4F-036	控制中心	—	座	1 343 469.00	安装与调测线路交换设备、无线单点引入设备、网管设备、敷设电缆、电源线，全线无线系统调试与开通，机架加固及备品备件等
4F-037	车站	—	站	508 244.00	安装与调测集群基站、安装固定台及天线、小天线、功分器，布放射频馈线，敷设防护钢管，集群基站系统调测，机架加固及备品备件等

续表

指标编号	项目名称	规格	单位	指标基价 / 元	工程内容
4.6.4	视频监控	—	—	—	—
4F-038	控制中心	—	座	1 561 169.00	安装与调测中心视频控制设备、网管设备、录像回放设备、控制终端、监视器以及机架加固及备品备件等
4F-039	车站	—	站	365 209.00	安装与调测车站控制设备、监视器、机架加固及备品备件等
4F-040	派出所	—	处	984 290.00	安装与调测车站控制设备、控制终端、监视器、录像回放设备、监视器拼接墙以及机架加固及备品备件等
4.6.5	计算机网络	—	—	—	—
4F-041	控制中心	—	座	733 474.00	安装与调测以太网交换机、计算机终端、打印传真机、网管设备、网线，机架加固及备品备件等
4F-042	车站	—	站	164 657.00	安装与调测以太网交换机、计算机终端、配线架、敷设钢管、网线，机架加固及备品备件等
4F-043	派出所	—	处	373 928.00	
4.6.6	公安电话	—	—	—	—
4F-044	控制中心	—	座	268 948.00	安装与调测电话服务器、中继网关、电话管理终端及备品备件等
4F-045	车站	—	站	32 207.00	安装与调测电话接入设备、电话机及备品备件等
4F-046	派出所	—	处	31 422.00	
4.6.7	电源及接地	—	—	—	—
4F-047	控制中心	—	座	821 044.00	安装与调测开关电源、UPS不间断电源、蓄电池、电源切换屏、配电屏、监控设备、中心电源系统联调、机架加固及备品备件等
4F-048	车站	—	站	660 085.00	安装与调测开关电源、UPS不间断电源、蓄电池、电源切换屏、配电屏、监控设备、车站电源系统联调、机架加固及备品备件等
4F-049	派出所	—	处	561 452.00	安装与调测开关电源、UPS不间断电源、蓄电池、电源切换屏、配电屏、监控设备、派出所电源系统联调、机架加固及备品备件等

续表

指标编号	项目名称	规格	单位	指标基价 / 元	工程内容
4.7	办公自动化	—	—	—	—
4F-050	控制中心	—	座	483 150.00	安装与调测以太网交换机、计算机终端、打印传真机、网管设备、网线，机架加固及备品备件等
4F-051	车站	—	站	421 025.00	安装与调测以太网交换机、计算机终端、网线、光缆、市话电缆，机架加固及备品备件等
4F-052	车辆段 / 停车场	—	座	5 656 372.00	
4.8	乘客信息	—	—	—	—
4F-053	控制中心	—	座	2 783 035.00	控制中心乘客信息系统服务器、工作站、交换机、控制器等设备及材料安装
4F-054	车站	—	站	1 373 997.00	车站乘客信息系统指示屏、信息屏、控制器等设备及材料安装
4F-055	车载	—	列	451 298.00	车载乘客信息系统控制器、天线、显示屏等设备及材料安装
5	信号				
5.1	信号综合指标	—	—	—	—
5Z-001	信号	—	正线公里	14 807 145.00	控制中心、正线、车载、车辆段、停车场、维修中心、培训中心、试车线及备品备件及仪器仪表等
5.2	信号分项指标	—	—	—	—
5F-001	控制中心	—	座	19 897 065.00	安装电源、蓄电池、大屏幕显示接口设备、ATS 总机等设备；安装控制中心 DCS 网络管理服务器设备，绘图仪、打印机等
5F-002	正线	—	正线公里	8 122 112.00	沿托架敷设电缆；安装信号机、道岔、计轴设备及各种盘柜等；安装值班员工作站及维修站、转辙机、电源设备、联锁设备、ATS 分机、车站轨旁发送接收设备、车站轨旁 ATP 计算机、车站数据存储及传输设备、计轴设备、打印机、光纤配线架、应答器、维修电话总机、分机、BBU 基站基带单元、BBU 基站射频单元等
5F-003	车载	—	列	2 612 870.00	安装车载设备、车载 ATP 设备调试及车载 ATO 设备调试

续表

指标编号	项目名称	规格	单位	指标基价 / 元	工程内容
5F-004	车辆段	—	座	43 578 355.00	挖沟、铺电缆槽、敷设电缆；安装信号机、道岔、轨道电路及各种盘柜等；安装控制台、应急控制盘、转辙机、电源设备、联锁设备、值班员工作站、ATP 设备、ATS 分机及终端、打印机、维修电话总机及分机等
5F-005	停车场	—	座	23 709 712.00	
5F-006	维修中心	—	处	6 392 673.00	安装维修系统工作、服务器、电源设备等
5F-007	培训中心	—	处	13 623 279.00	安装信号机、道岔、轨道电路及各种盘柜等；安装电源设备、工作站、服务器、转辙机、轨旁发送 / 接收设备、联锁设备、车载设备、计轴设备、ATP 设备、数据存储及传输设备、模拟设备、应答器、打印机、维修电话总机、分机等
5F-008	试车线	—	处	10 760 705.00	挖沟、敷设电缆；安装分界及停车标、轨旁发送接收及各种盘柜等；安装控制台、值班员工作站、转辙机、电源设备、联锁设备、计轴设备、ATP 设备、数据传输设备、LET 设备、打印机、应答器、维修电话总机、分机等
6	供电				
6.1	变电所	—	—	—	—
6Z-001	牵引降压混合变电所	正线 10kV	座	15 436 187.00	供电设备基础预埋件制安，供电设备安装，所内一、二次电缆敷设，设备接地系统的安装，设备单体和系统调试以及送电开通工作等
6Z-002	牵引降压混合变电所	正线 35kV	座	16 497 423.00	
6Z-003	牵引降压混合变电所	车辆段 10kV	座	18 944 096.00	
6Z-004	牵引降压混合变电所	车辆段 35kV	座	20 253 153.00	
6Z-005	降压变电所	正线 10kV	座	6 846 501.00	
6Z-006	降压变电所	正线 35kV	座	7 606 132.00	
6Z-007	跟随式降压变电所	正线 10kV	座	2 934 474.00	
6Z-008	跟随式降压变电所	正线 35kV	座	4 050 484.00	

续表

指标编号	项目名称	规格	单位	指标基价 / 元	工程内容
6Z-009	跟随式降压变电所	车辆段 10kV	座	5 897 755.00	供电设备基础预埋件制安，供电设备安装，所内一、二次电缆敷设，设备接地系统的安装，设备单体和系统调试以及送电开通工作等
6Z-010	跟随式降压变电所	车辆段 35kV	座	7 048 512.00	
6.2	环网电缆	—	—	—	—
6Z-011	环网电缆	10kV	km	1 634 555.00	电缆敷设前的施工测量，电缆支架制安，接地扁钢的安装，电缆敷设，联跳电缆终端头及中间头制安，高压电缆终端头及中间头制安，高低压电缆的固定及绑扎，电缆试验及终端安装等
6Z-012	环网电缆	35kV	km	578 675.00	
6.3	接触网（轨）	—	—	—	—
6Z-013	接触网	正线 刚性	条公里	1 670 210.00	接触网设备及零部件的安装及调试等
6Z-014	接触网	正线 柔性	条公里	1 651 902.00	
6Z-015	接触网	车辆基地 柔性	条公里	1 729 383.00	
6Z-016	接触轨	正线	条公里	2 258 995.00	接触轨设备及零部件的安装及调试等
6Z-017	接触轨	车辆基地	条公里	2 704 125.00	
6.4	电力监控	—	—	—	—
6Z-018	电力监控	—	所	658 091.00	电力监控设备的安装及调试等
6.5	电能质量监测系统	—	—	—	—
6Z-019	电能质量监测系统	—	所	268 963.00	电能质量监测系统设备的安装及调试等
6.6	杂散电流防护	—	—	—	—
6Z-020	杂散电流防护	—	正线公里	942 459.00	杂散电流收集网和牵引变电所内排流装置、监测系统的安装，排流装置和监测系统调试等
6.7	UPS 电源整合	—	—	—	—
6Z-021	UPS 电源整合	—	套	2 024 152.00	UPS 电源整合设备的安装及调试等
6.8	可视化接地系统	—	—	—	—
6Z-022	可视化接地系统	—	套	91 669.00	可视化接地系统设备的安装及调试等

续表

指标编号	项目名称	规格	单位	指标基价 / 元	工程内容
6.9	中压能馈系统	—	—	—	—
6Z-023	中压能馈系统	—	套	2 644 418.00	中压能馈系统设备的安装及调试等
6.10	综合接地系统	—	—	—	—
6Z-024	综合接地系统	—	处	642 303.00	综合接地系统主要材料的安装及测试等
6.11	动力照明	—	—	—	—
6Z-025	地下车站	不含配线及物业开发区域	m^2	977.00	车站内电缆敷设、电缆中间头、终端头、电缆支架等的制安，动力照明设备及材料制安、调试等
6Z-026	地上车站	—	m^2	804.00	
6Z-027	地下区间	—	正线公里	3 567 057.00	区间动力照明设备及线缆制安等
7	综合监控				
7.1	车站综合监控系统	—	—	—	—
7Z-001	车站	—	站	2 905 100.00	设备及设备安装、电缆、光缆、线槽、管道及其他材料安装等
7.2	控制中心综合监控系统	—	—	—	—
7Z-002	控制中心	—	座	25 313 200.00	设备及设备安装、电缆、光缆、线槽、管道及其他材料安装等
7.3	车辆段综合监控系统	—	—	—	—
7Z-003	车辆段	—	座	6 740 800.00	服务器、工作站、交换机等设备及材料安装
8	火灾自动报警、环境与设备监控				
8.1	火灾自动报警系统（FAS）	—	—	—	—
8Z-001	地下车站	—	站	3 069 404.00	火灾自动报警主机、探测器、报警、控制模块等设备及设备安装，电缆、光缆、线槽、管道等材料安装
8Z-002	地上车站	—	站	2 010 715.00	
8Z-003	控制中心	—	座	785 414.00	
8Z-004	地下区间	—	正线公里	667 634.00	
8.2	环境与设备监控系统（BAS）	—	—	—	—
8Z-005	地下车站	—	站	3 477 436.00	环境与设备监控系统的控制器、测量元件、输入输出模块、软件等设备及设备安装，电缆、光缆、线槽、管道及其他材料安装

续表

指标编号	项目名称	规格	单位	指标基价 / 元	工程内容
8Z-006	地上车站	—	站	2 001 619.00	环境与设备监控系统的控制器、软件等设备及设备安装，电缆、光缆、线槽、管道及其他材料安装
8Z-007	地下区间	—	正线公里	254 066.00	环境与设备监控系统的控制器、测量元件、输入输出模块、软件等设备及设备安装，电缆、光缆、线槽、管道及其他材料安装
9	安防与门禁				
9.1	安防系统	—	—	—	—
9Z-001	车辆基地	—	座	9 143 955.00	设备及设备安装、电缆、光缆、线槽、管道及其他材料安装等
9Z-002	车站安检	—	处	798 374.00	X 光行李检查机、金属探测门、液体探测仪、手持金属探测器等设备
9.2	门禁系统	—	—	—	—
9Z-003	车站	—	站	892 542.00	设备及设备安装，电缆、光缆、线槽、管道及其他材料安装等
9Z-004	控制中心	—	座	1 777 741.00	
10	通风、空调与供暖				
10.1	车站通风空调	—	—	—	—
10Z-001	地下车站	不含配线及物业开发区域	m^2	850.00	风管制安、风管阀门、风口等安装，消声器安装，冷却水管、冷凝水管的安装，水阀、过滤器、温度计、压力表等附件安装，管道保温安装，系统设备安装，管道刷漆、吹扫、冲洗等
10Z-002	地上车站	—	m^2	344.00	风管制安，阀门及风口等安装，系统设备安装，管道吹扫、冲洗等
10.2	区间通风	—	—	—	—
10Z-003	地下区间	—	处	1 878 290.00	风阀安装，消声器安装，系统设备安装等
11	给水与排水、消防				
11.1	车站给水与排水、消防	—	—	—	—
11Z-001	地下车站（站内）	不含配线及物业开发区域	m^2	283.00	车站内给水与排水、消防管道及材料设备的安装、调试及相关工作等
11Z-002	地上车站（站内）	—	m^2	275.00	

续表

指标编号	项目名称	规格	单位	指标基价 / 元	工程内容
11.2	地下区间给水与排水、消防	—	—	—	—
11Z-003	地下区间	—	正线公里	1 039 549.00	区间排水泵站设备安装以及区间管线敷设等
11.3	气体灭火	—	—	—	—
11Z-004	地下车站	—	站	1 965 971.00	气体灭火管道铺设、管道密闭性试验及材料设备安装等
12	自动售检票				
12.1	车站自动售检票系统	—	—	—	—
12Z-001	车站	—	站	5 835 830.00	车站自动售检票工作站、检票机、售票机、查询机等设备及材料安装
12.2	控制中心自动售检票系统	—	—	—	—
12Z-002	控制中心	—	座	14 058 880.00	控制中心服务器、工作站、软件等设备及材料安装
12.3	模拟维修培训系统	—	—	—	—
12Z-003	模拟维修培训系统	—	座	3 929 860.00	模拟维修培训系统内的服务器、工作站、系统软件、检票机、售票机、查询机等设备及材料安装
13	站内客运设备、站台门				
13.1	站内客运设备	—	—	—	—
13.1.1	自动扶梯	—	—	—	—
13Z-001	提升高度	4m 以下	部	412 637.00	扶梯运输、安装、调试、电气设备安装等
13Z-002	提升高度	4 ~ 6m	部	511 939.00	
13Z-003	提升高度	6 ~ 10m	部	802 409.00	
13Z-004	提升高度	10 ~ 15m	部	1 232 504.00	
13Z-005	提升高度	15m 以上	部	1 463 851.00	
13.1.2	电梯	—	—	—	—
13Z-006	垂直电梯 混凝土梯	—	部	421 697.00	电梯运输、安装、调试等
13Z-007	垂直电梯 观光梯	—	部	521 697.00	
13.1.3	轮椅升降台	—	—	—	—
13Z-008	提升高度	5m 以内	部	280 500.00	轮椅升降台运输、安装、调试等
13Z-009	提升高度	5 ~ 10m	部	319 000.00	

续表

指标编号	项目名称	规格	单位	指标基价 / 元	工程内容
13.2	站台门	—	—	—	—
13Z–010	全高（半高）站台门	—	门单元	95 809.00	设备及设备安装、电缆、光缆、线槽、管道及其他材料安装等
14	车辆基地				
14.1	生产及办公用房	—	—	—	—
14Z–001	排架结构	—	m^2	4 895.00	土石方、基础、主体结构、装修及通风、给排水及动力照明、屋面结构、防水保温等
14Z–002	框架结构	—	m^2	4 218.00	
14.2	工艺设备	—	—	—	—
14Z–003	工艺设备	大、架修车辆段	座	178 846 976.00	车辆检修设备、综合维修中心设备、物质总库设备、培训中心设备等内容
14Z–004	工艺设备	定修车辆段	座	78 631 080.00	
14Z–005	工艺设备	停车场	座	21 796 390.00	
14.3	车辆基地盖板系统	—	—	—	—
14Z–006	车辆基地平台盖板	—	m^2（投影）	6 736.00	土石方、基础、承台、基础梁、柱、盖板有梁板、夹层有梁板、盖板等工程
15	人防				
15.1	人防门	—	—	—	—
15Z–001	人防门	—	站	5 521 890.00	人防门制安
15.2	防淹门	—	—	—	—
15Z–002	防淹门	—	处	1 965 800.00	防淹门制安

目　录

1 车　站

2 区　间

3 轨　道

4 通　信

5 信　号

6 供　电

7 综 合 监 控

8 火灾自动报警、环境与设备监控

9 安防与门禁

10 通风、空调与供暖

11 给水与排水、消防

12 自动售检票

13 站内客运设备、站台门

14 车 辆 基 地

15 人 防

1 车　　站

说　　明

本章内容为车站土建工程的综合指标和分项指标。

一、综合指标

1. 综合指标按站位不同分为地下车站、高架及地面车站。地下车站按功能、车站型式、施工方法、围护结构的不同进行细分。高架及地面车站按结构形式不同分为建桥结合、建桥分离两种形式。

2. 综合指标的取定见表 1–1、表 1–2。

表 1–1　地下车站工程概况选定表

工法	车站型式	工程概况		
		结构型式	施工方法	站中心覆土厚 /m
明挖	地下二层侧式站	双层	土钉墙 + 砂浆锚杆围护	2 ~ 3
	地下二层岛式站	二层三跨	连续墙、灌注桩排桩围护墙	2 ~ 3
	地下三层岛式站	三层三跨	连续墙、灌注桩排桩围护墙	3 ~ 4
盖挖	地下二层	二层三跨	盖挖逆作　连续墙围护	2 ~ 3
	地下二层	二层三跨	盖挖逆作　灌注桩排桩围护墙	2 ~ 3
装配式	地下两层	—	明挖装配式	2 ~ 3
无柱式	地下两层	—	明挖无柱式	2 ~ 3
暗挖	地下二层岛式站	二层三跨	PBA 工法	6 ~ 8
	出入口及风道	—	CRD 工法	6 ~ 10

表 1–2　高架及地面车站工程概况选定表

车站型式	工程概况	
	车站型式	屋盖形式
高架车站	桥建结合	钢屋架 + 屋面板
高架车站	桥建分离	钢筋混凝土结构
地面车站	二层侧式	钢筋混凝土结构

当实际选用的车站型式与指标的基础数据相差较大时,可根据相应分项指标重新组合确定。

3. 车站综合指标未包括监测、车站装饰、站内外附属设施等内容,以上指标可参考表 1–3 中的数据或结合实际情况取定。

表 1–3　车站综合指标参考汇总

序号	项目名称	单位	指标	备注
一	车站装饰			
1	地下站	m^2	1 000 ~ 1 400 元	按车站总建筑面积计算(带配线车站需扣除配线不装修面积)。门窗、隔墙并入装饰范畴
2	地面站(含外立面装修)	m^2	1 500 ~ 2 000 元	
3	高架站(含外立面装修)	m^2	1 500 ~ 2 000 元	

续表 1-3

序号	项目名称	单位	指标	备注
二	站内、站外附属设施			
1	站内附属设施、局部小绿化	站	10 万 ~ 15 万元	—
2	路引、标志等导向设施	站	80 万 ~ 100 万元	—
3	地面出入口	座	50 万 ~ 60 万元	混凝土结构
4	地面出入口	座	100 万 ~ 120 万元	钢结构
5	地面风亭	组	20 万 ~ 30 万元	
6	天桥（钢筋混凝土结构）	m^2	5 000 ~ 7 000 元	按水平投影面积计算
7	天桥（钢结构）	m^2	8 000 ~ 10 000 元	—
8	站前广场	m^2	350 ~ 500 元	—
9	站外绿化	m^2	200 ~ 300 元	—
三	其他			
1	施工监测（明挖、盖挖法车站）	m^2	80 ~ 100 元	—
2	施工监测（暗挖法车站）	m^2	100 ~ 150 元	—

注：1. 高架及地面车站装饰指标均含车站外立面装修；不包括钢屋架的屋面板费用，发生时可根据实际选用的材料按市场价格计算。
2. 地面车站的屋面钢结构可按 1 050 元 /m^2 估算。

4. 其他有关说明。

（1）地下车站建筑面积的计取。

围护结构内有内衬的车站，其建筑面积按内衬外围水平面积计算；若围护结构外另有土体加固用作隔水帷幕，该部分不计面积。层高在 2.2m 以内的结构，计算 1/2 建筑面积。

（2）高架车站形式的确定。

桥建结合：高架站先形成空间框架结构，再在其上形成连续板梁。该结构体系受力合理，结构整体性和稳定性好。

桥建分离：主体结构分两部分：车站建筑和高架桥。车站建筑包在高架桥之外，高架桥从房屋建筑中穿过，二者在结构上完全分开。

（3）盖挖法车站指标的套用。

盖挖法车站综合指标不包括军用梁、钢盖板体系等内容，发生时根据工程实际情况，结合市场价格另行计算。

（4）装配式车站。

装配式车站是围护结构为桩锚围护结构体系。

装配式车站的装配式指标采用的是吉林省计价依据（目前实施最多的地区），工料机的价格是按照本次规定的北京市工程造价信息价格执行。本次测算的预制拼装管片的材料费按照 50 万元 / 环计算（每环环宽 2m，拼装后车站结构外皮的宽度为 20.5m，包含了预制混凝土 117m^3，填充混凝土 27m^3，钢筋 22.5t），此费用需结合各地市场的水平和拼装管片模具的摊销情况换算。

二、分项指标

1. 车站分项指标按照工程主要结构分部的不同形式加以划分，并对一些项目加以组合。明挖、盖挖车站按照围护结构、土方、石方及支撑、主体结构、地基加固等内容细分；暗挖车站按土方及支撑、初期支护、衬砌及防水、土体地基加固等内容细分；暗挖车站的机械或静力爆破石方指标可参照区间分项指标计算。

2. 分项指标取定的参考值见表 1-4。

表 1-4　分项指标取定参考值

序号	名称	取值范围
一	钢筋含量	
1	灌注桩排桩围护墙	160 ~ 190kg/m³
2	地下连续墙围护	170 ~ 200kg/m³
3	主体内部结构	170 ~ 200kg/m³
4	拱形结构　初衬钢筋网	30kg/m³
5	拱形结构　初衬钢格栅及连接筋	220kg/m³
6	拱形结构　二衬	180kg/m²
二	其他	
1	土方运距	20km
2	泥浆运距	20km
3	大型钢支撑运距	15km

3. 其他有关说明。

（1）指标编制说明。

1）明挖地下连续墙围护、盖挖地下连续墙围护综合指标不适用于采用双轮铣成槽工艺的地下连续墙围护形式的车站；明挖咬合桩围护墙综合指标不适用硬切割的咬合切割工艺；以上工艺使用指标时，需进行测算调整。

2）余泥渣土外运运距按照 20km 计算。

3）回填土运距按照 20km 计算，未计购土费用。

4）渣土消纳费：仅计算在施工中产生的无回收再利用价值的废弃物，如凿除的桩头、土壤中的填埋垃圾、凿除路面的面层及基层的渣土等按 30 元 /t 计列渣土消纳费，不再计取税金。

5）钢支撑、钢围檩运距统一按 15km 考虑。

6）明挖、盖挖地下结构坑内降水按深井井点计列费用，采用其他类型的降水井时，可以自行测算。井点使用天数综合考虑：标准站 10 个月，换乘站 12 个月，车站带有盾构井、轨排井的降水井 14 个月，车站带有配线相应部分的降水井增加 3 个月使用时间；明挖区间 10 个月；车站附属出入口通道 6 个月。

7）水泥土搅拌桩按照水泥掺量 12% 计算，水泥掺量不同时，可按照分项指标表进行测算。

（2）数量计算说明。

1）地下连续墙深度按设计槽深（墙底至冠梁底）加超灌 0.5m；灌注桩排桩围护墙按设计桩深（桩底至冠梁底）加超灌 1.0m。

2）车站暗挖土方按设计结构外围断面（其中拱、墙部位以设计结构初衬外侧各增加 100mm）面积乘以设计长度以 "m^3" 计算。

3）防水层面积按设计图示尺寸以 "m^2" 计算。

4）水泥粉煤灰碎石桩、水泥土搅拌桩、高压喷射注浆桩数量按照布桩后的桩体体积计算（咬合部分重新计算）。

5）冻结法地基加固数量按冻结土体体积计算。

三、明挖、盖挖车站模型特征说明

1. 本指标测算的模型特征见表 1-5 ~ 表 1-12。

表 1-5 明挖地下两层连续墙围护车站模型特征

序号	特征名称	单位	特征值（或说明）
1	建筑结构形式	—	地下二层岛式
2	主体建筑面积	m^2	8 413.98
3	主体围护方式	—	地下连续墙 0.8m
4	围护结构插入比	—	1∶0.5
5	车站长度、宽度	m	205/19.7
6	车站基坑深度	m	16.88
7	板顶覆土	m	3
8	顶板 / 侧墙 / 底板厚度	m	0.8/0.8/0.9
9	地质条件	—	一、二类土
10	出入口	座 /m^2	4/3 442
	围护方式	—	灌注桩排桩围护墙
11	风道	座 /m^2	2/1 933
	围护方式	—	灌注桩排桩围护墙

表 1-6 明挖地下三层连续墙围护车站模型特征

序号	特征名称	单位	特征值（或说明）
1	建筑结构形式	—	地下三层岛式
2	主体建筑面积	m^2	10 268
3	主体围护方式	—	地下连续墙 1m
4	围护结构插入比	—	1∶0.5
5	车站长度、宽度	m	152.4/20.7
6	车站基坑深度	m	24.99
7	板顶覆土	m	4
8	顶板 / 侧墙 / 底板厚度	m	0.9/0.8/1
9	地质条件	—	一、二类土
10	出入口	座 /m^2	4/2 328
	围护方式	—	灌注桩排桩围护墙
11	风道	座 /m^2	2/2 030
	围护方式	—	灌注桩排桩围护墙

表 1–7 明挖地下两层灌注桩排桩围护墙车站模型特征

序号	特征名称	单位	特征值（或说明）
1	建筑结构形式	—	地下二层岛式
2	主体建筑面积	m^2	9 952
3	主体围护方式	—	灌注桩排桩围护墙 ϕ1 000@1 400
4	围护结构插入比	—	1：0.4
5	车站长度、宽度	m	229/21.3
6	车站基坑深度	m	20.98
7	板顶覆土	m	4.76
8	顶板 / 侧墙 / 底板厚度	m	0.8/0.7/0.9
9	地质条件	—	三类土
10	出入口	座 /m^2	4/3 230
	围护方式	—	灌注桩排桩围护墙
11	风道	座 /m^2	2/2 230
	围护方式	—	灌注桩排桩围护墙

表 1–8 明挖地下三层灌注桩排桩围护墙车站模型特征

序号	特征名称	单位	特征值（或说明）
1	建筑结构形式	—	地下三层岛式
2	主体建筑面积	m^2	10 112
3	主体围护方式	—	灌注桩排桩围护墙 ϕ1 000@1 500
4	围护结构插入比	—	1：0.4
5	车站长度、宽度	m	201/21.7
6	车站基坑深度	m	17.5
7	板顶覆土	m	3
8	顶板 / 侧墙 / 底板厚度	m	0.8/0.8/1.0
9	地质条件	—	一、二类土
10	出入口	座 /m^2	4/1 398
	围护方式	—	灌注桩排桩围护墙 ϕ600@800
11	风道	座 /m^2	2/3 270
	围护方式	—	灌注桩排桩围护墙 ϕ600@800

表 1-9 明挖地下两层咬合桩围护墙车站模型特征

序号	特征名称	单位	特征值（或说明）
1	建筑结构形式	—	地下二层岛式
2	主体建筑面积	m^2	8 683
3	主体围护方式	—	灌注桩排桩围护墙 ϕ1 000@750
4	围护结构插入比	—	1∶0.20
5	车站长度、宽度	m	203/20.7
6	车站基坑深度	m	16.68
7	板顶覆土	m	3.17
8	顶板 / 侧墙 / 底板厚度	m	0.8/0.7/0.9
9	地质条件	—	一、二类土
10	出入口	座 /m^2	4/2 118
	围护方式	—	灌注桩排桩围护墙 ϕ600@800
11	风道	座 /m^2	2/2 521
	围护方式	—	灌注桩排桩围护墙 ϕ600@800

表 1-10 明挖地下两层锚索及土钉墙围护明挖标准车站模型特征

序号	特征名称	单位	特征值（或说明）
1	建筑结构形式	—	地下二层侧式
2	主体建筑面积	m^2	12 126.23
3	主体围护方式	—	放坡
4	围护结构插入比	—	—
5	车站长度、宽度	m	240/25.2
6	车站基坑深度	m	17.45
7	板顶覆土	m	3.3
8	顶板 / 侧墙 / 底板厚度	m	0.8/0.75/0.9
9	地质条件	—	土方占比 10%、石方为主
10	出入口	座 /m^2	4/2 254
	围护方式	—	放坡
11	风道	座 /m^2	2/2 274
	围护方式	—	放坡

表 1–11 盖挖地下两层灌注桩排桩围护墙车站模型特征

序号	特征名称	单位	特征值（或说明）
1	建筑结构形式	—	地下二层岛式
2	主体建筑面积	m^2	9 540
3	主体围护方式	—	灌注桩排桩围护墙 ϕ800@1 200
4	围护结构插入比	—	1：0.4
5	车站长度、宽度	m	219/21.0
6	车站基坑深度	m	16.75
7	板顶覆土	m	3.3
8	顶板 / 侧墙 / 底板厚度	m	0.8/0.7/0.9
9	地质条件	—	一、二类土
10	出入口	座 /m^2	4/2 640
	围护方式	—	灌注桩排桩围护墙 ϕ600@800
11	风道	座 /m^2	2/900
	围护方式	—	灌注桩排桩围护墙 ϕ600@800

表 1–12 盖挖地下两层连续墙围护墙车站模型特征

序号	特征名称	单位	特征值（或说明）
1	建筑结构形式	—	地下二层岛式
2	主体建筑面积	m^2	12 723
3	主体围护方式	—	地下连续墙 1.0m
4	围护结构插入比	—	1：0.5
5	车站长度、宽度	m	169/23.4
6	车站基坑深度	m	24.6
7	板顶覆土	m	3.3
8	顶板 / 侧墙 / 底板厚度	m	0.8/0.7/0.9
9	地质条件	—	一、二类土
10	出入口	座 /m^2	4/3 677
	围护方式	—	地下连续墙 0.8m
11	风道	座 /m^2	2/4 230
	围护方式	—	地下连续墙 0.8m

2. 可调指标表（参考）。

根据上述明挖、盖挖车站模型特征，我们可以根据下面两个可调指标表对实际数据进行调整，本指标列举了 800mm 厚地连墙的双层车站、ϕ1 000@1 400 灌注桩排桩围护墙的双层车站的数量指标和分项单价指标，如何完成车站综合指标计算，根据模型的特征如何进行换算。全国各地不同城市的地质条件不同，对于明挖、盖挖车站来说主要变化为围护结构厚度和插入比、埋深、墙板厚度变化等，给定条件后能够简单的换算，达到指标测算的目的。

三层车站的模型与两层二层车站的数量指标相差不大，估算时可以参照表 1–13、表 1–14 使用。

表 1-13 明挖双层地下连续墙围护车站可调指标表

节号	工程及费用名称	单位	可调指标项		车站指标 / 元	备注
			数量指标	单价指标 / 元		
			A	B	C=A × B	
—	车站主体	—	—	—	—	—
1	明挖地下车站	m^2（建筑）	1	13 191	13 191	800 厚连续墙，插入比为 1∶0.5
1.1	围护结构（连续墙）	m^3	1.19	4 115	4 898	
1.2	土石方、支撑、降水	m^3	9.5	227	2 153	—
1.2.1	土石方	m^3	9.5	130	1 235	—
1.2.2	混凝土支撑	m^3	0.04	3 302	116	—
1.2.3	钢支撑	t	0.134	4 523	607	—
1.2.4	降水	口	0.003	58 628	195	—
1.3	内部结构及防水	m^3	1.89	3 249	6 141	—
1.3.1	内部结构	m^3	1.89	3 020	5 707	—
1.3.2	防水	m^3	1.9	228	433	—
土建概算总额		m^2（建筑）	1	13 191	13 191	—
2	地基加固	m^2（建筑）	根据各地区地质情况或设计情况测算			指标不包含项目
3	施工监测	m^2（建筑）	—	80~100	—	
4	装修	m^2（建筑）	—	1 000~1 400	—	
5	站内、站外附属设施	项	见车站综合指标参考汇总			
车站概算总额		m^2（建筑）	—	—	1+2+3+4+5	—
说明	可调指标项依据实际条件与模型条件的差别进行调整，最重要的指标围护结构插入比、连续墙的厚度、混凝土及钢筋单价、及取费比例，例如： 1. 实际车站连续墙为 1 000mm 厚连续墙，需调整数量指标项，1.19 × 1 000/800=1.488； 2. 实际车站连续墙插入比为 1∶1，需调整数量指标项，1.19 × 2/1.5=1.587； 3. 混凝土的单价上涨 100 元，可以直接调整连续墙、混凝土支撑及内部结构的混凝土价格，如连续墙指标 4 115 变为 4 215，混凝土支撑指标 3 302 变为 3 402，内部结构 3 020 变为 3 120，然后对表格重新计算					

表 1–14 明挖双层灌注桩排桩围护墙车站可调指标表

节号	工程及费用名称	单位	可调指标项		车站指标 / 元	备注
			数量指标	单价指标 / 元		
			A	B	C=A × B	—
—	车站主体	—	—	—	—	—
1	明挖地下车站	m^2（建筑）	1	12 248	12 248	—
1.1	围护结构（钻孔桩）	m^3	0.84	3 885	3 263	ϕ1 000@1 400，插入比 1∶0.4
1.2	土石方、支撑、降水	m^3	10.84	236	2 554	—
1.2.1	土石方	m^3	10.84	130	1 410	—
1.2.2	混凝土支撑	m^3	0.04	3 302	119	—
1.2.3	钢支撑	t	0.162	4 523	733	—
1.2.4	降水	口	0.005	58 628	293	—
1.3	内部结构及防水	m^3	1.97	3 264	6 430	—
1.3.1	内部结构	m^3	1.97	3 020	5 949	—
1.3.2	防水	m^3	2.11	228	481	—
土建概算总额		m^2（建筑）	1	12 248	12 248	—
2	地基加固	m^2（建筑）	根据各地区地质情况或设计情况测算			指标不包含项目
3	施工监测	m^2（建筑）	—	80~100	—	
4	装修	m^2（建筑）	—	1 000~1 400	—	
5	站内、站外附属设施	项	见车站综合指标参考汇总			
车站概算总额		m^2（建筑）	1	—	1+2+3+4+5	—
说明	可调指标项依据实际条件与模型条件的差别进行调整，最重要的指标围护结构插入比、桩径、间距、混凝土及钢筋单价及取费比例，例如： 1. 实际为 ϕ800@1 300 需调整数量指标项，插入比相同情况下，0.84 × [0.502（800 桩断面）/1.3]/[0.785（1 000 桩断面）/1.4]=0.578 5； 2. 实际车站灌注桩排桩围护墙插入比为 1∶0.3，需调整数量指标项，0.84 × 1.3/1.4=0.78； 3. 混凝土的单价上涨 100 元，可以直接调整钻孔桩、混凝土支撑及内部结构的混凝土价格，钻孔桩指标 3 885 变为 3 985，混凝土支撑指标 3 302 变为 3 402，内部结构 3 020 变为 3 120，然后对表格重新计算					

1.1 地下车站

1.1.1 车站主体

工程内容: 围护结构、土方、支撑及降水、混凝土结构及防水等,不含监测、装修及附属设施费用。

单位: m^2

指标编号				1Z-001	
序号	项目		单位	明挖 地下连续墙围护	
				地下两层站	占指标基价 /%
指标基价			元	13 191.00	100.00
一	建筑安装工程费		元	13 191.00	100.00
二	设备购置费		元	—	—
建筑安装工程费					
直接费	人工费	人工	工日	16.96	—
		措施费分摊	元	49.87	—
		人工费小计	元	1 966.39	14.91
	材料费	型钢	kg	28.37	—
		钢筋 ϕ10 以内	kg	81.22	—
		钢筋 ϕ10 以外	kg	533.45	—
		柴油	kg	58.50	—
		电	kW·h	221.10	—
		预拌混凝土 C20	m^3	0.29	—
		预拌混凝土 C25	m^3	0.05	—
		预拌混凝土 C30	m^3	0.28	—
		预拌混凝土 C35	m^3	1.19	—
		预拌混凝土 C40	m^3	1.88	—
		预拌混凝土 C50	m^3	0.04	—
		高分子自粘胶膜防水卷材 1.5 厚	m^2	1.33	—
		其他材料费	元	635.69	—
		措施费分摊	元	542.30	—
		材料费小计	元	6 480.00	49.12
	施工机具使用费	履带式液压抓斗成槽机	台班	0.07	—
		挖掘机 $1m^3$	台班	0.11	—
		履带式起重机 40t	台班	0.05	—
		泥浆制作循环设备	台班	0.06	—
		混凝土输送泵车	台班	0.04	—
		自卸汽车 12t	台班	0.45	—
		其他施工机具使用费	元	329.36	—
		措施费分摊	元	31.17	—
		施工机具使用费小计	元	1 112.80	8.44
	直接费小计		元	9 559.19	72.47
综合费用			元	3 632.00	27.53
合　计			元	13 191.00	100.00

工程内容：围护结构、土方、支撑及降水、混凝土结构及防水等，不含监测、装修及附属设施费用。

单位：m^2

序号	项目		单位	1Z-002 明挖 地下连续墙围护 地下三层站	占指标基价 /%
指标基价			元	13 386.00	100.00
一	建筑安装工程费		元	13 386.00	100.00
二	设备购置费		元	—	—
直接费					
直接费	人工费	人工	工日	18.35	—
		措施费分摊	元	50.62	—
		人工费小计	元	2 124.52	15.87
	材料费	型钢	kg	23.02	—
		钢筋 ϕ10 以内	kg	73.13	—
		钢筋 ϕ10 以外	kg	477.76	—
		柴油	kg	77.37	—
		电	kW·h	224.43	—
		预拌混凝土 C20	m^3	0.14	—
		预拌混凝土 C25	m^3	0.05	—
		预拌混凝土 C30	m^3	0.29	—
		预拌混凝土 C35	m^3	1.03	—
		预拌混凝土 C40	m^3	1.54	—
		预拌混凝土 C50	m^3	0.06	—
		钢管（综合）	kg	21.69	—
		高分子自粘胶膜防水卷材 1.5 厚	m^2	1.29	—
		其他材料费	元	716.88	—
		措施费分摊	元	550.52	—
		材料费小计	元	6 164.96	46.06
	施工机具使用费	履带式液压抓斗成槽机	台班	0.18	—
		挖掘机 1m^3	台班	0.11	—
		履带式起重机 40t	台班	0.05	—
		泥浆制作循环设备	台班	0.08	—
		混凝土输送泵车	台班	0.03	—
		自卸汽车 12t	台班	0.46	—
		其他施工机具使用费	元	269.89	—
		措施费分摊	元	31.64	—
		施工机具使用费小计	元	1 410.01	10.53
	直接费小计		元	9 699.49	72.46
综合费用			元	3 686.21	27.54
合计			元	13 386.00	100.00

工程内容：围护结构、土方、支撑及降水、混凝土结构及防水等，不含监测、装修及附属设施费用。

单位：m^2

<table>
<tr><td colspan="3">指 标 编 号</td><td colspan="2">1Z-003</td></tr>
<tr><td rowspan="2">序号</td><td rowspan="2" colspan="2">项 目</td><td rowspan="2">单位</td><td colspan="2">明挖 灌注桩排桩围护墙</td></tr>
<tr><td>地下两层站</td><td>占指标基价 /%</td></tr>
<tr><td colspan="3">指标基价</td><td>元</td><td>12 248.00</td><td>100.00</td></tr>
<tr><td>一</td><td colspan="2">建筑安装工程费</td><td>元</td><td>12 248.00</td><td>100.00</td></tr>
<tr><td>二</td><td colspan="2">设备购置费</td><td>元</td><td>—</td><td>—</td></tr>
<tr><td colspan="6">直 接 费</td></tr>
<tr><td rowspan="28">直接费</td><td rowspan="3">人工费</td><td>人工</td><td>工日</td><td>17.10</td><td>—</td></tr>
<tr><td>措施费分摊</td><td>元</td><td>47.19</td><td>—</td></tr>
<tr><td>人工费小计</td><td>元</td><td>1 979.22</td><td>16.16</td></tr>
<tr><td rowspan="13">材料费</td><td>型钢</td><td>kg</td><td>3.26</td><td>—</td></tr>
<tr><td>钢筋 ϕ10 以内</td><td>kg</td><td>102.94</td><td>—</td></tr>
<tr><td>钢筋 ϕ10 以外</td><td>kg</td><td>421.90</td><td>—</td></tr>
<tr><td>柴油</td><td>kg</td><td>43.76</td><td>—</td></tr>
<tr><td>电</td><td>kW·h</td><td>342.11</td><td>—</td></tr>
<tr><td>预拌混凝土 C20</td><td>m^3</td><td>0.19</td><td>—</td></tr>
<tr><td>预拌混凝土 C30</td><td>m^3</td><td>1.15</td><td>—</td></tr>
<tr><td>预拌混凝土 C40</td><td>m^3</td><td>1.56</td><td>—</td></tr>
<tr><td>预拌混凝土 C50</td><td>m^3</td><td>0.06</td><td>—</td></tr>
<tr><td>高分子自粘胶膜防水卷材 1.5 厚</td><td>m^2</td><td>1.90</td><td>—</td></tr>
<tr><td>其他材料费</td><td>元</td><td>781.36</td><td>—</td></tr>
<tr><td>措施费分摊</td><td>元</td><td>513.21</td><td>—</td></tr>
<tr><td>材料费小计</td><td>元</td><td>5 745.94</td><td>46.91</td></tr>
<tr><td rowspan="9">施工机具使用费</td><td>汽车起重机 8t</td><td>台班</td><td>0.06</td><td>—</td></tr>
<tr><td>履带式起重机 25t</td><td>台班</td><td>0.05</td><td>—</td></tr>
<tr><td>挖掘机 1m^3</td><td>台班</td><td>0.11</td><td>—</td></tr>
<tr><td>回旋钻机 ϕ1 000 以内</td><td>台班</td><td>0.42</td><td>—</td></tr>
<tr><td>混凝土输送泵车</td><td>台班</td><td>0.03</td><td>—</td></tr>
<tr><td>自卸汽车 12t</td><td>台班</td><td>0.44</td><td>—</td></tr>
<tr><td>其他施工机具使用费</td><td>元</td><td>272.96</td><td>—</td></tr>
<tr><td>措施费分摊</td><td>元</td><td>29.49</td><td>—</td></tr>
<tr><td>施工机具使用费小计</td><td>元</td><td>1 135.54</td><td>9.27</td></tr>
<tr><td colspan="2">直接费小计</td><td>元</td><td>8 860.71</td><td>72.34</td></tr>
<tr><td colspan="3">综合费用</td><td>元</td><td>3 387.36</td><td>27.66</td></tr>
<tr><td colspan="3">合 计</td><td>元</td><td>12 248.00</td><td>100.00</td></tr>
</table>

工程内容：围护结构、土方、支撑及降水、混凝土结构及防水等，不含监测、装修及附属设施费用。

单位：m^2

指标编号				1Z-004	
序号	项目		单位	明挖 灌注桩排桩围护墙	
				地下三层站	占指标基价 /%
指标基价			元	12 480.00	100.00
一	建筑安装工程费		元	12 480.00	100.00
二	设备购置费		元	—	—
直接费					
直接费	人工费	人工	工日	18.57	—
		措施费分摊	元	48.32	—
		人工费小计	元	2 146.44	17.20
	材料费	钢筋 ϕ10 以内	kg	97.49	—
		钢筋 ϕ10 以外	kg	393.02	—
		柴油	kg	54.15	—
		电	kW·h	346.46	—
		预拌混凝土 C20	m^3	0.21	—
		预拌混凝土 C30	m^3	0.86	—
		预拌混凝土 C40	m^3	1.85	—
		预拌混凝土 C50	m^3	0.03	—
		钢管（综合）	kg	34.50	—
		高分子自粘胶膜防水卷材 1.5 厚	m^2	1.64	—
		其他材料费	元	526.99	—
		措施费分摊	元	525.52	—
		材料费小计	元	5 534.95	44.35
	施工机具使用费	挖掘机 $1m^3$	台班	0.12	—
		回旋钻机 ϕ1 000 以内	台班	0.36	—
		冲击钻机	台班	0.33	—
		混凝土输送泵车	台班	0.03	—
		自卸汽车 12t	台班	0.52	—
		其他施工机具使用费	元	357.72	—
		措施费分摊	元	30.20	—
		施工机具使用费小计	元	1 334.12	10.69
	直接费小计		元	9 015.51	72.24
综合费用			元	3 464.92	27.76
合计			元	12 480.00	100.00

工程内容：围护结构、土方、支撑及降水、混凝土结构及防水等，不含监测、装修及附属设施费用。

单位：m^2

指标编号				1Z-005	
序号	项目		单位	明挖 咬合式排桩围护	
				地下两层站	占指标基价 /%
指标基价			元	12 173.00	100.00
一	建筑安装工程费		元	12 173.00	100.00
二	设备购置费		元	—	—
建筑安装工程费					
直接费	人工费	人工	工日	15.42	—
		措施费分摊	元	47.03	—
		人工费小计	元	1 789.89	14.70
	材料费	钢筋 ϕ10 以内	kg	95.33	—
		钢筋 ϕ10 以外	kg	387.11	—
		柴油	kg	41.57	—
		电	kW·h	177.33	—
		预拌混凝土 C20	m^3	0.16	—
		预拌混凝土 C30	m^3	1.79	—
		预拌混凝土 C40	m^3	1.83	—
		预拌混凝土 C50	m^3	0.06	—
		钢管（综合）	kg	11.68	—
		高分子自粘胶膜防水卷材 1.5 厚	m^2	1.38	—
		其他材料费	元	431.56	—
		措施费分摊	元	511.41	—
		材料费小计	元	5 471.78	44.95
	施工机具使用费	履带式起重机 15t	台班	0.04	—
		挖掘机 $1m^3$	台班	0.09	—
		混凝土输送泵车	台班	0.03	—
		自卸汽车 12t	台班	0.44	—
		钻孔咬合桩机	台班	0.15	—
		其他施工机具使用费	元	241.69	—
		措施费分摊	元	29.39	—
		施工机具使用费小计	元	1 540.43	12.65
	直接费小计		元	8 802.10	72.31
综合费用			元	3 371.37	27.69
合　计			元	12 173.00	100.00

工程内容：土方、边坡防护、排水、混凝土结构及防水等，不含监测、装修及附属设施费用。

单位：m^2

指标编号				1Z-006	
序号	项目		单位	明挖 锚索及土钉墙围护	
				地下两层站	占指标基价 /%
指标基价			元	10 023.00	100.00
一	建筑安装工程费		元	10 023.00	100.00
二	设备购置费		元	—	—
建筑安装工程费					
直接费	人工费	人工	工日	11.16	—
		措施费分摊	元	36.72	—
		人工费小计	元	1 297.48	12.94
	材料费	钢筋 ϕ10 以内	kg	92.28	—
		钢筋 ϕ10 以外	kg	330.48	—
		柴油	kg	82.65	—
		电	kW·h	244.50	—
		预拌混凝土 C20	m^3	0.11	—
		预拌混凝土 C30	m^3	0.13	—
		预拌混凝土 C40	m^3	1.78	—
		预拌混凝土 C50	m^3	0.07	—
		高分子自粘胶膜防水卷材 1.5 厚	m^2	0.61	—
		聚氨酯防水涂料	m^2	5.73	—
		预拌喷射混凝土干料 C25	t	0.53	—
		其他材料费	元	639.46	—
		措施费分摊	元	399.33	—
		材料费小计	元	4 792.71	47.82
	施工机具使用费	轮胎装载机 1.5m^3	台班	0.28	—
		挖掘机 1m^3	台班	0.15	—
		混凝土输送泵车	台班	0.03	—
		潜水泵 ϕ50	台班	2.37	—
		自卸汽车 12t	台班	1.02	—
		其他施工机具使用费	元	192.47	—
		措施费分摊	元	22.95	—
		施工机具使用费小计	元	1 037.68	10.35
	直接费小计		元	7 127.87	71.11
综合费用			元	2 895.35	28.89
合 计			元	10 023.00	100.00

工程内容: 围护结构、土方、支撑及降水、混凝土结构及防水等,不含监测、装修及附属设施费用。

单位: m^2

指标编号				1Z-007	
序号	项目		单位	盖挖 地下连续墙围护	
				地下两层站	占指标基价 /%
指标基价			元	15 483.00	100.00
一	建筑安装工程费		元	15 483.00	100.00
二	设备购置费		元	—	—
直接费					
直接费	人工费	人工	工日	20.51	—
		措施费分摊	元	59.22	—
		人工费小计	元	2 376.73	15.35
	材料费	型钢	kg	40.16	—
		钢筋 ϕ10 以内	kg	67.49	—
		钢筋 ϕ10 以外	kg	605.33	—
		柴油	kg	65.51	—
		电	kW·h	245.35	—
		预拌混凝土 C20	m^3	0.10	—
		预拌混凝土 C25	m^3	0.84	—
		预拌混凝土 C30	m^3	0.02	—
		预拌混凝土 C35	m^3	2.17	—
		预拌混凝土 C40	m^3	1.72	—
		预拌混凝土 C50	m^3	0.10	—
		钢管柱	t	0.03	—
		高分子自粘胶膜防水卷材 1.5 厚	m^2	1.28	—
		其他材料费	元	523.54	—
		措施费分摊	元	631.23	—
		材料费小计	元	7 605.71	49.12
	施工机具使用费	履带式液压抓斗成槽机	台班	0.12	—
		履带式起重机 40t	台班	0.07	—
		泥浆制作循环设备	台班	0.11	—
		混凝土输送泵车	台班	0.12	—
		旋挖钻机 ϕ1 000 以外	台班	0.02	—
		自卸汽车 12t	台班	0.40	—
		其他施工机具使用费	元	418.45	—
		措施费分摊	元	36.28	—
		施工机具使用费小计	元	1 305.99	8.44
	直接费小计		元	11 288.43	72.91
综合费用			元	4 194.51	27.09
合计			元	15 483.00	100.00

工程内容：围护结构、土方、支撑及降水、混凝土结构及防水等，不含监测、装修及附属设施费用。

单位：m^2

指标编号				1Z-008	
序号	项目		单位	盖挖 灌注桩排桩围护墙	
				地下两层站	占指标基价 /%
指标基价			元	14 688.00	100.00
一	建筑安装工程费		元	14 688.00	100.00
二	设备购置费		元	—	—
直　接　费					
直接费	人工费	人工	工日	22.33	—
		措施费分摊	元	56.75	—
		人工费小计	元	2 579.84	17.56
	材料费	钢筋 ϕ10 以内	kg	124.30	—
		钢筋 ϕ10 以外	kg	526.25	—
		柴油	kg	37.90	—
		电	kW·h	409.65	—
		预拌混凝土 C20	m^3	0.12	—
		预拌混凝土 C25	m^3	0.11	—
		预拌混凝土 C30	m^3	1.29	—
		预拌混凝土 C40	m^3	2.27	—
		预拌混凝土 C50	m^3	0.04	—
		高分子自粘胶膜防水卷材 1.5 厚	m^2	1.79	—
		预拌喷射混凝土干料 C25	t	0.24	—
		其他材料费	元	451.01	—
		措施费分摊	元	617.18	—
		材料费小计	元	6 728.24	45.81
	施工机具使用费	汽车起重机 8t	台班	0.07	—
		小翻斗车（综合）	台班	0.25	—
		龙门式起重机 10t	台班	0.07	—
		回旋钻机 ϕ1 000 以内	台班	0.68	—
		电动卷扬机 双筒	台班	0.22	—
		自卸汽车 12t	台班	0.50	—
		其他施工机具使用费	元	257.17	—
		措施费分摊	元	35.47	—
		施工机具使用费小计	元	1 318.27	8.98
	直接费小计		元	10 626.35	72.35
综合费用			元	4 061.28	27.65
合　计			元	14 688.00	100.00

工程内容：土方、支护、初衬及二衬混凝土结构及防水、洞内临时工程等，不含监测、装修及附属设施费用。

单位：m^2

指标编号				1Z-009	
序号	项目		单位	暗挖（洞桩法 PBA）	
				二层三跨 土质	占指标基价 /%
指标基价			元	24 723.00	100.00
一	建筑安装工程费		元	24 723.00	100.00
二	设备购置费		元	—	—
建筑安装工程费					
直接费	人工费	人工	工日	47.87	—
		措施费分摊	元	93.48	—
		人工费小计	元	5 263.02	21.29
	材料费	钢筋 ϕ10 以内	kg	163.66	—
		钢筋 ϕ10 以外	kg	636.93	—
		型钢	kg	79.67	—
		无缝钢管 108×4	m	1.82	—
		焊接钢管 DN32×3.25	kg	24.54	—
		水泥 42.5#	kg	512.72	—
		柴油	kg	38.50	—
		2.0 ECB 塑料防水板	m^2	2.02	—
		电	kW·h	375.14	—
		钢管柱 3t 以内	t	0.04	—
		预拌抗渗混凝土 C40	m^3	1.72	—
		预拌混凝土 C20	m^3	0.16	—
		预拌混凝土 C30	m^3	0.09	—
		预拌混凝土 C35	m^3	1.19	—
		预拌混凝土 C40	m^3	0.69	—
		预拌豆石混凝土 C20	m^3	0.02	—
		预拌喷射混凝土干料 C25	m^3	2.17	—
		其他材料费	元	2 626.71	—
		措施费分摊	元	1 016.58	—
		材料费小计	元	11 795.78	47.71
	施工机具使用费	空压机 10m^3/min	台班	0.36	—
		小翻斗车（综合）	台班	0.94	—
		汽车起重机 12t	台班	0.04	—
		电动卷扬机 双筒	台班	0.80	—
		水平定向钻机	台班	0.08	—
		钻机 GSD-50 型	台班	0.27	—
		其他施工机具使用费	元	613.63	—
		措施费分摊	元	58.42	—
		施工机具使用费小计	元	1 527.31	6.18
	直接费小计		元	18 586.12	75.18
综合费用			元	6 136.01	24.82
合　计			元	24 723.00	100.00

工程内容：围护结构、土方、支撑及降水、混凝土结构及防水等，不含监测、装修及附属设施费用。

单位：m^2

指标编号				1Z-010	
序号	项目		单位	无柱式车站（连续墙围护）	
				地下两层站	占指标基价 /%
指标基价			元	13 392.00	100.00
一	建筑安装工程费		元	13 392.00	100.00
二	设备购置费		元	—	—
建筑安装工程费					
直接费	人工费	人工	工日	18.91	—
		措施费分摊	元	62.42	—
		人工费小计	元	2 275.13	16.99
	材料费	钢筋 ϕ10 以内	kg	85.75	—
		钢筋 ϕ10 以外	kg	519.17	—
		柴油	kg	72.49	—
		电	kW·h	165.86	—
		预拌抗渗混凝土 C35	m^3	2.61	—
		预拌混凝土 C35	m^3	0.57	—
		预拌混凝土 C20	m^3	0.36	—
		预拌混凝土 C25	m^3	0.12	—
		预拌混凝土 C30	m^3	0.04	—
		预拌混凝土 C50	m^3	0.03	—
		其他材料费	元	863.17	—
		措施费分摊	元	678.85	—
		材料费小计	元	6 388.10	47.70
	施工机具使用费	汽车起重机 16t	台班	0.03	—
		履带式起重机 15t	台班	0.03	—
		履带式液压抓斗成槽机	台班	0.06	—
		履带式起重机 25t	台班	0.06	—
		龙门式起重机 10t	台班	0.06	—
		载重汽车 15t	台班	0.11	—
		混凝土输送泵车	台班	0.04	—
		自卸汽车 12t	台班	0.53	—
		其他施工机具使用费	元	518.66	—
		措施费分摊	元	39.01	—
		施工机具使用费小计	元	1 247.91	9.32
	直接费小计		元	9 911.15	74.01
综合费用			元	3 480.65	25.99
合　计			元	13 392.00	100.00

工程内容：围护结构、土方、锚索、永久支撑、临时支撑及降水、混凝土结构及防水及装配式构件费用。

单位：m^2

指标编号				1Z-011	
序号	项目		单位	装配式车站（桩锚围护）	
				地下两层站	占指标基价 /%
指标基价			元	16 032.00	100.00
一	建筑安装工程费		元	16 032.00	100.00
二	设备购置费		元	—	—
建筑安装工程费					
直接费	人工费	人工	工日	14.339	—
		措施费分摊	元	27.590	—
		人工费小计	元	1 683.45	10.50
	材料费	钢筋 ϕ10 以内	t	0.06	—
		钢筋 ϕ10 以外	t	0.31	—
		预应力钢绞线	t	0.01	—
		现浇混凝土 C25	m^3	0.56	—
		商品混凝土 C15（含泵送费）	m^3	0.10	—
		商品混凝土 C25（含泵送费）	m^3	0.41	—
		商品混凝土 C30（含泵送费）	m^3	0.13	—
		商品混凝土 C35（含泵送费）	m^3	0.14	—
		商品混凝土 C40（含泵送费）	m^3	0.23	—
		商品混凝土 C50（含泵送费）	m^3	0.03	—
		商品混凝土 C40（含泵送费）P10	m^3	0.49	—
		商品混凝土 C35（不含泵送费）（水下）	m^3	0.86	—
		预制构件费（每环 50 万）	元	4 426.82	—
		其他材料费	元	2 098.26	—
		措施费分摊	元	300.04	—
		材料费小计	元	8 946.37	55.80
	施工机具使用费	履带式单斗挖掘机 1.0m^3	台班	0.05	—
		旋挖钻机 ϕ1 000 以内	台班	0.05	—
		自卸汽车 12t	台班	0.58	—
		潜水泵 5m^3/h	台班	2.48	—
		拼装台车	台班	0.03	—
		龙门吊	台班	0.03	—
		液压泵站系统 55MPa	台班	0.03	—
		其他施工机具使用费	元	867.46	—
		措施费分摊	元	17.24	—
		施工机具使用费小计	元	2 074.59	12.94
	直接费小计		元	12 704.41	79.24
综合费用			元	3 327.73	20.76
合　　计			元	16 032.00	100.00

1.1.2 出入口通道

工程内容：围护结构、土方、支撑及降水、混凝土结构及防水等，不含监测、装修及附属设施费用。

单位：m^2

指标编号				1Z-012	
序号	项目		单位	明挖 型钢水泥土搅拌墙	
				框架结构	占指标基价/%
指标基价			元	13 231.00	100.00
一	建筑安装工程费		元	13 231.00	100.00
二	设备购置费		元	—	—
建筑安装工程费					
直接费	人工费	人工	工日	20.18	—
		措施费分摊	元	49.49	—
		人工费小计	元	2 329.70	17.61
	材料费	钢筋 ϕ10 以内	kg	98.68	—
		钢筋 ϕ10 以外	kg	335.26	—
		槽钢 60 以内	kg	59.63	—
		柴油	kg	52.03	—
		电	kW·h	322.56	—
		预拌混凝土 C20	m^3	0.26	—
		预拌混凝土 C30	m^3	0.17	—
		预拌混凝土 C40	m^3	2.21	—
		高分子自粘胶膜防水卷材 1.5 厚	m^2	3.36	—
		预拌喷射混凝土干料 C25	t	0.35	—
		其他材料费	元	1 215.28	—
		措施费分摊	元	538.17	—
		材料费小计	元	5 992.03	45.29
	施工机具使用费	打桩机（15m 以内护坡钢板桩）（综合）	台班	0.18	—
		汽车起重机 20t	台班	0.16	—
		挖掘机 $1m^3$	台班	0.08	—
		混凝土输送泵车	台班	0.04	—
		自卸汽车 12t	台班	0.45	—
		其他施工机具使用费	元	469.06	—
		措施费分摊	元	30.93	—
		施工机具使用费小计	元	1 218.03	9.21
	直接费小计		元	9 539.76	72.10
综合费用			元	3 690.89	27.90
合　计			元	13 231.00	100.00

工程内容：围护结构、土方、支撑及降水、混凝土结构及防水等，不含监测、装修及附属设施费用。

单位：m^2

指标编号				1Z-013	
序号	项目		单位	明挖 灌注桩排桩围护墙	
				框架结构	占指标基价 /%
指标基价			元	14 509.00	100.00
一	建筑安装工程费		元	14 509.00	100.00
二	设备购置费		元	—	—
建筑安装工程费					
直接费	人工费	人工	工日	19.30	—
		措施费分摊	元	54.81	—
		人工费小计	元	2 042.36	14.08
	材料费	钢筋 ϕ10 以内	kg	125.82	—
		钢筋 ϕ10 以外	kg	540.68	—
		柴油	kg	69.17	—
		电	kW·h	254.77	—
		预拌混凝土 C20	m^3	0.21	—
		预拌混凝土 C25	m^3	1.46	—
		预拌混凝土 C30	m^3	0.23	—
		预拌混凝土 C40	m^3	2.13	—
		高分子自粘胶膜防水卷材 1.5 厚	m^2	3.68	—
		其他材料费	元	784.69	—
		措施费分摊	元	608.18	—
		材料费小计	元	7 118.22	49.06
	施工机具使用费	汽车起重机 8t	台班	0.10	—
		挖掘机 $1m^3$	台班	0.09	—
		混凝土输送泵车	台班	0.04	—
		旋挖钻机 ϕ1 000 以内	台班	0.09	—
		自卸汽车 12t	台班	0.56	—
		其他施工机具使用费	元	334.58	—
		措施费分摊	元	34.95	—
		施工机具使用费小计	元	1 188.19	8.19
	直接费小计		元	10 542.86	72.66
综合费用			元	3 966.11	27.34
合　计			元	14 509.00	100.00

工程内容：围护结构、土方、支撑及降水、混凝土结构及防水等，不含监测、装修及附属设施费用。

单位： m^2

指标编号				1Z-014	
序号	项目		单位	明挖 咬合式排桩围护	
				框架结构	占指标基价 /%
指标基价			元	14 871.00	100.00
一	建筑安装工程费		元	14 871.00	100.00
二	设备购置费		元	—	—
建筑安装工程费					
直接费	人工费	人工	工日	20.99	—
		措施费分摊	元	56.09	—
		人工费小计	元	2 427.43	16.32
	材料费	钢筋 ϕ10 以内	kg	105.22	—
		钢筋 ϕ10 以外	kg	456.81	—
		柴油	kg	44.10	—
		电	kW·h	251.92	—
		预拌混凝土 C20	m^3	0.03	—
		预拌混凝土 C25	m^3	0.11	—
		预拌混凝土 C30	m^3	1.77	—
		预拌混凝土 C40	m^3	2.23	—
		高分子自粘胶膜防水卷材 1.5 厚	m^2	3.45	—
		其他材料费	元	847.16	—
		措施费分摊	元	609.96	—
		材料费小计	元	6 633.51	44.61
	施工机具使用费	挖掘机 $1m^3$	台班	0.07	—
		混凝土输送泵车	台班	0.04	—
		自卸汽车 12t	台班	0.54	—
		钻孔咬合桩机	台班	0.16	—
		其他施工机具使用费	元	348.09	—
		措施费分摊	元	35.06	—
		施工机具使用费小计	元	1 729.71	11.63
	直接费小计		元	10 790.66	72.56
综合费用			元	4 080.55	27.44
合　　计			元	14 871.00	100.00

工程内容：土方、边坡防护、排水、混凝土结构及防水等，不含监测、装修及附属设施费用。

单位：m^2

指标编号				1Z-015	
序号	项目		单位	明挖 土钉墙围护	
				框架结构	占指标基价 /%
指标基价			元	11 689.00	100.00
一	建筑安装工程费		元	11 689.00	100.00
二	设备购置费		元	—	—
建筑安装工程费					
直接费	人工费	人工	工日	14.18	—
		措施费分摊	元	39.56	—
		人工费小计	元	1 642.37	14.05
	材料费	钢筋 ϕ10 以内	kg	106.50	—
		钢筋 ϕ10 以外	kg	342.25	—
		柴油	kg	49.82	—
		电	kW·h	179.80	—
		预拌混凝土 C20	m^3	0.24	—
		预拌混凝土 C30	m^3	0.08	—
		预拌混凝土 C40	m^3	1.90	—
		高分子自粘胶膜防水卷材 1.5 厚	m^2	2.24	—
		其他材料费	元	1 413.69	—
		措施费分摊	元	430.21	—
		材料费小计	元	5 528.05	47.29
	施工机具使用费	空压机 $10m^3/min$	台班	0.18	—
		履带式推土机 75kW	台班	0.05	—
		轮胎装载机 $1.5m^3$	台班	0.12	—
		挖掘机 $1m^3$	台班	0.10	—
		混凝土输送泵车	台班	0.03	—
		自卸汽车 12t	台班	0.77	—
		其他施工机具使用费	元	175.94	—
		措施费分摊	元	24.72	—
		施工机具使用费小计	元	964.67	8.25
	直接费小计		元	8 135.09	69.60
综合费用			元	3 553.88	30.40
合　计			元	11 689.00	100.00

工程内容：围护结构、土方、支撑及降水、混凝土结构及防水等，不含监测、装修及附属设施费用。

单位：m²

指标编号				1Z-016	
序号	项目		单位	明挖 地连墙围护	
				框架结构	占指标基价 /%
指标基价			元	16 280.00	100.00
一	建筑安装工程费		元	16 280.00	100.00
二	设备购置费		元	—	—
建筑安装工程费					
直接费	人工费	人工	工日	20.93	—
		措施费分摊	元	61.94	—
		人工费小计	元	2 426.60	15.00
	材料费	钢筋 ϕ10 以内	kg	69.91	—
		钢筋 ϕ10 以外	kg	842.79	—
		柴油	kg	71.07	—
		电	kW·h	210.81	—
		预拌混凝土 C20	m³	0.10	—
		预拌混凝土 C25	m³	0.11	—
		预拌混凝土 C30	m³	0.09	—
		预拌混凝土 C35	m³	1.96	—
		预拌混凝土 C40	m³	1.72	—
		预拌混凝土 C50	m³	0.02	—
		高分子自粘胶膜防水卷材 1.5 厚	m²	1.64	—
		其他材料费	元	665.45	—
		措施费分摊	元	673.64	—
		材料费小计	元	8 067.93	50.00
	施工机具使用费	履带式液压抓斗成槽机	台班	0.11	—
		挖掘机 1m³	台班	0.09	—
		履带式起重机 40t	台班	0.11	—
		泥浆制作循环设备	台班	0.10	—
		自卸汽车 12t	台班	0.47	—
		其他施工机具使用费	元	452.74	—
		措施费分摊	元	38.71	—
		施工机具使用费小计	元	1 356.86	8.00
	直接费小计		元	11 851.39	73.00
综合费用			元	4 428.36	27.00
合　　计			元	16 280.00	100.00

工程内容：土方、支护、初衬、二衬混凝土结构及防水、洞内临时工程等，不含监测、装修及附属设施费用。

单位：m^2

指标编号				1Z-017	
序号	项目		单位	暗挖出入口（CRD 交叉中隔壁法）	
				拱形结构 土质	占指标基价/%
指标基价			元	22 931.00	100.00
一	建筑安装工程费		元	22 931.00	100.00
二	设备购置费		元	—	—
建筑安装工程费					
直接费	人工费	人工	工日	49.68	—
		措施费分摊	元	94.34	—
		人工费小计	元	5 683.13	24.78
	材料费	钢筋 ϕ10 以内	kg	158.13	—
		钢筋 ϕ10 以外	kg	516.10	—
		型钢	kg	47.38	—
		钢筋直螺纹套筒 28	个	13.31	—
		水泥 42.5#	kg	1 405.12	—
		中埋式钢边橡胶止水带	m	1.28	—
		柴油	kg	27.99	—
		2.0 ECB 塑料防水板	m^2	4.94	—
		电	kW·h	240.89	—
		预拌抗渗混凝土 C40	m^3	1.81	—
		预拌喷射混凝土干料 C25	t	4.76	—
		其他材料费	元	697.46	—
		措施费分摊	元	1 026.00	—
		材料费小计		10 030.00	43.74
	施工机具使用费	空压机 10m^3/min	台班	0.41	—
		小翻斗车（综合）	台班	1.40	—
		混凝土泵送机	台班	0.12	—
		龙门式起重机 10t	台班	0.03	—
		轮胎装载机 1.5m^3	台班	0.05	—
		电动卷扬机 双筒	台班	0.65	—
		自卸汽车 12t	台班	0.29	—
		其他施工机具使用费	元	96.77	—
		措施费分摊	元	58.97	—
		施工机具使用费小计	元	877.03	3.82
	直接费小计		元	16 590.16	72.35
综合费用			元	6 340.79	27.65
合　计			元	22 931.00	100.00

1.1.3 风　道

工程内容：围护结构、土方、支撑及降水、混凝土结构及防水等，不含监测、装修及附属设施费用。

单位：m²

指标编号				1Z-018	
序号	项目		单位	明挖 型钢水泥土搅拌墙	
				框架结构	占指标基价 /%
指标基价			元	13 981.00	100.00
一	建筑安装工程费		元	13 981.00	100.00
二	设备购置费		元	—	—
建筑安装工程费					
直接费	人工费	人工	工日	20.15	—
		措施费分摊	元	52.42	—
		人工费小计	元	2 329.68	16.66
	材料费	钢筋 ϕ10 以内	kg	117.98	—
		钢筋 ϕ10 以外	kg	447.14	—
		槽钢 60 以内	kg	137.20	—
		柴油	kg	61.63	—
		电	kW·h	283.24	—
		预拌混凝土 C20	m³	0.30	—
		预拌混凝土 C25	m³	0.11	—
		预拌混凝土 C30	m³	0.29	—
		预拌混凝土 C35	m³	—	—
		预拌混凝土 C40	m³	2.21	—
		预拌混凝土 C50	m³	0.03	—
		高分子自粘胶膜防水卷材 1.5 厚	m²	2.02	—
		其他材料费	元	1 061.41	—
		措施费分摊	元	570.06	—
		材料费小计	元	6 464.32	46.24
	施工机具使用费	打桩机（15m 以内护坡钢板桩）（综合）	台班	0.19	—
		汽车起重机 20t	台班	0.16	—
		挖掘机 1m³	台班	0.10	—
		混凝土输送泵车	台班	0.04	—
		搅拌水泥桩机	台班	0.10	—
		自卸汽车 12t	台班	0.55	—
		其他施工机具使用费	元	418.22	—
		措施费分摊	元	32.76	—
		施工机具使用费小计	元	1 318.66	9.43
	直接费小计		元	10 112.66	72.33
综合费用			元	3 868.45	27.67
合　计			元	13 981.00	100.00

工程内容：围护结构、土方、支撑及降水、混凝土结构及防水等，不含监测、装修及附属设施费用。

单位：m^2

指标编号				1Z-019	
序号	项目		单位	明挖 灌注桩排桩围护墙	
				框架结构	占指标基价 /%
指标基价			元	14 937.00	100.00
一	建筑安装工程费		元	14 937.00	100.00
二	设备购置费		元	—	—
建筑安装工程费					
直接费	人工费	人工	工日	19.38	—
		措施费分摊	元	57.52	—
		人工费小计	元	2 247.77	15.05
	材料费	钢筋 ϕ10 以内	kg	148.96	—
		钢筋 ϕ10 以外	kg	584.66	—
		柴油	kg	54.01	—
		电	kW·h	324.63	—
		预拌混凝土 C20	m^3	0.23	—
		预拌混凝土 C25	m^3	0.56	—
		预拌混凝土 C30	m^3	0.07	—
		预拌混凝土 C35	m^3	—	—
		预拌混凝土 C40	m^3	2.86	—
		预拌混凝土 C50	m^3	0.06	—
		高分子自粘胶膜防水卷材 1.5 厚	m^2	2.10	—
		其他材料费	元	980.32	—
		措施费分摊	元	625.54	—
		材料费小计	元	7 470.83	50.01
	施工机具使用费	挖掘机 $1m^3$	台班	0.11	—
		回旋钻机 ϕ1 000 以内	台班	0.14	—
		混凝土输送泵车	台班	0.05	—
		潜水泵 ϕ50	台班	3.11	—
		自卸汽车 12t	台班	0.59	—
		其他施工机具使用费	元	349.81	—
		措施费分摊	元	35.95	—
		施工机具使用费小计	元	1 108.15	7.42
	直接费小计		元	10 826.75	72.48
综合费用			元	4 110.56	27.52
合　计			元	14 937.00	100.00

工程内容：围护结构、土方、支撑及降水、混凝土结构及防水等，不含监测、装修及附属设施费用。

单位：m^2

指标编号				1Z-020	
序号	项目		单位	明挖 咬合式排桩围护	
				框架结构	占指标基价 /%
指标基价			元	15 128.00	100.00
一	建筑安装工程费		元	15 128.00	100.00
二	设备购置费		元	—	—
建筑安装工程费					
直接费	人工费	人工	工日	19.87	—
		措施费分摊	元	57.38	—
		人工费小计	元	2 302.83	15.22
	材料费	钢筋 ϕ10 以内	kg	110.42	—
		钢筋 ϕ10 以外	kg	456.45	—
		柴油	kg	52.57	—
		电	kW·h	621.81	—
		预拌混凝土 C20	m^3	0.18	—
		预拌混凝土 C25	m^3	0.18	—
		预拌混凝土 C30	m^3	1.36	—
		预拌混凝土 C40	m^3	2.16	—
		预拌混凝土 C50	m^3	0.02	—
		高分子自粘胶膜防水卷材 1.5 厚	m^2	3.86	—
		其他材料费	元	871.20	—
		措施费分摊	元	624.04	—
		材料费小计	元	6 970.01	46.07
	施工机具使用费	挖掘机 $1m^3$	台班	0.13	—
		混凝土输送泵车	台班	0.04	—
		自卸汽车 12t	台班	0.52	—
		钻孔咬合桩机	台班	0.12	—
		其他施工机具使用费	元	541.01	—
		措施费分摊	元	35.86	—
		施工机具使用费小计	元	1 743.55	11.53
	直接费小计		元	11 016.39	72.82
综合费用			元	4 111.72	27.18
合计			元	15 128.00	100.00

工程内容：土方、边坡防护、排水、混凝土结构及防水等，不含监测、装修及附属设施费用。

单位：m^2

指标编号				1Z-021	
序号	项目		单位	明挖 土钉墙围护	
				框架结构	占指标基价 /%
指标基价			元	12 579.00	100.00
一	建筑安装工程费		元	12 579.00	100.00
二	设备购置费		元	—	—
建筑安装工程费					
直接费	人工费	人工	工日	14.79	—
		措施费分摊	元	44.84	—
		人工费小计	元	1 716.29	13.64
	材料费	钢筋 ϕ10 以内	kg	131.89	—
		钢筋 ϕ10 以外	kg	489.45	—
		柴油	kg	47.95	—
		电	kW·h	156.14	—
		预拌混凝土 C20	m^3	0.23	—
		预拌混凝土 C25	m^3	—	—
		预拌混凝土 C30	m^3	0.33	—
		预拌混凝土 C35	m^3	—	—
		预拌混凝土 C40	m^3	2.39	—
		预拌混凝土 C50	m^3	—	—
		高分子自粘胶膜防水卷材 1.5 厚	m^2	2.53	—
		其他材料费	元	1 032.21	—
		措施费分摊	元	487.66	—
		材料费小计	元	6 320.05	50.24
	施工机具使用费	龙门式起重机 10t	台班	0.08	—
		轮胎装载机 1.5m^3	台班	0.11	—
		挖掘机 1m^3	台班	0.09	—
		混凝土输送泵车	台班	0.04	—
		自卸汽车 12t	台班	0.72	—
		其他施工机具使用费	元	173.26	—
		措施费分摊	元	28.03	—
		施工机具使用费小计	元	914.41	7.27
	直接费小计		元	8 950.74	71.16
综合费用			元	3 627.82	28.84
合　计			元	12 579.00	100.00

工程内容：围护结构、土方、支撑及降水、混凝土结构及防水等，不含监测、装修及附属设施费用。

单位：m²

指标编号				1Z-022	
序号	项目		单位	明挖 地连墙围护	
				框架结构	占指标基价 /%
指标基价			元	16 674.00	100.00
一	建筑安装工程费		元	16 674.00	100.00
二	设备购置费		元	—	—
建筑安装工程费					
直接费	人工费	人工	工日	22.34	—
		措施费分摊	元	63.55	—
		人工费小计	元	2 587.58	15.52
	材料费	钢筋 ϕ10 以内	kg	87.48	—
		钢筋 ϕ10 以外	kg	652.46	—
		柴油	kg	79.38	—
		电	kW·h	498.50	—
		预拌混凝土 C20	m³	—	—
		预拌混凝土 C25	m³	0.10	—
		预拌混凝土 C30	m³	0.27	—
		预拌混凝土 C35	m³	1.60	—
		预拌混凝土 C40	m³	2.13	—
		预拌混凝土 C50	m³	0.03	—
		高分子自粘胶膜防水卷材 1.5 厚	m²	2.82	—
		其他材料费	元	1 347.72	—
		措施费分摊	元	691.13	—
		材料费小计	元	7 997.70	47.97
	施工机具使用费	履带式液压抓斗成槽机	台班	0.13	—
		挖掘机 1m³	台班	0.14	—
		履带式起重机 40t	台班	0.06	—
		泥浆制作循环设备	台班	0.12	—
		混凝土输送泵车	台班	0.04	—
		自卸汽车 12t	台班	0.48	—
		其他施工机具使用费	元	554.22	—
		措施费分摊	元	39.72	—
		施工机具使用费小计	元	1 578.32	9.47
	直接费小计		元	12 163.60	72.95
综合费用			元	4 509.91	27.05
合计			元	16 674.00	100.00

工程内容：土方、支护、初衬及二衬混凝土结构及防水、洞内临时工程等，不含监测、装修及附属设施费用。

单位：m^2

指标编号				1Z-023	
序号	项目		单位	暗挖风道（CRD 交叉中隔壁法）	
				拱形结构 土质	占指标基价 /%
指标基价			元	23 470.00	100.00
一	建筑安装工程费		元	23 470.00	100.00
二	设备购置费		元	—	—
建筑安装工程费					
直接费	人工费	人工	工日	35.18	—
		措施费分摊	元	72.51	—
		人工费小计	元	4 030.64	17.17
	材料费	钢筋 ϕ10 以内	kg	160.49	—
		钢筋 ϕ10 以外	kg	552.65	—
		型钢	kg	36.12	—
		钢筋直螺纹套筒 28	个	18.42	—
		柴油	kg	27.93	—
		2.0 ECB 塑料防水板	m^2	2.70	—
		水泥水玻璃	m^3	3.97	—
		预拌抗渗混凝土 C40	m^3	2.13	—
		预拌混凝土 C40	m^3	0.38	—
		预拌喷射混凝土干料 C25	t	3.24	—
		其他材料费	元	985.19	—
		措施费分摊	元	788.51	—
		材料费小计		12 473.27	53.14
	施工机具使用费	空压机 $10m^3$/min	台班	0.33	—
		交流电焊机 32kV·A	台班	1.14	—
		套丝机 ϕ150	台班	1.30	—
		小翻斗车（综合）	台班	0.75	—
		混凝土泵送机	台班	0.16	—
		龙门式起重机 10t	台班	0.03	—
		载重汽车 15t	台班	0.02	—
		轮胎装载机 $1.5m^3$	台班	0.07	—
		电动卷扬机 双筒	台班	0.48	—
		履带式单斗挖掘机 $0.3m^3$	台班	0.03	—
		自卸汽车 12t	台班	0.40	—
		其他施工机具使用费	元	77.29	—
		措施费分摊	元	45.32	—
		施工机具使用费小计	元	766.87	3.27
	直接费小计		元	17 270.78	73.59
综合费用			元	6 199.69	26.41
合 计			元	23 470.00	100.00

1.2 高架及地面车站

工程内容：土方、基础、钢筋混凝土结构、屋面及保温防水等，不含装修及附属设施等费用。

单位：m^2

指标编号				1Z-024	
序号	项目		单位	高架车站	
				建桥合一式	占指标基价/%
指标基价			元	7 993.00	100.00
一	建筑安装工程费		元	7 993.00	100.00
二	设备购置费		元	—	—
建筑安装工程费					
直接费	人工费	人工	工日	10.46	—
		措施费分摊	元	37.13	—
		人工费小计	元	1 187.87	14.86
	材料费	钢筋 ϕ10 以内	kg	81.06	—
		钢筋 ϕ10 以外	kg	302.71	—
		聚氨酯防水涂料	kg	0.53	—
		柴油	kg	22.01	—
		钢结构薄型防火涂料	kg	5.53	—
		电	kW·h	65.87	—
		轻钢屋架单榀重量 ≤ 1t	t	0.05	—
		水	t	2.75	—
		预拌抗渗混凝土 C40	m^3	0.05	—
		预拌混凝土 C30	m^3	0.33	—
		预拌混凝土 C35	m^3	0.71	—
		预拌混凝土 C40	m^3	0.91	—
		预拌混凝土 C50	m^3	0.10	—
		抗渗预拌混凝土 C40	m^3	0.19	—
		其他材料费	元	448.21	—
		措施费分摊	元	403.80	—
		材料费小计	元	4 156.15	52.00
	施工机具使用费	汽车起重机 8t	台班	0.05	—
		交流电焊机 32kV·A	台班	0.12	—
		汽车起重机 16t	台班	0.02	—
		载重汽车 15t	台班	0.02	—
		回旋钻机 ϕ1 000 以内	台班	0.26	—
		泥浆输罐车 4 000L	台班	0.06	—
		自卸汽车 12t	台班	0.20	—
		其他施工机具使用费	元	101.09	—
		措施费分摊	元	23.21	—
		施工机具使用费小计	元	525.40	6.57
	直接费小计		元	5 869.42	73.43
综合费用			元	2 123.81	26.57
合计			元	7 993.00	100.00

工程内容：土方、基础、钢筋混凝土结构、屋面及保温防水等，不含装修及附属设施等费用。

单位：m^2

指标编号				1Z-025	
序号	项　目		单位	高架车站	
				建桥分离式	占指标基价 /%
指标基价			元	6 761.00	100.00
一	建筑安装工程费		元	6 761.00	100.00
二	设备购置费		元	—	—
建筑安装工程费					
直接费	人工费	人工	工日	8.05	—
		措施费分摊	元	26.23	—
		人工费小计	元	931.78	13.78
	材料费	钢筋 ϕ10 以内	kg	50.89	—
		钢筋 ϕ10 以外	kg	183.76	—
		改性沥青聚酯胎防水卷材（自粘）3 厚	m^2	1.15	—
		柴油	kg	13.95	—
		钢结构薄型防火涂料	kg	9.03	—
		电	kW·h	36.35	—
		实腹钢梁	t	0.11	—
		水	t	1.78	—
		预拌混凝土 C15	m^3	0.02	—
		预拌混凝土 C30	m^3	0.62	—
		预拌混凝土 C35	m^3	0.63	—
		预拌混凝土 C40	m^3	0.14	—
		预拌混凝土 C45	m^3	0.29	—
		预拌混凝土 C50	m^3	0.12	—
		抗渗预拌混凝土 C40	m^3	0.10	—
		其他材料费	元	535.07	—
		措施费分摊	元	285.25	—
		材料费小计	元	3 782.25	55.94
	施工机具使用费	汽车起重机 8t	台班	0.04	—
		交流电焊机 32kV·A	台班	0.03	—
		汽车起重机 16t	台班	0.02	—
		小翻斗车（综合）	台班	0.04	—
		载重汽车 15t	台班	0.02	—
		回旋钻机 ϕ1 000 以内	台班	0.11	—
		泥浆输罐车 4 000L	台班	0.05	—
		自卸汽车 12t	台班	0.05	—
		其他施工机具使用费	元	64.20	—
		措施费分摊	元	16.39	—
		施工机具使用费小计	元	263.46	3.90
	直接费小计		元	4 977.49	73.62
综合费用			元	1 783.99	26.38
合　计			元	6 761.00	100.00

工程内容：土方、基础、墙体、钢筋混凝土结构、混凝土屋面等，不含装修及附属设施等费用。

单位：m^2

指标编号				1Z–026	
序号	项目		单位	地面车站	
				—	占指标基价 /%
指标基价			元	2 718.00	100.00
一	建筑安装工程费		元	2 718.00	100.00
二	设备购置费		元	—	—
建筑安装工程费					
直接费	人工费	人工	工日	4.51	—
		措施费分摊	元	12.31	—
		人工费小计	元	519.33	19.10
	材料费	钢筋 ϕ10 以内	kg	24.70	—
		钢筋 ϕ10 以外	kg	87.13	—
		水泥（综合）	kg	44.13	—
		加气混凝土块	m^3	0.14	—
		预拌混凝土 C20	m^3	0.24	—
		预拌混凝土 C25	m^3	0.04	—
		预拌混凝土 C30	m^3	0.47	—
		其他材料费	元	344.41	—
		措施费分摊	元	133.82	—
		材料费小计	元	1 335.11	49.11
	施工机具使用费	施工机具使用费	元	171.78	—
		措施费分摊	元	7.69	—
		施工机具使用费小计	元	179.47	6.60
	直接费小计		元	2 033.90	74.82
综合费用			元	684.43	25.18
合计			元	2 718.00	100.00

1.3 明挖车站

工程内容：导墙、连续墙、冠梁、泥浆外运等。

单位：m^3

指标编号				1F-001	
序号	项目		单位	地下连续墙围护	
				深 35m 以内	占指标基价 /%
指标基价			元	4 115.00	100.00
一	建筑安装工程费		元	4 115.00	100.00
二	设备购置费		元	—	—
建筑安装工程费					
直接费	人工费	人工	工日	4.88	—
		措施费分摊	元	14.88	—
		人工费小计	元	565.98	13.75
	材料费	钢筋 ϕ10 以内	kg	1.54	—
		钢筋 ϕ10 以外	kg	174.22	—
		型钢	kg	24.95	—
		柴油	kg	20.03	—
		电	kW·h	48.56	—
		预拌混凝土 C25	m^3	0.05	—
		预拌混凝土 C30	m^3	0.06	—
		预拌混凝土 C35	m^3	1.05	—
		其他材料费	元	75.83	—
		措施费分摊	元	161.85	—
		材料费小计	元	1 844.28	44.82
	施工机具使用费	履带式液压抓斗成槽机	台班	0.08	—
		履带式起重机 40t	台班	0.04	—
		泥浆制作循环设备	台班	0.07	—
		自卸汽车 12t	台班	0.03	—
		其他施工机具使用费	元	98.57	—
		措施费分摊	元	9.30	—
		施工机具使用费小计	元	418.40	10.17
	直接费小计		元	2 828.66	68.74
综合费用			元	1 286.41	31.26
合　计			元	4 115.00	100.00

工程内容：导墙、连续墙、冠梁、泥浆外运等。

单位：m^3

指标编号				1F-002	
序号	项目		单位	地下连续墙围护	
				深45m以内	占指标基价/%
指标基价			元	4 557.00	100.00
一	建筑安装工程费		元	4 557.00	100.00
二	设备购置费		元	—	—
建筑安装工程费					
直接费	人工费	人工	工日	5.63	—
		措施费分摊	元	16.59	—
		人工费小计	元	652.38	14.32
	材料费	钢筋 ϕ10以内	kg	1.70	—
		钢筋 ϕ10以外	kg	190.33	—
		型钢	kg	27.41	—
		柴油	kg	22.79	—
		电	kW·h	57.12	—
		预拌混凝土 C25	m^3	0.05	—
		预拌混凝土 C30	m^3	0.06	—
		预拌混凝土 C35	m^3	1.13	—
		其他材料费	元	83.32	—
		措施费分摊	元	180.46	—
		材料费小计	元	2 020.60	44.34
	施工机具使用费	履带式液压抓斗成槽机	台班	0.09	—
		履带式起重机 40t	台班	0.04	—
		泥浆制作循环设备	台班	0.09	—
		自卸汽车 12t	台班	0.03	—
		其他施工机具使用费	元	107.42	—
		措施费分摊	元	10.37	—
		施工机具使用费小计	元	480.83	10.55
	直接费小计		元	3 153.81	69.21
综合费用			元	1 403.15	30.79
合　计			元	4 557.00	100.00

工程内容:冠梁、灌注桩、泥浆外运等。

单位: m^3

指标编号				1F-003	
序号	项目		单位	灌注桩排桩围护墙	
				—	占指标基价 /%
指标基价			元	3 885.00	100.00
一	建筑安装工程费		元	3 885.00	100.00
二	设备购置费		元	—	—
建筑安装工程费					
直接费	人工费	人工	工日	5.87	—
		措施费分摊	元	15.45	—
		人工费小计	元	678.33	17.46
	材料费	钢筋 ϕ10 以内	kg	38.62	—
		钢筋 ϕ10 以外	kg	161.63	—
		柴油	kg	6.84	—
		电	kW·h	105.80	—
		膨润土	m^3	30.87	—
		预拌混凝土 C30	m^3	1.20	—
		其他材料费	元	98.51	—
		措施费分摊	元	168.05	—
		材料费小计	元	1 869.56	48.13
	施工机具使用费	汽车起重机 8t	台班	0.07	—
		回旋钻机 ϕ1 000 以内	台班	0.25	—
		泥浆输罐车 4 000L	台班	0.05	—
		自卸汽车 12t	台班	0.02	—
		其他施工机具使用费	元	62.02	—
		措施费分摊	元	9.66	—
		施工机具使用费小计	元	320.56	8.25
	直接费小计		元	2 868.45	73.84
综合费用			元	1 016.22	26.16
合　计			元	3 885.00	100.00

工程内容：冠梁、咬合灌注桩、泥浆外运等。

单位：m^3

指标编号				1F-004	
序号	项目		单位	咬合式排桩围护	
				一荤一素	占指标基价/%
指标基价			元	3 127.00	100.00
一	建筑安装工程费		元	3 127.00	100.00
二	设备购置费		元	—	—
建筑安装工程费					
直接费	人工费	人工	工日	3.92	—
		措施费分摊	元	12.53	—
		人工费小计	元	455.03	14.55
	材料费	钢筋 ϕ10 以内	kg	20.75	—
		钢筋 ϕ10 以外	kg	87.13	—
		柴油	kg	4.49	—
		电	kW·h	4.98	—
		预拌混凝土 C30	m^3	0.61	—
		预拌混凝土 C25	m^3	0.54	—
		其他材料费	元	64.69	—
		措施费分摊	元	136.29	—
		材料费小计	元	1 234.28	39.47
	施工机具使用费	汽车起重机 20t	台班	0.01	—
		泥浆输罐车 4 000L	台班	0.06	—
		钻孔咬合桩机	台班	0.11	—
		自卸汽车 12t	台班	0.02	—
		其他施工机具使用费	元	20.70	—
		措施费分摊	元	7.83	—
		施工机具使用费小计	元	637.08	20.37
	直接费小计		元	2 326.39	74.39
综合费用			元	801.06	25.61
合　计			元	3 127.00	100.00

工程内容：冠梁、水泥搅拌桩、H 型钢插拔等。

单位：m^3

指标编号				1F-005	
序号	项目		单位	型钢水泥土搅拌墙（SMW 工法桩）	
				隔一插一	占指标基价 /%
指标基价			元	1 096.00	100.00
一	建筑安装工程费		元	1 096.00	100.00
二	设备购置费		元	—	—
建筑安装工程费					
直接费	人工费	人工	工日	1.71	—
		措施费分摊	元	4.26	—
		人工费小计	元	197.06	17.97
	材料费	钢筋 ϕ10 以内	kg	5.14	—
		钢筋 ϕ10 以外	kg	4.38	—
		柴油	kg	3.51	—
		电	kW·h	12.32	—
		槽钢 60 以内	kg	28.73	—
		预拌混凝土 C30	m^3	0.04	—
		水泥 42.5#	m^3	345.00	—
		其他材料费	元	46.63	—
		措施费分摊	元	46.32	—
		材料费小计	元	491.44	44.82
	施工机具使用费	打桩机（15m 以内护坡钢板桩）（综合）	台班	0.046 1	—
		拔桩机（综合）	台班	0.02	—
		汽车起重机 20t	台班	0.04	—
		搅拌水泥桩机	台班	0.05	—
		其他施工机具使用费	元	14.96	—
		措施费分摊	元	2.66	—
		施工机具使用费小计	元	121.06	11.04
	直接费小计		元	809.56	73.84
综合费用			元	286.85	26.16
合　计			元	1 096.00	100.00

工程内容：导墙、连续墙、冠梁、泥浆外运等。

单位：m^3

指标编号				1F-006	
序号	项目		单位	双轮铣成槽连续墙围护	
				中风化	占指标基价 /%
指标基价			元	7 840.00	100.00
一	建筑安装工程费		元	7 840.00	100.00
二	设备购置费		元	—	—
建筑安装工程费					
直接费	人工费	人工	工日	4.96	—
		措施费分摊	元	29.90	—
		人工费小计	元	590.76	7.54
	材料费	钢筋 ϕ10 以内	kg	1.54	—
		钢筋 ϕ10 以外	kg	174.22	—
		型钢	kg	24.95	—
		柴油	kg	9.20	—
		电	kW·h	10.09	—
		预拌混凝土 C25	m^3	0.05	—
		预拌混凝土 C30	m^3	0.06	—
		预拌混凝土 C35	m^3	1.05	—
		其他材料费	元	515.80	—
		措施费分摊	元	325.18	—
		材料费小计	元	2 351.70	30.00
	施工机具使用费	双轮铣成槽机	台班	0.10	—
		履带式起重机 40t	台班	0.04	—
		泥浆制作循环设备	台班	0.08	—
		自卸汽车 12t	台班	0.03	—
		其他施工机具使用费	元	283.98	—
		措施费分摊	元	18.69	—
		施工机具使用费小计	元	2 740.59	34.96
	直接费小计		元	5 683.04	72.49
综合费用			元	2 156.54	27.51
合　计			元	7 840.00	100.00

工程内容：挂网、喷射混凝土等。

单位：m^2

指标编号				1F-007	
序号	项目		单位	土钉墙	
				—	占指标基价/%
指标基价			元	257.00	100.00
一	建筑安装工程费		元	257.00	100.00
二	设备购置费		元	—	—
建筑安装工程费					
直接费	人工费	人工	工日	0.48	—
		措施费分摊	元	1.01	—
		人工费小计	元	55.47	21.57
	材料费	钢筋 ϕ10 以内	kg	5.69	—
		钢筋 ϕ10 以外	kg	0.83	—
		柴油	kg	0.21	—
		电	kW·h	2.91	—
		预拌喷射混凝土干料 C25	t	0.27	—
		水泥 42.5#	kg	10.75	—
		其他材料费	元	3.32	—
		措施费分摊	元	11.04	—
		材料费小计	元	121.34	47.19
	施工机具使用费	空压机 10m^3/min	台班	0.02	—
		锚杆钻孔机 DHR80A	台班	0.004	—
		混凝土喷射机 5m^3/h	台班	0.03	—
		其他施工机具使用费	元	0.97	—
		措施费分摊	元	0.63	—
		施工机具使用费小计	元	11.57	4.50
	直接费小计		元	188.38	73.26
综合费用			元	68.77	26.74
合　计			元	257.00	100.00

工程内容：灌浆、锚杆制作及安装等。

单位：m

指标编号				1F-008	
序号	项目		单位	砂浆锚杆	
				—	占指标基价 /%
指标基价			元	78.00	100.00
一	建筑安装工程费		元	78.00	100.00
二	设备购置费		元	—	—
建筑安装工程费					
直接费	人工费	人工	工日	0.18	—
		措施费分摊	元	0.31	—
		人工费小计	元	20.31	25.97
	材料费	钢筋 ϕ10 以外	kg	3.10	—
		柴油	kg	0.66	—
		电	kW·h	1.75	—
		抹灰砂浆 DP-MR	m^3	0.01	—
		其他材料费	元	2.37	—
		措施费分摊	元	3.32	—
		材料费小计	元	30.16	38.58
	施工机具使用费	地质钻机 150 型	台班	0.01	—
		内燃空压机 17m^3/min 以内	台班	0.01	—
		其他施工机具使用费	元	2.02	—
		措施费分摊	元	0.19	—
		施工机具使用费小计	元	6.25	7.99
	直接费小计		元	56.72	72.54
综合费用			元	21.47	27.46
合　计			元	78.00	100.00

工程内容：锚杆制作、压浆、张拉锚固等。

单位：m

指标编号				1F-009	
序号	项目		单位	预应力锚杆　钢绞线	
				—	占指标基价 /%
指标基价			元	449.00	100.00
一	建筑安装工程费		元	449.00	100.00
二	设备购置费		元	—	—
建筑安装工程费					
直接费	人工费	人工	工日	1.35	—
		措施费分摊	元	1.72	—
		人工费小计	元	154.50	34.45
	材料费	钢绞线	kg	6.40	—
		普通钢板 δ 16 ~ 20	kg	1.48	—
		水泥 42.5#	kg	98.40	—
		电	kW·h	11.66	—
		其他材料费	元	30.12	—
		措施费分摊	元	18.71	—
		材料费小计	元	141.28	31.50
	施工机具使用费	空压机 10m^3/min	台班	0.13	—
		凿岩机气腿 YTP26	台班	0.17	—
		其他施工机具使用费	元	7.17	—
		措施费分摊	元	1.08	—
		施工机具使用费小计	元	23.43	5.22
	直接费小计		元	319.21	71.17
综合费用			元	129.30	28.83
合　计			元	449.00	100.00

工程内容：锚杆制作、压浆、张拉锚固等。

单位：m

指标编号				1F-010	
序号	项目		单位	预应力锚杆 钢筋	
				—	占指标基价 /%
指标基价			元	389.00	100.00
一	建筑安装工程费		元	389.00	100.00
二	设备购置费		元	—	—
建筑安装工程费					
直接费	人工费	人工	工日	0.89	—
		措施费分摊	元	1.52	—
		人工费小计	元	102.54	26.34
	材料费	钢筋 ϕ10 以外	kg	10.65	—
		普通钢板 δ 16～20	kg	3.12	—
		水泥 42.5#	kg	98.40	—
		电	kW·h	12.96	—
		其他材料费	元	18.58	—
		措施费分摊	元	16.53	—
		材料费小计	元	157.28	40.40
	施工机具使用费	空压机 10m³/min	台班	0.13	—
		凿岩机气腿 YTP26	台班	0.17	—
		其他施工机具使用费	元	6.22	—
		措施费分摊	元	0.95	—
		施工机具使用费小计	元	22.35	5.74
	直接费小计		元	282.17	72.49
综合费用			元	107.11	27.51
合　　计			元	389.00	100.00

工作内容：挖土、装土、运土等。

单位：m^3

指标编号				1F-011	
序号	项目		单位	明挖土方	
				综合土质	占指标基价 /%
指标基价			元	103.00	100.00
一	建筑安装工程费		元	103.00	100.00
二	设备购置费		元	—	—
建筑安装工程费					
直接费	人工费	人工	工日	0.03	—
		措施费分摊	元	0.29	—
		人工费小计	元	4.13	4.02
	材料费	柴油	kg	2.15	—
		措施费分摊	元	3.15	—
		材料费小计	元	15.52	15.12
	施工机具使用费	挖掘机 $1m^3$	台班	0.004	—
		自卸汽车 12t	台班	0.04	—
		其他施工机具使用费	元	4.59	—
		措施费分摊	元	0.18	—
		施工机具使用费小计	元	35.44	34.53
	直接费小计		元	55.09	53.67
综合费用			元	47.56	46.33
合　计			元	103.00	100.00

工作内容：挖土、装土、运土等。

单位：m^3

指标编号				1F-012	
序号	项目		单位	大型支撑明挖土方	
				综合土质	占指标基价 /%
指标基价			元	130.00	100.00
一	建筑安装工程费		元	130.00	100.00
二	设备购置费		元	—	—
建筑安装工程费					
直接费	人工费	人工	工日	0.02	—
		措施费分摊	元	0.40	—
		人工费小计	元	2.56	1.97
	材料费	柴油	kg	3.17	—
		其他材料费	元	0.09	—
		措施费分摊	元	4.38	—
		材料费小计	元	22.76	17.46
	施工机具使用费	挖掘机 $1m^3$	台班	0.01	—
		自卸汽车 12t	台班	0.04	—
		其他施工机具使用费	元	11.39	—
		措施费分摊	元	0.25	—
		施工机具使用费小计	元	51.31	39.35
	直接费小计		元	76.64	58.77
综合费用			元	53.76	41.23
合计			元	130.00	100.00

工程内容: 土方运输、回填、压实等。

单位: m^3

指标编号				1F-013	
序号	项目		单位	土方回填	
				—	占指标基价 /%
指标基价			元	88.00	100.00
一	建筑安装工程费		元	88.00	100.00
二	设备购置费		元	—	—
建筑安装工程费					
直接费	人工费	人工	工日	0.14	—
		措施费分摊	元	0.34	—
		人工费小计	元	16.27	18.43
	材料费	柴油	kg	1.84	—
		电	kW·h	2.25	—
		素土	m^3	1.49	—
		其他材料费	元	0.60	—
		措施费分摊	元	3.72	—
		材料费小计	元	16.86	19.10
	施工机具使用费	自卸汽车 12t	台班	27.30	—
		其他施工机具使用费	元	4.48	—
		措施费分摊	元	0.21	—
		施工机具使用费小计	元	31.99	36.24
	直接费小计		元	65.13	73.77
综合费用			元	23.16	26.23
合计			元	88.00	100.00

工程内容：布孔、打眼、封堵孔口、爆破材料检查领运、安放爆破线路以及挖掘机挖石碴及运输等。

单位：m^3

指标编号				1F-014	
序号	项目		单位	明挖石方	
				普坚石	占指标基价/%
指标基价			元	265.00	100.00
一	建筑安装工程费		元	265.00	100.00
二	设备购置费		元	—	—
建筑安装工程费					
直接费	人工费	人工	工日	0.51	—
		措施费分摊	元	0.90	—
		人工费小计	元	58.19	21.92
	材料费	柴油	kg	4.76	—
		其他材料费	元	—	—
		措施费分摊	元	9.80	—
		材料费小计	元	37.24	14.03
	施工机具使用费	轮胎装载机 1.5m^3	台班	0.02	—
		挖掘机 1m^3	台班	0.01	—
		履带式单头岩石破碎机	台班	0.04	—
		自卸汽车 12t	台班	0.05	—
		其他施工机具使用费	元	1.15	—
		措施费分摊	元	0.56	—
		施工机具使用费小计	元	75.82	28.57
	直接费小计		元	171.25	64.52
综合费用			元	94.17	35.48
合计			元	265.00	100.00

工程内容：大型钢支撑、钢围檩制作、运输、安拆等。

单位：t

指 标 编 号				1F-015	
序号	项 目		单位	大型钢支撑	
				—	占指标基价 /%
指标基价			元	4 523.00	100.00
一	建筑安装工程费		元	4 523.00	100.00
二	设备购置费		元	—	—
建筑安装工程费					
直接费	人工费	人工	工日	13.34	—
		措施费分摊	元	16.96	—
		人工费小计	元	1 524.61	33.71
	材料费	钢管（综合）	kg	176.67	—
		电焊条（综合）	kg	11.29	—
		带母螺栓 24×（110～150）	套	22.00	—
		环氧富锌底漆	kg	5.40	—
		其他材料费	元	217.02	—
		措施费分摊	元	184.49	—
		材料费小计	元	1 496.27	33.08
	施工机具使用费	汽车起重机 10t	台班	0.04	—
		载重汽车 10t	台班	0.10	—
		交流电焊机 32kV·A	台班	1.44	—
		履带式起重机 40t	台班	0.07	—
		其他施工机具使用费	元	32.26	—
		措施费分摊	元	10.60	—
		施工机具使用费小计	元	203.48	4.50
	直接费小计		元	3 224.37	71.29
综合费用			元	1 298.42	28.71
合 计			元	4 523.00	100.00

工程内容：混凝土支撑浇筑、拆除、运输等（不考虑拆除后钢筋回收）。

单位：m^3

指标编号				1F-016	
序号	项目		单位	混凝土支撑	
				—	占指标基价 /%
指标基价			元	3 302.00	100.00
一	建筑安装工程费		元	3 302.00	100.00
二	设备购置费		元	—	—
建筑安装工程费					
直接费	人工费	人工	工日	6.73	—
		措施费分摊	元	12.56	—
		人工费小计	元	772.99	23.41
	材料费	钢筋 ϕ10 以内	kg	30.75	—
		钢筋 ϕ10 以外	kg	124.80	—
		预拌混凝土 C30	m^3	1.02	—
		其他材料费	元	140.45	—
		措施费分摊	元	136.54	—
		材料费小计	元	1 444.25	43.74
	施工机具使用费	空压机 10m^3/min	台班	0.25	—
		小翻斗车（综合）	台班	0.15	—
		混凝土输送泵车	台班	0.01	—
		电动卷扬机 双筒	台班	0.15	—
		自卸汽车 12t	台班	0.05	—
		其他施工机具使用费	元	33.53	—
		措施费分摊	元	7.85	—
		施工机具使用费小计	元	168.94	5.12
	直接费小计		元	2 386.17	72.26
综合费用			元	915.98	27.74
合　计			元	3 302.00	100.00

工程内容：降水井打设、使用及拆除。

单位：口

指标编号				1F-017	
序号	项目		单位	降水	
				—	占指标基价/%
指标基价			元	58 628.00	100.00
一	建筑安装工程费		元	58 628.00	100.00
二	设备购置费		元	—	—
建筑安装工程费					
直接费	人工费	人工	工日	63.30	—
		措施费分摊	元	230.46	—
		人工费小计	元	7 383.36	12.59
	材料费	井管（ϕ325 无缝钢管）	m	19.38	—
		井管（ϕ325 桥式钢管）	m	16.32	—
		电	kW·h	17 821.43	—
		其他材料费	元	3 495.16	—
		措施费分摊	元	2 506.28	—
		材料费小计	元	28 279.62	48.24
	施工机具使用费	反循环钻机 60P 45A	台班	3.21	—
		潜水泵 ϕ50	台班	405.00	—
		其他施工机具使用费	元	1 096.78	—
		措施费分摊	元	144.04	—
		施工机具使用费小计	元	8 136.31	13.88
	直接费小计		元	43 799.29	74.71
综合费用			元	14 828.61	25.29
合　计			元	58 628.00	100.00

工程内容：钢筋绑扎、混凝土浇筑、模板制安拆等。

单位：m³

指标编号				1F-018	
序号	项目		单位	钢筋混凝土结构	
				不含防水	占指标基价 %
指标基价			元	3 020.00	100.00
一	建筑安装工程费		元	3 020.00	100.00
二	设备购置费		元	—	—
建筑安装工程费					
直接费	人工费	人工	工日	4.06	—
		措施费分摊	元	11.79	—
		人工费小计	元	470.57	15.58
	材料费	钢筋 ϕ10 以内	kg	37.78	—
		钢筋 ϕ10 以外	kg	153.02	—
		柴油	kg	2.51	—
		电	kW·h	57.87	—
		预拌混凝土 C20	m^3	0.14	—
		预拌混凝土 C30	m^3	0.08	—
		预拌混凝土 C40	m^3	0.88	—
		预拌混凝土 C50	m^3	0.02	—
		其他材料费	元	102.16	—
		措施费分摊	元	128.25	—
		材料费小计	元	1 705.65	56.48
	施工机具使用费	汽车起重机 16t	台班	0.01	—
		混凝土输送泵车	台班	0.02	—
		其他施工机具使用费	元	23.28	—
		措施费分摊	元	7.37	—
		施工机具使用费小计	元	65.17	2.16
	直接费小计		元	2 241.40	74.22
综合费用			元	778.37	25.78
合计			元	3 020.00	100.00

工程内容：防水层、变形缝、施工缝等。

单位：m²

指标编号				1F-019	
序号	项目		单位	防水层	
				—	占指标基价 /%
指标基价			元	228.00	100.00
一	建筑安装工程费		元	228.00	100.00
二	设备购置费		元	—	—
建筑安装工程费					
直接费	人工费	人工	工日	0.39	—
		措施费分摊	元	0.88	—
		人工费小计	元	44.64	19.58
	材料费	1 不锈钢接水盒	m	0.05	—
		聚氨酯防水涂料	kg	1.10	—
		外贴式橡胶止水带	m	0.13	—
		中埋式钢边橡胶止水带	m	0.06	—
		高分子自粘胶膜防水卷材 1.5 厚	m²	0.70	—
		预拌混凝土 C40	m³	0.03	—
		其他材料费	元	12.26	—
		措施费分摊	元	9.60	—
		材料费小计	元	115.47	50.65
	施工机具使用费	龙门式起重机 10t	台班	0.02	—
		其他施工机具使用费	元	1.13	—
		措施费分摊	元	0.55	—
		施工机具使用费小计	元	7.63	3.35
	直接费小计		元	167.74	73.58
综合费用			元	60.24	26.42
合　　计			元	228.00	100.00

1.4 盖挖车站

工程内容：挖土、装土、运土等。

单位：m³

指标编号				1F-020	
序号	项目		单位	盖挖土方	
				综合土质	占指标基价/%
指标基价			元	192.00	100.00
一	建筑安装工程费		元	192.00	100.00
二	设备购置费		元	—	—
建筑安装工程费					
直接费	人工费	人工	工日	0.37	—
		措施费分摊	元	0.63	—
		人工费小计	元	42.44	22.08
	材料费	柴油	kg	2.85	—
		其他材料费	元	6.73	—
		措施费分摊	元	6.89	—
		材料费小计	元	30.05	15.63
	施工机具使用费	自卸汽车 12t	台班	0.04	—
		其他施工机具使用费	元	17.43	—
		措施费分摊	元	0.40	—
		施工机具使用费小计	元	45.13	23.48
	直接费小计		元	117.62	61.19
综合费用			元	74.59	38.81
合　计			元	192.00	100.00

工程内容：人机配合凿石、清理基底、修理边坡、装运至洞口、由洞口提升至地面及运输等。

单位：m^3

指标编号				1F-021	
序号	项目		单位	盖挖石方	
				普坚石	占指标基价 /%
指标基价			元	468.00	100.00
一	建筑安装工程费		元	468.00	100.00
二	设备购置费		元	—	—
建筑安装工程费					
直接费	人工费	人工	工日	1.42	—
		措施费分摊	元	1.63	—
		人工费小计	元	162.32	34.69
	材料费	竖井龙门架（钢构件）	kg	2.00	—
		柴油	kg	5.55	—
		电	kW·h	5.62	—
		其他材料费	元	0.80	—
		措施费分摊	元	17.73	—
		材料费小计	元	59.79	12.78
	施工机具使用费	空压机 10m^3/min	台班	0.03	—
		小翻斗车（综合）	台班	0.04	—
		轮胎装载机 1.5m^3	—	0.02	—
		风镐	—	0.10	—
		电动卷扬机 双筒	—	0.04	—
		履带式单斗挖掘机 0.3m^3	—	0.03	—
		履带式液压岩石破碎机 105kW	—	0.03	—
		自卸汽车 12t	—	0.05	—
		其他施工机具使用费	元	2.00	—
		措施费分摊	元	1.02	—
		施工机具使用费小计	元	87.74	18.75
	直接费小计		元	309.85	66.21
综合费用			元	158.11	33.79
合　计			元	468.00	100.00

工程内容：混凝土、模板、结构钢筋、预埋件、脚手架等。

单位：m^3

指标编号				1F-022	
序号	项目		单位	钢筋混凝土结构	
				不含防水	占指标基价 /%
指标基价			元	3 082.00	100.00
一	建筑安装工程费		元	3 082.00	100.00
二	设备购置费		元	—	—
建筑安装工程费					
直接费	人工费	人工	工日	4.10	—
		措施费分摊	元	12.33	—
		人工费小计	元	475.87	15.44
	材料费	钢筋 ϕ10 以内	kg	39.55	—
		钢筋 ϕ10 以外	kg	160.66	—
		柴油	kg	0.59	—
		电	kW·h	53.75	—
		预拌混凝土 C20	m^3	0.05	—
		预拌混凝土 C30	m^3	0.05	—
		预拌混凝土 C40	m^3	1.02	—
		预拌混凝土 C50	m^3	0.02	—
		其他材料费	元	90.65	—
		措施费分摊	元	134.04	—
		材料费小计	元	1 748.73	56.75
	施工机具使用费	交流电焊机 32kV·A	台班	0.19	—
		套丝机 ϕ150	台班	0.24	—
		混凝土泵送机	台班	0.07	—
		龙门式起重机 10t	台班	0.02	—
		其他施工机具使用费	元	14.45	—
		措施费分摊	元	7.70	—
		施工机具使用费小计	元	63.43	2.06
	直接费小计		元	2 288.03	74.25
综合费用			元	793.56	25.75
合　计			元	3 082.00	100.00

工程内容：防水层、变形缝、施工缝等。

单位：m^2

序号	项目		单位	1F-023 盖挖防水层 —	占指标基价 /%
指标编号				1F-023	
指标基价			元	243.00	100.00
一	建筑安装工程费		元	243.00	100.00
二	设备购置费		元	—	—
建筑安装工程费					
直接费	人工费	人工	工日	0.41	—
		措施费分摊	元	0.96	—
		人工费小计	元	47.52	19.56
	材料费	聚氨酯防水涂料	kg	1.30	—
		中埋式钢边橡胶止水带	m	0.25	—
		1.5 EVA 塑料防水板	m^2	0.96	—
		水泥砂浆 1：1	m^3	0.01	—
		其他材料费	元	9.42	—
		措施费分摊	元	10.47	—
		材料费小计	元	123.76	50.94
	施工机具使用费	小翻斗车（综合）	台班	0.02	—
		龙门式起重机 10t	台班	0.01	—
		其他施工机具使用费	元	2.20	—
		措施费分摊	元	0.60	—
		施工机具使用费小计	元	7.49	3.08
	直接费小计		元	178.77	73.58
综合费用			元	64.18	26.42
合计			元	243.00	100.00

1.5 暗挖车站

工程内容: 挖土、土方提升、装土、运土等。

单位: m^3

指标编号				1F-024	
序号	项目		单位	暗挖土方	
				综合土质	占指标基价/%
指标基价			元	244.00	100.00
一	建筑安装工程费		元	244.00	100.00
二	设备购置费		元	—	—
建筑安装工程费					
直接费	人工费	人工	工日	0.86	—
		措施费分摊	元	1.79	—
		人工费小计	元	94.34	38.60
	材料费	竖井龙门架(钢构件)	kg	2.00	—
		柴油	kg	2.28	—
		电	kW·h	1.59	—
		其他材料费	元	0.85	—
		措施费分摊	元	19.44	—
		材料费小计	元	41.60	17.02
	施工机具使用费	小翻斗车(综合)	台班	0.02	—
		轮胎装载机 $1.5m^3$	台班	0.01	—
		电动卷扬机 双筒	台班	0.02	—
		履带式单斗挖掘机 $0.3m^3$	台班	0.005	—
		自卸汽车 12t	台班	0.04	—
		其他施工机具使用费	元	2.47	—
		措施费分摊	元	1.12	—
		施工机具使用费小计	元	40.94	—
	直接费小计		元	176.88	72.37
综合费用			元	67.54	17.68
合计			元	244.00	100.00

工程内容：大管棚、小导管、注浆、喷射混凝土、钢格栅等。

单位：m³

指标编号				1F-025	
序号		项目	单位	初衬结构	
				—	占指标基价 /%
指标基价			元	6 871.00	100.00
一		建筑安装工程费	元	6 871.00	100.00
二		设备购置费	元	—	—
建筑安装工程费					
直接费	人工费	人工	工日	15.53	—
		措施费分摊	元	33.05	—
		人工费小计	元	1 710.69	24.90
	材料费	钢筋 ϕ10 以内	kg	37.90	—
		钢筋 ϕ10 以外	kg	49.77	—
		型钢	kg	141.15	—
		无缝钢管 108×4	m	3.50	—
		焊接钢管 *DN*32×3.25	kg	14.86	—
		水泥 42.5#	kg	185.12	—
		柴油	kg	7.97	—
		水玻璃	kg	133.31	—
		电	kW·h	22.57	—
		预拌喷射混凝土干料 C25	t	2.37	—
		其他材料费	元	112.43	—
		措施费分摊	元	359.45	—
		材料费小计	元	2 680.10	39.01
	施工机具使用费	空压机 10m³/min	台班	0.47	—
		小翻斗车（综合）	台班	0.39	—
		汽车起重机 12t	台班	0.08	—
		电动双梁起重机 5t	台班	0.07	—
		电动卷扬机 双筒	台班	0.22	—
		水平定向钻机	台班	0.15	—
		自卸汽车 12t	台班	0.04	—
		其他施工机具使用费	元	49.94	—
		措施费分摊	元	20.66	—
		施工机具使用费小计	元	734.72	11.57
	直接费小计		元	5 125.51	74.60
综合费用			元	1 745.22	17.68
合　计			元	6 871.00	100.00

工程内容：钢筋混凝土、模板、防水、预埋件等工程。

单位：m^3

指标编号				1F-026	
序号	项目		单位	二衬结构	
				—	占指标基价 /%
指标基价			元	3 089.00	100.00
一	建筑安装工程费		元	3 089.00	100.00
二	设备购置费		元	—	—
建筑安装工程费					
直接费	人工费	人工	工日	5.17	—
		措施费分摊	元	9.18	—
		人工费小计	元	568.06	18.39
	材料费	钢筋 ϕ10 以内	kg	42.24	—
		钢筋 ϕ10 以外	kg	172.27	—
		钢板 4.5～20	kg	1.66	—
		钢筋直螺纹套筒 22	个	3.76	—
		钢筋直螺纹套筒 28	个	8.78	—
		组合钢模板	m^2·日	11.67	—
		预拌抗渗混凝土 C40	m^3	0.74	—
		预拌混凝土 C40	m^3	0.30	—
		其他材料费	元	103.02	—
		措施费分摊	元	99.84	—
		材料费小计	元	1 685.87	54.57
	施工机具使用费	交流电焊机 32kV·A	台班	0.25	—
		套丝机 ϕ150	台班	0.62	—
		小翻斗车（综合）	台班	0.06	—
		混凝土泵送机	台班	0.07	—
		龙门式起重机 10t	台班	0.01	—
		载重汽车 15t	台班	0.01	—
		电动卷扬机 双筒	台班	0.06	—
		其他施工机具使用费	元	9.91	—
		措施费分摊	元	5.74	—
		施工机具使用费小计	元	83.11	11.57
	直接费小计		元	2 337.04	75.65
综合费用			元	752.32	17.68
合 计			元	3 089.00	100.00

1.6 地 基 加 固

工程内容：钻机定位、钻孔、填充料制作、运输、浇筑等。

单位：m^3

指标编号				1F-027	
序号	项目		单位	水泥粉煤灰碎石桩	
				CFG 桩	占指标基价 /%
指标基价			元	971.00	100.00
一	建筑安装工程费		元	971.00	100.00
二	设备购置费		元	—	—
建筑安装工程费					
直接费	人工费	人工	工日	0.82	—
		措施费分摊	元	3.93	—
		人工费小计	元	97.04	10.00
	材料费	水泥粉煤灰碎石混合料	m^3	1.32	—
		柴油	kg	1.05	—
		电	kW·h	19.23	—
		其他材料费	元	14.46	—
		措施费分摊	元	42.72	—
		材料费小计	元	556.33	57.31
	施工机具使用费	钻孔机 ϕ500 以内（综合）	台班	0.08	—
		混凝土泵送机	台班	0.08	—
		其他施工机具使用费	元	3.16	—
		措施费分摊	元	2.46	—
		施工机具使用费小计	元	75.87	7.82
	直接费小计		元	729.23	75.13
综合费用			元	241.42	24.87
合　计			元	971.00	100.00

工程内容：机械定位、钻进、喷浆、搅拌、成桩等。

单位：m^3

指标编号				1F-028	
序号	项目		单位	水泥土搅拌桩	
				实桩	占指标基价 /%
指标基价			元	329.00	100.00
一	建筑安装工程费		元	329.00	100.00
二	设备购置费		元	—	—
建筑安装工程费					
直接费	人工费	人工	工日	0.48	—
		措施费分摊	元	1.16	
		人工费小计	元	55.07	16.75
	材料费	水泥 42.5#	kg	230.00	—
		其他材料费	元	25.15	—
		措施费分摊	元	12.62	—
		材料费小计	元	159.90	48.64
	施工机具使用费	灰浆搅拌机 200L	台班	0.06	—
		泥浆泵 ϕ100	台班	0.03	—
		搅拌水泥桩机	台班	0.05	—
		其他施工机具使用费	元	3.25	—
		措施费分摊	元	0.73	—
		施工机具使用费小计	元	27.35	8.32
	直接费小计		元	242.31	73.72
综合费用			元	86.39	26.28
合　计			元	329.00	100.00

工程内容：定位、钻孔、喷浆、成桩等。

单位：m^3

指标编号				1F-029	
序号	项目		单位	双重管旋喷桩	
				—	占指标基价 /%
指标基价			元	693.00	100.00
一	建筑安装工程费		元	693.00	100.00
二	设备购置费		元	—	—
建筑安装工程费					
直接费	人工费	人工	工日	1.06	—
		措施费分摊	元	2.84	—
		人工费小计	元	123.00	17.76
	材料费	水泥 42.5#	kg	431.55	—
		柴油	kg	3.01	—
		其他材料费	元	24.48	—
		措施费分摊	元	30.88	—
		材料费小计	元	305.06	43.99
	施工机具使用费	多级离心泵 $\phi150\times180$	台班	0.14	—
		地质钻机 150 型	台班	0.08	—
		旋喷桩机	台班	0.15	—
		其他施工机具使用费	元	14.47	—
		措施费分摊	元	1.77	—
		施工机具使用费小计	元	81.91	11.81
	直接费小计		元	510.12	73.56
综合费用			元	183.31	26.44
合计			元	693.00	100.00

工程内容：冻结平台制作、冻结管道制安、冻结、冻融后钻孔、溶沉注浆等。

单位：m^3

指标编号				1F-030	
序号	项目		单位	冻结法	
				含溶沉注浆	占指标基价 /%
指标基价			元	2 657.00	100.00
一	建筑安装工程费		元	2 657.00	100.00
二	设备购置费		元	—	—
建筑安装工程费					
直接费	人工费	人工	工日	5.71	—
		措施费分摊	元	18.04	—
		人工费小计	元	789.00	29.69
	材料费	普通硅酸盐水泥	t	0.04	—
		木材(成材)	m^3	0.01	—
		碳素结构钢流体无缝钢管	t	0.02	—
		电	kW·h	166.70	—
		其他材料费	元	653.96	—
		措施费分摊	元	196.21	—
		材料费小计	元	1 129.46	42.52
	施工机具使用费	氨压缩机	台班	0.36	—
		盐水泵	台班	0.18	—
		其他施工机具使用费	元	121.56	—
		措施费分摊	元	11.28	—
		施工机具使用费小计	元	252.00	9.48
	直接费小计		元	2 170.00	81.69
综合费用			元	487.00	18.31
合　计			元	2 657.00	100.00

主要材料单价取定表

工程名称: 车站

序号	名称	规格型号	单位	除税单价 / 元
1	钢筋	ϕ10 以内	t	4 544.00
2	钢筋	ϕ10 以外	t	3 938.00
3	型钢	—	t	3 774.00
4	商品混凝土	C20	m^3	427.20
5	商品混凝土	C25	m^3	436.90
6	商品混凝土	C30	m^3	456.30
7	商品混凝土	C35	m^3	475.70
8	商品混凝土	C40	m^3	495.10
9	商品混凝土	C50	m^3	524.30
10	抗渗混凝土	C35	m^3	485.40
11	抗渗混凝土	C40	m^3	504.90
12	细石混凝土	C20	m^3	436.90
13	细石混凝土	C25	m^3	456.30
14	普通硅酸盐水泥	P.O 42.5 散装	t	513.30
15	普通硅酸盐水泥	P.O 42.5 低碱 散装	t	548.70
16	中砂	—	t	110.00
17	碎石	—	t	140.00
18	自粘聚合物改性沥青防水卷材	PYⅠ PE3.0	m^2	33.63
19	自粘聚合物改性沥青防水卷材	PYⅡ PE4.0	m^2	43.36
20	EVA 防水板	1.5	m^2	36.28
21	单组分聚氨酯防水涂料	SⅡ EB	kg	27.43
22	单组分聚氨酯防水涂料	SⅡ EA	kg	28.32
23	水泥基渗透结晶型防水材料	涂料型	kg	58.41
24	预拌喷射混凝土干料	C20	t	336.30
25	预拌喷射混凝土干料	C25	t	345.10
26	预拌盾构注浆料	水泥砂浆(有砂)	t	336.30
27	预拌盾构注浆料	水泥水玻璃干料(无砂)	t	371.70
28	水费	—	m^3	9.22
29	电费	—	kW·h	0.87
30	柴油	$0^{\#}$	kg	6.82
31	汽油	$92^{\#}$(Ⅴ)	kg	8.17

2 区　　间

说　　明

本章内容为区间土建工程的综合指标和分项指标。

一、综合指标

1. 综合指标分为地下区间、高架区间及地面区间。

地下区间按地质条件、围岩类别、断面形式、施工方法、围护结构形式及其附属工程分为单线单洞矿山法隧道（土质、次坚石、普坚石）、单洞双线矿山法隧道（土质、次坚石、普坚石）、盾构法施工隧道、临时横通道、临时竖井、联络通道、明挖区间隧道等内容。

高架区间按桥梁的结构形式分为预制简支梁、现浇连续梁、钢－混结合梁、钢梁、U 形梁等内容。

地面区间分为地面线一般路基和过渡段桥头路基。

2. 综合指标的取定。

（1）暗挖区间矿山法施工隧道选取较常见的标准断面 $36m^2$ 单线单洞和断面 $80m^2$ 双线单洞马蹄形隧道作为基础断面。

盾构法施工圆形隧道按盾构机的类型分为土压平衡盾构、泥水平衡盾构、单护盾岩石隧道掘进三大类，土压、泥水平衡盾构适用于土质地层，单护盾岩石隧道掘进适用于硬岩地层，不均衡地层根据采用的盾构设备型号调整台班单价计算，砂砾等土质改良增加费另行计算。指标模型选取轨道交通较常用的管片外径计算，盾构区间模型特征见表 2–1。

表 2–1　盾构区间模型特征

特征名称	适用范围或参数说明	单位	特征值或说明				
结构尺寸	管片外径	m	6.0	6.2	6.6	8.5	13.6
盾构类型	—	—	土压平衡	土压平衡	土压平衡泥水平衡单护盾岩石隧道掘进	土压平衡泥水平衡	泥水平衡
区间长度	管片外径 13.6m 为单洞双线，其余为单洞单线	单延米	2 000	2 000	2 000	2 000	2 000
管片内径	—	m	5.4	5.5	5.9	7.7	12.5
管片厚度	—	m	0.30	0.35	0.35	0.40	0.55
管片宽度	—	m	1.2	1.2	1.2	1.6	2.0
盾构机刀盘外径	土压、泥水平衡盾构单护盾岩石隧道掘进	m	6.27	6.42	6.82（6.85）	8.8	14
盾构基座摊销	钢制	t	12	12	12	40	60
负环段长度	每台次	m	12	12	12	16	18
其他说明	1. 泥水平衡盾构包含泥水干化处理相关费用，按开挖体积 100 元 /m^3 计入综合指标； 2. 单洞双线大盾构综合指标包括内部预制中隔墙、弧形构件等费用，数量按预制构件体积计算						

明挖区间综合指标以不同围护结构形式计算，指标特征见表 2-2。

表 2-2 明挖区间指标特征

序号	特征名称	单位	2Z-001	2Z-002	2Z-003	2Z-004	2Z-005
1	主体围护方式	—	灌注桩排桩围护墙	连续墙	套筒钻孔咬合灌注桩	型钢水泥土搅拌墙	土钉墙
2	围护结构插入比	—	1∶0.25	1∶0.5	1∶0.25	1∶0.25	—
3	区间断面	m	单洞单线 7.7m×2	18m 到 26m 渐变区间	30.5m 长 20.2m 宽	70.83m 长 18.9m 宽	45m 长 18.9m 宽
4	区间平均基坑深度	m	11.1	10.6	12.0	10.8	11.2
5	板顶覆土平均深度	m	4.0	3.5	3.3	3.8	4.0
6	顶板 / 侧墙 / 底板厚度	m	0.8/0.7/0.9	0.8/0.7/0.9	0.8/0.7/0.9	0.8/0.7/0.9	0.7/0.7/0.9
7	钢筋含量	—	—	—	—	—	—
（1）	灌注桩排桩围护墙	kg/m^3	190	—	—	—	—
（2）	连续墙围护	kg/m^3	—	180	—	—	—
（3）	套筒钻孔咬合灌注桩	kg/m^3	—	—	99	—	—
（4）	型钢水泥土搅拌墙	kg/m^3	—	—	—	H 型钢 185	—
（5）	土钉墙	kg/m^3	—	—	—	—	—
（6）	明挖区间顶、底板钢筋含量	kg/m^3	185	173	170	180	190
（7）	明挖区间墙钢筋含量	kg/m^3	185	173	170	160	210

高架桥基础均采用灌注桩排桩围护墙，桩径为 ϕ1 200，桩长为≤ 40m；墩台形式为柱式桥墩和轻型桥台，桥墩的高度在 5~8m；上部结构为常用结构形式。

（2）实际使用中，当选定工程与指标取定参数相差较大时，可根据相应分项指标重新组合确定。

（3）暗挖区间综合指标编制的地质条件分别取定为土质、次坚石、普坚石。

（4）区间隧道的平均埋深按 10~20m 综合考虑。

（5）综合指标中不含施工监测、声屏障、盾构进出场、盾构机调头及转场等费用，可参照以下指标或根据实际情况取定。

1）区间施工监测：盾构法一般 60 万元 /km，暗挖法一般为 80 万元 /km，明挖法一般为 100 万元 /km。

2）区间声屏障：1 600 元 /m^2（单价包含了声屏障的钢结构，声屏障板采用铝板和穿孔铝板，表面作氟碳喷涂；吸声填料采用离心玻璃棉；透声、防水保护膜采用聚氟薄膜或聚酯薄膜）。

3）7m 以内盾构进出场 60 万元 / 台次、7m 以上盾构进出场按照 100 万元 / 台次、盾构机调头 40 万元 / 台次、盾构机平移 20 万元 / 台次。

4）预制梁场地费用单独根据现场条件考虑。

3. 其他有关说明。

（1）暗挖区间综合指标按断面尺寸以“延长米”为单位计算，所有断面面积均以结构初衬外围所包括的净面积计算，对于一些双线单洞断面已综合考虑了中隔墙，不再单独计算。

（2）综合指标只包含洞体内容，其他如联络通道、施工竖井等辅助项目分别编制综合指标，可根据不同情况加以组合。

（3）高架区间综合指标未包括桥梁艺术要求的装饰、照明、绿化、交通监控等内容。

（4）盾构区间指标中不包含盾构端头加固费和预埋滑槽费用，端头加固费用可根据方案数量，参照“城市轨道交通工程投资估算指标汇总表”分项指标“1.6 地基加固”中对应的加固费用指标计算；单线隧道预埋滑槽的费用一般是按照盾构管片内径周长（扣除底面需回填混凝土部分）×200 元 /m× 管片环数（隧道单延米长度 / 管片环宽）计算。

（5）施工竖井按标注断面尺寸及深度以“座”为单位计算及施工通道按标注断面尺寸以“延长米”为单位计算，如断面尺寸和深度不同时，可根据分项指标重新组合。

（6）地面区间分一般路基和桥头路基以“双延米”计算。一般路基按双线平坦地面，断面为路堤高 0~3m，边坡为 1∶1.5 计算，线路两侧设排水沟、防护网及坡面防护等。桥头路基按双线路基、由自然路面（设为 0m）到桥头（高 3~4.5m）之间的路基平均断面计算，路基设金属栏杆。如设计方案不同时，可根据分项指标重新组合。

二、分项指标

1. 暗挖区间矿山法施工按暗挖土方、超前小导管、超前大管棚、初衬（喷射混凝土）、二衬混凝土结构等内容细分；盾构法施工按盾构机安装拆除、各类型盾构始发及到达掘进、各类型盾构正常掘进、同步注浆（或填充豆砾石）及二次注浆、盾构渣土外运、管片相关工程、洞口处理、钢筋混凝土管片、钢管片制作、钢管片拆除、大盾构内部预制结构等内容细分；明挖区间分项指标可参照明挖车站的细分内容。高架区间按基础工程、下部工程、上部工程及桥面系工程等内容细分。地面区间按挖路床土方、钢筋混凝土挡墙、水泥砂浆砌片挡墙、级配砂石底层、石灰粉煤灰砂砾底层、混凝土面层、金属栏杆、坡面防护、排水沟、防护网等内容细分。

2. 分项指标取定的参考值见表 2–3。

表 2–3 分项指标取定参考值

序号	项目名称	取定值
一	钢筋含量	—
1	钻孔灌注桩围护	190kg/m^3
2	连续墙围护	180kg/m^3
3	明挖区间顶、底板	170~190kg/m^3
4	明挖区间墙	170~210kg/m^3
5	暗挖区间初衬钢筋网	15kg/m^3
6	暗挖区间初衬钢格栅	220kg/m^3
7	暗挖区间二衬结构	200kg/m^3
8	管片钢筋	175kg/m^3
二	其他	—
1	土方运距	20km
2	管片、大盾构内部结构场外运距	10km

3. 分项指标的有关计算规定。

（1）暗挖土方按设计结构外围断面（考虑了 100mm 的超挖量）面积乘以长度“m^3”计算。

（2）地面区间的排水沟按砌筑的实体体积以“m^3”计算。

（3）渣土消纳费：依据《北京市住房和城乡建设委员会关于建筑垃圾运输处置费用单独列项计价的通知》（京建法〔2017〕27 号）相关规定，在施工中产生的无回收再利用价值的废弃物，如洞门处理时需要凿除的洞口环管片等，按 30 元 /t 计列渣土消纳费，不再计取税金。

（4）本指标未列疏散平台的开项，疏散平台常用的材质分为水泥基材料及复合材料的疏散平台。

水泥基材料疏散平台一般在 800~1 000 元 / 单延米，复合材料的疏散平台一般在 1 200~1 500 元 / 单延米。此指标包含了疏散平台下支撑系统、疏散平台板及栏杆等全部工作内容。

（5）盾构区间可调指标表。

根据盾构区间的综合指标组成，将分项指标分为与盾构区间长度直接关联指标（包括盾构正常掘进、渣土、注浆、管片及其相关工程）、与盾构区间长度非直接关联指标（包括盾构机安拆、始发及到达掘进、洞口处理）分类汇总见盾构分项指标汇总表，与各分项指标对应的工程量计算参数或计算方法说明见表 2-4、表 2-5。

表 2-4 盾构分项指标汇总表

工程及费用名称				与区间长度直接关联指标					与区间长度非直接关联指标		
				盾构正常掘进	盾构渣土外运	注浆或填充豆砾石	钢筋混凝土管片	管片相关工程	盾构机安拆	始发及到达掘进	洞口处理
指标单位				元 / 单延米	元 / m^3	元 / m^3	元 / m^3	元 / 环	元 /（台·次）	元 /（台·次）	元 / 处
指标数量计算方法				单线长度－始发到达长度	每米开挖体积 × 单线长度	每米同步和二次注浆体积合计 × 单线长度	每米钢筋混凝土管片体积 ×（单线长度＋负环段长度）	单线长度 / 管片宽度	每段区间盾构机安拆数量	每段区间盾构始发及到达次数	每段区间洞口数量
单价指标项	土压平衡盾构	管片外径（m）	6	14 529	105	955	3 590	7 140	988 615	2 028 135	170 997
			6.2	15 449	105	955	3 590	7 815	988 615	2 415 244	185 333
			6.6	—	105	955	3 590	8 035	988 615		201 030
			8.5	32 531	105	955	3 590	13 110	2 103 587	7 872 015	282 771
	泥水平衡盾构		6.6	17 513	205	955	3 590	8 035	988 615	2 981 914	201 030
			8.5	34 773	205	955	3 590	13 110	2 103 587	9 291 794	282 771
			13.6	92 673	205	955	3 590	19 926	2 028 135	31 875 186	505 292
	单护盾岩石隧道掘进		6.6	23 284	105	1 267	3 590	8 035	988 615	4 211 067	201 030

备注

1. 泥水平衡盾构渣土指标含泥水干化处理费用 100 元 /m^3，包括泥浆调制、分离、压滤及泥水系统设备分摊；
2. 注浆或填充豆砾石包括二次注浆，土压、泥水平衡为同步注浆，单护盾岩石隧道掘进为填充豆砾石；
3. 管片外径与模型不同时，盾构正常掘进、盾构机安拆、始发及到达掘进采用相应盾构直径范围指标，但盾构正常掘进、始发及到达掘进分项指标，盾构机台班单价需根据相应选型调整计算；
4. 管片外径与模型不同时，管片相关工程、洞口处理指标调整方法：管片外径周长 × 指标调整费用；
5. 管片相关工程、洞口处理指标调整费用如下表：

管片外径 /m	管片相关工程调整费用 / 元	洞口处理调整费用 / 元
6~7	400	9 500
7~11	490	10 500
11~15	470	11 500

表 2–5 分项指标工程量计算表

<table>
<tr><td rowspan="3">项目名称</td><td colspan="7">管片外径 /m</td></tr>
<tr><td rowspan="2">6.0</td><td rowspan="2">6.2</td><td colspan="2">6.6</td><td rowspan="2">8.5</td><td rowspan="2">13.6</td><td rowspan="2">其他管片外径</td></tr>
<tr><td>土压、泥水平衡盾构</td><td>单护盾岩石隧道掘进</td></tr>
<tr><td>单线长度 /m</td><td colspan="5">单洞单线长度 = 左线长度＋右线长度</td><td>单洞双线单线长度 = 区间长度</td><td>按单洞单线或双线形式计算</td></tr>
<tr><td>始发到达长度 /m</td><td>92.5m/ 台次 × 盾构始发到达次数</td><td colspan="3">105m/ 台次 × 盾构始发到达次数</td><td>165m/ 台次 × 盾构始发及到达次数</td><td>225m/ 台次 × 盾构始发到达次数</td><td>6~7m 按 105m/ 台次、7~11m 按 165m/ 台次、超过 11m 按 225m/ 台次计算</td></tr>
<tr><td>每米渣土外运及泥水处理体积 /m³</td><td>30.86</td><td>32.35</td><td>36.51</td><td>36.83</td><td>60.79</td><td>153.86</td><td>按开挖断面计算</td></tr>
<tr><td>每米注浆或填充豆砾石（含二次注浆）/m³</td><td>5.148</td><td>4.312</td><td>4.587</td><td>3.045</td><td>8.063</td><td>17.160</td><td>按开挖断面与管片间空隙间隙率 1.98（单护盾岩石隧道掘进 1.15）计算</td></tr>
<tr><td>每米钢筋混凝土管片体积 /m³</td><td>5.423</td><td>6.493</td><td>6.937</td><td>6.937</td><td>10.275</td><td>22.763</td><td>按管片尺寸计算（含 1% 损耗）</td></tr>
<tr><td>管片宽度 /m</td><td colspan="4">1.2</td><td>1.6</td><td>2</td><td>按设计计算</td></tr>
<tr><td>负环段长度 /m</td><td colspan="4">12</td><td>16</td><td>18</td><td>根据环宽按 8~10 环计算</td></tr>
<tr><td>每段区间盾构机安拆数量 /（台・次）</td><td colspan="7">根据工程筹划按需要吊装吊拆的盾构机台次确定</td></tr>
<tr><td>每段区间盾构始发及到达次数 /（台・次）</td><td colspan="7">根据工程筹划按盾构机需要始发到达的台次确定</td></tr>
<tr><td>每段区间洞口数量 / 处</td><td colspan="5">4+ 中间风井数 ×2</td><td>2 ＋中间风井数 ×2</td><td>按单洞单线或双线形式计算</td></tr>
</table>

（6）当区间长度、盾构类型、管片外径等工程特征与模型不同时，可参照表 2-6 计算。

表 2-6　盾构区间可调指标表

序号	工程及费用名称	单位	可调指标项		区间指标 / 元	备注
			数量指标项	单价指标项 / 元		
			A	B	C=A × B	
1	土压平衡盾构区间	双延米	1 000	115 492	115 491 763	管片外径 6.6m
1.1	与区间长度直接关联费用	单延米	2 000	53 940	107 879 925	—
1.1.1	盾构正常掘进	单延米	1 790	15 449	27 653 710	—
1.1.2	盾构渣土外运	m^3	73 020	105	7 667 100	—
1.1.3	注浆（含二次注浆）	m^3	9 174	955	8 761 170	—
1.1.4	钢筋混凝土管片	m^3	14 040	3 590	50 403 600	—
1.1.5	管片相关工程	环	1 667	8 035	13 394 345	—
1.2	与区间长度不直接关联费用	单延米	2 000	3 806	7 611 838	—
1.2.1	盾构机安拆	台・次	2	988 615	1 977 230	—
1.2.2	始发及到达掘进	台・次	2	2 415 244	4 830 488	—
1.2.3	洞口处理	处	4	201 030	804 120	—
概算总额		单延米	2 000	57 746	115 491 763	—
说明	1. 本表采用长度 1 000 双延米土压平衡盾构管片外径 6.6m 模型编制，可调指标项根据实际长度、盾构类型、管片尺寸与模型的差别调整。此综合指标按分项指标和相应数量计算，与按全部项目综合计算的指标有微小差异，不影响指标使用； 2. 数量指标项调整：根据区间实际长度按数量指标项说明的参数或计算方法调整，例如，800 双延米土压平衡盾构管片外径 6.6m 区间，按 1 600 单延米和 6.6m 的数量参数计算正常掘进 1 390m、渣土外运 58 416m^3、注浆 7 339m^3，管片体积 11 099m^3、管片 1 333 环，重新计算后综合指标为 57 990 元 / 单延米，注意相关数量参数需按相应的管片尺寸选用； 3. 单价指标项调整：根据不同盾构类型、管片尺寸按照调整指标表相应指标或备注说明的方法调整，例如泥水平衡盾构管片外径 6.6m 区间，需要调整正常掘进、渣土外运及泥水处理、始发及到达掘进指标分别为 17 513/205/2 981 914，即可计算出 1 000 双延米综合指标为 63 810 元 / 单延米； 4. 如果人工单价、材料单价、取费标准等发生变化时，可按总说明中的方法调整分项指标，按照调整后的指标对表格重新计算即可					

2.1 地 下 区 间

2.1.1 明 挖 区 间

工程内容：围护结构、土方及支撑、钢筋混凝土结构、防水等。

单位：m

指标编号				2Z-001	
序号	项目		单位	正线 灌注桩排桩围护墙	
				单洞双线	占指标基价 /%
指标基价			元	293 899.00	100.00
一	建筑安装工程费		元	293 899.00	100.00
二	设备购置费		元	—	—
建筑安装工程费					
直接费	人工费	人工	工日	432.11	—
		措施费分摊	元	1 067.00	—
		人工费小计	元	49 894.83	16.98
	材料费	钢筋 ϕ10 以内	kg	2 941.85	—
		钢筋 ϕ10 以外	kg	11 431.01	—
		柴油	kg	1 048.20	—
		电	kW · h	2 264.67	—
		预拌混凝土 C15	m^3	2.40	—
		预拌混凝土 C25	m^3	19.78	—
		预拌混凝土 C30	m^3	3.15	—
		预拌混凝土 C35	m^3	—	—
		预拌混凝土 C40	m^3	55.00	—
		预拌混凝土 C50	m^3	0.08	—
		高分子自粘胶膜防水卷材 1.5 厚	m^2	37.59	—
		其他材料费	元	32 105.53	—
		措施费分摊	元	11 603.63	—
		材料费小计	元	148 299.76	50.46
	施工机具使用费	汽车起重机 8t	台班	1.40	—
		挖掘机 1m^3	台班	1.53	—
		混凝土输送泵车	台班	0.88	—
		旋挖钻机 ϕ1 000 以内	台班	1.06	—
		自卸汽车 12t	台班	5.89	—
		其他施工机具使用费	元	6 170.46	—
		措施费分摊	元	666.88	—
		施工机具使用费小计	元	17 225.81	5.86
	直接费小计		元	215 420.40	73.30
综合费用			元	78 478.62	26.70
合　计			元	293 899.00	100.00

工程内容：围护结构、土方及支撑、钢筋混凝土结构、防水等。

单位：m

指标编号				2Z-002	
序号	项目		单位	正线 地下连续墙围护	
				单洞双线	占指标基价 /%
指标基价			元	437 543.00	100.00
一	建筑安装工程费		元	437 543.00	100.00
二	设备购置费		元	—	—
建筑安装工程费					
直接费	人工费	人工	工日	574.67	—
		措施费分摊	元	1 644.74	—
		人工费小计	元	66 582.00	15.22
	材料费	钢筋 ϕ10 以内	kg	1 321.29	—
		钢筋 ϕ10 以外	kg	15 304.85	—
		柴油	kg	2 426.75	—
		电	kW·h	6 641.12	—
		预拌混凝土 C20	m^3	2.51	—
		预拌混凝土 C25	m^3	2.50	—
		预拌混凝土 C30	m^3	1.34	—
		预拌混凝土 C35	m^3	74.24	—
		预拌混凝土 C40	m^3	37.67	—
		预拌混凝土 C50	m^3	—	—
		高分子自粘胶膜防水卷材 1.5 厚	m^2	54.31	—
		其他材料费	元	48 431.76	—
		措施费分摊	元	17 886.58	—
		材料费小计	元	204 127.59	46.65
	施工机具使用费	履带式起重机 15t	台班	3.34	—
		履带式液压抓斗成槽机	台班	5.29	—
		泥浆制作循环设备	台班	5.04	—
		履带式起重机 100t	台班	0.54	—
		自卸汽车 12t	台班	15.53	—
		其他施工机具使用费	元	14 904.62	—
		措施费分摊	元	1 027.96	—
		施工机具使用费小计	元	47 367.58	10.83
	直接费小计		元	318 077.17	72.70
综合费用			元	119 465.83	27.30
合　计			元	437 543.00	100.00

工程内容：围护结构、土方及支撑、钢筋混凝土结构、防水等。

单位：m

指标编号				2Z-003	
序号	项目		单位	正线 咬合式排桩围护	
				单洞双线	占指标基价 /%
指标基价			元	370 326.00	100.00
一	建筑安装工程费		元	370 326.00	100.00
二	设备购置费		元	—	—
建筑安装工程费					
直接费	人工费	人工	工日	488.79	—
		措施费分摊	元	1 396.94	—
		人工费小计	元	56 630.34	15.29
	材料费	钢筋 ϕ10 以内	kg	11 267.96	—
		钢筋 ϕ10 以外	kg	54 141.97	—
		柴油	kg	6 574.07	—
		电	kW·h	4 510.82	—
		预拌混凝土 C20	m^3	12.63	—
		预拌混凝土 C25	m^3	12.64	—
		预拌混凝土 C30	m^3	47.23	—
		预拌混凝土 C40	m^3	51.54	—
		高分子自粘胶膜防水卷材 1.5 厚	m^2	61.06	—
		其他材料费	元	13 290.62	—
		措施费分摊	元	15 191.76	—
		材料费小计	元	166 536.09	44.97
	施工机具使用费	挖掘机 $1m^3$	台班	2.28	—
		混凝土输送泵车	台班	1.21	—
		自卸汽车 12t	台班	14.32	—
		钻孔咬合桩机	台班	4.20	—
		其他施工机具使用费	元	8 050.50	—
		措施费分摊	元	873.09	—
		施工机具使用费小计	元	45 289.18	12.23
	直接费小计		元	268 455.60	72.49
综合费用			元	101 870.48	27.51
合　计			元	370 326.00	100.00

工程内容: 围护结构、土方及支撑、钢筋混凝土结构、防水等。

单位: m

指标编号				2Z-004	
序号	项目		单位	正线 型钢水泥土搅拌墙	
				单洞双线	占指标基价 /%
指标基价			元	266 889.00	100.00
一	建筑安装工程费		元	266 889.00	100.00
二	设备购置费		元	—	—
建筑安装工程费					
直接费	人工费	人工	工日	406.10	—
		措施费分摊	元	998.90	—
		人工费小计	元	46 889.19	17.57
	材料费	钢筋 ϕ10 以内	kg	1 959.87	—
		钢筋 ϕ10 以外	kg	7 612.43	—
		槽钢 60 以内	kg	756.92	—
		柴油	kg	1 109.62	—
		电	kW·h	3 661.64	—
		预拌混凝土 C20	m^3	5.78	—
		预拌混凝土 C25	m^3	0.41	—
		预拌混凝土 C30	m^3	2.33	—
		预拌混凝土 C35	m^3	3.16	—
		预拌混凝土 C40	m^3	48.14	—
		预拌混凝土 C50	m^3	0.37	—
		高分子自粘胶膜防水卷材 1.5 厚	m^2	41.69	—
		其他材料费	元	26 236.18	—
		措施费分摊	元	10 863.02	—
		材料费小计	元	123 376.68	46.23
	施工机具使用费	打桩机(15m 以内护坡钢板桩)(综合)	台班	2.31	—
		汽车起重机 20t	台班	1.97	—
		挖掘机 $1m^3$	台班	1.89	—
		混凝土输送泵车	台班	0.88	—
		自卸汽车 12t	台班	10.27	—
		其他施工机具使用费	元	7 981.66	—
		措施费分摊	元	624.31	—
		施工机具使用费小计	元	22 366.67	8.38
	直接费小计		元	192 632.54	72.18
综合费用			元	74 256.96	27.82
合　计			元	266 889.00	100.00

工程内容：土方、边坡防护、排水、混凝土结构及防水等。

单位：m

指标编号				2Z-005	
序号	项目		单位	正线 土钉墙围护	
				单洞双线	占指标基价 /%
指标基价			元	257 386.00	100.00
一	建筑安装工程费		元	257 386.00	100.00
二	设备购置费		元	—	—
建筑安装工程费					
直接费	人工费	人工	工日	271.71	—
		措施费分摊	元	940.97	—
		人工费小计	元	31 645.76	12.30
	材料费	钢筋 ϕ10 以内	kg	1 867.96	—
		钢筋 ϕ10 以外	kg	6 607.79	—
		柴油	kg	2 455.82	—
		电	kW·h	2 904.60	—
		预拌混凝土 C20	m^3	2.19	—
		预拌混凝土 C25	m^3	—	—
		预拌混凝土 C30	m^3	—	—
		预拌混凝土 C35	m^3	—	—
		预拌混凝土 C40	m^3	36.67	—
		预拌混凝土 C50	m^3	—	—
		高分子自粘胶膜防水卷材 1.5 厚	m^2	39.41	—
		其他材料费	元	13 121.20	—
		措施费分摊	元	10 233.08	—
		材料费小计	元	99 744.37	38.75
	施工机具使用费	履带式推土机 75kW	台班	2.00	—
		轮胎装载机 1.5m^3	台班	6.64	—
		挖掘机 1m^3	台班	3.93	—
		混凝土输送泵车	台班	0.59	—
		自卸汽车 12t	台班	43.15	—
		其他施工机具使用费	元	5 040.06	—
		措施费分摊	元	588.11	—
		施工机具使用费小计	元	43 272.66	16.81
	直接费小计		元	174 662.79	67.86
综合费用			元	82 723.08	32.14
合　计			元	257 386.00	100.00

2.1.2 暗挖区间

工程内容：土方、支护、初衬及二衬钢筋混凝土结构、防水、洞内临时工程等。

单位：单延米

指标编号				2Z-006	
序号	项目		单位	正线	
				土质 断面 36m² 以内 单洞单线	占指标基价 /%
指标基价			元	79 248.00	100.00
一	建筑安装工程费		元	79 248.00	100.00
二	设备购置费		元	—	—
建筑安装工程费					
直接费	人工费	人工	工日	172.42	—
		措施费分摊	元	325.62	—
		人工费小计	元	19 895.36	25.11
	材料费	钢筋 ϕ10 以内	kg	457.47	—
		钢筋 ϕ10 以外	kg	1 802.46	—
		型钢	kg	172.50	—
		焊接钢管 $DN32\times3.25$	kg	386.40	—
		水泥 42.5#	kg	4 961.41	—
		中埋式钢边橡胶止水带	m	6.47	—
		无纺布	m^2	49.68	—
		柴油	kg	145.78	—
		1.5 EVA 塑料防水板	m^2	24.84	—
		电	kW·h	885.42	—
		预拌抗渗混凝土 C40	m^3	5.94	—
		预拌豆石混凝土 C20	m^3	1.00	—
		预拌喷射混凝土干料 C25	t	11.79	—
		其他材料费	元	2 437.76	—
		措施费分摊	元	3 541.15	—
		材料费小计	元	33 808.68	42.66
	施工机具使用费	小翻斗车（综合）	台班	4.80	—
		电动卷扬机 双筒	台班	2.42	—
		自卸汽车 12t	台班	1.96	—
		其他施工机具使用费	元	675.94	—
		措施费分摊	元	203.51	—
		施工机具使用费小计	元	3 656.89	4.61
	直接费小计		元	57 360.93	72.38
综合费用			元	21 887.39	27.62
合计			元	79 248.00	100.00

工程内容: 石方、支护、初衬及二衬钢筋混凝土结构、防水、洞内临时工程等。

单位: 单延米

序号	项目		单位	2Z-007		2Z-008	
	指标编号			2Z-007		2Z-008	
				正线			
				次坚石 断面 $36m^2$ 以内 单洞单线	占指标基价 /%	普坚石 断面 $36m^2$ 以内 单洞单线	占指标基价 /%
指标基价			元	64 444.00	100.00	58 197.00	100.00
一	建筑安装工程费		元	64 444.00	100.00	58 197.00	100.00
二	设备购置费		元	—	—	—	—
建筑安装工程费							
直接费	人工费	人工	工日	130.55	—	127.25	—
		措施费分摊	元	271.20	—	256.97	—
		人工费小计	元	15 088.89	23.41	14 699.34	25.26
	材料费	钢筋 φ10 以内	kg	372.79	—	236.68	—
		钢筋 φ10 以外	kg	1 475.72	—	1 005.33	
		型钢	kg	79.00	—	—	—
		水泥 42.5#	kg	1 629.43	—	1 479.54	—
		中埋式钢边橡胶止水带	m	6.47	—	6.47	—
		无纺布	m^2	43.24	—	43.24	—
		柴油	kg	256.71	—	159.52	—
		1.5 EVA 塑料防水板	m^2	21.62	—	21.62	—
		电	kW·h	982.14	—	1 776.87	—
		预拌抗渗混凝土 C40	m^3	5.92	—	6.03	—
		预拌豆石混凝土 C20	m^3	0.87	—	0.87	—
		预拌喷射混凝土干料 C25	t	9.50	—	4.22	—
		其他材料费	元	2 130.28	—	4 147.87	—
		措施费分摊	元	2 949.33	—	2 794.52	—
		材料费小计	元	26 903.77	41.75	23 169.31	39.81
	施工机具使用费	小翻斗车(综合)	台班	3.88	—	3.27	—
		电动卷扬机 双筒	台班	2.28	—	2.07	—
		自卸汽车 12t	台班	2.45	—	2.14	—
		其他施工机具使用费	元	2 048.48	—	1 812.51	—
		措施费分摊	元	169.50	—	160.60	—
		施工机具使用费小计	元	4 828.73	7.49	4 243.76	7.29
	直接费小计		元	46 821.39	72.65	42 112.41	72.36
综合费用			元	17 622.39	27.35	16 084.55	27.64
合计			元	64 444.00	100.00	58 197.00	100.00

工程内容：土方、支护、初衬及二衬钢筋混凝土结构、防水、洞内临时工程等。

单位：单延米

指标编号				2Z-009	
序号	项目		单位	正线	
				土质断面 $80m^2$ 以内单洞双线	占指标基价 /%
指标基价			元	195 771.00	100.00
一	建筑安装工程费		元	195 771.00	100.00
二	设备购置费		元	—	—
建筑安装工程费					
直接费	人工费	人工	工日	423.69	—
		措施费分摊	元	787.59	—
		人工费小计	元	48 876.15	24.97
	材料费	钢筋 ϕ10 以内	kg	1 240.86	—
		钢筋 ϕ10 以外	kg	4 618.52	—
		型钢	kg	772.30	—
		焊接钢管 $DN32\times3.25$	kg	691.23	—
		水泥 42.5#	kg	9 426.15	—
		中埋式钢边橡胶止水带	m	5.91	—
		无纺布	m^2	73.07	—
		柴油	kg	348.07	—
		1.5 EVA 塑料防水板	m^2	36.53	—
		电	kW·h	1 709.69	—
		预拌抗渗混凝土 C40	m^3	17.76	—
		预拌豆石混凝土 C20	m^3	1.47	—
		预拌喷射混凝土干料 C25	t	36.56	—
		其他材料费	元	5 921.08	—
		措施费分摊	元	8 565.02	—
		材料费小计	元	84 077.70	42.95
	施工机具使用费	小翻斗车（综合）	台班	11.06	—
		电动卷扬机 双筒	台班	6.03	—
		自卸汽车 12t	台班	4.42	—
		其他施工机具使用费	元	2 735.77	—
		措施费分摊	元	492.24	—
		施工机具使用费小计	元	8 789.21	4.49
	小计		元	141 743.05	72.40
综合费用			元	54 028.21	27.60
合　计			元	195 771.00	100.00

工程内容：石方、支护、初衬及二衬钢筋混凝土结构、防水、洞内临时工程等。

单位：单延米

序号		指标编号		2Z-010		2Z-011	
		项目	单位	正线			
				次坚石断面 $80m^2$ 以内 单洞双线	占指标基价 /%	普坚石断面 $80m^2$ 以内 单洞双线	占指标基价 /%
指标基价			元	142 644.00	100.00	131 220.00	100.00
一	建筑安装工程费		元	142 644.00	100.00	131 220.00	100.00
二	设备购置费		元	—	—	—	—
建筑安装工程费							
直接费	人工费	人工	工日	286.68	—	280.25	—
		措施费分摊	元	591.00	—	566.00	—
		人工费小计	元	33 130.00	23.23	32 375.00	24.67
	材料费	钢筋 ϕ10 以内	kg	964.14	—	696.60	—
		钢筋 ϕ10 以外	kg	3 547.89	—	2 841.04	—
		型钢	kg	271.32	—	—	—
		水泥 42.5#	kg	1 174.05	—	2 124.45	—
		中埋式钢边橡胶止水带	m	5.91	—	5.91	—
		无纺布	m^2	73.07	—	73.07	—
		柴油	kg	531.67	—	347.28	—
		1.5 EVA 塑料防水板	m^2	36.53	—	36.53	—
		电	kW·h	1 838.64	—	3 500.40	—
		预拌抗渗混凝土 C40	m^3	17.76	—	17.76	—
		预拌豆石混凝土 C20	m^3	1.47	—	1.47	—
		预拌喷射混凝土干料 C25	t	21.82	—	6.84	—
		其他材料费	元	4 485.00	—	9 095.00	—
		措施费分摊	元	6 430.00	—	6 161.00	—
		材料费小计	元	60 299.00	42.27	53 383.00	40.68
	施工机具使用费	小翻斗车（综合）	台班	7.94	—	6.67	—
		电动卷扬机 双筒	台班	5.18	—	4.56	—
		自卸汽车 12t	台班	5.10	—	4.67	—
		其他施工机具使用费	元	4 398.00	—	4 053.00	—
		措施费分摊	元	370.00	—	354.00	—
		施工机具使用费小计	元	10 251.00	7.19	9 317.00	7.10
	直接费小计		元	103 680.00	72.68	95 075.00	72.45
综合费用			元	38 964.00	27.32	36 145.00	27.55
合计			元	142 644.00	100.00	131 220.00	100.00

工程内容：土方、支护、初衬结构、回填等。

单位：座

指标编号				2Z-012	
序号	项目		单位	临时竖井	
				11m×3.6m×34m（长×宽×深）	占指标基价 /%
指标基价			元	4 073 516.00	100.00
一	建筑安装工程费		元	4 073 516.00	100.00
二	设备购置费		元	—	—
建筑安装工程费					
直接费	人工费	人工	工日	5 130.36	—
		措施费分摊	元	9 910.26	—
		人工费小计	元	563 989.54	13.85
	材料费	钢筋 ϕ10 以内	kg	23 791.42	—
		钢筋 ϕ10 以外	kg	65 063.96	—
		型钢	kg	15 391.90	—
		板方材	m^3	6.85	—
		柴油	kg	5 637.80	—
		电	kW·h	12 997.15	—
		深孔注浆（超细水泥、水玻璃双液浆）	m^3	1 168.68	—
		预拌混凝土 C30	m^3	53.25	—
		预拌喷射混凝土干料 C25	t	1 013.84	—
		其他材料费	元	49 815.95	—
		措施费分摊	元	107 774.04	—
		材料费小计	元	2 427 012.64	59.58
	施工机具使用费	空压机 $10m^3/min$	台班	63.21	—
		轮胎装载机 $1.5m^3$	台班	17.46	—
		电动卷扬机 双筒	台班	46.81	—
		自卸汽车 12t	台班	111.42	—
		其他施工机具使用费	元	17 714.02	—
		措施费分摊	元	6 193.91	—
		施工机具使用费小计	元	120 837.17	2.97
	直接费小计		元	3 111 839.35	76.39
综合费用			元	961 676.69	23.61
合计			元	4 073 516.00	100.00

工程内容：土方、支护、初衬结构、回填等。

单位：延长米

指标编号				2Z-013	
序号	项目		单位	临时横通道	
				5.2m×8.3m（宽×高）	占指标基价/%
指标基价			元	105 600.00	100.00
一	建筑安装工程费		元	105 600.00	100.00
二	设备购置费		元	—	—
建筑安装工程费					
直接费	人工费	人工	工日	171.65	—
		措施费分摊	元	318.18	—
		人工费小计	元	18 856.94	17.86
	材料费	钢筋 ϕ10 以内	kg	522.00	—
		钢筋 ϕ10 以外	kg	1 429.42	—
		型钢	kg	262.71	—
		镀锌焊接钢管 $DN40\times3.5$	kg	106.98	—
		水泥 $42.5^{\#}$	kg	2 223.48	—
		板方材	m^3	0.05	—
		电焊条（综合）	kg	29.31	—
		柴油	kg	160.68	—
		水玻璃	kg	937.41	—
		电	kW·h	1 247.24	—
		深孔注浆（超细水泥、水玻璃双液浆）	m^3	25.13	—
		预拌喷射混凝土干料 C25	t	26.19	—
		其他材料费	元	963.39	—
		措施费分摊	元	3 460.23	—
		材料费小计	元	57 378.42	54.34
	施工机具使用费	空压机 $10m^3/min$	台班	2.11	—
		小翻斗车（综合）	台班	4.45	—
		电动卷扬机 双筒	台班	2.43	—
		自卸汽车 12t	台班	2.39	—
		其他施工机具使用费	元	659.05	—
		措施费分摊	元	198.86	—
		施工机具使用费小计	元	3 742.75	3.54
	直接费小计		元	79 978.10	75.74
综合费用			元	25 622.27	24.26
合　计			元	105 600.00	100.00

工程内容：土方、支护、初衬及二衬钢筋混凝土结构、防水、洞内临时工程等。

单位：延长米

指标编号				2Z-014	
序号	项目		单位	联络通道	
				土质 4m×5.2m（宽 × 高）	占指标基价 /%
指标基价			元	45 778.00	100.00
一	建筑安装工程费		元	45 778.00	100.00
二	设备购置费		元	—	—
建筑安装工程费					
直接费	人工费	人工	工日	77.59	—
		措施费分摊	元	152.00	—
		人工费小计	元	8 958.00	19.57
	材料费	钢筋 ϕ10 以内	kg	358.90	—
		钢筋 ϕ10 以外	kg	1 258.44	—
		型钢	kg	62.73	—
		水泥 42.5#	kg	719.10	—
		中埋式钢边橡胶止水带	m	4.20	—
		柴油	kg	10.07	—
		遇水膨胀止水条	m	4.20	—
		电	kW·h	4 698.79	—
		预拌抗渗混凝土 C40	m^3	5.90	—
		预拌豆石混凝土 C20	m^3	0.24	—
		预拌喷射混凝土干料 C25	t	4.23	—
		其他材料费	元	2 084.00	—
		措施费分摊	元	1 648.00	—
		材料费小计	元	22 828.00	49.87
	施工机具使用费	自卸汽车 12t	台班	0.909 5	—
		小翻斗车（综合）	台班	2.165 4	—
		电动卷扬机 双筒	台班	1.190 5	—
		其他施工机具使用费	元	535.00	—
		措施费分摊	元	95.00	—
		施工机具使用费小计	元	1 751.00	3.82
	直接费小计		元	33 537.00	73.26
综合费用			元	12 241.00	26.74
合　计			元	45 778.00	100.00

工程内容：石方、支护、初衬及二衬钢筋混凝土结构、防水、洞内临时工程等。

单位：延长米

序号		指标编号		2Z-015		2Z-016	
		项目	单位	联络通道			
				次坚石 4m×5.2m（宽×高）	占指标基价/%	普坚石 4m×5.2m（宽×高）	占指标基价/%
指标基价			元	45 212.00	100.00	45 190.00	100.00
一		建筑安装工程费	元	45 212.00	100.00	45 190.00	100.00
二		设备购置费	元	—	—	—	—
建筑安装工程费							
直接费	人工费	人工	工日	62.27	—	65.43	—
		措施费分摊	元	177.57	—	180.06	—
		人工费小计	元	7 244.54	16.02	7 605.73	16.83
	材料费	钢筋 ϕ10 以内	kg	232.56	—	232.56	—
		钢筋 ϕ10 以外	kg	948.48	—	948.48	—
		钢板 4.5~20	kg	53.00	—	53.00	—
		水泥 42.5#	kg	719.10	—	719.10	—
		中埋式钢边橡胶止水带	m	4.20	—	4.20	—
		柴油	m^2	218.61	—	218.47	—
		1.5 EVA 塑料防水板	m^2	17.63	—	17.63	—
		电	m^2	4 729.62	—	4 740.88	—
		预拌抗渗混凝土 C40	kW·h	5.90	—	5.90	—
		预拌豆石混凝土 C20	m^3	0.24	—	0.24	—
		预拌喷射混凝土干料 C25	m^3	1.40	—	0.71	—
		其他材料费	元	2 342.43	—	2 334.63	—
		措施费分摊	元	1 931.06	—	1 958.14	—
		材料费小计	元	20 618.20	45.60	20 344.57	45.02
	施工机具使用费	小翻斗车（综合）	台班	1.91	—	1.90	—
		电动卷扬机 双筒	台班	1.12	—	1.14	—
		自卸汽车 12t	台班	4.33	—	4.04	—
		其他施工机具使用费	元	1 942.68	—	1 976.98	—
		措施费分摊	元	110.98	—	112.54	—
		施工机具使用费小计	元	5 521.54	12.21	5 359.57	11.86
	直接费小计		元	33 384.28	73.84	33 309.86	73.71
综合费用			元	11 827.44	26.16	11 879.92	26.29
合计			元	45 212.00	100.00	45 190.00	100.00

2.1.3 盾构区间

工程内容:盾构机及车架安拆，盾构掘进、干式出土，渣土外运，管片制作、拼装、设置密封条、嵌缝、手孔封堵，洞口处理，衬砌压浆，施工管线路铺拆等。

单位:单延米

序号		项目	单位	2Z-017	
				土压平衡盾构	
				管片外径 6.0m	占指标基价 /%
指标基价			元	50 353.00	100.00
一		建筑安装工程费	元	50 353.00	100.00
二		设备购置费	元	—	—
建筑安装工程费					
直接费	人工费	人工	工日	73.42	—
		措施费分摊	元	219.00	—
		人工费小计	元	8 552.01	16.98
	材料费	预拌混凝土 C20	m^3	0.01	—
		预拌混凝土 C30	m^3	0.03	—
		预拌抗渗混凝土 C50	m^3	5.57	—
		钢筋 ϕ10 以内	kg	203.49	—
		钢筋 ϕ10 以外	kg	792.17	—
		型钢	kg	7.54	—
		普通钢板 δ 3.5~4.0	kg	1.01	—
		管片钢模精加工制作	kg	50.49	—
		水泥（综合）	kg	189.00	—
		水泥 42.5#	kg	958.41	—
		板方材	m^3	0.08	—
		粉煤灰	kg	4 202.64	—
		预埋铁件	kg	38.32	—
		管片连接螺栓	kg	64.38	—
		柴油	kg	205.38	—
		遇水膨胀止水条	m	39.27	—
		三元乙丙橡胶条	m	38.17	—
		水玻璃	kg	205.38	—
		环氧聚氨酯嵌缝膏	kg	14.79	—
		油脂	kg	26.67	—
		电	kW·h	1 533.93	—
		水	t	14.43	—
		其他材料费	元	1 235.79	—
		措施费分摊	元	2 381.60	—
		材料费小计	元	17 707.12	35.17
	施工机具使用费	刀盘式土压平衡盾构机 ϕ6 000	台班	0.36	—
		盾构同步压浆泵 INJECTQ	台班	0.87	—
		工业锅炉	台班	0.93	—
		门式起重机 50t 以内	台班	0.37	—
		自卸汽车 12t	台班	1.87	—
		汽车起重机 100t	台班	0.03	—
		龙门式起重机 10t	台班	2.12	—
		龙门式起重机 20t	台班	0.94	—
		轮胎装载机 1.5m^3	台班	0.22	—
		其他施工机具使用费	元	1 314.02	—
		措施费分摊	元	136.87	—
		施工机具使用费小计	元	11 169.48	22.18
	直接费小计		元	37 428.61	74.33
综合费用			元	12 924.45	25.67
合计			元	50 353.00	100.00

工程内容：盾构机及车架安拆，盾构掘进、干式出土，渣土外运，管片制作、拼装、设置密封条、嵌缝、手孔封堵，洞口处理，衬砌压浆，施工管线路铺拆等。

单位：单延米

指标编号				2Z-018	
序号	项目		单位	土压平衡盾构	
				管片外径 6.2m	占指标基价 /%
指标基价			元	55 227.00	100.00
一	建筑安装工程费		元	55 227.00	100.00
二	设备购置费		元	—	—
建筑安装工程费					
直接费	人工费	人工	工日	80.83	—
		措施费分摊	元	235.14	—
		人工费小计	元	9 409.50	17.04
	材料费	预拌混凝土 C20	m^3	0.01	—
		预拌混凝土 C30	m^3	0.03	—
		预拌抗渗混凝土 C50	m^3	6.67	—
		钢筋 ϕ10 以内	kg	243.47	—
		钢筋 ϕ10 以外	kg	948.03	—
		型钢	kg	7.54	—
		普通钢板 δ 3.5~4.0	kg	1.02	—
		管片钢模精加工制作	kg	60.45	—
		水泥（综合）	kg	243.00	—
		水泥 42.5#	kg	803.38	—
		板方材	m^3	0.10	—
		粉煤灰	kg	3 520.16	—
		预埋铁件	kg	45.88	—
		管片连接螺栓	kg	74.69	—
		柴油	kg	231.40	—
		遇水膨胀止水条	m	40.37	—
		三元乙丙橡胶条	m	39.25	—
		水玻璃	kg	231.40	—
		环氧聚氨酯嵌缝膏	kg	14.79	—
		油脂	kg	31.19	—
		电	kW·h	1 585.99	—
		水	t	15.40	—
		其他材料费	元	1 409.94	—
		措施费分摊	元	2 557.17	—
		材料费小计	元	19 895.99	36.03
	施工机具使用费	刀盘式土压平衡盾构机 ϕ7 000	台班	0.36	—
		盾构同步压浆泵 INJECTQ	台班	0.73	—
		工业锅炉	台班	1.12	—
		门式起重机 50t 以内	台班	0.37	—
		自卸汽车 12t	台班	1.96	—
		汽车起重机 100t	台班	0.03	—
		龙门式起重机 10t	台班	2.50	—
		龙门式起重机 20t	台班	1.07	—
		轮胎装载机 1.5m^3	台班	0.23	—
		其他施工机具使用费	元	1 441.98	—
		措施费分摊	元	146.96	—
		施工机具使用费小计	元	11 733.66	21.25
	直接费小计		元	41 039.15	74.31
综合费用			元	14 187.51	25.69
合　　计			元	55 227.00	100.00

工程内容：盾构机及车架安拆，盾构掘进、干式出土，渣土外运，管片制作、拼装、设置密封条、嵌缝、手孔封堵，洞口处理，衬砌压浆，施工管线路铺拆等。

单位：单延米

序号		项　目	单位	2Z-019 土压平衡盾构 管片外径 6.6m	占指标基价 /%
指标基价			元	57 746.00	100.00
一		建筑安装工程费	元	57 746.00	100.00
二		设备购置费	元	—	—
建筑安装工程费					
直接费	人工费	人工	工日	84.47	—
		措施费分摊	元	244.30	—
		人工费小计	元	9 831.91	17.03
	材料费	预拌混凝土 C20	m^3	0.01	—
		预拌混凝土 C30	m^3	0.03	—
		预拌抗渗混凝土 C50	m^3	7.13	—
		钢筋 ϕ10 以内	kg	260.11	—
		钢筋 ϕ10 以外	kg	1 012.84	—
		型钢	kg	7.54	—
		普通钢板 δ 3.5~4.0	kg	1.02	—
		管片钢模精加工制作	kg	64.59	—
		水泥（综合）	kg	243.00	—
		水泥 42.5#	kg	854.63	—
		板方材	m^3	0.10	—
		粉煤灰	kg	3 744.66	—
		预埋铁件	kg	49.02	—
		管片连接螺栓	kg	74.69	—
		柴油	kg	252.41	—
		遇水膨胀止水条	m	42.57	—
		三元乙丙橡胶条	m	41.33	—
		水玻璃	kg	252.41	—
		环氧聚氨酯嵌缝膏	kg	14.79	—
		油脂	kg	31.19	—
		电	kW·h	1 609.67	—
		水	t	15.60	—
		其他材料费	元	1 454.26	—
		措施费分摊	元	2 656.73	—
		材料费小计	元	20 962.77	36.30
	施工机具使用费	刀盘式土压平衡盾构机 ϕ7 000	台班	0.36	—
		盾构同步压浆泵 INJECTQ	台班	0.77	—
		工业锅炉	台班	1.19	—
		门式起重机 50t 以内	台班	0.37	—
		自卸汽车 12t	台班	2.22	—
		汽车起重机 100t	台班	0.03	—
		龙门式起重机 10t	台班	2.67	—
		龙门式起重机 20t	台班	1.10	—
		轮胎装载机 1.5m^3	台班	0.26	—
		其他施工机具使用费	元	1 495.45	—
		措施费分摊	元	152.69	—
		施工机具使用费小计	元	12 123.85	21.00
	直接费小计		元	42 918.53	74.32
综合费用			元	14 827.08	25.68
合　计			元	57 746.00	100.00

工程内容：盾构机及车架安拆，盾构掘进、干式出土，渣土外运，管片制作、拼装、设置密封条、嵌缝、手孔封堵，洞口处理，衬砌压浆，施工管线路铺拆等。

单位：单延米

指标编号				2Z-020	
序号	项目		单位	土压平衡盾构	
				管片外径 8.5m	占指标基价 /%
指标基价			元	97 460.00	100.00
一	建筑安装工程费		元	97 460.00	100.00
二	设备购置费		元	—	—
建筑安装工程费					
直接费	人工费	人工	工日	142.17	—
		措施费分摊	元	426.02	—
		人工费小计	元	16 562.13	16.99
	材料费	预拌混凝土 C20	m^3	0.01	—
		预拌混凝土 C30	m^3	0.04	—
		预拌抗渗混凝土 C50	m^3	10.60	—
		钢筋 ϕ10 以内	kg	386.54	—
		钢筋 ϕ10 以外	kg	1 505.50	—
		型钢	kg	24.70	—
		普通钢板 δ 3.5~4.0	kg	3.06	—
		管片钢模精加工制作	kg	96.04	—
		水泥（综合）	kg	273.38	—
		水泥 42.5#	kg	1 500.63	—
		板方材	m^3	0.15	—
		粉煤灰	kg	6 582.34	—
		预埋铁件	kg	72.89	—
		管片连接螺栓	kg	58.46	—
		柴油	kg	398.42	—
		遇水膨胀止水条	m	42.38	—
		三元乙丙橡胶条	m	41.19	—
		水玻璃	kg	398.42	—
		环氧聚氨酯嵌缝膏	kg	27.76	—
		油脂	kg	48.93	—
		电	kW·h	2 497.18	—
		水	t	35.89	—
		其他材料费	元	2 304.24	—
		措施费分摊	元	4 632.97	—
		材料费小计	元	34 064.67	34.95
	施工机具使用费	刀盘式土压平衡盾构机 ϕ11 000	台班	0.44	—
		盾构同步压浆泵 INJECTQ	台班	1.36	—
		工业锅炉	台班	1.77	—
		门式起重机 50t 以内	台班	0.01	—
		自卸汽车 12t	台班	3.69	—
		汽车起重机 160t	台班	0.04	—
		龙门式起重机 10t	台班	3.98	—
		龙门式起重机 20t	台班	1.06	—
		轮胎装载机 1.5m^3	台班	0.44	—
		电瓶车 80t	台班	0.95	—
		其他施工机具使用费	元	2 060.72	—
		措施费分摊	元	266.26	—
		施工机具使用费小计	元	21 816.43	22.38
	直接费小计		元	72 443.24	74.33
综合费用			元	25 016.83	25.67
合计			元	97 460.00	100.00

工程内容：盾构机及车架安拆，盾构掘进，水力出土、泥水干化处理，渣土外运，管片制作、拼装、设置密封条、嵌缝、手孔封堵，洞口处理，衬砌压浆，施工管线路铺拆等。

单位：单延米

指标编号				2Z-021	
序号	项目		单位	泥水平衡盾构	
				管片外径 6.6m	占指标基价 /%
指标基价			元	63 810.00	100.00
一	建筑安装工程费		元	63 810.00	100.00
二	设备购置费		元	—	—
建筑安装工程费					
直接费	人工费	人工	工日	92.04	—
		措施费分摊	元	255.75	—
		人工费小计	元	10 702.85	16.77
	材料费	预拌混凝土 C20	m^3	0.01	—
		预拌混凝土 C30	m^3	0.03	—
		预拌抗渗混凝土 C50	m^3	7.13	—
		钢筋 ϕ10 以内	kg	260.11	—
		钢筋 ϕ10 以外	kg	1 012.84	—
		型钢	kg	7.54	—
		镀锌钢管 200	m	1.33	—
		管片钢模精加工制作	kg	64.59	—
		水泥（综合）	kg	243.00	—
		水泥 42.5$^{\#}$	kg	854.63	—
		机油	m^3	21.71	—
		粉煤灰	kg	3 744.66	—
		预埋铁件	kg	49.02	—
		管片连接螺栓	kg	74.69	—
		柴油	kg	252.41	—
		遇水膨胀止水条	m	42.57	—
		三元乙丙橡胶条	m	41.33	—
		水玻璃	kg	252.41	—
		环氧聚氨酯嵌缝膏	kg	14.79	—
		油脂	kg	31.19	—
		电	kW·h	1 523.01	—
		水	t	39.22	—
		其他材料费	元	1 653.78	—
		措施费分摊	元	2 781.28	—
		材料费小计	元	21 641.85	33.92
	施工机具使用费	刀盘式泥水平衡盾构机 ϕ7 000	台班	0.32	—
		盾构同步压浆泵 INJECTQ	台班	0.77	—
		工业锅炉	台班	1.19	—
		门式起重机 50t 以内	台班	0.33	—
		自卸汽车 12t	台班	2.22	—
		汽车起重机 100t	台班	0.03	—
		龙门式起重机 10t	台班	2.67	—
		龙门式起重机 20t	台班	1.10	—
		轮胎装载机 1.5m^3	台班	0.26	—
		其他施工机具使用费	元	1 514.78	—
		措施费分摊	元	159.84	—
		施工机具使用费小计	元	12 293.26	19.27
	直接费小计		元	44 637.96	69.95
综合费用			元	19 172.27	30.05
合　计			元	63 810.00	100.00

工程内容: 盾构机及车架安拆,盾构掘进,水力出土、泥水干化处理,渣土外运,管片制作、拼装、设置密封条、嵌缝、手孔封堵,洞口处理,衬砌压浆,施工管线路铺拆等。

单位: 单延米

指标编号				2Z-022	
序号	项目		单位	泥水平衡盾构	
				管片外径 8.5m	占指标基价 /%
指标基价			元	106 831.00	100.00
一	建筑安装工程费		元	106 831.00	100.00
二	设备购置费		元	—	—
建筑安装工程费					
直接费	人工费	人工	工日	144.40	—
		措施费分摊	元	438.52	—
		人工费小计	元	16 828.46	15.75
	材料费	预拌混凝土 C20	m^3	0.01	—
		预拌混凝土 C30	m^3	0.04	—
		预拌抗渗混凝土 C50	m^3	10.60	—
		钢筋 ϕ10 以内	kg	386.54	—
		钢筋 ϕ10 以外	kg	1 505.50	—
		型钢	kg	24.70	—
		镀锌钢管 200	m	2.68	—
		管片钢模精加工制作	kg	96.04	—
		水泥(综合)	kg	273.38	—
		水泥 42.5#	kg	1 500.63	—
		机油	m^3	37.68	—
		粉煤灰	kg	6 582.34	—
		预埋铁件	kg	72.89	—
		管片连接螺栓	kg	58.46	—
		柴油	kg	398.42	—
		遇水膨胀止水条	m	42.38	—
		三元乙丙橡胶条	m	41.19	—
		水玻璃	kg	398.42	—
		环氧聚氨酯嵌缝膏	kg	27.76	—
		油脂	kg	48.93	—
		电	kW·h	2 477.20	—
		水	t	98.44	—
		其他材料费	元	2 541.17	—
		措施费分摊	元	4 768.87	—
		材料费小计	元	35 447.06	33.18
	施工机具使用费	刀盘式泥水平衡盾构机 ϕ11 000	台班	0.43	—
		盾构同步压浆泵 INJECTQ	台班	1.36	—
		工业锅炉	台班	1.77	—
		门式起重机 150t 以内	台班	0.43	—
		自卸汽车 12t	台班	3.69	—
		汽车起重机 160t	台班	0.04	—
		龙门式起重机 10t	台班	3.98	—
		龙门式起重机 20t	台班	1.06	—
		轮胎装载机 1.5m^3	台班	0.44	—
		电瓶车 80t	台班	0.84	—
		其他施工机具使用费	元	2 162.56	—
		措施费分摊	元	274.07	—
		施工机具使用费小计	元	22 661.90	21.21
	直接费小计		元	74 937.41	70.15
综合费用			元	31 893.49	29.85
合计			元	106 831.00	100.00

工程内容：盾构机及车架安拆，盾构掘进，水力出土、泥水干化处理，渣土外运，管片制作、拼装、设置密封条、嵌缝、手孔封堵，洞口处理，衬砌压浆，施工管线路铺拆，中隔墙、弧形构件等预制构件安装等。

单位：单延米

指标编号				2Z-023	
序号	项目		单位	泥水平衡盾构	
				管片外径 13.6m	占指标基价 /%
指标基价			元	287 322.00	100.00
一	建筑安装工程费		元	287 322.00	100.00
二	设备购置费		元	—	—
建筑安装工程费					
直接费	人工费	人工	工日	302.41	—
		措施费分摊	元	1 107.24	—
		人工费小计	元	35 430.60	12.33
	材料费	预拌混凝土 C20	m^3	0.01	—
		预拌混凝土 C25	m^3	0.64	—
		预拌混凝土 C30	m^3	0.04	—
		预拌抗渗混凝土 C50	m^3	23.31	—
		预制构件	m^3	12.29	—
		砌筑砂浆 DM7.5-MR	m^3	16.59	—
		钢筋 ϕ10 以内	kg	846.81	—
		钢筋 ϕ10 以外	kg	3 302.94	—
		型钢	kg	35.45	—
		镀锌钢管 200	m	5.33	—
		管片钢模精加工制作	kg	211.30	—
		水泥（综合）	kg	255.15	—
		水泥 42.5#	kg	3 187.65	—
		粉煤灰	kg	14 008.80	—
		预埋铁件	kg	170.45	—
		管片连接螺栓	kg	140.93	—
		柴油	kg	1 015.87	—
		遇水膨胀止水条	m	54.29	—
		三元乙丙橡胶条	m	52.75	—
		环氧聚氨酯嵌缝膏	kg	31.43	—
		油脂	kg	142.65	—
		电	kW·h	9 729.98	—
		水	t	221.97	—
		其他材料费	元	4 920.10	—
		措施费分摊	元	12 041.23	—
		材料费小计	元	104 714.22	36.44
	施工机具使用费	刀盘式泥水平衡盾构机 ϕ15 000	台班	0.75	—
		盾构同步压浆泵 INJECTQ	台班	2.89	—
		工业锅炉	台班	3.90	—
		门式起重机 50t 以内	台班	1.21	—
		门式起重机 150t 以内	台班	1.84	—
		自卸汽车 12t	台班	9.34	—
		双头车	台班	1.76	—
		汽车起重机 10t	台班	0.71	—
		汽车起重机 40t	台班	0.53	—
		汽车起重机 30t	台班	0.31	—
		载重汽车（综合）	台班	3.17	—
		龙门式起重机 10t	台班	8.12	—
		轮胎装载机 1.5m^3	台班	1.11	—
		龙门式起重机 20t	台班	1.40	—
		其他施工机具使用费	元	4 088.81	—
		措施费分摊	元	692.02	—
		施工机具使用费小计	元	63 728.23	22.18
	直接费小计		元	203 873.05	70.96
综合费用			元	83 449.22	29.04
合计			元	287 322.00	100.00

工程内容：掘进机及车架安拆，掘进机掘进、出渣，渣土外运，管片制作、拼装、设置密封条、嵌缝、手孔封堵，洞口处理，填充豆粒石及灌浆，施工管线路铺拆等。

单位：单延米

指标编号				2Z-024	
序号	项目		单位	单护盾岩石隧道掘进	
				管片外径 6.6m	占指标基价 /%
指标基价			元	66 065.00	100.00
一	建筑安装工程费		元	66 065.00	100.00
二	设备购置费		元	—	—
建筑安装工程费					
直接费	人工费	人工	工日	76.79	—
		措施费分摊	元	283.21	—
		人工费小计	元	8 998.42	13.62
	材料费	预拌混凝土 C20	m^3	0.01	—
		预拌混凝土 C30	m^3	0.03	—
		预拌抗渗混凝土 C50	m^3	7.13	—
		钢筋 ϕ10 以内	kg	260.11	—
		钢筋 ϕ10 以外	kg	1 012.84	—
		型钢	kg	7.54	—
		管片钢模精加工制作	kg	64.59	—
		水泥（综合）	kg	243.00	—
		水泥 42.5#	kg	1 633.48	—
		板方材	m^3	0.10	—
		豆石	kg	4 567.50	—
		预埋铁件	kg	49.02	—
		管片连接螺栓	kg	144.94	—
		柴油	kg	253.33	—
		遇水膨胀止水条	m	42.57	—
		三元乙丙橡胶条	m	41.33	—
		水玻璃	kg	56.55	—
		环氧聚氨酯嵌缝膏	kg	14.79	—
		油脂	kg	62.80	—
		电	kW·h	1 786.14	—
		水	t	56.09	—
		其他材料费	元	1 903.70	—
		措施费分摊	元	3 079.87	—
		材料费小计	元	24 004.25	36.33
	施工机具使用费	单护盾岩石隧道掘进机 ϕ7 000	台班	0.46	—
		盾构同步压浆泵 INJECTQ	台班	0.71	—
		工业锅炉	台班	1.19	—
		轨道式电瓶车	台班	3.29	—
		门式起重机 50t 以内	台班	0.29	—
		自卸汽车 12t	台班	2.24	—
		汽车起重机 100t	台班	0.03	—
		龙门式起重机 10t	台班	2.67	—
		龙门式起重机 20t	台班	1.10	—
		轮胎装载机 1.5m^3	台班	0.27	—
		其他施工机具使用费	元	1 216.96	—
		措施费分摊	元	177.00	—
		施工机具使用费小计	元	16 464.98	24.92
	直接费小计		元	49 467.66	74.88
综合费用			元	16 597.15	25.12
合　计			元	66 065.00	100.00

2.2 高架区间

工程内容: 基础及下部结构、上部构造、桥面系等。

单位: m^2(水平投影)

序号		项目	单位	钻孔灌注桩基础 ϕ1 200 以内;H40m 以内	占指标基价 /%
指标编号				2Z-025	
				预制简支梁	
指标基价			元	6 575.00	100.00
一		建筑安装工程费	元	6 575.00	100.00
二		设备购置费	元	—	—
建筑安装工程费					
直接费	人工费	人工	工日	5.76	—
		措施费分摊	元	25.33	—
		人工费小计	元	631.52	9.30
	材料费	钢筋 ϕ10 以内	kg	30.77	—
		钢筋 ϕ10 以外	kg	127.84	—
		柴油	kg	18.87	—
		电	kW·h	35.28	—
		水	t	1.46	—
		预拌混凝土 C30	m^3	0.90	—
		预拌混凝土 C15	m^3	0.02	—
		预拌混凝土 C40	m^3	0.22	—
		SBS 改性沥青油毡防水卷材 4	m^2	1.61	—
		聚氨酯防水涂料	kg	0.41	—
		预制混凝土小型构件 C30	m^3	0.12	—
		钢纤维混凝土 C50	m^3	0.01	—
		钢绞线	kg	22.05	—
		预制预应力箱梁 C50	m^3	0.56	—
		其他材料费	元	111.71	—
		措施费分摊	元	275.48	—
		材料费小计	元	3 740.60	64.19
	施工机具使用费	汽车起重机 8t	台班	0.04	—
		泥浆输罐车 4 000L	台班	0.05	—
		回旋钻机 ϕ1 500 以内	台班	0.12	—
		自卸汽车 12t	台班	0.03	—
		小翻斗车(综合)	台班	0.06	—
		汽车起重机 75t	台班	0.02	—
		平板拖车组 100t	台班	0.05	—
		其他施工机具使用费	元	49.36	—
		措施费分摊	元	15.83	—
		施工机具使用费小计	元	518.11	8.02
	直接费小计		元	4 890.23	81.51
综合费用			元	1 685.05	18.49
合计			元	6 575.00	100.00

工程内容：基础及下部结构、上部构造、桥面系等。

单位：m^2（水平投影）

指标编号				2Z-026	
				现浇连续梁	
序号	项目		单位	钻孔灌注桩基础 ϕ1 200 以内；H40m 以内	占指标基价 /%
指标基价			元	8 286.00	100.00
一	建筑安装工程费		元	8 286.00	100.00
二	设备购置费		元	—	—
建筑安装工程费					
直接费	人工费	人工	工日	10.19	—
		措施费分摊	元	38.95	—
		人工费小计	元	1 474.90	9.30
	材料费	钢筋 ϕ10 以内	kg	57.34	—
		钢筋 ϕ10 以外	kg	235.40	—
		柴油	kg	14.62	—
		电	kW·h	40.01	—
		水	t	1.93	—
		预拌混凝土 C30	m^3	0.90	—
		预拌混凝土 C15	m^3	0.21	—
		预拌混凝土 C40	m^3	0.22	—
		SBS 改性沥青油毡防水卷材 4	m^2	1.61	—
		聚氨酯防水涂料	kg	0.41	—
		预制混凝土小型构件 C30	m^3	0.12	—
		钢绞线	kg	22.85	—
		预拌混凝土 C50	m^3	0.57	—
		其他材料费	元	134.77	—
		措施费分摊	元	325.36	—
		材料费小计	元	4 207.97	64.19
	施工机具使用费	汽车起重机 8t	台班	0.04	—
		载重汽车 10t	台班	0.01	—
		载重汽车 15t	台班	0.03	—
		泥浆输罐车 4 000L	台班	0.05	—
		回旋钻机 ϕ1 500 以内	台班	0.12	—
		自卸汽车 12t	台班	0.04	—
		汽车起重机 16t	台班	0.03	—
		小翻斗车（综合）	台班	0.06	—
		预应力拉伸机 YCW-250	台班	0.02	—
		其他施工机具使用费	元	75.74	—
		措施费分摊	元	24.57	—
		施工机具使用费小计	元	386.64	8.02
	直接费小计		元	6 023.78	81.51
综合费用			元	2 262.53	18.49
合 计			元	8 286.00	100.00

工程内容：基础及下部结构、上部构造、桥面系等。

单位：m^2（水平投影）

指标编号				2Z-027	
序号	项目		单位	钢－混结合梁	
				钻孔灌注桩基础 ϕ1 200 以内；H40m 以内	占指标基价 /%
指标基价			元	10 627.00	100.00
一	建筑安装工程费		元	10 627.00	100.00
二	设备购置费		元	—	—
建筑安装工程费					
直接费	人工费	人工	工日	11.14	—
		措施费分摊	元	31.47	—
		人工费小计	元	1 205.78	9.30
	材料费	钢筋 ϕ10 以内	kg	46.24	—
		钢筋 ϕ10 以外	kg	190.48	—
		柴油	kg	13.22	—
		电	kW·h	40.62	—
		水	t	1.74	—
		预拌混凝土 C30	m^3	0.90	—
		预拌混凝土 C15	m^3	0.02	—
		预拌混凝土 C40	m^3	0.22	—
		SBS 改性沥青油毡防水卷材 4	m^2	1.61	—
		聚氨酯防水涂料	kg	0.41	—
		预制混凝土小型构件 C30	m^3	0.12	—
		钢纤维混凝土 C50	m^3	0.01	—
		钢绞线	kg	28.54	—
		立交桥箱式梁	t	0.51	—
		预拌混凝土 C50	m^3	0.46	—
		其他材料费	元	402.82	—
		措施费分摊	元	385.81	—
		材料费小计	元	6 276.05	64.19
	施工机具使用费	汽车起重机 8t	台班	0.04	—
		载重汽车 15t	台班	0.02	—
		泥浆输罐车 4 000L	台班	0.05	—
		回旋钻机 ϕ1 500 以内	台班	0.12	—
		自卸汽车 12t	台班	0.03	—
		小翻斗车（综合）	台班	0.06	—
		除锈喷砂机 $3m^3$/min 5.5kW	台班	0.18	—
		龙门起重机 30t	台班	0.02	—
		预应力拉伸机 YCW-250	台班	0.03	—
		通风机 30kW	台班	0.13	—
		喷涂机	台班	0.06	—
		汽车起重机 160t	台班	0.01	—
		其他施工机具使用费	元	73.43	—
		措施费分摊	元	22.17	—
		施工机具使用费小计	元	386.13	8.02
	直接费小计		元	7 867.96	81.51
综合费用			元	2 758.76	18.49
合　计			元	10 627.00	100.00

工程内容：基础及下部结构、上部构造、桥面系等。

单位：m²（水平投影）

指标编号				2Z-028	
序号	项目		单位	钢梁 钻孔灌注桩基础 ϕ1 200 以内；H40m 以内	占指标基价 /%
指标基价			元	13 475.00	100.00
一	建筑安装工程费		元	13 475.00	100.00
二	设备购置费		元	—	—
建筑安装工程费					
直接费	人工费	人工	工日	13.38	—
		措施费分摊	元	45.51	—
		人工费小计	元	1 491.07	9.30
	材料费	钢筋 ϕ10 以内	kg	46.18	—
		钢筋 ϕ10 以外	kg	190.22	—
		柴油	kg	16.22	—
		电	kW·h	70.14	—
		水	t	1.73	—
		预拌混凝土 C30	m³	0.90	—
		预拌混凝土 C40	m³	0.22	—
		SBS 改性沥青油毡防水卷材 4	m²	1.61	—
		聚氨酯防水涂料	kg	0.41	—
		预制混凝土小型构件 C30	m³	0.12	—
		钢纤维混凝土 C50	m³	0.01	—
		钢绞线	kg	28.04	—
		预拌混凝土 C50	m³	0.46	—
		其他材料费	元	409.04	—
		措施费分摊	元	326.44	—
		材料费小计	元	7 911.93	64.19
	施工机具使用费	汽车起重机 8t	台班	0.04	—
		载重汽车 15t	台班	0.02	—
		泥浆输罐车 4 000L	台班	0.05	—
		回旋钻机 ϕ1 500 以内	台班	0.12	—
		自卸汽车 12t	台班	0.03	—
		小翻斗车（综合）	台班	0.06	—
		除锈喷砂机 3m³/min 5.5kW	台班	0.18	—
		龙门起重机 30t	台班	0.04	—
		预应力拉伸机 YCW-250	台班	0.03	—
		通风机 30kW	台班	0.13	—
		喷涂机	台班	0.13	—
		平板拖车组 120t	台班	0.03	—
		其他施工机具使用费	元	46.28	—
		措施费分摊	元	11.75	—
		施工机具使用费小计	元	538.89	8.02
	直接费小计		元	9 941.88	81.51
综合费用			元	3 533.23	18.49
合计			元	13 475.00	100.00

工程内容：基础及下部结构、上部构造、桥面系等。

单位：m^2（水平投影）

指标编号				2Z-029	
序号	项目		单位	U 型梁 钻孔灌注桩基础 ϕ1 200 以内； H40m 以内	占指标基价 /%
指标基价			元	6 468.00	100%
一	建筑安装工程费		元	6 468.00	44 239%
二	设备购置费		元	—	—
建筑安装工程费					
直接费	人工费	人工	工日	0.33	—
		措施费分摊	元	26.07	—
		人工费小计	元	648.91	10.03
	材料费	钢筋 ϕ10 以内	kg	28.58	—
		钢筋 ϕ10 以外	kg	128.59	—
		钢绞线	kg	24.79	—
		型钢	kg	1.97	—
		圆钢 ϕ10 以内	kg	0.04	—
		角钢 63 以内	kg	0.07	—
		扁钢 60 以内	kg	0.04	—
		SBS 改性沥青油毡防水卷材 4	m^2	0.01	—
		聚氨酯防水涂料	kg	1.65	—
		柴油	kg	19.55	—
		电	kW·h	56.60	—
		预制预应力箱梁 C55	m^3	0.49	—
		预拌混凝土 C15	m^3	0.02	—
		预拌混凝土 C25	m^3	0.58	—
		预拌混凝土 C35	m^3	0.03	—
		预拌混凝土 C40	m^3	0.50	—
		预拌混凝土 C45	m^3	0.08	—
		预拌混凝土 C55	m^3	0.01	—
		其他材料费	元	37.66	—
		措施费分摊	元	283.52	—
		材料费小计	元	3 721.16	57.53
	施工机具使用费	汽车起重机 8t	台班	0.04	—
		潜水泵 ϕ100	台班	0.03	—
		交流电焊机 32kV·A	台班	0.31	—
		汽车起重机 20t	台班	0.03	—
		灰浆搅拌机 200L	台班	0.01	—
		泥浆泵 ϕ100	台班	0.03	—
		汽车起重机 12t	台班	0.01	—
		钢筋调直机	台班	0.03	—
		钢筋切断机	台班	0.04	—
		钢筋弯曲机 ϕ40 以内	台班	0.04	—
		高压油泵 80MPa	台班	0.02	—
		其他施工机具使用费	元	13.03	—
		措施费分摊	元	16.29	—
		施工机具使用费小计	元	436.35	6.75
	直接费小计		元	4 806.43	74.31
综合费用			元	1 661.56	25.69
合计			元	6 468.00	100.00

2.3 地 面 区 间

工程内容：路基、护坡、排水沟、涵洞、安全护栏、钢筋混凝土结构、挡土墙等。

单位：双延米

指 标 编 号				2Z-030	
序号	项 目		单位	地面线	
				一般路基	占指标基价/%
指标基价			元	6 358.00	100.00
一	建筑安装工程费		元	6 358.00	100.00
二	设备购置费		元	—	—
建筑安装工程费					
直接费	人工费	人工	工日	6.19	—
		措施费分摊	元	21.62	—
		人工费小计	元	643.22	10.12
	材料费	预拌混凝土 C20	m^3	0.98	—
		水泥（综合）	kg	525.24	—
		碎石 80以内	m^3	0.89	—
		中粗沙	m^3	5.29	—
		铁拉杆	kg	4.33	—
		钢筋 ϕ10以内	kg	50.32	—
		钢筋 ϕ10以外	kg	128.40	—
		水泥砂浆 M5	m^3	0.08	—
		片石	m^3	0.67	—
		草	kg	3.83	—
		方格砖	m^2	1.04	—
		角钢 Q235A	kg	30.46	—
		其他材料费	元	792.33	—
		措施费分摊	元	235.14	—
		材料费小计	元	3 840.84	60.41
	施工机具使用费	履带式推土机 105kW	台班	0.04	—
		履带式液压单斗挖土机 $1m^3$以内	台班	0.02	—
		光轮压路机（综合）	台班	0.03	—
		自卸汽车 15t	台班	0.16	—
		其他施工机具使用费	元	142.58	—
		措施费分摊	元	13.51	—
		施工机具使用费小计	元	325.82	5.12
	直接费小计		元	4 809.88	75.65
综合费用			元	1 548.39	24.35
合 计			元	6 358.00	100.00

工程内容：土方、混凝土结构、挡土墙等。

单位：双延米

指标编号				2Z-031	
序号	项目		单位	过渡段	
				桥头路基	占指标基价/%
指标基价			元	24 986.00	100.00
一	建筑安装工程费		元	24 986.00	100.00
二	设备购置费		元	—	—
建筑安装工程费					
直接费	人工费	人工	工日	22.00	—
		措施费分摊	元	73.07	—
		人工费小计	元	2 284.35	9.14
	材料费	预拌混凝土 C25	m^3	4.67	—
		焊接钢管 150	m	11.85	—
		天然砂石	kg	5 586.50	—
		石灰粉煤灰砂砾	t	8.59	—
		预拌抗渗混凝土 C30	m^3	2.33	—
		预拌混凝土 C30	m^3	5.11	—
		钢筋 ϕ10 以外	kg	919.92	—
		不锈钢扶手 75	m	2.17	—
		不锈钢立柱 20	m	14.45	—
		不锈钢栏杆 50	m	2.13	—
		电	kW·h	1 989.96	—
		水	t	20.27	—
		其他材料费	元	585.09	—
		措施费分摊	元	794.61	—
		材料费小计	元	15 684.39	62.77
	施工机具使用费	电动夯实机 20~62kg/m	台班	0.83	—
		履带式推土机 105kW	台班	0.03	—
		履带式单斗挖土机 1.0m^3	台班	0.03	—
		自卸汽车 15t	台班	0.54	—
		其他施工机具使用费	元	466.61	—
		措施费分摊	元	45.67	—
		施工机具使用费小计	元	940.28	3.76
	直接费小计		元	18 909.02	75.68
综合费用			元	6 076.60	24.32
合　计			元	24 986.00	100.00

2.4 地下区间

2.4.1 明挖区间

工程内容：混凝土浇筑、钢筋制安、模板安拆、脚手架搭拆等。

单位：m^3

指标编号				2F-001	
序号	项目		单位	钢筋混凝土结构	
				—	占指标基价/%
指标基价			元	2 595.00	100.00
一	建筑安装工程费		元	2 595.00	100.00
二	设备购置费		元	—	—
建筑安装工程费					
直接费	人工费	人工	工日	3.26	—
		措施费分摊	元	10.16	—
		人工费小计	元	378.85	14.60
	材料费	钢筋 ϕ10 以内	kg	33.18	—
		钢筋 ϕ10 以外	kg	134.66	—
		柴油	kg	2.21	—
		电	kW·h	24.03	—
		预拌混凝土 C20	m^3	0.11	—
		预拌混凝土 C35	m^3	0.06	—
		预拌混凝土 C40	m^3	0.85	—
		预拌混凝土 C50	m^3	0.01	—
		其他材料费	元	84.05	—
		措施费分摊	元	110.47	—
		材料费小计	元	1 490.74	57.44
	施工机具使用费	汽车起重机 16t	台班	0.01	—
		混凝土输送泵车	台班	0.02	—
		其他施工机具使用费	元	24.43	—
		措施费分摊	元	6.35	—
		施工机具使用费小计	元	60.95	2.35
	直接费小计		元	1 930.54	74.38
综合费用			元	664.84	25.62
合　计			元	2 595.00	100.00

2.4.2 暗挖区间

工程内容：挖土方、土方提升、土方外运等。

单位：m^3

指标编号				2F-002	
序号	项目		单位	暗挖土方	
				—	占指标基价 /%
指标基价			元	288.00	100.00
一	建筑安装工程费		元	288.00	100.00
二	设备购置费		元	—	—
建筑安装工程费					
直接费	人工费	人工	工日	0.89	—
		措施费分摊	元	2.04	—
		人工费小计	元	103.28	35.85
	材料费	材料费	元	28.12	—
		措施费分摊	元	22.20	—
		材料费小计	元	50.32	17.47
	施工机具使用费	自卸汽车 12t	台班	0.05	—
		其他施工机具使用费	元	13.49	—
		措施费分摊	元	1.28	—
		施工机具使用费小计	元	50.12	17.39
	直接费小计		元	203.72	70.70
综合费用			元	84.41	29.30
合计			元	288.00	100.00

工程内容：机械挖石方、石方提升、石方外运等。

单位：m^3

<table>
<tr><td colspan="4">指 标 编 号</td><td colspan="2">2F-003</td></tr>
<tr><td rowspan="2">序号</td><td rowspan="2" colspan="2">项　　目</td><td rowspan="2">单位</td><td colspan="2">机械开挖次坚石</td></tr>
<tr><td>—</td><td>占指标基价 /%</td></tr>
<tr><td colspan="3">指标基价</td><td>元</td><td>432.00</td><td>100.00</td></tr>
<tr><td>一</td><td colspan="2">建筑安装工程费</td><td>元</td><td>432.00</td><td>100.00</td></tr>
<tr><td>二</td><td colspan="2">设备购置费</td><td>元</td><td>—</td><td>—</td></tr>
<tr><td colspan="6">建筑安装工程费</td></tr>
<tr><td rowspan="14">直接费</td><td rowspan="3">人工费</td><td>人工</td><td>工日</td><td>1.11</td><td>—</td></tr>
<tr><td>措施费分摊</td><td>元</td><td>3.01</td><td>—</td></tr>
<tr><td>人工费小计</td><td>元</td><td>129.11</td><td>29.86</td></tr>
<tr><td rowspan="4">材料费</td><td>柴油</td><td>kg</td><td>6.20</td><td>—</td></tr>
<tr><td>其他材料费</td><td>元</td><td>8.97</td><td>—</td></tr>
<tr><td>措施费分摊</td><td>元</td><td>32.74</td><td>—</td></tr>
<tr><td>材料费小计</td><td>元</td><td>83.97</td><td>19.42</td></tr>
<tr><td rowspan="5">施工机具使用费</td><td>自卸汽车 12t</td><td>台班</td><td>0.07</td><td>—</td></tr>
<tr><td>履带式液压岩石破碎机 105kW</td><td>台班</td><td>0.03</td><td>—</td></tr>
<tr><td>其他施工机具使用费</td><td>元</td><td>32.88</td><td>—</td></tr>
<tr><td>措施费分摊</td><td>元</td><td>1.88</td><td>—</td></tr>
<tr><td>施工机具使用费小计</td><td>元</td><td>96.81</td><td>22.39</td></tr>
<tr><td colspan="2">直接费小计</td><td>元</td><td>309.89</td><td>71.66</td></tr>
<tr><td colspan="3">综合费用</td><td>元</td><td>122.55</td><td>28.34</td></tr>
<tr><td colspan="3">合　　计</td><td>元</td><td>432.00</td><td>100.00</td></tr>
</table>

工程内容：机械挖石方、石方提升、石方外运等。

单位：m^3

<table>
<tr><td colspan="3">指 标 编 号</td><td colspan="2">2F-004</td></tr>
<tr><td rowspan="2">序号</td><td rowspan="2">项　　目</td><td rowspan="2">单位</td><td colspan="2">机械开挖普坚石</td></tr>
<tr><td>—</td><td>占指标基价 /%</td></tr>
<tr><td colspan="2">指标基价</td><td>元</td><td>548.00</td><td>100.00</td></tr>
<tr><td>一</td><td>建筑安装工程费</td><td>元</td><td>548.00</td><td>100.00</td></tr>
<tr><td>二</td><td>设备购置费</td><td>元</td><td>—</td><td>—</td></tr>
<tr><td colspan="5">建筑安装工程费</td></tr>
<tr><td rowspan="14">直接费</td><td>人工费 人工</td><td>工日</td><td>1.55</td><td>—</td></tr>
<tr><td>人工费 措施费分摊</td><td>元</td><td>3.85</td><td>—</td></tr>
<tr><td>人工费小计</td><td>元</td><td>179.43</td><td>32.75</td></tr>
<tr><td>材料费 柴油</td><td>kg</td><td>7.23</td><td>—</td></tr>
<tr><td>材料费 其他材料费</td><td>元</td><td>39.71</td><td>—</td></tr>
<tr><td>材料费 措施费分摊</td><td>元</td><td>41.84</td><td>—</td></tr>
<tr><td>材料费小计</td><td>元</td><td>101.09</td><td>18.45</td></tr>
<tr><td>施工机具使用费 履带式液压岩石破碎机 105kW</td><td>台班</td><td>0.04</td><td>—</td></tr>
<tr><td>施工机具使用费 自卸汽车 12t</td><td>台班</td><td>0.07</td><td>—</td></tr>
<tr><td>施工机具使用费 其他施工机具使用费</td><td>元</td><td>39.71</td><td>—</td></tr>
<tr><td>施工机具使用费 措施费分摊</td><td>元</td><td>2.40</td><td>—</td></tr>
<tr><td>施工机具使用费小计</td><td>元</td><td>109.55</td><td>20.00</td></tr>
<tr><td>直接费小计</td><td>元</td><td>390.07</td><td>71.20</td></tr>
<tr><td></td><td></td><td></td><td></td></tr>
<tr><td colspan="2">综合费用</td><td>元</td><td>157.79</td><td>28.80</td></tr>
<tr><td colspan="2">合　　计</td><td>元</td><td>548.00</td><td>100.00</td></tr>
</table>

工程内容：打眼、埋膨胀剂、挖石方、石方提升、石方外运等。

单位：m³

指标编号				2F-005	
序号	项目		单位	静力爆破次坚石	
				—	占指标基价 /%
指标基价			元	508.00	100.00
一	建筑安装工程费		元	508.00	100.00
二	设备购置费		元	—	—
建筑安装工程费					
直接费	人工费	人工	工日	1.30	—
		措施费分摊	元	3.18	—
		人工费小计	元	150.39	29.63
	材料费	柴油	kg	4.09	—
		膨胀剂	kg	13.84	—
		其他材料费	元	26.05	—
		措施费分摊	元	34.60	—
		材料费小计	元	126.48	24.92
	施工机具使用费	自卸汽车 12t	台班	0.07	—
		其他施工机具使用费	元	35.83	—
		措施费分摊	元	1.99	—
		施工机具使用费小计	元	87.01	17.14
	直接费小计		元	363.88	71.69
综合费用			元	143.71	28.31
合　计			元	508.00	100.00

工程内容：打眼、埋膨胀剂、挖石方、石方提升、石方外运等。

单位：m^3

指标编号				2F-006	
序号	项目		单位	静力爆破普坚石	
				—	占指标基价 /%
指标基价			元	743.00	100.00
一	建筑安装工程费		元	743.00	100.00
二	设备购置费		元	—	—
建筑安装工程费					
直接费	人工费	人工	工日	2.12	—
		措施费分摊	元	4.65	—
		人工费小计	元	245.27	33.00
	材料费	柴油	kg	4.29	—
		膨胀剂	kg	23.94	—
		其他材料费	元	36.19	—
		措施费分摊	元	50.58	—
		材料费小计	元	181.64	24.44
	施工机具使用费	自卸汽车 12t	台班	0.07	—
		其他施工机具使用费	元	53.15	—
		措施费分摊	元	2.91	—
		施工机具使用费小计	元	101.91	13.71
	直接费小计		元	528.82	71.15
综合费用			元	214.47	28.85
合　计			元	743.00	100.00

工程内容：混凝土喷射、钢筋网、钢格栅制安、材料运输等。

单位：m^3

指标编号				2F-007	
序号	项目		单位	初期支护混凝土	
				—	占指标基价 /%
指标基价			元	4 954.00	100.00
一	建筑安装工程费		元	4 954.00	100.00
二	设备购置费		元	—	—
建筑安装工程费					
直接费	人工费	人工	工日	10.37	—
		措施费分摊	元	17.86	—
		人工费小计	元	1 194.51	24.11
	材料费	预拌喷射混凝土干料 C25	t	2.30	—
		钢筋 ϕ10 以内	kg	43.81	—
		钢筋 ϕ10 以外	kg	166.31	—
		型钢	kg	33.66	—
		柴油	kg	1.77	—
		其他材料费	元	42.39	—
		措施费分摊	元	194.25	—
		材料费小计	元	2 317.92	46.79
	施工机具使用费	空压机 10m^3/min		0.13	—
		小翻斗车（综合）		0.21	—
		电动卷扬机 双筒		0.07	—
		其他施工机具使用费		16.46	—
		措施费分摊	元	11.16	—
		施工机具使用费小计	元	80.98	1.63
	直接费小计		元	3 593.41	72.53
综合费用			元	1 360.73	27.47
合计			元	4 954.00	100.00

工程内容：小导管制安、注水泥浆等。

单位：m

指标编号				2F-008	
序号	项目		单位	超前支护小导管注浆	
				ϕ42	占指标基价 /%
指标基价			元	111.00	100.00
一	建筑安装工程费		元	111.00	100.00
二	设备购置费		元	—	—
建筑安装工程费					
直接费	人工费	人工	工日	0.30	—
		措施费分摊	元	0.53	—
		人工费小计	元	34.54	31.13
	材料费	焊接钢管 *DN*32×3.25	kg	3.22	—
		水泥 42.5#	kg	33.84	—
		其他材料费	元	3.63	—
		措施费分摊	元	5.73	—
		材料费小计	元	40.63	36.62
	施工机具使用费	小翻斗车（综合）	台班	0.01	—
		其他施工机具使用费	元	2.56	—
		措施费分摊	元	0.33	—
		施工机具使用费小计	元	4.06	3.66
	直接费小计		元	79.23	71.42
综合费用			元	31.71	28.58
合　计			元	111.00	100.00

工程内容：大管棚制安、注水泥砂浆等。

单位：m

指标编号				2F-009	
序号	项目		单位	大管棚	
				ϕ159	占指标基价 /%
指标基价			元	480.00	100.00
一	建筑安装工程费		元	480.00	100.00
二	设备购置费		元	—	—
建筑安装工程费					
直接费	人工费	人工	工日	0.80	—
		措施费分摊	元	3.60	—
		人工费小计	元	94.68	19.73
	材料费	无缝钢管 108×4	m	1.05	—
		柴油	kg	1.02	—
		水泥砂浆 1∶3	m^3	0.01	—
		其他材料费	元	7.40	—
		措施费分摊	元	39.10	—
		材料费小计	元	81.28	16.94
	施工机具使用费	水平定向钻机	台班	0.05	—
		其他施工机具使用费	元	35.78	—
		措施费分摊	元	2.25	—
		施工机具使用费小计	元	175.77	36.63
	直接费小计		元	351.72	73.30
综合费用			元	128.11	26.70
合计			元	480.00	100.00

工程内容：混凝土浇筑、钢筋制安、模板安拆、变形缝、脚手架、防水、变形缝等。

单位：m^3

指标编号				2F-010	
序号	项目		单位	二衬混凝土结构及防水	
				—	占指标基价 /%
指标基价			元	4 186.00	100.00
一	建筑安装工程费		元	4 186.00	100.00
二	设备购置费		元	—	—
建筑安装工程费					
直接费	人工费	人工	工日	6.58	—
		措施费分摊	元	12.37	—
		人工费小计	元	758.92	18.13
	材料费	钢筋 ϕ10 以内	kg	40.80	—
		钢筋 ϕ10 以外	kg	166.39	—
		预拌抗渗混凝土 C40	m^3	1.04	—
		预拌豆石混凝土 C20	m^3	0.06	—
		1.5 EVA 塑料防水板	m^2	4.35	—
		其他材料费	元	405.61	—
		措施费分摊	元	134.55	—
		材料费小计	元	2 212.53	52.85
	施工机具使用费	混凝土泵送机	台班	0.06	—
		其他施工机具使用费	元	73.60	—
		措施费分摊	元	7.73	—
		施工机具使用费小计	元	105.36	2.52
	直接费小计		元	3 076.81	73.50
综合费用			元	1 109.39	26.50
合　计			元	4 186.00	100.00

2.4.3 盾构区间

工程内容：基座装拆，盾构吊装吊拆，车架及附属设备吊入组装、拆除吊出，水电气管安装拆除等。

单位：台·次

指标编号				2F–011	
序号	项目		单位	盾构机安装拆除	
				ϕ7m 以内	占指标基价 /%
指标基价			元	988 615.00	100.00
一	建筑安装工程费		元	988 615.00	100.00
二	设备购置费		元	—	—
建筑安装工程费					
直接费	人工费	人工	工日	1 176.02	—
		措施费分摊	元	6 197.63	—
		人工费小计	元	139 676.35	14.13
	材料费	型钢	kg	7 536.00	—
		普通钢板 δ 3.5~4.0	kg	994.00	—
		钢丝绳	kg	380.00	—
		钢板（中厚）	kg	2 814.00	—
		枕木	m^3	3.62	—
		柴油	kg	3 641.44	—
		防锈漆	kg	102.00	—
		电	kW·h	7 306.59	—
		其他材料费	元	12 461.15	—
		措施费分摊	元	67 399.19	—
		材料费小计	元	169 582.51	17.15
	施工机具使用费	汽车起重机 100t	台班	32.40	—
		履带式起重机 15t	台班	7.44	—
		履带式起重机 100t	台班	7.70	—
		履带式起重机 200t	台班	14.40	—
		电动卷扬机 双筒	台班	66.38	—
		门式起重机 50t 以内	台班	8.70	—
		其他施工机具使用费	元	5 819.90	—
		措施费分摊	元	3 873.52	—
		施工机具使用费小计	元	430 506.98	43.55
	直接费小计		元	739 765.84	74.83
综合费用			元	248 849.58	25.17
合　计			元	988 615.00	100.00

工程内容：基座装拆，盾构吊装吊拆，车架及附属设备吊入组装、拆除吊出，水电气管安装拆除等。

单位：台·次

指标编号				2F-012	
序号	项目		单位	盾构机安装拆除	
				ϕ11m 以内	占指标基价 /%
指标基价			元	2 103 587.00	100.00
一	建筑安装工程费		元	2 103 587.00	100.00
二	设备购置费		元	—	—
建筑安装工程费					
直接费	人工费	人工	工日	2 903.67	—
		措施费分摊	元	12 738.41	—
		人工费小计	元	342 304.95	16.27
	材料费	型钢	kg	24 690.00	—
		普通钢板 δ 3.5~4.0	kg	3 020.00	—
		钢丝绳	kg	1 140.00	—
		钢板（中厚）	kg	3 408.00	—
		枕木	m^3	4.06	—
		柴油	kg	9 342.02	—
		防锈漆	kg	340.00	—
		电	kW·h	14 958.88	—
		其他材料费	元	27 424.34	—
		措施费分摊	元	138 530.16	—
		材料费小计	元	396 494.32	18.85
	施工机具使用费	汽车起重机 160t	台班	44.40	—
		履带式起重机 15t	台班	24.80	—
		履带式起重机 100t	台班	9.24	—
		履带式起重机 300t	台班	26.40	—
		电动卷扬机 双筒	台班	163.89	—
		门式起重机 50t 以内	台班	10.44	—
		其他施工机具使用费	元	3 422.20	—
		措施费分摊	元	7 961.50	—
		施工机具使用费小计	元	827 887.37	39.36
	直接费小计		元	1 566 686.65	74.48
综合费用			元	536 900.48	25.52
合 计			元	2 103 587.00	100.00

工程内容：基座装拆，盾构吊装吊拆，车架及附属设备吊入组装、拆除吊出，水电气管安装拆除等。

单位：台 · 次

指标编号				2F-013	
序号	项目		单位	盾构机安装拆除	
				ϕ15m 以内	占指标基价 /%
指标基价			元	4 084 073.00	100.00
一	建筑安装工程费		元	4 084 073.00	100.00
二	设备购置费		元	—	—
建筑安装工程费					
直接费	人工费	人工	工日	8 257.86	—
		措施费分摊	元	22 567.54	—
		人工费小计	元	959 834.65	23.50
	材料费	型钢	kg	70 879.00	—
		普通钢板 δ 3.5~4.0	kg	6 874.00	—
		钢丝绳	kg	2 775.50	—
		钢板（中厚）	kg	1 766.67	—
		枕木	m^3	38.56	—
		柴油	kg	18 126.40	—
		防锈漆	kg	1 020.00	—
		乙炔气	m^3	1 186.44	—
		电	kW · h	28 017.54	—
		其他材料费	元	66 584.52	—
		措施费分摊	元	245 421.98	—
		材料费小计	元	928 497.99	22.73
	施工机具使用费	交流电焊机 32kV · A	台班	662.31	—
		履带式起重机 15t	台班	74.40	—
		履带式起重机 100t	台班	112.01	—
		履带式起重机 300t	台班	54.73	—
		电动卷扬机 双筒	台班	535.91	—
		门式起重机 50t 以内	台班	216.98	—
		其他施工机具使用费	元	10 526.16	—
		措施费分摊	元	14 104.71	—
		施工机具使用费小计	元	1 105 068.00	27.06
	直接费小计		元	2 993 400.64	73.29
综合费用			元	1 090 671.97	26.71
合计			元	4 084 073.00	100.00

工程内容: 钢支撑及井内轨道安拆,后靠混凝土制作、凿除,盾构机掘进、干式出土至井口装车、管片拼装,施工管线路铺拆、使用、回收,负环管片拆除、吊出井口、装车等。

单位: 台·次

指标编号				2F-014	
序号	项目		单位	土压平衡盾构始发及到达掘进	
				ϕ6m 以内	占指标基价 /%
指标基价			元	2 028 135.00	100.00
一	建筑安装工程费		元	2 028 135.00	100.00
二	设备购置费		元	—	—
建筑安装工程费					
直接费	人工费	人工	工日	2 815.02	—
		措施费分摊	元	12 078.83	—
		人工费小计	元	331 583.66	16.35
	材料费	预拌混凝土 C20	m^3	5.52	—
		管片连接螺栓	kg	6 304.00	—
		钢支撑	kg	1 843.20	—
		钢轨枕	kg	1 179.81	—
		走道板	kg	1 676.18	—
		油脂	kg	2 466.98	—
		电	kW·h	134 959.97	—
		水	t	1 706.94	—
		其他材料费	元	27 431.56	—
		措施费分摊	元	131 357.29	—
		材料费小计	元	401 535.74	19.80
	施工机具使用费	刀盘式土压平衡盾构机 ϕ6 000	台班	42.15	—
		轨道式电瓶车	台班	113.03	—
		履带式起重机 15t	台班	20.88	—
		门式起重机 50t 以内	台班	42.15	—
		其他施工机具使用费	元	33 710.99	—
		措施费分摊	元	7 549.27	—
		施工机具使用费小计	元	777 086.99	38.32
	直接费小计		元	1 510 206.39	74.46
综合费用			元	517 928.53	25.54
合计			元	2 028 135.00	100.00

工程内容： 钢支撑及井内轨道安拆，后靠混凝土制作、凿除，盾构机掘进、干式出土至井口装车、管片拼装，施工管线路铺拆、使用、回收，负环管片拆除、吊出井口、装车等。

单位： 台·次

指标编号				2F-015	
序号	项目		单位	土压平衡盾构始发及到达掘进	
				ϕ7m 以内	占指标基价 /%
指标基价			元	2 415 244.00	100.00
一	建筑安装工程费		元	2 415 244.00	100.00
二	设备购置费		元	—	—
建筑安装工程费					
直接费	人工费	人工	工日	3 457.33	—
		措施费分摊	元	14 230.94	—
		人工费小计	元	406 637.33	16.84
	材料费	预拌混凝土 C20	m^3	6.72	—
		管片连接螺栓	kg	8 240.64	—
		钢支撑	kg	2 589.60	—
		钢轨枕	kg	2 228.85	—
		走道板	kg	2 371.59	—
		油脂	kg	3 274.95	—
		电	kW·h	153 183.93	—
		水	t	2 194.35	—
		其他材料费	元	32 960.70	—
		措施费分摊	元	154 761.46	—
		材料费小计	元	490 970.06	20.33
	施工机具使用费	刀盘式土压平衡盾构机 ϕ7 000	台班	47.47	—
		轨道式电瓶车	台班	147.00	—
		履带式起重机 15t	台班	20.88	—
		门式起重机 50t 以内	台班	47.47	—
		其他施工机具使用费	元	40 773.21	—
		措施费分摊	元	8 894.34	—
		施工机具使用费小计	元	898 916.52	37.22
	直接费小计		元	1 796 523.91	74.38
综合费用			元	618 720.26	25.62
合计			元	2 415 244.00	100.00

工程内容：钢支撑及井内轨道安拆，后靠混凝土制作、凿除，盾构机掘进、干式出土至井口装车、管片拼装，施工管线路铺拆、使用、回收，负环管片拆除、吊出井口、装车等。

单位：台·次

指标编号				2F-016	
序号	项目		单位	土压平衡盾构始发及到达掘进	
				ϕ11m 以内	占指标基价 /%
指标基价			元	7 872 015.00	100.00
一	建筑安装工程费		元	7 872 015.00	100.00
二	设备购置费		元	—	—
建筑安装工程费					
直接费	人工费	人工	工日	11 328.41	—
		措施费分摊	元	45 348.80	—
		人工费小计	元	1 331 122.77	16.91
	材料费	预拌混凝土 C20	m^3	10.56	—
		管片连接螺栓	kg	10 034.00	—
		钢支撑	kg	5 410.40	—
		钢轨枕	kg	5 281.58	—
		走道板	kg	5 611.00	—
		油脂	kg	8 073.45	—
		电	kW·h	374 382.67	—
		水	t	8 048.52	—
		其他材料费	元	120 662.25	—
		措施费分摊	元	493 168.21	—
		材料费小计	元	1 698 880.09	21.58
	施工机具使用费	刀盘式土压平衡盾构机 ϕ11 000	台班	89.99	—
		电瓶车 80t	台班	231.00	—
		履带式起重机 15t	台班	75.17	—
		门式起重机 50t 以内	台班	89.99	—
		其他施工机具使用费	元	102 706.16	—
		措施费分摊	元	28 343.00	—
		施工机具使用费小计	元	2 824 309.61	35.88
	直接费小计		元	5 854 312.47	74.37
综合费用			元	2 017 702.29	25.63
合计			元	7 872 015.00	100.00

工程内容：钢支撑及井内轨道安拆，后靠混凝土制作、凿除，盾构机掘进、高压供水、水力出土排泥水至沉淀池、管片拼装，施工管线路铺拆、使用、回收，负环管片拆除、吊出井口、装车等。

单位：台·次

指标编号				2F-017	
序号	项目		单位	泥水平衡盾构始发及到达掘进	
				ϕ7m 以内	占指标基价 /%
指标基价			元	2 981 914.00	100.00
一	建筑安装工程费		元	2 981 914.00	100.00
二	设备购置费		元	—	—
建筑安装工程费					
直接费	人工费	人工	工日	5 433.40	—
		措施费分摊	元	17 180.62	—
		人工费小计	元	633 871.63	21.26
	材料费	预拌混凝土 C20	m^3	6.72	—
		管片连接螺栓 M36	套	8 240.64	—
		机油	kg	4 277.69	—
		油脂	kg	3 274.95	—
		电	kW·h	146 286.71	—
		水	t	6 421.23	—
		其他材料费	元	97 905.28	—
		措施费分摊	元	186 839.21	—
		材料费小计	元	621 447.98	20.84
	施工机具使用费	刀盘式泥水平衡盾构机 ϕ7 000	台班	42.22	—
		轨道式电瓶车	台班	164.85	—
		单机离心清水泵 60 以内	台班	364.41	—
		门式起重机 50t 以内	台班	42.22	—
		其他施工机具使用费	元	46 786.22	—
		措施费分摊	元	10 737.89	—
		施工机具使用费小计	元	941 241.34	31.57
	直接费小计		元	2 196 560.95	73.66
综合费用			元	785 353.43	26.34
合　计			元	2 981 914.00	100.00

工程内容: 钢支撑及井内轨道安拆,后靠混凝土制作、凿除,盾构机掘进、高压供水、水力出土排泥水至沉淀池、管片拼装,施工管线路铺拆、使用、回收,负环管片拆除、吊出井口、装车等。

单位: 台·次

指标编号				2F-018	
序号	项目		单位	泥水平衡盾构始发及到达掘进	
				ϕ11m 以内	占指标基价 /%
指标基价			元	9 291 794.00	100.00
一	建筑安装工程费		元	9 291 794.00	100.00
二	设备购置费		元	—	—
建筑安装工程费					
直接费	人工费	人工	工日	14 326.29	—
		措施费分摊	元	52 390.31	—
		人工费小计	元	1 678 423.77	18.06
	材料费	预拌混凝土 C20	m^3	10.56	—
		镀锌钢管 200	m	477.84	—
		钢支撑	kg	4 499.68	—
		管片连接螺栓 M36	套	10 034.00	—
		机油	kg	11 456.36	—
		油脂	kg	8 073.45	—
		电	kW·h	377 983.24	—
		水	t	24 599.68	—
		其他材料费	元	175 627.46	—
		措施费分摊	元	569 744.57	—
		材料费小计	元	2 096 805.63	22.57
	施工机具使用费	刀盘式泥水平衡盾构机 ϕ11 000	台班	87.24	—
		履带式起重机 15t	台班	75.17	—
		单机离心清水泵 60 以内	台班	803.66	—
		门式起重机 50t 以内	台班	87.24	—
		电瓶车 80t	台班	259.05	—
		其他施工机具使用费	元	94 945.72	—
		措施费分摊	元	32 743.94	—
		施工机具使用费小计	元	3 117 360.19	33.55
	直接费小计		元	6 892 589.58	74.18
综合费用			元	2 399 204.09	25.82
合计			元	9 291 794.00	100.00

工程内容: 钢支撑及井内轨道安拆，后靠混凝土制作、凿除，盾构机掘进、高压供水、水力出土排泥水至沉淀池、管片拼装，施工管线路铺拆、使用、回收，负环管片拆除、吊出井口、装车等。

单位：台·次

指标编号				2F-019	
序号	项目		单位	泥水平衡盾构始发及到达掘进	
				ϕ15m 以内	占指标基价 /%
指标基价			元	31 875 186.00	100.00
一	建筑安装工程费		元	31 875 186.00	100.00
二	设备购置费		元	—	—
建筑安装工程费					
直接费	人工费	人工	工日	33 852.16	—
		措施费分摊	元	191 506.83	—
		人工费小计	元	4 033 726.54	12.65
	材料费	预拌混凝土 C20	m^3	23.38	—
		管片连接螺栓	kg	32 790.51	—
		镀锌钢管 200	m	1 280.04	—
		机油	kg	6 051.67	—
		油脂	kg	32 095.80	—
		电	kW·h	2 653 270.96	—
		水	t	76 721.37	—
		其他材料费	元	307 232.63	—
		措施费分摊	元	2 082 636.82	—
		材料费小计	元	6 348 282.18	19.92
	施工机具使用费	刀盘式泥水平衡盾构机 ϕ15 000	台班	221.43	—
		单机离心清水泵 60 以内	台班	1 220.15	—
		履带式起重机 15t	台班	137.81	—
		汽车起重机 30t	台班	69.75	—
		履带式起重机 50t	台班	218.87	—
		门式起重机 50t 以内	台班	105.75	—
		门式起重机 150t 以内	台班	540.72	—
		双头车	台班	703.32	—
		其他施工机具使用费	元	179 534.91	—
		措施费分摊	元	119 691.77	—
		施工机具使用费小计	元	13 544 627.18	42.49
	直接费小计		元	23 926 635.90	75.06
综合费用			元	7 948 550.55	24.94
合　计			元	31 875 186.00	100.00

工程内容: 钢支撑及井内轨道安拆,后靠混凝土制作、凿除,掘进机掘进、出渣至井口装车、管片拼装,施工管线路铺拆、使用、回收,负环管片拆除、吊出井口、装车等。

单位:台·次

指标编号				2F-020	
序号	项目		单位	单护盾岩石隧道掘进机始发及到达掘进	
				ϕ7m 以内	占指标基价 /%
指标基价			元	4 211 067.00	100.00
一	建筑安装工程费		元	4 211 067.00	100.00
二	设备购置费		元	—	—
建筑安装工程费					
直接费	人工费	人工	工日	3 050.96	—
		措施费分摊	元	24 718.94	—
		人工费小计	元	371 002.34	8.81
	材料费	预拌混凝土 C20	kg	12.96	—
		管片连接螺栓	kg	15 993.03	—
		钢支撑	kg	3 254.40	—
		钢轨枕	kg	2 228.85	—
		走道板	kg	2 376.27	—
		液压油	kg	580.86	—
		油脂	kg	6 594.00	—
		电	kW·h	235 562.44	—
		水	t	9 157.20	—
		其他材料费	元	91 466.74	—
		措施费分摊	元	268 818.49	—
		材料费小计	元	921 954.38	21.89
	施工机具使用费	T 单护盾岩石隧道掘进机 ϕ7 000	台班	77.91	—
		履带式起重机 15t	台班	20.88	—
		履带式起重机 25t	台班	11.96	—
		轨道式电瓶车	台班	559.55	—
		门式起重机 50t 以内	台班	58.40	—
		其他施工机具使用费	元	42 341.28	—
		措施费分摊	元	15 449.34	—
		施工机具使用费小计	元	1 894 209.79	44.98
	直接费小计		元	3 187 166.51	75.69
综合费用			元	1 023 900.06	24.31
合　计			元	4 211 067.00	100.00

工程内容：盾构掘进、干式出土至井口装车、管片拼装紧固，施工管路铺设、照明、运输、供气通风、施工测量，管线路及支架拆除、吊装，隧道清淤等。

单位：m

指标编号				2F-021	
序号	项目		单位	土压平衡盾构正常掘进	
				ϕ6m 以内	占指标基价 /%
指标基价			元	14 529.00	100.00
一	建筑安装工程费		元	14 529.00	100.00
二	设备购置费		元	—	—
建筑安装工程费					
直接费	人工费	人工	工日	12.92	—
		措施费分摊	元	84.93	—
		人工费小计	元	1 551.01	10.68
	材料费	管片连接螺栓	kg	64.00	—
		油脂	kg	26.67	—
		电	kW·h	1 111.34	—
		水	t	9.78	—
		其他材料费	元	349.59	—
		措施费分摊	元	923.64	—
		材料费小计	元	3 168.91	21.81
	施工机具使用费	刀盘式土压平衡盾构机 ϕ6 000	台班	0.35	—
		轨道式电瓶车	台班	0.72	—
		门式起重机 50t 以内	台班	0.35	—
		其他施工机具使用费	元	244.37	—
		措施费分摊	元	53.08	—
		施工机具使用费小计	元	6 232.00	42.89
	直接费小计		元	10 951.92	75.38
综合费用			元	3 576.60	24.62
合计			元	14 529.00	100.00

工程内容：盾构掘进、干式出土至井口装车、管片拼装紧固，施工管路铺设、照明、运输、供气通风、施工测量，管线路及支架拆除、吊装，隧道清淤等。

单位：m

指标编号				2F-022	
序号	项目		单位	土压平衡盾构正常掘进	
				ϕ7m 以内	占指标基价 /%
指标基价			元	15 449.00	100.00
一	建筑安装工程费		元	15 449.00	100.00
二	设备购置费		元	—	—
建筑安装工程费					
直接费	人工费	人工	工日	14.64	—
		措施费分摊	元	89.18	—
		人工费小计	元	1 751.05	11.33
	材料费	管片连接螺栓	kg	74.24	—
		油脂	kg	31.19	—
		电	kW·h	1 120.93	—
		水	t	11.15	—
		其他材料费	元	437.38	—
		措施费分摊	元	969.82	—
		材料费小计	元	3 461.93	22.41
	施工机具使用费	刀盘式土压平衡盾构机 ϕ7 000	台班	0.35	—
		轨道式电瓶车	台班	0.86	—
		门式起重机 50t 以内	台班	0.35	—
		其他施工机具使用费	元	265.16	—
		措施费分摊	元	55.74	—
		施工机具使用费小计	元	6 416.35	41.53
	直接费小计		元	11 629.32	75.27
综合费用			元	3 819.97	24.73
合　计			元	15 449.00	100.00

工程内容：盾构掘进、干式出土至井口装车、管片拼装紧固，施工管路铺设、照明、运输、供气通风、施工测量，管线路及支架拆除、吊装，隧道清淤等。

单位：m

指标编号				2F–023	
序号	项目		单位	土压平衡盾构正常掘进	
				ϕ11m 以内	占指标基价 /%
指标基价			元	32 531.00	100.00
一	建筑安装工程费		元	32 531.00	100.00
二	设备购置费		元	—	—
建筑安装工程费					
直接费	人工费	人工	工日	32.19	—
		措施费分摊	元	179.89	—
		人工费小计	元	3 833.68	11.78
	材料费	管片连接螺栓	kg	58.00	—
		油脂	kg	48.93	—
		电	kW·h	1 755.12	—
		水	t	26.11	—
		其他材料费	元	871.68	—
		措施费分摊	元	1 956.26	—
		材料费小计	元	8 025.92	24.67
	施工机具使用费	刀盘式土压平衡盾构机 ϕ11 000	台班	0.43	—
		电瓶车 80t	台班	0.86	—
		门式起重机 50t 以内	台班	0.43	—
		其他施工机具使用费	元	426.28	—
		措施费分摊	元	112.43	—
		施工机具使用费小计	元	12 602.98	38.74
	直接费小计		元	24 462.58	75.20
综合费用			元	8 068.74	24.80
合　　计			元	32 531.00	100.00

工程内容：盾构掘进、高压供水、水力出土排泥水至沉淀池、管片拼装紧固，施工管路铺设、照明、运输、供气通风、施工测量，管线路及支架拆除、吊装，隧道清淤等。

单位：m

指标编号				2F-024	
序号	项目		单位	泥水平衡盾构正常掘进	
				ϕ7m 以内	占指标基价 /%
指标基价			元	17 513.00	100.00
一	建筑安装工程费		元	17 513.00	100.00
二	设备购置费		元	—	—
建筑安装工程费					
直接费	人工费	人工	工日	20.90	—
		措施费分摊	元	98.68	—
		人工费小计	元	2 470.26	14.11
	材料费	管片连接螺栓	kg	1.20	—
		镀锌钢管 200	m	1.31	—
		钢轨枕	kg	18.64	—
		走道板	kg	20.27	—
		机油	kg	19.48	—
		油脂	kg	31.19	—
		电	kW·h	1 031.81	—
		水	t	32.81	—
		其他材料费	元	258.24	—
		措施费分摊	元	1 073.15	—
		材料费小计	元	4 074.93	23.27
	施工机具使用费	刀盘式泥水平衡盾构机 ϕ7 000	台班	0.31	—
		轨道式电瓶车	台班	0.70	—
		单机离心清水泵 60 以内	台班	1.46	—
		门式起重机 50t 以内	台班	0.31	—
		其他施工机具使用费	元	206.98	—
		措施费分摊	元	61.68	—
		施工机具使用费小计	元	6 558.35	37.45
	直接费小计		元	13 103.54	74.82
综合费用			元	4 409.42	25.18
合　计			元	17 513.00	100.00

工程内容: 盾构掘进、高压供水、水力出土排泥水至沉淀池、管片拼装紧固,施工管路铺设、照明、运输、供气通风、施工测量,管线路及支架拆除、吊装,隧道清淤等。

单位: m

指标编号				2F-025	
序号	项目		单位	泥水平衡盾构正常掘进	
				ϕ11m 以内	占指标基价 /%
指标基价			元	34 773.00	100.00
一	建筑安装工程费		元	34 773.00	100.00
二	设备购置费		元	—	—
建筑安装工程费					
直接费	人工费	人工	工日	31.28	—
		措施费分摊	元	186.42	—
		人工费小计	元	3 736.70	10.75
	材料费	管片连接螺栓 M36	套	58.00	—
		镀锌钢管 200	m	2.64	—
		钢轨枕	kg	24.03	—
		走道板	kg	31.00	—
		机油	kg	31.40	—
		油脂	kg	48.93	—
		电	kW·h	1 726.88	—
		水	t	81.21	—
		其他材料费	元	558.61	—
		措施费分摊	元	2 027.32	—
		材料费小计	元	9 204.92	26.47
	施工机具使用费	刀盘式泥水平衡盾构机 ϕ11 000	台班	0.41	—
		电瓶车 80t	台班	0.70	—
		单机离心清水泵 60 以内	台班	0.41	—
		门式起重机 50t 以内	台班	2.03	—
		其他施工机具使用费	元	363.98	—
		措施费分摊	元	116.51	—
		施工机具使用费小计	元	13 264.56	38.15
	直接费小计		元	26 206.18	75.36
综合费用			元	8 567.13	24.64
合　计			元	34 773.00	100.00

工程内容：盾构掘进、高压供水、水力出土排泥水至沉淀池、管片拼装紧固，施工管路铺设、照明、运输、供气通风、施工测量，管线路及支架拆除、吊装，隧道清淤等。

单位：m

指标编号			单位	2F-026	
序号	项目		单位	泥水平衡盾构正常掘进	
				ϕ15m 以内	占指标基价 /%
指标基价			元	92 673.00	100.00
一	建筑安装工程费		元	92 673.00	100.00
二	设备购置费		元	—	—
建筑安装工程费					
直接费	人工费	人工	工日	78.56	—
		措施费分摊	元	553.64	—
		人工费小计	元	9 470.43	10.22
	材料费	管片连接螺栓 M36	套	140.13	—
		镀锌钢管 200	m	5.28	—
		机油	kg	24.90	—
		油脂	kg	142.65	—
		电	kW·h	7 663.03	—
		水	t	192.42	—
		其他材料费	元	623.03	—
		措施费分摊	元	6 020.78	—
		材料费小计	元	19 140.32	20.65
	施工机具使用费	刀盘式泥水平衡盾构机 ϕ15 000	台班	0.72	—
		双头车	台班	1.59	—
		汽车起重机 30t	台班	0.31	—
		履带式起重机 50t	台班	0.39	—
		门式起重机 150t 以内	台班	1.77	—
		其他施工机具使用费	元	808.35	—
		措施费分摊	元	346.02	—
		施工机具使用费小计	元	41 318.88	44.59
	直接费小计		元	69 929.63	75.46
综合费用			元	22 743.43	24.54
合　计			元	92 673.00	100.00

工程内容：掘进机掘进、出渣至井口装车、管片拼装紧固，施工管路铺设、照明、运输、供气通风、施工测量，管线路及支架拆除、吊装，隧道清淤等。

单位：m

指标编号				2F–027	
序号	项目		单位	单护盾岩石隧道掘进机正常掘进	
				ϕ7m 以内	占指标基价 /%
指标基价			元	23 284.00	100.00
一	建筑安装工程费		元	23 284.00	100.00
二	设备购置费		元	—	—
建筑安装工程费					
直接费	人工费	人工	工日	12.95	—
		措施费分摊	元	129.59	—
		人工费小计	元	1 599.30	6.87
	材料费	管片连接螺栓	kg	144.08	—
		钢轨枕	kg	19.05	—
		走道板	kg	20.31	—
		液压油	kg	4.98	—
		油脂	kg	62.80	—
		电	kW·h	1 239.22	—
		水	t	46.58	—
		其他材料费	元	689.06	—
		措施费分摊	元	1 409.29	—
		材料费小计	元	5 856.44	25.15
	施工机具使用费	TBM 硬岩掘进机 ϕ7 000	台班	0.43	—
		轨道式电瓶车	台班	3.05	—
		门式起重机 50t 以内	台班	0.25	—
		其他施工机具使用费	元	261.40	—
		措施费分摊	元	80.99	—
		施工机具使用费小计	元	10 238.97	43.97
	直接费小计		元	17 694.71	76.00
综合费用			元	5 589.08	24.00
合　计			元	23 284.00	100.00

工程内容：制浆、盾尾同步压浆、补压浆，封堵、清洗等。

单位：m^3

指标编号				2F-028	
序号	项目		单位	同步及二次压浆	
				同步水泥粉煤灰，二次改性水玻璃	占指标基价 /%
指标基价			元	955.00	100.00
一	建筑安装工程费		元	955.00	100.00
二	设备购置费		元	—	—
建筑安装工程费					
直接费	人工费	人工	工日	2.51	—
		措施费分摊	元	4.46	—
		人工费小计	元	289.83	30.34
	材料费	水泥 42.5#	kg	185.55	—
		粉煤灰	kg	816.36	—
		水玻璃	kg	35.45	—
		膨润土	kg	30.00	—
		电	kW·h	19.08	—
		其他材料费	元	31.78	—
		措施费分摊	元	48.53	—
		材料费小计	元	284.74	29.81
	施工机具使用费	灰浆搅拌机 200L	台班	0.28	—
		电动卷扬机 双筒	台班	0.11	—
		盾构同步压浆泵 INJECTQ	台班	0.17	—
		其他施工机具使用费	元	4.31	—
		措施费分摊	元	2.79	—
		施工机具使用费小计	元	114.80	12.02
	直接费小计		元	689.36	72.17
综合费用			元	265.84	27.83
合　计			元	955.00	100.00

工程内容：吹填碎石、制浆、注浆、封孔、记录、质量检查、孔位转移等。

单位：m^3

指标编号				2F-029	
序号	项目		单位	豆砾石填充及灌浆	
				同步填充豆砾石及灌浆，二次改性水玻璃	占指标基价 /%
指标基价			元	1 267.00	100.00
一	建筑安装工程费		元	1 267.00	100.00
二	设备购置费		元	—	—
建筑安装工程费					
直接费	人工费	人工	工日	1.89	—
		措施费分摊	元	4.11	—
		人工费小计	元	219.09	17.29
	材料费	水泥 42.5#	kg	535.29	—
		豆石	kg	1 500.00	—
		水玻璃	kg	18.57	—
		水	t	1.72	—
		电	kW·h	24.87	—
		其他材料费	元	16.75	—
		措施费分摊	元	44.73	—
		材料费小计	元	579.75	45.74
	施工机具使用费	灰浆搅拌机 200L	台班	0.31	—
		电动卷扬机 双筒	台班	0.10	—
		盾构同步压浆泵 INJECTQ	台班	0.23	—
		其他施工机具使用费	元	2.74	—
		措施费分摊	元	2.57	—
		施工机具使用费小计	元	142.48	11.24
	直接费小计		元	941.32	74.27
综合费用			元	326.15	25.73
合　　计			元	1 267.00	100.00

工程内容：装运卸。

单位：m^3

指标编号				2F-030	
序号	项目		单位	盾构渣土外运	
				运距 20km	占指标基价 /%
指标基价			元	105.00	100.00
一	建筑安装工程费		元	105.00	100.00
二	设备购置费		元	—	—
建筑安装工程费					
直接费	人工费	人工	工日	—	—
		措施费分摊	元	0.60	—
		人工费小计	元	0.71	0.67
	材料费	柴油	kg	2.87	—
		其他材料费	元	—	—
		措施费分摊	元	6.51	—
		材料费小计	元	26.05	24.80
	施工机具使用费	轮胎装载机 1.5m^3	台班	0.01	—
		自卸汽车 12t	台班	0.06	—
		其他施工机具使用费	元	1.98	—
		措施费分摊	元	0.37	—
		施工机具使用费小计	元	54.12	51.53
	直接费小计		元	80.88	77.00
综合费用			元	24.16	23.00
合　计			元	105.00	100.00

工程内容：混凝土管片密封条设置、嵌缝、手孔封堵等。

单位：环

指标编号				2F-031	
序号	项目		单位	管片相关工程	
				管片外径 6.0m	占指标基价 /%
指标基价			元	7 140.00	100.00
一	建筑安装工程费		元	7 140.00	100.00
二	设备购置费		元	—	—
建筑安装工程费					
直接费	人工费	人工	工日	15.79	—
		措施费分摊	元	28.58	—
		人工费小计	元	1 821.29	25.51
	材料费	水泥（综合）	kg	226.80	—
		遇水膨胀止水条	m	47.12	—
		三元乙丙橡胶条	m	45.80	—
		环氧聚氨酯嵌缝膏	kg	17.75	—
		外掺剂	kg	42.00	—
		电	kW·h	93.06	—
		其他材料费	元	177.27	—
		措施费分摊	元	310.77	—
		材料费小计	元	2 647.48	37.08
	施工机具使用费	小翻斗车（综合）	台班	0.20	—
		龙门式起重机	台班	1.12	—
		电动卷扬机 双筒	台班	0.55	—
		其他施工机具使用费	元	31.42	—
		措施费分摊	元	17.86	—
		施工机具使用费小计	元	739.60	10.36
	直接费小计		元	5 208.37	72.94
综合费用			元	1 932.04	27.06
合　　计			元	7 140.00	100.00

工程内容：混凝土管片密封条设置、嵌缝、手孔封堵等。

单位：环

序号	项目		单位	管片相关工程	
指标编号				2F-032	
				管片外径 6.2m	占指标基价 /%
指标基价			元	7 815.00	100.00
一	建筑安装工程费		元	7 815.00	100.00
二	设备购置费		元	—	—
建筑安装工程费					
直接费	人工费	人工	工日	17.40	—
		措施费分摊	元	31.85	—
		人工费小计	元	2 006.57	25.68
	材料费	水泥（综合）	kg	291.60	—
		遇水膨胀止水条	m	48.45	—
		三元乙丙橡胶条	m	47.10	—
		环氧聚氨酯嵌缝膏	kg	17.75	—
		外掺剂	kg	54.00	—
		电	kW·h	111.27	—
		其他材料费	元	195.84	—
		措施费分摊	元	346.42	—
		材料费小计	元	2 839.54	36.34
	施工机具使用费	小翻斗车（综合）	台班	0.20	—
		龙门式起重机	台班	1.29	—
		电动卷扬机 双筒	台班	0.69	—
		其他施工机具使用费	元	37.03	—
		措施费分摊	元	19.91	—
		施工机具使用费小计	元	852.10	10.90
	直接费小计		元	5 698.21	72.92
综合费用			元	2 116.56	27.08
合　计			元	7 815.00	100.00

工程内容：混凝土管片密封条设置、嵌缝、手孔封堵等。

单位：环

指标编号				2F-033	
序号	项目		单位	管片相关工程	
				管片外径 6.6m	占指标基价 /%
指标基价			元	8 035.00	100.00
一	建筑安装工程费		元	8 035.00	100.00
二	设备购置费		元	—	—
建筑安装工程费					
直接费	人工费	人工	工日	17.82	—
		措施费分摊	元	32.62	—
		人工费小计	元	2 055.48	25.58
	材料费	水泥（综合）	kg	291.60	—
		遇水膨胀止水条	m	51.08	—
		三元乙丙橡胶条	m	49.60	—
		环氧聚氨酯嵌缝膏	kg	17.75	—
		外掺剂	kg	54.00	—
		电	kW · h	112.92	—
		其他材料费	元	200.40	—
		措施费分摊	元	354.79	—
		材料费小计	元	2 932.93	36.50
	施工机具使用费	小翻斗车（综合）	台班	0.21	—
		龙门式起重机	台班	1.32	—
		电动卷扬机 双筒	台班	0.69	—
		其他施工机具使用费	元	37.68	—
		措施费分摊	元	20.39	—
		施工机具使用费小计	元	871.37	10.85
	直接费小计		元	5 859.79	72.93
综合费用			元	2 174.93	27.07
合　计			元	8 035.00	100.00

工程内容:混凝土管片密封条设置、嵌缝、手孔封堵等。

单位:环

指标编号				2F-034	
序号	项目		单位	管片相关工程	
				管片外径 8.5m	占指标基价 /%
指标基价			元	13 110.00	100.00
一	建筑安装工程费		元	13 110.00	100.00
二	设备购置费		元	—	—
建筑安装工程费					
直接费	人工费	人工	工日	33.34	—
		措施费分摊	元	55.41	—
		人工费小计	元	3 839.71	29.29
	材料费	水泥(综合)	kg	437.40	—
		遇水膨胀止水条	m	67.81	—
		三元乙丙橡胶条	m	65.90	—
		环氧聚氨酯嵌缝膏	kg	44.42	—
		外掺剂	kg	81.00	—
		电	kW·h	154.00	—
		其他材料费	元	244.41	—
		措施费分摊	元	602.62	—
		材料费小计	元	4 493.87	34.28
	施工机具使用费	小翻斗车(综合)	台班	0.25	—
		龙门式起重机	台班	1.69	—
		电动卷扬机 双筒	台班	1.03	—
		其他施工机具使用费	元	53.75	—
		措施费分摊	元	34.63	—
		施工机具使用费小计	元	1 149.32	8.77
	直接费小计		元	9 482.90	72.33
综合费用			元	3 627.41	27.67
合计			元	13 110.00	100.00

工程内容：混凝土管片密封条设置、嵌缝、手孔封堵等。

单位：环

指标编号				2F-035	
序号	项目		单位	管片相关工程	
				管片外径 13.6m	占指标基价 /%
指标基价			元	19 926.00	100.00
一	建筑安装工程费		元	19 926.00	100.00
二	设备购置费		元	—	—
建筑安装工程费					
直接费	人工费	人工	工日	49.52	—
		措施费分摊	元	85.95	—
		人工费小计	元	5 706.71	28.64
	材料费	水泥（综合）	kg	510.30	—
		遇水膨胀止水条	m	108.58	—
		三元乙丙橡胶条	m	105.50	—
		环氧聚氨酯嵌缝膏	kg	62.86	—
		外掺剂	kg	94.50	—
		电	kW·h	259.87	—
		其他材料费	元	458.03	—
		措施费分摊	元	934.71	—
		材料费小计	元	6 836.97	34.31
	施工机具使用费	小翻斗车（综合）	台班	0.41	—
		龙门式起重机	台班	2.80	—
		电动卷扬机 双筒	台班	1.78	—
		其他施工机具使用费	元	69.47	—
		措施费分摊	元	53.72	—
		施工机具使用费小计	元	1 895.11	9.51
	直接费小计		元	14 438.79	72.46
综合费用			元	5 487.43	27.54
合　计			元	19 926.00	100.00

工程内容：施工阶段安装临时止水带、防水钢板，隧道贯通后，拆除临时防水环板，安装柔性接缝环及钢环板，拆除洞口环管片及弃运，浇筑洞口钢筋混凝土环圈等。

单位：处

指标编号				2F-036	
序号	项目		单位	洞口处理	
				管片外径 6.0m	占指标基价 /%
指标基价			元	170 997.00	100.00
一	建筑安装工程费		元	170 997.00	100.00
二	设备购置费		元	—	—
建筑安装工程费					
直接费	人工费	人工	工日	362.14	—
		措施费分摊	元	705.58	—
		人工费小计	元	41 808.55	24.45
	材料费	预拌混凝土 C30	m^3	13.13	—
		钢筋 ϕ10 以内	kg	900.90	—
		钢筋 ϕ10 以外	kg	2 316.60	—
		环圈钢板	t	2.83	—
		水泥 42.5#	kg	1 611.00	—
		帘布橡胶条	kg	77.51	—
		内防水橡胶止水带	m	18.80	—
		接皮海绵橡胶板	kg	147.68	—
		水膨胀橡胶圈	个	256.77	—
		聚氨酯粘合剂	kg	357.64	—
		外防水氯丁酚醛胶	kg	181.86	—
		聚氨酯泡沫塑料	m^3	1.55	—
		电	kW·h	4 318.05	—
		乳胶水泥	kg	324.35	—
		其他材料费	元	4 918.86	—
		措施费分摊	元	7 673.23	—
		材料费小计	元	61 347.39	35.88
	施工机具使用费	汽车起重机 10t	台班	2.45	—
		龙门式起重机 10t	台班	41.60	—
		混凝土输送泵车	台班	0.51	—
		电动灌浆机	台班	27.03	—
		电动卷扬机 双筒	台班	3.81	—
		其他施工机具使用费	元	2 083.41	—
		措施费分摊	元	440.99	—
		施工机具使用费小计	元	21 575.68	12.62
	直接费小计		元	124 731.62	72.94
综合费用			元	46 265.37	27.06
合　计			元	170 997.00	100.00

工程内容：施工阶段安装临时止水带、防水钢板，隧道贯通后，拆除临时防水环板，安装柔性接缝环及钢环板，拆除洞口环管片及弃运，浇筑洞口钢筋混凝土环圈等。

单位：处

指 标 编 号				2F-037	
序号	项 目		单位	洞口处理	
				管片外径 6.2m	占指标基价 /%
指标基价			元	185 333.00	100.00
一	建筑安装工程费		元	185 333.00	100.00
二	设备购置费		元	—	—
建筑安装工程费					
直接费	人工费	人工	工日	395.19	—
		措施费分摊	元	766.79	—
		人工费小计	元	45 620.67	24.62
	材料费	预拌混凝土 C30	m^3	14.45	—
		钢筋 ϕ10 以内	kg	991.90	—
		钢筋 ϕ10 以外	kg	2 550.60	—
		环圈钢板	t	3.16	—
		水泥 42.5#	kg	1 653.30	—
		帘布橡胶条	kg	79.54	—
		内防水橡胶止水带	m	19.29	—
		接皮海绵橡胶板	kg	151.55	—
		水膨胀橡胶圈	个	285.82	—
		聚氨酯粘合剂	kg	367.03	—
		外防水氯丁酚醛胶	kg	186.64	—
		聚氨酯泡沫塑料	m^3	1.59	—
		电	kW·h	4 671.01	—
		乳胶水泥	kg	332.86	—
		其他材料费	元	5 319.95	—
		措施费分摊	元	8 338.83	—
		材料费小计	元	66 206.45	35.72
	施工机具使用费	汽车起重机 10t	台班	2.69	—
		龙门式起重机 10t	台班	44.48	—
		混凝土输送泵车	台班	0.57	—
		电动灌浆机	台班	27.74	—
		电动卷扬机 双筒	台班	4.57	—
		其他施工机具使用费	元	2 343.58	—
		措施费分摊	元	479.24	—
		施工机具使用费小计	元	23 278.56	12.56
	直接费小计		元	135 105.68	72.90
综合费用			元	50 227.56	27.10
合 计			元	185 333.00	100.00

工程内容：施工阶段安装临时止水带、防水钢板，隧道贯通后，拆除临时防水环板，安装柔性接缝环及钢环板，拆除洞口环管片及弃运，浇筑洞口钢筋混凝土环圈等。

单位：处

指标编号				2F-038	
序号	项目		单位	洞口处理	
				管片外径 6.6m	占指标基价 /%
指标基价			元	201 030.00	100.00
一	建筑安装工程费		元	201 030.00	100.00
二	设备购置费		元	—	—
建筑安装工程费					
直接费	人工费	人工	工日	428.52	—
		措施费分摊	元	831.71	—
		人工费小计	元	49 469.20	24.61
	材料费	预拌混凝土 C30	m^3	15.39	—
		钢筋 ϕ10 以内	kg	1 056.30	—
		钢筋 ϕ10 以外	kg	2 716.20	—
		环圈钢板	t	3.59	—
		水泥 42.5#	kg	1 766.70	—
		帘布橡胶条	kg	85.00	—
		内防水橡胶止水带	m	20.61	—
		接皮海绵橡胶板	kg	161.95	—
		水膨胀橡胶圈	个	325.25	—
		聚氨酯粘合剂	kg	392.21	—
		外防水氯丁酚醛胶	kg	199.44	—
		聚氨酯泡沫塑料	m^3	1.70	—
		电	kW·h	5 064.88	—
		乳胶水泥	kg	355.70	—
		其他材料费	元	5 814.80	—
		措施费分摊	元	9 044.89	—
		材料费小计	元	71 824.20	35.73
	施工机具使用费	汽车起重机 10t	台班	2.87	—
		龙门式起重机 10t	台班	48.57	—
		混凝土输送泵车	台班	0.60	—
		电动灌浆机	台班	29.64	—
		电动卷扬机 双筒	台班	4.88	—
		其他施工机具使用费	元	2 528.84	—
		措施费分摊	元	519.82	—
		施工机具使用费小计	元	25 263.47	12.57
	直接费小计		元	146 556.88	72.90
综合费用			元	54 473.20	27.10
合　计			元	201 030.00	100.00

工程内容：施工阶段安装临时止水带、防水钢板，隧道贯通后，拆除临时防水环板，安装柔性接缝环及钢环板，拆除洞口环管片及弃运，浇筑洞口钢筋混凝土环圈等。

单位：处

指标编号				2F-039	
序号	项目		单位	洞口处理	
				管片外径 8.5m	占指标基价 /%
指标基价			元	282 771.00	100.00
一	建筑安装工程费		元	282 771.00	100.00
二	设备购置费		元	—	—
建筑安装工程费					
直接费	人工费	人工	工日	605.83	—
		措施费分摊	元	1 172.62	—
		人工费小计	元	69 933.78	24.73
	材料费	预拌混凝土 C30	m^3	21.08	—
		钢筋 ϕ10 以内	kg	1 446.90	—
		钢筋 ϕ10 以外	kg	3 720.60	—
		环圈钢板	t	5.65	—
		水泥 42.5#	kg	2 288.70	—
		帘布橡胶条	kg	110.11	—
		内防水橡胶止水带	m	26.70	—
		接皮海绵橡胶板	kg	209.80	—
		水膨胀橡胶圈	个	511.74	—
		聚氨酯粘合剂	kg	508.09	—
		外防水氯丁酚醛胶	kg	258.37	—
		聚氨酯泡沫塑料	m^3	2.21	—
		电	kW·h	7 111.79	—
		乳胶水泥	kg	460.79	—
		其他材料费	元	8 294.02	—
		措施费分摊	元	12 752.25	—
		材料费小计	元	100 678.47	35.60
	施工机具使用费	汽车起重机 10t	台班	3.93	—
		龙门式起重机 10t	台班	68.52	—
		混凝土输送泵车	台班	0.83	—
		电动灌浆机	台班	38.40	—
		电动卷扬机 双筒	台班	7.22	—
		其他施工机具使用费	元	3 629.20	—
		措施费分摊	元	732.89	—
		施工机具使用费小计	元	35 451.92	12.54
	直接费小计		元	206 064.17	72.87
综合费用			元	76 707.22	27.13
合　计			元	282 771.00	100.00

工程内容：施工阶段安装临时止水带、防水钢板，隧道贯通后，拆除临时防水环板，安装柔性接缝环及钢环板，拆除洞口环管片及弃运，浇筑洞口钢筋混凝土环圈等。

单位：处

指标编号				2F-040	
序号	项目		单位	洞口处理	
				管片外径 13.6m	占指标基价 /%
指标基价			元	505 292.00	100.00
一	建筑安装工程费		元	505 292.00	100.00
二	设备购置费		元	—	—
建筑安装工程费					
直接费	人工费	人工	工日	1 098.47	—
		措施费分摊	元	2 109.07	—
		人工费小计	元	126 785.48	25.09
	材料费	预拌混凝土 C30	m^3	39.94	—
		钢筋 ϕ10 以内	kg	2 741.20	—
		钢筋 ϕ10 以外	kg	7 048.80	—
		环圈钢板	t	9.83	—
		水泥 42.5#	kg	3 688.20	—
		帘布橡胶条	kg	177.44	—
		内防水橡胶止水带	m	43.03	—
		接皮海绵橡胶板	kg	338.09	—
		水膨胀橡胶圈	个	890.37	—
		聚氨酯粘合剂	kg	818.78	—
		外防水氯丁酚醛胶	kg	416.36	—
		聚氨酯泡沫塑料	m^3	3.56	—
		电	kW·h	12 723.13	—
		乳胶水泥	kg	742.56	—
		其他材料费	元	14 563.44	—
		措施费分摊	元	22 936.11	—
		材料费小计	元	178 029.52	35.23
	施工机具使用费	汽车起重机 10t	台班	7.44	—
		龙门式起重机 10t	台班	117.99	—
		混凝土输送泵车	台班	1.57	—
		电动灌浆机	台班	61.88	—
		电动卷扬机 双筒	台班	16.00	—
		其他施工机具使用费	元	7 047.56	—
		措施费分摊	元	1 318.17	—
		施工机具使用费小计	元	62 871.50	12.44
	直接费小计		元	367 686.49	72.77
综合费用			元	137 605.47	27.23
合　计			元	505 292.00	100.00

工程内容：钢筋混凝土管片制作、试拼装、场外运输等。

单位： m^3

指标编号				2F-041	
序号	项目		单位	钢筋混凝土管片	
				场外运距 10km	占指标基价 /%
指标基价			元	3 590.00	100.00
一	建筑安装工程费		元	3 590.00	100.00
二	设备购置费		元	—	—
建筑安装工程费					
直接费	人工费	人工	工日	5.62	—
		措施费分摊	元	10.37	—
		人工费小计	元	648.29	18.06
	材料费	预拌抗渗混凝土 C50	m^3	1.02	—
		钢筋 ϕ10 以内	kg	36.75	—
		钢筋 ϕ10 以外	kg	143.50	—
		管片钢模精加工制作	kg	9.20	—
		柴油	kg	20.02	—
		电	kW·h	36.21	—
		其他材料费	元	102.59	—
		措施费分摊	元	112.82	—
		材料费小计	元	1 760.39	49.04
	施工机具使用费	载重汽车（综合）	台班	0.09	—
		龙门式起重机 10t	台班	0.35	—
		工业锅炉	台班	0.17	—
		其他施工机具使用费	元	44.13	—
		措施费分摊	元	6.48	—
		施工机具使用费小计	元	252.51	7.03
	直接费小计		元	2 661.20	74.13
综合费用			元	928.47	25.87
合　计			元	3 590.00	100.00

工程内容：号料、切割、滚圆弧、刨边、刨槽、上模具焊接成型、钻孔、吊运、油漆等。

单位：t

指标编号				2F-042	
序号	项目		单位	钢管片制作	
				—	占指标基价 /%
指标基价			元	23 265.00	100.00
一	建筑安装工程费		元	23 265.00	100.00
二	设备购置费		元	—	—
建筑安装工程费					
直接费	人工费	人工	工日	34.53	—
		措施费分摊	元	113.06	—
		人工费小计	元	4 032.33	17.33
	材料费	普通钢板 δ 3.5~4.0	kg	1 150.00	—
		电焊条（综合）	kg	64.99	—
		电	kW·h	227.73	—
		其他材料费	元	531.06	—
		措施费分摊	元	1 229.53	—
		材料费小计	元	7 023.82	30.19
	施工机具使用费	龙门式起重机	台班	5.35	—
		龙门刨床	台班	6.86	—
		板料校平机	台班	0.64	—
		摇臂钻床 ϕ63m	台班	2.43	—
		其他施工机具使用费	元	318.55	—
		措施费分摊	元	70.66	—
		施工机具使用费小计	元	6 226.13	26.76
	直接费小计		元	17 282.28	74.29
综合费用			元	5 982.43	25.71
合　计			元	23 265.00	100.00

工程内容：卸螺栓，吊拆管片，装运出井等。

单位：t

指标编号				2F-043	
序号	项目		单位	钢管片拆除	
				—	占指标基价 /%
指标基价			元	2 185.00	100.00
一	建筑安装工程费		元	2 185.00	100.00
二	设备购置费		元	—	—
建筑安装工程费					
直接费	人工费	人工	工日	8.90	—
		措施费分摊	元	12.82	—
		人工费小计	元	1 022.97	46.82
	材料费	道木	m^3	0.05	—
		乙炔气	m^3	3.57	—
		氧气	m^3	10.70	—
		电	kW·h	23.84	—
		其他材料费	元	9.06	—
		措施费分摊	元	139.40	—
		材料费小计	元	339.12	15.52
	施工机具使用费	龙门式起重机 10t	台班	0.27	—
		机动翻斗车 1t	台班	0.16	—
		割炬	台班	0.97	—
		其他施工机具使用费	元	1.59	—
		措施费分摊	元	8.01	—
		施工机具使用费小计	元	156.65	7.17
	直接费小计		元	1 518.74	69.51
综合费用			元	666.06	30.49
合　计			元	2 185.00	100.00

工程内容：中隔墙、弧形构件等预制构件场内外运输、吊装、砂浆封堵、嵌缝等。

单位：m^3

指标编号				2F-044	
序号	项目		单位	大盾构内部预制结构	
				场外运距 10km	占指标基价 /%
指标基价			元	3 763.00	100.00
一	建筑安装工程费		元	3 763.00	100.00
二	设备购置费		元	—	—
建筑安装工程费					
直接费	人工费	人工	工日	1.09	—
		措施费分摊	元	4.67	—
		人工费小计	元	128.28	3.41
	材料费	预制构件	m^3	1.00	—
		预拌混凝土 C25	m^3	0.05	—
		砌筑砂浆 DM7.5-MR	m^3	1.35	—
		柴油	kg	8.35	—
		电	kW·h	23.32	—
		其他材料费	元	42.51	—
		措施费分摊	元	50.78	—
		材料费小计	元	2 536.17	67.40
	施工机具使用费	汽车起重机 40t	台班	0.04	—
		载重汽车（综合）	台班	0.09	—
		门式起重机 50t 以内	台班	0.07	—
		其他施工机具使用费	元	47.79	—
		措施费分摊	元	2.92	—
		施工机具使用费小计	元	213.73	5.68
	直接费小计		元	2 878.18	76.49
综合费用			元	884.77	23.51
合　计			元	3 763.00	100.00

2.5 高架区间

工程内容：钻孔、泥浆制作及外运、灌注混凝土、钢筋笼制安等。

单位：m^3

指标编号				2F-045	
序号	项目		单位	钻孔灌注桩	
				ϕ1.2m；$H \leqslant$ 40m 以内	占指标基价 /%
指标基价			元	3 049.00	100.00
一	建筑安装工程费		元	3 049.00	100.00
二	设备购置费		元	—	—
建筑安装工程费					
直接费	人工费	人工	工日	3.99	—
		措施费分摊	元	16.85	—
		人工费小计	元	437.58	14.35
	材料费	钢筋 ϕ10 以内	kg	20.40	—
		钢筋 ϕ10 以外	kg	85.20	—
		钢板 4.5 ~ 12	kg	0.01	—
		柴油	kg	15.17	—
		汽油	kg	0.09	—
		电	kW·h	57.70	—
		声测管	kg	11.53	—
		水	t	2.14	—
		预拌混凝土 C30	m^3	1.23	—
		其他材料费	元	82.11	—
		措施费分摊	元	183.28	—
		材料费小计	元	1 456.71	47.78
	施工机具使用费	汽车起重机 8t	台班	0.08	—
		泥浆输罐车 4 000L	台班	0.10	—
		回旋钻机 ϕ1 500 以内	台班	0.24	—
		自卸汽车 12t	台班	0.03	—
		其他施工机具使用费	元	40.81	—
		措施费分摊	元	10.53	—
		施工机具使用费小计	元	347.71	11.41
	直接费小计		元	2 242.00	73.54
综合费用			元	806.68	26.46
合　计			元	3 049.00	100.00

工程内容：挖土、弃土、混凝土浇筑、钢筋制安、模板安拆、脚手架搭拆等。

单位：m^3

指标编号				2F-046	
序号	项目		单位	承台	
				—	占指标基价 /%
指标基价			元	2 860.00	100.00
一	建筑安装工程费		元	2 860.00	100.00
二	设备购置费		元	—	—
建筑安装工程费					
直接费	人工费	人工	工日	3.00	—
		措施费分摊	元	16.78	—
		人工费小计	元	333.19	11.65
	材料费	钢筋 ϕ10 以内	kg	20.55	—
		钢筋 ϕ10 以外	kg	83.21	—
		柴油	kg	29.19	—
		电	kW·h	4.59	—
		复合木模板	m^2	0.18	—
		水	t	0.59	—
		预拌混凝土 C15	m^3	0.06	—
		预拌混凝土 C30	m^3	1.02	—
		其他材料费	元	27.63	—
		措施费分摊	元	182.48	—
		材料费小计	元	1 334.03	46.64
	施工机具使用费	推土机（综合）	台班	0.02	—
		挖土机（综合）	台班	0.04	—
		洒水车 4 000L	台班	0.01	—
		压路机（综合）	台班	0.03	—
		混凝土输送泵车	台班	0.01	—
		自卸汽车 12t	台班	0.06	—
		其他施工机具使用费	元	20.99	—
		措施费分摊	元	10.49	—
		施工机具使用费小计	元	450.70	15.76
	直接费小计		元	2 117.92	74.05
综合费用			元	742.34	25.95
合　计			元	2 860.00	100.00

工程内容：混凝土浇筑、钢筋制安、模板安拆、脚手架搭拆等。

单位：m^3

指标编号				2F-047	
序号	项目		单位	墩台	
				—	占指标基价 /%
指标基价			元	2 906.00	100.00
一	建筑安装工程费		元	2 906.00	100.00
二	设备购置费		元	—	—
建筑安装工程费					
直接费	人工费	人工	工日	4.24	—
		措施费分摊	元	11.36	—
		人工费小计	元	458.19	15.77
	材料费	钢筋 ϕ10 以内	kg	32.80	—
		钢筋 ϕ10 以外	kg	143.72	—
		型钢	kg	0.16	—
		板方材	m^3	0.07	—
		柴油	kg	0.35	—
		防锈漆	kg	1.90	—
		汽油	kg	0.07	—
		电	kW·h	3.11	—
		水	t	39.01	—
		预拌混凝土 C40	m^3	1.02	—
		其他材料费	元	74.03	—
		措施费分摊	元	123.53	—
		材料费小计	元	1 610.78	55.42
	施工机具使用费	汽车起重机 16t	台班	0.02	—
		载重汽车 15t	台班	0.02	—
		其他施工机具使用费	元	28.31	—
		措施费分摊	元	7.10	—
		施工机具使用费小计	元	59.87	2.06
	直接费小计		元	2 128.84	73.25
综合费用			元	777.47	26.75
合计			元	2 906.00	100.00

工程内容：混凝土浇筑、钢筋制安、模板安拆、桥梁伸缩缝制安、搭拆钢管支架等。

单位：m^3

指标编号				2F-048	
序号	项目		单位	预制简支梁	
				—	占指标基价/%
指标基价			元	4 872.00	100.00
一	建筑安装工程费		元	4 872.00	100.00
二	设备购置费		元	—	—
建筑安装工程费					
直接费	人工费	人工	工日	1.29	—
		措施费分摊	元	14.05	—
		人工费小计	元	149.91	3.08
	材料费	钢绞线	kg	39.14	—
		厂制钢筋	t	0.23	—
		XM 锚头 15-11	个	0.06	—
		XM 锚头 15-10	个	0.10	—
		XM 锚头 15-13	个	0.06	—
		柴油	kg	13.26	—
		电	kW·h	6.58	—
		波纹管 ϕ100	m	3.19	—
		预制预应力箱梁 C50	m^3	1.00	—
		素水泥浆	m^3	0.02	—
		水	t	0.02	—
		其他材料费	元	46.19	—
		措施费分摊	元	152.84	—
		材料费小计	元	3 064.18	62.89
	施工机具使用费	汽车起重机 75t	台班	0.03	—
		小翻斗车（综合）	台班	0.02	—
		注浆泵	台班	0.02	—
		预应力拉伸机 YCW-250	台班	0.04	—
		汽车起重机 120t	台班	0.02	—
		平板拖车组 100t	台班	0.09	—
		其他施工机具使用费	元	5.49	—
		措施费分摊	元	8.78	—
		施工机具使用费小计	元	466.53	9.58
	直接费小计		元	3 680.62	75.54
综合费用			元	1 191.65	24.46
合　计			元	4 872.00	100.00

工程内容：混凝土浇筑、钢筋制安、模板安拆、桥梁伸缩缝制安等。

单位：m^3

指标编号				2F-049	
序号	项目		单位	现浇连续梁	
				—	占指标基价 %
指标基价			元	5 123.00	100.00
一	建筑安装工程费		元	5 123.00	100.00
二	设备购置费		元	—	—
建筑安装工程费					
直接费	人工费	人工	工日	9.16	—
		措施费分摊	元	24.62	—
		人工费小计	元	991.42	19.35
	材料费	钢筋 φ10 以内	kg	47.15	—
		钢筋 φ10 以外	kg	190.90	—
		钢绞线	kg	40.55	—
		柴油	kg	5.71	—
		电	kW·h	14.98	—
		波纹管 φ100	m	2.67	—
		素水泥浆	m^3	0.02	—
		水	t	0.82	—
		预拌混凝土 C15	m^3	0.34	—
		预拌混凝土 C50	m^3	1.02	—
		砌筑砂浆 DM5.0-MR	m^3	0.01	—
		其他材料费	元	117.40	—
		措施费分摊	元	267.74	—
		材料费小计	元	2 580.59	50.37
	施工机具使用费	汽车起重机 16t	台班	0.05	—
		小翻斗车（综合）	台班	0.01	—
		注浆泵	台班	0.01	—
		载重汽车 15t	台班	0.04	—
		预应力拉伸机 YCW-250	台班	0.04	—
		混凝土输送泵车	台班	0.01	—
		自卸汽车 12t	台班	0.02	—
		其他施工机具使用费	元	52.30	—
		措施费分摊	元	15.39	—
		施工机具使用费小计	元	147.68	2.88
	直接费小计		元	3 719.68	72.60
综合费用			元	1 403.65	27.40
合　计			元	5 123.00	100.00

工程内容：钢箱梁制安、混凝土浇筑、钢筋制安、模板安拆、桥梁伸缩缝制安等。

单位：m^2（水平投影）

指标编号				2F-050	
序号	项目		单位	钢－混结合梁	
				—	占指标基价 /%
指标基价			元	6 801.00	100.00
一	建筑安装工程费		元	6 801.00	100.00
二	设备购置费		元	—	—
建筑安装工程费					
直接费	人工费	人工	工日	6.11	—
		措施费分摊	元	18.06	—
		人工费小计	元	662.73	9.75
	材料费	钢筋 ϕ10 以内	kg	15.47	—
		钢筋 ϕ10 以外	kg	62.64	—
		钢绞线	kg	28.54	—
		普通钢板 δ 8~15	kg	0.32	—
		柴油	kg	1.81	—
		汽油	kg	1.29	—
		电	kW·h	9.05	—
		砂轮片	片	5.07	—
		波纹管 ϕ100	m	1.72	—
		立交桥箱式梁	t	0.51	—
		素水泥浆	m^3	0.01	—
		水	t	0.27	—
		预拌混凝土 C50	m^3	0.46	—
		其他材料费	元	331.07	—
		措施费分摊	元	196.44	—
		材料费小计	元	4 261.92	62.67
	施工机具使用费	汽车起重机 16t	台班	0.01	—
		小翻斗车（综合）	台班	0.01	—
		除锈喷砂机 $3m^3/min$ 5.5kW	台班	0.18	—
		注浆泵	台班	0.01	—
		龙门起重机 30t	台班	0.02	—
		载重汽车 15t	台班	0.01	—
		预应力拉伸机 YCW-250	台班	0.03	—
		通风机 30kW	台班	0.13	—
		喷涂机	台班	0.06	—
		汽车起重机 160t	台班	0.01	—
		其他施工机具使用费	元	27.16	—
		措施费分摊	元	11.29	—
		施工机具使用费小计	元	130.88	1.92
	直接费小计		元	5 055.53	74.34
综合费用			元	1 745.13	25.66
合　计			元	6 801.00	100.00

工程内容：钢箱梁制安、喷漆等。

单位：m²（水平投影）

<table>
<tr><td colspan="3">指 标 编 号</td><td colspan="2">2F-051</td></tr>
<tr><td rowspan="2">序号</td><td rowspan="2">项 目</td><td rowspan="2">单位</td><td colspan="2">钢梁</td></tr>
<tr><td>—</td><td>占指标基价 /%</td></tr>
<tr><td colspan="2">指标基价</td><td>元</td><td>7 665.00</td><td>100.00</td></tr>
<tr><td>一</td><td>建筑安装工程费</td><td>元</td><td>7 665.00</td><td>100.00</td></tr>
<tr><td>二</td><td>设备购置费</td><td>元</td><td>—</td><td>—</td></tr>
<tr><td colspan="5">建筑安装工程费</td></tr>
<tr><td rowspan="30">直接费</td><td rowspan="3">人工费</td><td>人工</td><td>工日</td><td>8.35</td><td>—</td></tr>
<tr><td>措施费分摊</td><td>元</td><td>26.91</td><td>—</td></tr>
<tr><td>人工费小计</td><td>元</td><td>908.26</td><td>11.85</td></tr>
<tr><td rowspan="13">材料费</td><td>钢丝绳</td><td>kg</td><td>0.01</td><td>—</td></tr>
<tr><td>石英砂</td><td>m³</td><td>0.33</td><td>—</td></tr>
<tr><td>高强螺栓</td><td>个</td><td>6.21</td><td>—</td></tr>
<tr><td>柴油</td><td>kg</td><td>3.48</td><td>—</td></tr>
<tr><td>汽油</td><td>kg</td><td>1.29</td><td>—</td></tr>
<tr><td>稀释剂</td><td>kg</td><td>1.00</td><td>—</td></tr>
<tr><td>固化剂</td><td>kg</td><td>0.50</td><td>—</td></tr>
<tr><td>电</td><td>kW·h</td><td>30.74</td><td>—</td></tr>
<tr><td>砂轮片</td><td>片</td><td>5.07</td><td>—</td></tr>
<tr><td>立交桥箱式梁</td><td>t</td><td>0.51</td><td>—</td></tr>
<tr><td>其他材料费</td><td>元</td><td>292.86</td><td>—</td></tr>
<tr><td>措施费分摊</td><td>元</td><td>197.82</td><td>—</td></tr>
<tr><td>材料费小计</td><td>元</td><td>4 946.99</td><td>64.54</td></tr>
<tr><td rowspan="11">施工机具使用费</td><td>除锈喷砂机 3m³/min 5.5kW</td><td>台班</td><td>0.18</td><td>—</td></tr>
<tr><td>龙门起重机 30t</td><td>台班</td><td>0.04</td><td>—</td></tr>
<tr><td>通风机 30kW</td><td>台班</td><td>0.13</td><td>—</td></tr>
<tr><td>履带式起重机 200t</td><td>台班</td><td>0.01</td><td>—</td></tr>
<tr><td>喷涂机</td><td>台班</td><td>0.13</td><td>—</td></tr>
<tr><td>汽车起重机 160t</td><td>台班</td><td>0.01</td><td>—</td></tr>
<tr><td>平板拖车组 120t</td><td>台班</td><td>0.03</td><td>—</td></tr>
<tr><td>喷涂机</td><td>台班</td><td>0.13</td><td>—</td></tr>
<tr><td>其他施工机具使用费</td><td>元</td><td>21.83</td><td>—</td></tr>
<tr><td>措施费分摊</td><td>元</td><td>11.37</td><td>—</td></tr>
<tr><td>施工机具使用费小计</td><td>元</td><td>238.17</td><td>3.11</td></tr>
<tr><td colspan="2">直接费小计</td><td>元</td><td>5 734.55</td><td>74.81</td></tr>
<tr><td colspan="3">综合费用</td><td>元</td><td>1 930.92</td><td>25.19</td></tr>
<tr><td colspan="3">合 计</td><td>元</td><td>7 665.00</td><td>100.00</td></tr>
</table>

工程内容：混凝土浇筑、养护、钢筋制安、预应力张拉、模板安拆等。

单位：m^3

<table>
<tr><td colspan="4">指 标 编 号</td><td colspan="2">2F-052</td></tr>
<tr><td rowspan="2">序号</td><td colspan="2" rowspan="2">项 目</td><td rowspan="2">单位</td><td colspan="2">U 形梁</td></tr>
<tr><td>—</td><td>占指标基价 /%</td></tr>
<tr><td colspan="3">指标基价</td><td>元</td><td>5 036.00</td><td>100.00</td></tr>
<tr><td>一</td><td colspan="2">建筑安装工程费</td><td>元</td><td>5 036.00</td><td>100.00</td></tr>
<tr><td>二</td><td colspan="2">设备购置费</td><td>元</td><td>—</td><td>—</td></tr>
<tr><td colspan="6">建筑安装工程费</td></tr>
<tr><td rowspan="28">直接费</td><td rowspan="3">人工费</td><td>人工</td><td>工日</td><td>1.62</td><td>—</td></tr>
<tr><td>措施费分摊</td><td>元</td><td>8.95</td><td>—</td></tr>
<tr><td>人工费小计</td><td>元</td><td>187.99</td><td>3.73</td></tr>
<tr><td rowspan="15">材料费</td><td>钢绞线</td><td>kg</td><td>49.60</td><td>—</td></tr>
<tr><td>钢丝绳</td><td>kg</td><td>0.17</td><td>—</td></tr>
<tr><td>厂制钢筋</td><td>t</td><td>0.28</td><td>—</td></tr>
<tr><td>镀锌铁丝 8#~12#</td><td>kg</td><td>0.01</td><td>—</td></tr>
<tr><td>聚氨酯防水涂料</td><td>kg</td><td>0.10</td><td>—</td></tr>
<tr><td>柴油</td><td>kg</td><td>2.02</td><td>—</td></tr>
<tr><td>氧气</td><td>m^3</td><td>0.03</td><td>—</td></tr>
<tr><td>预制预应力箱梁 C55</td><td>m^3</td><td>1.00</td><td>—</td></tr>
<tr><td>素水泥浆</td><td>m^3</td><td>0.03</td><td>—</td></tr>
<tr><td>组合钢模板</td><td>$m^2 \cdot d$</td><td>0.16</td><td>—</td></tr>
<tr><td>迁移性阻锈剂</td><td>kg</td><td>0.02</td><td>—</td></tr>
<tr><td>干硬性聚合物混凝土</td><td>m^3</td><td>0.01</td><td>—</td></tr>
<tr><td>其他材料费</td><td>元</td><td>12.19</td><td>—</td></tr>
<tr><td>措施费分摊</td><td>元</td><td>97.31</td><td>—</td></tr>
<tr><td>材料费小计</td><td>元</td><td>3 488.77</td><td>69.27</td></tr>
<tr><td rowspan="8">施工机具使用费</td><td>汽车起重机 75t</td><td>台班</td><td>0.03</td><td>—</td></tr>
<tr><td>灰浆搅拌机 200L</td><td>台班</td><td>0.01</td><td>—</td></tr>
<tr><td>注浆泵</td><td>台班</td><td>0.02</td><td>—</td></tr>
<tr><td>高压油泵 80MPa</td><td>台班</td><td>0.05</td><td>—</td></tr>
<tr><td>预应力拉伸机 YCW-250</td><td>台班</td><td>0.05</td><td>—</td></tr>
<tr><td>其他施工机具使用费</td><td>元</td><td>3.46</td><td>—</td></tr>
<tr><td>措施费分摊</td><td>元</td><td>5.59</td><td>—</td></tr>
<tr><td>施工机具使用费小计</td><td>元</td><td>122.23</td><td>2.43</td></tr>
<tr><td colspan="2">直接费小计</td><td>元</td><td>3 798.99</td><td>75.43</td></tr>
<tr><td colspan="3">综合费用</td><td>元</td><td>1 237.18</td><td>24.57</td></tr>
<tr><td colspan="3">合 计</td><td>元</td><td>5 036.00</td><td>100.00</td></tr>
</table>

工程内容：混凝土浇筑、防水层铺装、泄水管、栏杆安装等。

单位：m^2（水平投影）

指标编号				2F-053	
序号	项目		单位	桥面铺装及附属设施	
				—	占指标基价 /%
指标基价			元	776.00	100.00
一	建筑安装工程费		元	776.00	100.00
二	设备购置费		元	—	—
建筑安装工程费					
直接费	人工费	人工	工日	0.92	—
		措施费分摊	元	2.53	—
		人工费小计	元	100.24	12.92
	材料费	普通钢板 δ 8~15	kg	6.20	—
		厂制钢筋	t	0.03	—
		预埋铁件	kg	0.03	—
		SBS 改性沥青油毡防水卷材 4	m^2	1.61	—
		聚氨酯防水涂料	kg	0.41	—
		柴油	kg	0.99	—
		乙酸乙酯	kg	0.07	—
		聚氨酯 1∶3	kg	0.25	—
		电	kW·h	0.06	—
		预制混凝土小型构件 C30	m^3	0.12	—
		钢纤维混凝土 C50	m^3	0.01	—
		水	t	0.15	—
		预拌混凝土 C40	m^3	0.04	—
		其他材料费	元	12.42	—
		措施费分摊	元	29.05	—
		材料费小计	元	451.74	58.23
	施工机具使用费	载重汽车 10t	台班	0.01	—
		汽车起重机 16t	台班	0.01	—
		其他施工机具使用费	元	4.66	—
		措施费分摊	元	1.67	—
		施工机具使用费小计	元	20.30	2.62
	直接费小计		元	572.28	73.77
综合费用			元	203.52	26.23
合　计			元	776.00	100.00

2.6 地面区间

工程内容：挖土、运土、清理、夯压等。

单位：m^3

指标编号				2F-054	
序号	项目		单位	挖路床土方	
				—	占指标基价 /%
指标基价			元	65.00	100.00
一	建筑安装工程费		元	65.00	100.00
二	设备购置费		元	—	—
建筑安装工程费					
直接费	人工费	人工	工日	0.04	—
		措施费分摊	元	0.88	—
		人工费小计	元	5.10	1.67
	材料费	措施费分摊	元	9.56	—
		材料费小计	元	9.56	3.33
	施工机具使用费	履带式推土机 105kW	台班	0.01	—
		光轮压路机（综合）	台班	0.01	—
		自卸汽车 15t	台班	0.03	—
		其他施工机具使用费	元	9.68	—
		措施费分摊	元	0.55	—
		施工机具使用费小计	元	36.99	78.33
	直接费小计		元	51.65	82.32
综合费用			元	13.54	17.68
合　计			元	65.00	100.00

工程内容：运土、填土、夯压等。

单位：m^3

指标编号				2F-055	
序号	项目		单位	填路床土方	
				—	占指标基价 /%
指标基价			元	57.00	100.00
一	建筑安装工程费		元	57.00	100.00
二	设备购置费		元	—	—
建筑安装工程费					
直接费	人工费	人工	工日	0.04	—
		措施费分摊	元	0.62	—
		人工费小计	元	4.20	2.14
	材料费	水费	t	1.00	—
		措施费分摊	元	6.73	—
		材料费小计	元	15.86	12.37
	施工机具使用费	洒水车 4 000L	台班	0.07	—
		自行式振动压路机（综合）	台班	0.01	—
		其他施工机具使用费	元	4.36	—
		措施费分摊	元	0.39	—
		施工机具使用费小计	元	25.27	67.81
	直接费小计		元	45.32	82.32
综合费用			元	11.30	17.68
合　计			元	57.00	100.00

工程内容：混凝土浇筑、钢筋制安、模板安拆、安装泄水管、搭拆脚手架等。

单位：m^3

指标编号				2F-056	
序号	项目		单位	钢筋混凝土挡墙	
				—	占指标基价 /%
指标基价			元	2 302.00	100.00
一	建筑安装工程费		元	2 302.00	100.00
二	设备购置费		元	—	—
建筑安装工程费					
直接费	人工费	人工	工日	3.21	—
		措施费分摊	元	9.93	—
		人工费小计	元	397.54	12.36
	材料费	钢筋 ϕ10 以内	kg	28.70	—
		钢筋 ϕ10 以外	kg	115.36	—
		柴油	kg	1.50	—
		电	kW·h	3.68	—
		组合钢模板	m^2·日	22.60	—
		预拌混凝土 C25	m^3	1.02	—
		其他材料费	元	59.74	—
		措施费分摊	元	104.17	—
		材料费小计	元	1 240.95	60.40
	施工机具使用费	汽车起重机 16t	台班	0.01	—
		载重汽车 15t	台班	0.01	—
		其他施工机具使用费	元	15.68	—
		措施费分摊	元	5.99	—
		施工机具使用费小计	元	41.48	2.44
	直接费小计		元	1 679.97	75.20
综合费用			元	622.11	24.80
合计			元	2 302.00	100.00

工程内容：选修片石、铺浆、砌筑及填缝、安装泄水管、搭拆脚手架等。

单位：m^3

指标编号				2F-057	
序号	项目		单位	水泥砂浆砌片石挡墙	
				—	占指标基价 /%
指标基价			元	776.00	100.00
一	建筑安装工程费		元	776.00	100.00
二	设备购置费		元	—	—
建筑安装工程费					
直接费	人工费	人工	工日	1.54	—
		措施费分摊	元	3.97	—
		人工费小计	元	158.93	17.68
	材料费	水泥砂浆 M5	m^3	0.34	—
		水泥（综合）	kg	93.13	—
		片石	m^3	1.21	—
		中粗砂	m^3	0.44	—
		其他材料费	元	9.02	—
		措施费分摊	元	43.18	—
		材料费小计	元	392.58	59.47
	施工机具使用费	电动卷扬机 双筒慢速 5t	台班	0.03	—
		灰浆搅拌机 400L	台班	0.01	—
		其他施工机具使用费	元	16.46	—
		措施费分摊	元	2.48	—
		施工机具使用费小计	元	24.82	5.18
	直接费小计		元	576.33	82.32
综合费用			元	199.78	17.68
合计			元	776.00	100.00

工程内容：清理基底、取料运料、摊铺、碾压等。

单位： m^3

指标编号				2F-058	
序号	项目		单位	级配砂石底层	
				—	占指标基价 /%
指标基价			元	270.00	100.00
一	建筑安装工程费		元	270.00	100.00
二	设备购置费		元	—	—
建筑安装工程费					
直接费	人工费	人工	工日	0.01	—
		措施费分摊	元	0.46	—
		人工费小计	元	1.59	18.98
	材料费	天然砂石	kg	2 411.00	—
		水	t	0.13	—
		柴油	kg	1.99	—
		其他材料费	元	2.46	—
		措施费分摊	元	4.99	—
		材料费小计	元	195.42	52.66
	施工机具使用费	洒水车 4 000L	台班	0.03	—
		平地机 90HP	台班	0.01	—
		其他施工机具使用费	元	0.87	—
		措施费分摊	元	0.29	—
		施工机具使用费小计	元	4.03	10.68
	直接费小计		元	201.04	82.32
综合费用			元	68.80	17.68
合　计			元	270.00	100.00

工程内容：清理基底、取料运料、摊铺、碾压等。

单位：m^2

指标编号				2F-059	
序号	项目		单位	石灰、粉煤灰砂砾底层	
				厚 45cm	占指标基价 /%
指标基价			元	128.00	100.00
一	建筑安装工程费		元	128.00	100.00
二	设备购置费		元	—	—
建筑安装工程费					
直接费	人工费	人工	工日	0.08	—
		措施费分摊	元	0.35	—
		人工费小计	元	8.13	3.82
	材料费	石灰粉煤灰砂砾	t	1.06	—
		其他材料费	元	1.26	—
		措施费分摊	元	3.76	—
		材料费小计	元	82.50	72.62
	施工机具使用费	压路机（综合）	台班	0.01	—
		其他施工机具使用费	元	3.85	—
		措施费分摊	元	0.22	—
		施工机具使用费小计	元	6.98	5.88
	直接费小计		元	97.60	82.32
综合费用			元	30.60	17.68
合　计			元	128.00	100.00

工程内容：修压基底、混凝土浇筑等。

单位：m^2

指标编号				2F-060	
序号	项目		单位	混凝土面层	
				厚 25cm	占指标基价 /%
指标基价			元	220.00	100.00
一	建筑安装工程费		元	220.00	100.00
二	设备购置费		元	—	—
建筑安装工程费					
直接费	人工费	人工	工日	0.26	—
		措施费分摊	元	0.67	—
		人工费小计	元	26.73	5.49
	材料费	预拌抗渗混凝土 C30	m^3	0.26	—
		其他材料费	元	3.13	—
		措施费分摊	元	7.31	—
		材料费小计	元	135.37	74.95
	施工机具使用费	施工机具使用费	元	2.66	—
		措施费分摊	元	0.42	—
		施工机具使用费小计	元	3.08	1.89
	直接费小计		元	165.18	82.32
综合费用			元	54.59	17.68
合　计			元	220.00	100.00

工程内容：材料运输、基础、栏杆制安等。

单位：m

指标编号				2F-061	
序号	项目		单位	金属栏杆	
				—	占指标基价 /%
指标基价			元	647.00	100.00
一	建筑安装工程费		元	647.00	100.00
二	设备购置费		元	—	—
建筑安装工程费					
直接费	人工费	人工	工日	0.46	—
		措施费分摊	元	1.28	—
		人工费小计	元	47.36	2.61
	材料费	不锈钢板	kg	0.59	—
		不锈钢电焊条	kg	0.29	—
		不锈钢扶手 75	m	1.05	—
		不锈钢立柱 20	m	7.00	—
		不锈钢栏杆 50	m	1.03	—
		其他材料费	元	4.29	—
		措施费分摊	元	13.90	—
		材料费小计	元	436.35	78.68
	施工机具使用费	施工机具使用费	元	5.27	—
		措施费分摊	元	0.80	—
		施工机具使用费小计	元	6.07	1.03
	直接费小计		元	489.78	82.32
综合费用			元	157.04	17.68
合　计			元	647.00	100.00

工程内容：放样、铺砖、栽草等。

单位：m²

指标编号				2F-062	
序号	项目		单位	坡面防护	
				草皮	占指标基价 /%
指标基价			元	198.00	100.00
一	建筑安装工程费		元	198.00	100.00
二	设备购置费		元	—	—
建筑安装工程费					
直接费	人工费	人工	工日	0.01	—
		措施费分摊	元	0.08	—
		人工费小计	元	1.18	0.40
	材料费	草	kg	1.08	—
		方格砖	m²	1.04	—
		措施费分摊	元	0.91	—
		材料费小计	元	150.43	81.76
	施工机具使用费	措施费分摊	元	0.05	—
		施工机具使用费小计	元	0.05	0.16
	直接费小计		元	151.65	82.32
综合费用			元	46.63	17.68
合　　计			元	198.00	100.00

工程内容：选修片石、铺浆、砌筑及填缝、安泄水孔、整理及养护等。

单位：m^3

指标编号				2F-063	
序号	项目		单位	排水沟	
				—	占指标基价 /%
指标基价			元	735.00	100.00
一	建筑安装工程费		元	735.00	100.00
二	设备购置费		元	—	—
建筑安装工程费					
直接费	人工费	人工	工日	1.79	—
		措施费分摊	元	4.03	—
		人工费小计	元	183.53	22.24
	材料费	水泥砂浆 M5	m^3	0.34	—
		水泥（综合）	kg	93.13	—
		片石	m^3	1.21	—
		其他材料费	元	10.28	—
		措施费分摊	元	43.87	—
		材料费小计	元	353.33	59.64
	施工机具使用费	灰浆搅拌机 400L	台班	0.01	—
		措施费分摊	元	2.52	—
		施工机具使用费小计	元	3.97	0.44
	直接费小计		元	540.83	82.32
综合费用			元	194.57	17.68
合　计			元	735.00	100.00

工程内容：立柱和栏杆制安、刷漆等。

单位：m

指标编号				2F-064	
序号	项目		单位	防护网	
				—	占指标基价 /%
指标基价			元	319.00	100.00
一	建筑安装工程费		元	319.00	100.00
二	设备购置费		元	—	—
建筑安装工程费					
直接费	人工费	人工	工日	0.48	—
		措施费分摊	元	1.22	—
		人工费小计	元	49.10	8.74
	材料费	水泥砂浆 M5	m^3	0.05	—
		水泥（综合）	kg	93.13	—
		角钢 Q235A	kg	14.50	—
		钢筋 ϕ10 以外	kg	5.23	—
		普通螺栓带帽	kg	1.06	—
		其他材料费	元	8.95	—
		措施费分摊	元	13.23	—
		材料费小计	元	183.19	70.41
	施工机具使用费	施工机具使用费	元	5.27	—
		措施费分摊	元	0.76	—
		施工机具使用费小计	元	6.03	3.18
	直接费小计		元	238.31	82.32
综合费用			元	80.31	17.68
合　计			元	319.00	100.00

主要材料单价取定表

工程名称：区间

序号	名称	规格型号	单位	除税单价 / 元
1	钢筋	ϕ10 以内	t	4 544.00
2	钢筋	ϕ10 以外	t	3 938.00
3	型钢	—	t	3 774.00
4	商品混凝土	C20	m^3	427.20
5	商品混凝土	C25	m^3	436.90
6	商品混凝土	C30	m^3	456.30
7	商品混凝土	C35	m^3	475.70
8	商品混凝土	C40	m^3	495.10
9	商品混凝土	C50	m^3	524.30
10	抗渗混凝土	C35	m^3	485.40
11	抗渗混凝土	C40	m^3	504.90
12	细石混凝土	C20	m^3	436.90
13	细石混凝土	C25	m^3	456.30
14	普通硅酸盐水泥	P.O 42.5 散装	t	513.30
15	普通硅酸盐水泥	P.O 42.5 低碱 散装	t	548.70
16	中砂	—	t	110.00
17	碎石	—	t	140.00
18	自粘聚合物改性沥青防水卷材	PYⅠ PE3.0	m^2	33.63
19	自粘聚合物改性沥青防水卷材	PYⅡ PE4.0	m^2	43.36
20	EVA 防水板	1.5	m^2	36.28
21	单组分聚氨酯防水涂料	SⅡ EB	kg	27.43
22	单组分聚氨酯防水涂料	SⅡ EA	kg	28.32
23	水泥基渗透结晶型防水材料	涂料型	kg	58.41
24	预拌喷射混凝土干料	C20	t	336.30
25	预拌喷射混凝土干料	C25	t	345.10
26	预拌盾构注浆料	水泥砂浆（有砂）	t	336.30
27	预拌盾构注浆料	水泥水玻璃干料（无砂）	t	371.70
28	水费	—	m^3	9.22
29	电费	—	kW·h	0.87
30	柴油	$0^{\#}$	kg	6.82
31	汽油	$92^{\#}$（Ⅴ）	kg	8.17

3 轨　　道

说　　明

本章内容为轨道工程的综合指标和分项指标。

一、综合指标

1. 综合指标分为地下线、高架线、地面线。

综合指标包括地下线一般段（现浇道床）、地下线一般段（预制道床）、地下线中等减振段（现浇道床）、地下线高等减振段（现浇道床）、地下线特殊减振段（现浇道床）、高架线一般减振段（现浇道床）、高架线中等减振地段（现浇道床）、高架线高等减振地段（现浇道床）、地面线一般减振段（现浇道床）、地面线一般减振段（碎石道床）等，包含了铺轨、铺道床、焊接运输等工作内容。

2. 指标的取定。

（1）轨道减振措施中高等减振段分别按减振垫及钢弹簧隔振器固体阻尼考虑，特殊减振段按设置钢弹簧隔振器液体阻尼考虑，使用时可根据实际情况进行抽换。

（2）预制轨道板尺寸：2 200mm 宽、200mm 厚。

（3）综合指标中不包括铺轨基地的费用，发生时可根据工程实际按 100 万 ~200 万元 / 处估列。

二、分项指标

1. 分项指标分为铺轨、铺道岔、铺道床、线路有关工程及备料。

分项指标包括（地下线铺轨、地面线铺轨、高架线）铺轨、铺道岔、铺道床、备料、线路有关工程、防脱护轨等工作内容。

2. 指标的取定。

预制轨道板尺寸：2 200mm 宽、200mm 厚；自密实混凝土采用 C40 自密实混凝土。

三、计算规则

1. 综合指标以"铺轨公里"为单位计算。

2. 地下线一般减振段预制板道床以"延长米"计算，不扣除预制板之间的板缝长度。

3.1 地 下 线

工程内容：铺轨、铺道床、轨节拼装、焊接及运输、洞内临时动力照明等。

单位：铺轨公里

序号	指标编号			3Z-001	
				地下线 一般减振段（现浇道床）	
	项目		单位	60kg 钢轨 DZⅢ型扣件 1 680 对 /km 混凝土短枕	占指标基价 / %
指标基价			元	5 477 498.00	100.00
一	建筑安装工程费		元	5 477 498.00	100.00
二	设备购置费		元	—	—
建筑安装工程费					
直接费	人工费	人工	工日	5 276.65	—
		措施费分摊	元	28 939.49	—
		人工费小计	元	627 845.22	11.46
	材料费	钢轨 60kg 25m 中锰钢	根	80.24	—
		无孔夹板	套	2.40	—
		绝缘轨距杆 ϕ34	根	8.00	—
		钢轨支撑架	套	8.00	—
		膨胀螺栓 M12	套	6 800.00	—
		DZⅢ型扣件	套	3 370.08	—
		混凝土短枕	块	3 370.08	—
		钢筋 ϕ10 以内	kg	22 008.70	—
		钢筋 ϕ10 以外	kg	15 773.66	—
		组合钢模	m^2	1 711.08	—
		柴油	kg	11 583.84	—
		水	t	28.00	—
		预拌混凝土 C35	m^3	1 428.00	—
		电	kW·h	54 477.16	—
		其他材料费	元	126 017.06	—
		措施费分摊	元	314 716.94	—
		材料费小计	元	3 242 859.36	59.20
	施工机具使用费	龙门式起重机 10t	台班	30.30	—
		铺轨龙门架	台班	139.00	—
		轨道车 290kW 以内	台班	49.39	—
		轨道平车 30t	台班	118.12	—
		精打磨机	台班	28.50	—
		钢筋调直机 ϕ14 以内	台班	21.27	—
		钢筋切断机 ϕ40 以内	台班	21.27	—
		其他施工机具使用费	元	168 268.44	—
		措施费分摊	元	18 087.18	—
		施工机具使用费小计	元	351 251.77	—
	直接费小计		元	4 221 956.35	77.08
综合费用			元	1 255 541.84	22.92
合 计			元	5 477 498.00	100.00

工程内容:铺轨、运输、道床钢筋混凝土、预制道床安装、洞内临时动力照明等。

单位:铺轨公里

序号	指标编号		单位	3Z-002	
				地下线 一般减振段(预制道床)	
	项目			60kg 钢轨 DZⅢ型扣件 1 680 对 /km 预制轨道板	占指标基价 /%
指标基价			元	6 799 295.00	100.00
一	建筑安装工程费		元	6 799 295.00	100.00
二	设备购置费		元	—	—
建筑安装工程费					
直接费	人工费	人工	工日	4 963.05	—
		措施费分摊	元	30 562.53	—
		人工费小计	元	593 868.64	8.73
	材料费	钢轨 60kg 25m 中锰钢	根	80.24	—
		无孔夹板	套	2.40	—
		绝缘轨距杆 ϕ34	根	8.00	—
		钢轨支撑架	套	8.00	—
		膨胀螺栓 M12	套	6 800.00	—
		DZⅢ型扣件	套	3 370.08	—
		钢筋 ϕ10 以内	kg	32 414.42	—
		钢筋 ϕ10 以外	kg	23 231.45	—
		组合钢模板	m^2	1 315.48	—
		柴油	kg	11 271.64	—
		电	kW·h	57 062.40	—
		水	t	21.53	—
		预拌混凝土 C40	m^3	1 097.85	—
		轨道板铺装材料费	m	1 000.00	—
		其他材料费	元	113 758.56	—
		措施费分摊	元	332 367.54	—
		材料费小计	元	4 347 438.41	63.94
	施工机具使用费	龙门式起重机 10t	台班	31.67	—
		铺轨龙门架	台班	114.27	—
		轨道车 290kW 以内	台班	48.60	—
		轨道平车 30t	台班	115.06	—
		精打磨机	台班	28.51	—
		钢筋调直机 ϕ14 以内	台班	31.32	—
		钢筋切断机 ϕ40 以内	台班	31.32	—
		其他施工机具使用费	元	160 398.20	—
		措施费分摊	元	19 101.58	—
		施工机具使用费小计	元	329 425.61	4.84
	直接费小计		元	5 270 732.66	77.52
综合费用			元	1 528 562.59	22.48
合计			元	6 799 295.00	100.00

工程内容: 铺轨、铺道床、轨节拼装、焊接及运输、洞内临时动力照明等。

单位: 铺轨公里

序号	指标编号			3Z-003	
				地下线 中等减振段(现浇道床)	
	项目		单位	60kg 钢轨 双层非线性扣件 1 680 对 /km 混凝土短枕	占指标基价 /%
指标基价			元	6 035 571.00	100.00
一	建筑安装工程费		元	6 035 571.00	100.00
二	设备购置费		元	—	—
建筑安装工程费					
直接费	人工费	人工	工日	5 276.65	—
		措施费分摊	元	29 114.73	—
		人工费小计	元	628 020.46	10.41
	材料费	钢轨 60kg 25m 中锰钢	根	80.24	—
		无孔夹板	套	2.40	—
		绝缘轨距杆 ϕ34	根	8.00	—
		钢轨支撑架	套	8.00	—
		膨胀螺栓 M12	套	6 800.00	—
		双层非线性扣件	套	3 370.08	—
		混凝土短枕	块	3 370.08	—
		钢筋 ϕ10 以内	kg	22 008.70	—
		钢筋 ϕ10 以外	kg	15 773.66	—
		组合钢模	m^2	1 711.08	—
		柴油	kg	11 583.84	—
		水	t	28.00	—
		预拌混凝土 C35	m^3	1 428.00	—
		电	kW · h	54 477.16	—
		其他材料费	元	126 017.06	—
		措施费分摊	元	316 622.72	—
		材料费小计	元	3 682 875.54	61.02
	施工机具使用费	龙门式起重机 10t	台班	30.30	—
		铺轨龙门架	台班	139.00	—
		轨道车 290kW 以内	台班	49.39	—
		轨道平车 30t	台班	118.12	—
		精打磨机	台班	28.50	—
		钢筋调直机 ϕ14 以内	台班	21.27	—
		钢筋切断机 ϕ40 以内	台班	21.27	—
		其他施工机具使用费	元	168 268.44	—
		措施费分摊	元	18 196.71	—
		施工机具使用费小计	元	351 361.30	5.82
	直接费小计		元	4 662 257.30	77.25
综合费用			元	1 373 313.56	22.75
合计			元	6 035 571.00	100.00

工程内容: 铺轨、铺道床、轨节拼装、减振垫铺设、焊接及运输、洞内临时动力照明等。

单位: 铺轨公里

序号		项 目	单位	3Z-004 地下线 高等减振段(现浇道床) 60kg 钢轨 DZⅢ型扣件 整体道床 减振垫	占指标基价 /%
指标基价			元	13 416 285.00	100.00
一		建筑安装工程费	元	13 416 285.00	100.00
二		设备购置费	元	—	—
建筑安装工程费					
直接费	人工费	人工	工日	14 073.06	—
		措施费分摊	元	62 570.48	—
		人工费小计	元	1 659 862.33	12.37
	材料费	钢轨 60kg 25m 中锰钢	根	80.24	—
		无孔夹板	套	2.40	—
		绝缘轨距杆 ϕ34	根	8.00	—
		钢轨支撑架	套	8.00	—
		膨胀螺栓 M12	套	6 800.00	—
		DZⅢ型扣件	套	3 370.08	—
		钢筋 ϕ10 以内	kg	45 288.89	—
		钢筋 ϕ10 以外	kg	33 729.96	—
		组合钢模板	m^2	502.28	—
		柴油	kg	8 344.39	—
		电	kW·h	59 997.50	—
		水	t	50.13	—
		预拌混凝土 C35	m^3	2 556.49	—
		其他材料费	元	4 434 044.57	—
		措施费分摊	元	680 454.00	—
		材料费小计	元	8 218 631.68	61.26
	施工机具使用费	龙门式起重机 10t	台班	29.95	—
		铺轨龙门架	台班	207.93	—
		轨道车 290kW 以内	台班	34.75	—
		轨道平车 30t	台班	80.16	—
		精打磨机	台班	27.62	—
		钢筋调直机 ϕ14 以内	台班	43.76	—
		钢筋切断机 ϕ40 以内	台班	43.76	—
		其他施工机具使用费	元	215 101.34	—
		措施费分摊	元	39 106.55	—
		施工机具使用费小计	元	440 853.65	3.29
	直接费小计		元	10 319 347.66	76.92
综合费用			元	3 096 937.43	23.08
合 计			元	13 416 285.00	100.00

工程内容：铺轨、铺道床、轨节拼装、安装隔振器、焊接及运输、洞内临时动力照明等。

单位：铺轨公里

序号		项目	单位	地下线 高等减振段（现浇道床） 60kg 钢轨 DZⅢ型扣件 整体道床 混凝土短枕 钢弹簧固体阻尼	占指标基价 /%
		指标编号		3Z-005	
指标基价			元	15 954 968.00	100.00
一		建筑安装工程费	元	15 954 968.00	100.00
二		设备购置费	元	—	—
建筑安装工程费					
直接费	人工费	人工	工日	21 308.65	—
		措施费分摊	元	90 850.95	—
		人工费小计	元	2 509 382.28	15.73
	材料费	钢轨 60kg 25m 中锰钢	根	80.24	—
		无孔夹板	套	2.40	—
		绝缘轨距杆 ϕ34	根	8.00	—
		钢轨支撑架	套	8.00	—
		膨胀螺栓 M12	套	6 800.00	—
		DZⅢ型扣件	套	3 370.08	—
		混凝土短枕	块	3 370.08	—
		钢筋 ϕ10 以内	kg	293 607.02	—
		钢筋 ϕ10 以外	kg	210 428.48	—
		组合钢模	m^2	522.92	—
		柴油	kg	13 632.39	—
		水	t	52.19	—
		预拌混凝土 C35	m^3	2 661.55	—
		电	kW·h	131 282.71	—
		剪力铰	套	577.67	—
		钢弹簧隔振器固体阻尼	套	1 607.86	—
		其他材料费	元	780 436.40	—
		措施费分摊	元	988 004.13	—
		材料费小计	元	9 097 458.44	57.02
	施工机具使用费	龙门式起重机 10t	台班	37.63	—
		铺轨龙门架	台班	246.01	—
		轨道车 290kW 以内	台班	58.30	—
		轨道平车 30t	台班	150.68	—
		钢筋调直机 ϕ14 以内	台班	227.80	—
		钢筋切断机 ϕ40 以内	台班	227.80	—
		其他施工机具使用费	元	272 509.14	—
		措施费分摊	元	56 781.85	—
		施工机具使用费小计	元	578 848.75	3.63
	直接费小计		元	12 185 689.47	76.38
综合费用			元	3 769 278.36	23.62
合　计			元	15 954 968.00	100.00

工程内容：铺轨、铺道床、轨节拼装、安装隔振器、焊接及运输、洞内临时动力照明等。

单位：铺轨公里

序号		项目	单位	60kg 钢轨 DZⅢ型扣件 整体道床 混凝土短枕 钢弹簧液体阻尼	占指标基价 /%
		指标编号		3Z-006	
				地下线 特殊减振段（现浇道床）	
指标基价			元	20 728 171.00	100.00
一		建筑安装工程费	元	20 728 171.00	100.00
二		设备购置费	元	—	—
建筑安装工程费					
直接费	人工费	人工	工日	22 064.69	—
		措施费分摊	元	94 804.86	—
		人工费小计	元	2 599 147.16	12.54
	材料费	钢轨 60kg 25m 中锰钢	根	80.24	—
		无孔夹板	套	2.40	—
		绝缘轨距杆 ϕ34	根	8.00	—
		钢轨支撑架	套	8.00	—
		膨胀螺栓 M12	套	6 800.00	—
		DZⅢ型扣件	套	3 370.08	—
		混凝土短枕	块	3 370.08	—
		钢筋 ϕ10 以内	kg	233 783.33	—
		钢筋 ϕ10 以外	kg	167 552.78	—
		组合钢模	m^2	518.55	—
		柴油	kg	13 503.88	—
		水	t	51.75	—
		预拌混凝土 C35	m^3	2 639.35	—
		电	kW·h	131 072.69	—
		剪力铰	套	600.00	—
		钢弹簧隔振器液体阻尼	套	1 670.00	—
		其他材料费	元	832 397.58	—
		措施费分摊	元	1 031 002.87	—
		材料费小计	元	12 758 526.72	61.55
	施工机具使用费	龙门式起重机 10t	台班	37.32	—
		铺轨龙门架	台班	243.96	—
		轨道车 290kW 以内	台班	57.77	—
		轨道平车 30t	台班	149.34	—
		钢筋调直机 ϕ14 以内	台班	225.90	—
		钢筋切断机 ϕ40 以内	台班	225.90	—
		其他施工机具使用费	元	272 972.29	—
		措施费分摊	元	59 253.04	—
		施工机具使用费小计	元	579 642.38	2.80
	直接费小计		元	15 937 316.26	76.89
综合费用			元	4 790 854.73	23.11
合计			元	20 728 171.00	100.00

3.2 高 架 线

工程内容：铺轨、铺道床、轨节拼装、焊接及运输、护轮轨等。

单位：铺轨公里

序号		指标编号		3Z-007	
		项目	单位	高架线 一般减振段（现浇道床）	
				60kg 钢轨 整体道床 DZⅢ型扣件 混凝土短枕 护轮轨	占指标基价 /%
指标基价			元	4 892 352.00	100.00
一	建筑安装工程费		元	4 892 352.00	100.00
二	设备购置费		元	—	—
建筑安装工程费					
直接费	人工费	人工	工日	4 378.57	—
		措施费分摊	元	24 279.88	—
		人工费小计	元	521 247.49	10.65
	材料费	钢轨 60kg 25m 中锰钢	根	80.24	—
		无孔夹板	套	2.40	—
		绝缘轨距杆 ϕ34	根	8.00	—
		钢轨支撑架	套	8.00	—
		膨胀螺栓 M12	套	6 800.00	—
		双层非线性扣件	套	3 370.08	—
		混凝土短枕	块	3 370.08	—
		钢筋 ϕ10 以内	kg	40 882.91	—
		钢筋 ϕ10 以外	kg	29 300.83	—
		组合钢模	m^2	2 185.37	—
		柴油	kg	9 350.16	—
		水	t	17.74	—
		预拌混凝土 C35	m^3	904.51	—
		电	kW·h	26 371.10	—
		护轨槽钢	m	658.94	—
		其他材料费	元	129 191.69	—
		措施费分摊	元	264 043.66	—
		材料费小计	元	2 959 000.87	60.48
	施工机具使用费	铺轨龙门架	台班	110.13	—
		轨道车 290kW 以内	台班	41.32	—
		轨道平车 30t	台班	83.44	—
		精打磨机	台班	27.10	—
		钢筋调直机 ϕ14 以内	台班	49.26	—
		钢筋切断机 ϕ40 以内	台班	49.26	—
		其他施工机具使用费	元	248 701.93	—
		措施费分摊	元	15 174.92	—
		施工机具使用费小计	元	297 000.24	6.07
	直接费小计		元	3 777 248.60	77.21
综合费用			元	1 115 103.70	22.79
合 计			元	4 892 352.00	100.00

工程内容：铺轨、轨节拼装、铺道床、焊接及运输等。

单位：铺轨公里

序号		指标编号		3Z-008	
				高架线 中等减振地段（现浇道床）	
		项目	单位	60kg 钢轨 整体道床 双层非线性扣件 混凝土短枕	占指标基价 /%
指标基价			元	5 640 369.00	100.00
一		建筑安装工程费	元	5 640 369.00	100.00
二		设备购置费	元	—	—
建筑安装工程费					
直接费	人工费	人工	工日	4 534.67	
		措施费分摊	元	25 471.18	
		人工费小计	元	540 156.50	9.58
	材料费	钢轨 60kg 25m 中锰钢	根	80.24	—
		无孔夹板	套	2.40	—
		绝缘轨距杆 ϕ34	根	8.00	—
		钢轨支撑架	套	8.00	—
		膨胀螺栓 M12	套	6 800.00	—
		双层非线性扣件	套	3 370.08	—
		混凝土短枕	块	3 370.08	—
		钢筋 ϕ10 以内	kg	43 337.51	—
		钢筋 ϕ10 以外	kg	31 060.05	—
		组合钢模	m^2	2 315.93	—
		柴油	kg	9 689.95	—
		水	t	18.80	—
		预拌混凝土 C35	m^3	958.55	—
		电	kW·h	550.81	—
		其他材料费	元	114 610.61	—
		措施费分摊	元	276 999.06	—
		材料费小计	元	3 511 536.55	62.26
	施工机具使用费	铺轨龙门架	台班	117.93	—
		轨道车 290kW 以内	台班	42.54	—
		轨道平车 30t	台班	89.61	—
		精打磨机	台班	28.50	—
		钢筋调直机 ϕ14 以内	台班	52.22	—
		钢筋切断机 ϕ40 以内	台班	52.22	—
		其他施工机具使用费	元	164 536.51	—
		措施费分摊	元	15 919.49	—
		施工机具使用费小计	元	312 769.56	5.55
	直接费小计		元	4 364 462.61	77.38
综合费用			元	1 275 906.80	22.62
合　计			元	5 640 369.00	100.00

工程内容：铺轨、轨节拼装、铺道床、焊接及运输、减振垫铺设等。

单位：铺轨公里

序号		指标编号		3Z-009	
				高架线 高等减振地段（现浇道床）	
		项目	单位	60kg 钢轨 整体道床 DZⅢ型扣件 混凝土短枕 减振垫	占指标基价 /%
指标基价			元	13 651 932.00	100.00
一		建筑安装工程费	元	13 651 932.00	100.00
二		设备购置费	元	—	—
建筑安装工程费					
直接费	人工费	人工	工日	14 750.47	—
		措施费分摊	元	66 793.81	—
		人工费小计	元	1 740 972.16	12.75
	材料费	钢轨 60kg 25m 中锰钢	根	80.24	—
		无孔夹板	套	2.40	—
		绝缘轨距杆 ϕ34	根	8.00	—
		钢轨支撑架	套	8.00	—
		膨胀螺栓 M12	套	6 800.00	—
		DZⅢ型扣件	套	3 370.08	—
		混凝土短枕	块	3 370.08	—
		钢筋 ϕ10 以内	kg	38 713.99	—
		钢筋 ϕ10 以外	kg	29 017.02	—
		组合钢模	m^2	5 279.98	—
		柴油	kg	12 748.57	—
		水	t	42.85	—
		预拌混凝土 C35	m^3	2 185.35	—
		电	kW·h	31 000.36	—
		减振垫	m^2	3 256.50	—
		其他材料费	元	330 442.45	—
		措施费分摊	元	726 382.63	—
		材料费小计	元	8 242 848.78	60.38
	施工机具使用费	铺轨龙门架	台班	232.83	—
		轨道车 290kW 以内	台班	57.84	—
		轨道平车 30t	台班	109.51	—
		精打磨机	台班	28.50	—
		钢筋调直机 ϕ14 以内	台班	46.64	—
		钢筋切断机 ϕ40 以内	台班	46.64	—
		其他施工机具使用费	元	248 362.23	—
		措施费分摊	元	41 746.13	—
		施工机具使用费小计	元	508 657.04	3.73
	直接费小计		元	10 492 477.98	76.86
综合费用			元	3 159 453.59	23.14
合计			元	13 651 932.00	100.00

3.3 地 面 线

工程内容：铺轨、轨节拼装、铺道床、焊接及运输等。

单位：铺轨公里

序号		指标编号		3Z-010	
				地面线 一般减振段（现浇道床）	
		项目	单位	60kg 钢轨 DZⅢ型扣件 整体道床 混凝土短枕	占指标基价 /%
指标基价			元	4 762 675.00	100.00
一		建筑安装工程费	元	4 762 675.00	100.00
二		设备购置费	元	—	—
建筑安装工程费					
直接费	人工费	人工	工日	3 911.51	—
		措施费分摊	元	22 452.77	—
		人工费小计	元	466 409.36	9.79
	材料费	钢轨 60kg 25m 中锰钢	根	80.24	—
		无孔夹板	套	2.40	—
		绝缘轨距杆 ϕ34	根	8.00	—
		钢轨支撑架	套	8.00	—
		膨胀螺栓 M12	套	6 800.00	—
		DZⅢ型扣件	套	3 209.60	—
		混凝土短枕	块	3 209.60	—
		钢筋 ϕ10 以内	kg	43 549.95	—
		钢筋 ϕ10 以外	kg	31 212.30	—
		组合钢模	m^2	781.57	—
		柴油	kg	8 963.16	—
		水	t	18.80	—
		预拌混凝土 C35	m^3	958.75	—
		电	kW·h	22 047.01	—
		其他材料费	元	73 731.67	—
		措施费分摊	元	244 173.89	—
		材料费小计	元	2 929 672.13	61.51
	施工机具使用费	铺轨龙门架	台班	92.32	—
		轨道车 290kW 以内	台班	37.34	—
		轨道平车 30t	台班	83.85	—
		精打磨机	台班	29.68	—
		钢筋调直机 ϕ14 以内	台班	38.39	—
		钢筋切断机 ϕ40 以内	台班	38.39	—
		其他施工机具使用费	元	163 044.53	—
		措施费分摊	元	14 032.98	—
		施工机具使用费小计	元	287 674.65	6.04
	直接费小计		元	3 683 756.14	77.35
综合费用			元	1 078 918.60	22.65
合 计			元	4 762 675.00	100.00

工程内容：铺轨、铺道床、轨料运输等。

单位：铺轨公里

序号	指标编号		单位	3Z-011	
	项目			地面线 一般减振段（碎石道床）	
				50kg CZⅠ型扣件 / 弹条Ⅰ型扣件 1 440 对 /km 短轨枕 / 新Ⅱ型枕	占指标基价 /%
指标基价			元	3 404 462.00	100.00
一	建筑安装工程费		元	3 404 462.00	100.00
二	设备购置费		元	—	—
建筑安装工程费					
直接费	人工费	人工	工日	2 508.24	—
		措施费分摊	元	14 123.83	—
		人工费小计	元	298 809.39	8.78
	材料费	钢轨 50kg 25m 中锰钢	根	80.64	—
		无孔夹板	套	2.40	—
		绝缘轨距杆 ϕ34	根	8.00	—
		钢轨支撑架	套	8.00	—
		CZⅠ型扣件	套	1 956.12	—
		混凝土短枕	块	1 956.12	—
		弹条Ⅰ型扣件	套	932.52	—
		新Ⅱ型枕	根	932.52	—
		钢筋 ϕ10 以内	kg	10 504.21	—
		钢筋 ϕ10 以外	kg	7 528.38	—
		组合钢模	m^2	197.89	—
		柴油	kg	5 359.41	—
		水	t	4.76	—
		预拌混凝土 C35	m^3	242.76	—
		电	kW·h	8 542.42	—
		Ⅰ级碎石道砟	m^3	813.48	—
		其他材料费	元	92 476.13	—
		措施费分摊	元	153 596.65	—
		材料费小计	元	2 168 684.60	63.70
	施工机具使用费	铺轨龙门架	台班	21.09	—
		轨道车 290kW 以内	台班	17.12	—
		轨道平车 30t	台班	42.09	—
		精打磨机	台班	27.11	—
		钢筋调直机 ϕ14 以内	台班	9.26	—
		钢筋切断机 ϕ40 以内	台班	9.26	—
		其他施工机具使用费	元	121 985.19	—
		措施费分摊	元	8 827.39	—
		施工机具使用费小计	元	171 164.69	5.03
	直接费小计		元	2 638 658.68	77.51
综合费用			元	765 803.57	22.49
合　计			元	3 404 462.00	100.00

3.4 铺　　轨

工程内容：铺轨、焊接、运输、应力放散及锁定、洞内临时动力照明、开通前调整线路等。

单位：铺轨公里

序号		指标编号		3F-001	
				地下线铺轨 一般减振段	
		项　目	单位	60kg DZⅢ型扣件 1 680 对 /km 钢筋混凝土 双块式轨枕	占指标基价 /%
指标基价			元	3 426 424.00	100.00
一		建筑安装工程费	元	3 426 424.00	100.00
二		设备购置费	元	—	—
建筑安装工程费					
直接费	人工费	人工	工日	2 494.98	—
		措施费分摊	元	14 969.95	—
		人工费小计	元	298 145.32	8.70
	材料费	钢轨 60kg 25m 中锰钢	根	80.24	—
		无孔夹板	套	2.40	—
		绝缘轨距杆 ϕ34	根	8.00	—
		钢轨支撑架	套	8.00	—
		膨胀螺栓 M12	套	6 800.00	—
		DZⅢ型扣件	套	3 370.08	—
		混凝土短枕	块	3 370.08	—
		其他材料费	元	155 318.53	—
		措施费分摊	元	162 798.19	—
		材料费小计	元	2 156 193.77	62.93
	施工机具使用费	龙门式起重机 10t	台班	26.89	—
		铺轨龙门架	台班	21.22	—
		轨道车 290kW 以内	台班	30.63	—
		轨道平车 30t	台班	74.16	—
		精打磨机	台班	28.50	—
		其他施工机具使用费	元	124 830.13	—
		措施费分摊	元	9 356.22	—
		施工机具使用费小计	元	201 898.85	5.89
	直接费小计		元	2 656 237.94	77.52
综合费用			元	770 185.66	22.48
合　计			元	3 426 424.00	100.00

工程内容：铺轨、焊接、运输、应力放散及锁定、洞内临时动力照明、开通前调整线路等。

单位：铺轨公里

序号		指标编号		3F-002	
				地下线铺轨 中等减振段	
		项目	单位	60kg 钢轨 混凝土短枕 双层非线性扣件	占指标基价 /%
指标基价			元	3 984 496.00	100.00
一	建筑安装工程费		元	3 984 496.00	100.00
二	设备购置费		元	—	—
建筑安装工程费					
直接费	人工费	人工	工日	2 494.98	—
		措施费分摊	元	15 145.19	—
		人工费小计	元	298 320.56	7.49
	材料费	钢轨 60kg 25m 中锰钢	根	80.24	—
		无孔夹板	套	2.40	—
		绝缘轨距杆 ϕ34	根	8.00	—
		钢轨支撑架	套	8.00	—
		膨胀螺栓 M12	套	6 800.00	—
		双层非线性扣件	套	3 370.08	—
		混凝土短枕	块	3 370.08	—
		其他材料费	元	155 318.53	—
		措施费分摊	元	164 703.97	—
		材料费小计	元	2 596 209.95	65.16
	施工机具使用费	龙门式起重机 10t	台班	26.89	—
		铺轨龙门架	台班	21.22	—
		轨道车 290kW 以内	台班	30.63	—
		轨道平车 30t	台班	74.16	—
		精打磨机	台班	28.50	—
		其他施工机具使用费	元	124 830.13	—
		措施费分摊	元	9 465.75	—
		施工机具使用费小计	元	202 008.38	5.07
	直接费小计		元	3 096 538.89	77.71
综合费用			元	887 957.37	22.29
合计			元	3 984 496.00	100.00

工程内容：铺轨、焊接、运输、应力放散及锁定、洞内临时动力照明、开通前调整线路等。

单位：铺轨公里

序号	指标编号			3F-003	
				地下线铺轨 高等减振段	
	项目		单位	60kg 钢轨 混凝土短枕 DZⅢ型 扣件	占指标基价 /%
指标基价			元	3 455 575.00	100.00
一	建筑安装工程费		元	3 455 575.00	100.00
二	设备购置费		元	—	—
建筑安装工程费					
直接费	人工费	人工	工日	2 537.38	—
		措施费分摊	元	15 319.26	—
		人工费小计	元	303 311.74	8.78
	材料费	钢轨 60kg 25m 中锰钢	根	80.24	—
		无孔夹板	套	2.40	—
		绝缘轨距杆 ϕ34	根	8.00	—
		钢轨支撑架	套	8.00	—
		膨胀螺栓 M12	套	6 800.00	—
		DZⅢ型扣件	套	3 370.08	—
		混凝土短枕	块	3 370.08	—
		其他材料费	元	161 499.88	—
		措施费分摊	元	166 597.00	—
		材料费小计	元	2 166 178.28	62.69
	施工机具使用费	龙门式起重机 10t	台班	28.43	—
		铺轨龙门架	台班	21.22	—
		轨道车 290kW 以内	台班	34.27	—
		轨道平车 30t	台班	81.43	—
		精打磨机	台班	28.68	—
		其他施工机具使用费	元	126 418.49	—
		措施费分摊	元	9 574.54	—
		施工机具使用费小计	元	208 948.97	6.05
	直接费小计		元	2 678 438.99	77.51
综合费用			元	777 135.58	22.49
合计			元	3 455 575.00	100.00

工程内容：铺轨、焊接、运输、应力放散及锁定、洞内临时动力照明、开通前调整线路等。

单位：铺轨公里

<table>
<tr><td rowspan="3">序号</td><td colspan="3">指 标 编 号</td><td colspan="2">3F-004</td></tr>
<tr><td colspan="2" rowspan="2">项　目</td><td rowspan="2">单位</td><td colspan="2">地下线铺轨 特殊减振段</td></tr>
<tr><td>60kg 钢轨
混凝土短枕 DZⅢ型
扣件</td><td>占指标基价 /%</td></tr>
<tr><td colspan="3">指标基价</td><td>元</td><td>3 454 172.00</td><td>100.00</td></tr>
<tr><td>一</td><td colspan="2">建筑安装工程费</td><td>元</td><td>3 454 172.00</td><td>100.00</td></tr>
<tr><td>二</td><td colspan="2">设备购置费</td><td>元</td><td>—</td><td>—</td></tr>
<tr><td colspan="6">建筑安装工程费</td></tr>
<tr><td rowspan="22">直接费</td><td rowspan="3">人工费</td><td>人工</td><td>工日</td><td>2 535.36</td><td>—</td></tr>
<tr><td>措施费分摊</td><td>元</td><td>15 299.71</td><td>—</td></tr>
<tr><td>人工费小计</td><td>元</td><td>303 063.57</td><td>8.77</td></tr>
<tr><td rowspan="10">材料费</td><td>钢轨 60kg 25m 中锰钢</td><td>根</td><td>80.24</td><td>—</td></tr>
<tr><td>无孔夹板</td><td>套</td><td>2.40</td><td>—</td></tr>
<tr><td>绝缘轨距杆 $\phi34$</td><td>根</td><td>8.00</td><td>—</td></tr>
<tr><td>钢轨支撑架</td><td>套</td><td>8.00</td><td>—</td></tr>
<tr><td>膨胀螺栓 M12</td><td>套</td><td>6 800.00</td><td>—</td></tr>
<tr><td>DZⅢ型扣件</td><td>套</td><td>3 370.08</td><td>—</td></tr>
<tr><td>混凝土短枕</td><td>块</td><td>3 370.08</td><td>—</td></tr>
<tr><td>其他材料费</td><td>元</td><td>161 330.07</td><td>—</td></tr>
<tr><td>措施费分摊</td><td>元</td><td>166 384.31</td><td>—</td></tr>
<tr><td>材料费小计</td><td>元</td><td>2 165 795.81</td><td>62.70</td></tr>
<tr><td rowspan="8">施工机具使用费</td><td>龙门式起重机 10t</td><td>台班</td><td>28.43</td><td>—</td></tr>
<tr><td>铺轨龙门架</td><td>台班</td><td>21.22</td><td>—</td></tr>
<tr><td>轨道车 290kW 以内</td><td>台班</td><td>34.22</td><td>—</td></tr>
<tr><td>轨道平车 30t</td><td>台班</td><td>81.34</td><td>—</td></tr>
<tr><td>精打磨机</td><td>台班</td><td>28.59</td><td>—</td></tr>
<tr><td>其他施工机具使用费</td><td>元</td><td>126 067.21</td><td>—</td></tr>
<tr><td>措施费分摊</td><td>元</td><td>9 562.32</td><td>—</td></tr>
<tr><td>施工机具使用费小计</td><td>元</td><td>208 511.16</td><td>6.04</td></tr>
<tr><td colspan="2">直接费小计</td><td>元</td><td>2 677 370.55</td><td>77.51</td></tr>
<tr><td colspan="3">综合费用</td><td>元</td><td>776 801.58</td><td>22.49</td></tr>
<tr><td colspan="3">合　计</td><td>元</td><td>3 454 172.00</td><td>100.00</td></tr>
</table>

工程内容：铺轨、焊接、运输、应力放散及锁定、洞内临时动力照明、开通前调整线路等。

单位：铺轨公里

序号	指标编号		单位	3F-005	
	项目			地下线铺轨 预制道床 一般减振段	
				60kg 钢轨 DZⅢ型扣件	占指标基价 /%
指标基价			元	3 082 560.00	100.00
一	建筑安装工程费		元	3 082 560.00	100.00
二	设备购置费		元	—	—
建筑安装工程费					
直接费	人工费	人工	工日	2 533.84	—
		措施费分摊	元	16 655.61	—
		人工费小计	元	304 246.87	9.87
	材料费	钢轨 60kg 25m 中锰钢	根	80.24	—
		无孔夹板	套	2.40	—
		绝缘轨距杆 ϕ34	根	8.00	—
		钢轨支撑架	套	8.00	—
		膨胀螺栓 M12	套	6 800.00	—
		DZⅢ型扣件	套	3 370.08	—
		其他材料费	元	161 188.72	—
		措施费分摊	元	181 129.81	—
		材料费小计	元	1 870 959.18	60.69
	施工机具使用费	龙门式起重机 10t	台班	28.43	—
		铺轨龙门架	台班	21.22	—
		轨道车 290kW 以内	台班	34.18	—
		轨道平车 30t	台班	81.26	—
		精打磨机	台班	28.51	—
		其他施工机具使用费	元	125 774.67	—
		措施费分摊	元	10 409.76	—
		施工机具使用费小计	元	209 003.81	6.78
	直接费小计		元	2 384 209.87	77.35
综合费用			元	698 350.58	22.65
合计			元	3 082 560.00	100.00

工程内容：铺轨、焊接、运输、应力放散及锁定、开通前调整线路等。

单位：铺轨公里

序号	指标编号			3F-006	
	项目		单位	高架线铺轨 一般减振段	
				60kg 钢轨 混凝土短枕 DZⅢ型 扣件	占指标基价 /%
指标基价			元	3 106 459.00	100.00
一	建筑安装工程费		元	3 106 459.00	100.00
二	设备购置费		元	—	—
建筑安装工程费					
直接费	人工费	人工	工日	1 711.77	—
		措施费分摊	元	12 145.63	—
		人工费小计	元	206 431.40	6.65
	材料费	钢轨 60kg 25m 中锰钢	根	80.24	—
		无孔夹板	套	2.40	—
		绝缘轨距杆 $\phi 34$	根	8.00	—
		钢轨支撑架	套	8.00	—
		膨胀螺栓 M12	套	6 800.00	—
		DZⅢ型扣件	套	3 209.60	—
		混凝土短枕	块	3 209.60	—
		其他材料费	元	101 153.85	—
		措施费分摊	元	132 083.75	—
		材料费小计	元	2 016 463.73	64.91
	施工机具使用费	龙门式起重机 10t	台班	28.33	—
		铺轨龙门架	台班	20.00	—
		轨道车 290kW 以内	台班	34.03	—
		轨道平车 30t	台班	80.07	—
		精打磨机	台班	28.72	—
		其他施工机具使用费	元	116 315.92	—
		措施费分摊	元	7 591.02	—
		施工机具使用费小计	元	195 684.69	6.30
	直接费小计		元	2 418 579.83	77.86
综合费用			元	687 879.01	22.14
合　　计			元	3 106 459.00	100.00

工程内容：铺轨、焊接、运输、应力放散及锁定、开通前调整线路等。

单位：铺轨公里

序号		指标编号		3F-007	
				高架线铺轨 中等减振段	
		项目	单位	60kg 双层非线性扣件 1 680 对 /km 混凝土短枕	占指标基价 /%
指标基价			元	3 742 770.00	100.00
一	建筑安装工程费		元	3 742 770.00	100.00
二	设备购置费		元	—	—
建筑安装工程费					
直接费	人工费	人工	工日	1 745.42	—
		措施费分摊	元	12 468.69	—
		人工费小计	元	210 573.86	5.63
	材料费	钢轨 60kg 25m 中锰钢	根	80.24	—
		无孔夹板	套	2.40	—
		绝缘轨距杆 $\phi 34$	根	8.00	—
		钢轨支撑架	套	8.00	—
		膨胀螺栓 M12	套	6 800.00	—
		双层非线性减振扣件	套	3 370.08	—
		混凝土短枕	块	3 370.08	—
		其他材料费	元	101 320.81	—
		措施费分摊	元	135 596.97	—
		材料费小计	元	2 513 109.59	67.15
	施工机具使用费	龙门式起重机 10t	台班	28.43	—
		铺轨龙门架	台班	21.22	—
		轨道车 290kW 以内	台班	34.17	—
		轨道平车 30t	台班	81.25	—
		精打磨机	台班	28.50	—
		其他施工机具使用费	元	115 692.08	—
		措施费分摊	元	7 792.93	—
		施工机具使用费小计	元	196 289.88	5.24
	直接费小计		元	2 919 973.33	78.02
综合费用			元	822 796.91	21.98
合　计			元	3 742 770.00	100.00

工程内容：铺轨、焊接、运输、应力放散及锁定、开通前调整线路等。

单位：铺轨公里

序号		指标编号		3F-008	
				高架线铺轨 高等减振段	
		项　目	单位	60kg DZⅢ型扣件 1 680 对 /km 混凝土短枕	占指标基价 /%
指标基价			元	3 218 837.00	100.00
一		建筑安装工程费	元	3 218 837.00	100.00
二		设备购置费	元	—	—
建筑安装工程费					
直接费	人工费	人工	工日	1 795.42	—
		措施费分摊	元	12 695.51	—
		人工费小计	元	216 475.68	6.73
	材料费	钢轨 60kg 25m 中锰钢	根	80.24	—
		无孔夹板	套	2.40	—
		绝缘轨距杆 ϕ34	根	8.00	—
		钢轨支撑架	套	8.00	—
		膨胀螺栓 M12	套	6 800.00	—
		DZⅢ型扣件	套	3 370.08	—
		混凝土短枕	块	3 370.08	—
		其他材料费	元	108 892.10	—
		措施费分摊	元	138 063.62	—
		材料费小计	元	2 085 037.12	64.78
	施工机具使用费	龙门式起重机 10t	台班	30.43	—
		铺轨龙门架	台班	21.22	—
		轨道车 290kW 以内	台班	38.77	—
		轨道平车 30t	台班	90.45	—
		精打磨机	台班	28.50	—
		其他施工机具使用费	元	116 800.04	—
		措施费分摊	元	7 934.69	—
		施工机具使用费小计	元	204 150.49	6.34
	直接费小计		元	2 505 663.29	77.84
综合费用			元	713 173.75	22.16
合　计			元	3 218 837.00	100.00

工程内容：铺轨、焊接、运输、应力放散及锁定、开通前调整线路等。

单位：铺轨公里

序号		项目	单位	3F-009	
		指标编号		地面线铺轨 混凝土道床	
				60kg DZⅢ型扣件 1 680 对 /km 混凝土短枕	占指标基价 /%
指标基价			元	3 120 883.00	100.00
一		建筑安装工程费	元	3 120 883.00	100.00
二		设备购置费	元	—	—
建筑安装工程费					
直接费	人工费	人工	工日	1 731.91	—
		措施费分摊	元	12 346.58	—
		人工费小计	元	208 918.38	6.69
	材料费	钢轨 60kg 25m 中锰钢	根	80.24	—
		无孔夹板	套	2.40	—
		绝缘轨距杆 $\phi34$	根	8.00	—
		钢轨支撑架	套	8.00	—
		膨胀螺栓 M12	套	6 800.00	—
		DZⅢ型扣件	套	3 209.60	—
		混凝土短枕	块	3 209.60	—
		其他材料费	元	102 921.15	—
		措施费分摊	元	134 269.03	—
		材料费小计	元	2 020 415.90	64.74
	施工机具使用费	龙门式起重机 10t	台班	28.33	—
		铺轨龙门架	台班	20.00	—
		轨道车 290kW 以内	台班	34.52	—
		轨道平车 30t	台班	81.03	—
		精打磨机	台班	29.68	—
		其他施工机具使用费	元	119 976.32	—
		措施费分摊	元	7 716.61	—
		施工机具使用费小计	元	200 245.45	6.42
	直接费小计		元	2 429 579.73	77.85
综合费用			元	691 303.32	22.15
合计			元	3 120 883.00	100.00

工程内容：铺轨、焊接、运输、应力放散及锁定、开通前调整线路等。

单位：铺轨公里

序号		指标编号		3F-010	
				车辆段铺轨（50kg 轨）混凝土道床	
		项目	单位	50kg CZⅠ型扣件 / 弹条Ⅰ型扣件 1 440 对 /km 短轨枕 / 新Ⅱ型枕	占指标基价 /%
指标基价			元	2 692 875.00	100.00
一	建筑安装工程费		元	2 692 875.00	100.00
二	设备购置费		元	—	—
建筑安装工程费					
直接费	人工费	人工	工日	1 566.26	—
		措施费分摊	元	9 939.23	—
		人工费小计	元	187 709.61	6.97
	材料费	钢轨 50kg 25m 中锰钢	根	80.64	—
		无孔夹板	套	2.40	—
		绝缘轨距杆 ϕ34	根	8.00	—
		钢轨支撑架	套	8.00	—
		CZⅠ型扣件	套	1 956.12	—
		混凝土短枕	块	1 956.12	—
		弹条Ⅰ型扣件	套	932.52	—
		新Ⅱ型枕	根	932.52	—
		其他材料费	元	57 186.78	—
		措施费分摊	元	108 089.14	—
		材料费小计	元	1 767 531.97	65.64
	施工机具使用费	铺轨龙门架	台班	2.85	—
		轨道车 290kW 以内	台班	16.41	—
		轨道平车 30t	台班	41.38	—
		精打磨机	台班	27.11	—
		其他施工机具使用费	元	105 305.35	—
		措施费分摊	元	6 212.02	—
		施工机具使用费小计	元	139 781.36	5.19
	直接费小计		元	2 095 022.94	77.80
综合费用			元	597 852.12	22.20
合计			元	2 692 875.00	100.00

3.5 铺 道 岔

工程内容：道岔运输及铺设等。

单位：组

<table>
<tr><td rowspan="3">序号</td><td colspan="3">指 标 编 号</td><td colspan="2">3F-011</td></tr>
<tr><td colspan="2" rowspan="2">项　　目</td><td rowspan="2">单位</td><td colspan="2">60kg 轨道 9# 单开道岔</td></tr>
<tr><td>混凝土道床</td><td>占指标基价 /%</td></tr>
<tr><td colspan="3">指标基价</td><td>元</td><td>352 468.00</td><td>100.00</td></tr>
<tr><td>一</td><td colspan="2">建筑安装工程费</td><td>元</td><td>352 468.00</td><td>100.00</td></tr>
<tr><td>二</td><td colspan="2">设备购置费</td><td>元</td><td>—</td><td>—</td></tr>
<tr><td colspan="6">建筑安装工程费</td></tr>
<tr><td rowspan="15">直接费</td><td rowspan="3">人工费</td><td>人工</td><td>工日</td><td>212.14</td><td>—</td></tr>
<tr><td>措施费分摊</td><td>元</td><td>1 002.24</td><td>—</td></tr>
<tr><td>人工费小计</td><td>元</td><td>25 080.27</td><td>7.12</td></tr>
<tr><td rowspan="5">材料费</td><td>60kg 轨道 9# 单开道岔（整体道床）</td><td>组</td><td>1.00</td><td>—</td></tr>
<tr><td>9# 单开道岔 混凝土岔枕</td><td>组</td><td>1.00</td><td>—</td></tr>
<tr><td>其他材料费</td><td>元</td><td>7 324.74</td><td>—</td></tr>
<tr><td>措施费分摊</td><td>元</td><td>10 899.41</td><td>—</td></tr>
<tr><td>材料费小计</td><td>元</td><td>241 912.31</td><td>68.63</td></tr>
<tr><td rowspan="5">施工机具使用费</td><td>轨道车 290kW 以内</td><td>台班</td><td>3.26</td><td>—</td></tr>
<tr><td>轨道平车 30t</td><td>台班</td><td>5.92</td><td>—</td></tr>
<tr><td>其他施工机具使用费</td><td>元</td><td>2 361.64</td><td>—</td></tr>
<tr><td>措施费分摊</td><td>元</td><td>626.40</td><td>—</td></tr>
<tr><td>施工机具使用费小计</td><td>元</td><td>7 088.01</td><td>2.01</td></tr>
<tr><td colspan="2">直接费小计</td><td>元</td><td>274 080.59</td><td>77.76</td></tr>
<tr><td colspan="3">综合费用</td><td>元</td><td>78 386.98</td><td>22.24</td></tr>
<tr><td colspan="3">合　　计</td><td>元</td><td>352 468.00</td><td>100.00</td></tr>
</table>

工程内容：道岔运输及铺设等。

单位：组

序号	项目		单位	混凝土道床	占指标基价 /%
	指标编号			3F-012	
				60kg 轨道 12# 单开道岔	
	指标基价		元	497 423.00	100.00
一	建筑安装工程费		元	497 423.00	100.00
二	设备购置费		元	—	—
	建筑安装工程费				
直接费	人工费	人工	工日	272.77	—
		措施费分摊	元	1 212.48	—
		人工费小计	元	32 171.51	6.47
	材料费	60kg 轨道 12# 单开道岔（整体道床）	组	1.00	—
		12# 单开道岔 混凝土岔枕	组	1.00	—
		其他材料费	元	33 077.58	—
		措施费分摊	元	13 185.74	—
		材料费小计	元	349 143.57	70.19
	施工机具使用费	轨道车 290kW 以内	台班	1.93	—
		轨道平车 30t	台班	3.10	—
		其他施工机具使用费	元	2 852.23	—
		措施费分摊	元	757.80	—
		施工机具使用费小计	元	5 986.26	1.20
	直接费小计		元	387 301.34	77.86
	综合费用		元	110 121.76	22.14
	合　计		元	497 423.00	100.00

工程内容：道岔运输及铺设等。

单位：组

序号	指标编号			3F-013	
	项目		单位	60kg 轨道 9# 交叉渡线	
				混凝土道床 间距 5m	占指标基价 /%
指标基价			元	1 774 983.00	100.00
一	建筑安装工程费		元	1 774 983.00	100.00
二	设备购置费		元	—	—
建筑安装工程费					
直接费	人工费	人工	工日	63 251.55	—
		措施费分摊	元	2 769.78	—
		人工费小计	元	66 021.33	3.72
	材料费	60kg 轨道 9# 交叉渡线（整体道床）9# 交叉渡线 混凝土岔枕	组	1.00	—
		其他材料费	元	18 939.22	—
		措施费分摊	元	30 121.39	—
		材料费小计	元	1 299 060.61	73.19
	施工机具使用费	轨道车 290kW 以内	台班	6.34	—
		轨道平车 30t	台班	12.77	—
		其他施工机具使用费	元	14 695.52	—
		措施费分摊	元	1 731.11	—
		施工机具使用费小计	元	16 426.63	0.93
	直接费小计		元	1 381 508.58	77.83
综合费用			元	393 474.16	22.17
合　计			元	1 774 983.00	100.00

工程内容：道岔运输及铺设等。

单位：组

序号	指标编号			3F-014	
	项　目		单位	60kg 轨道 12# 交叉渡线	
				混凝土道床 间距 5m	占指标基价 /%
指标基价			元	2 373 881.00	100.00
一	建筑安装工程费		元	2 373 881.00	100.00
二	设备购置费		元	—	—
建筑安装工程费					
直接费	人工费	人工	工日	610.62	—
		措施费分摊	元	3 136.42	—
		人工费小计	元	72 441.36	3.05
	材料费	60kg 轨道 12# 交叉渡线（整体道床）	组	1.00	—
		12# 交叉渡线 混凝土岔枕	组	1.00	—
		其他材料费	元	19 610.45	—
		措施费分摊	元	34 108.54	—
		材料费小计	元	1 774 378.99	74.75
	施工机具使用费	轨道车 290kW 以内	台班	4.90	—
		轨道平车 30t	台班	9.90	—
		其他施工机具使用费	元	6 296.45	—
		措施费分摊	元	1 960.26	—
		施工机具使用费小计	元	14 566.73	0.61
	直接费小计		元	1 861 387.08	78.41
综合费用			元	512 493.91	21.59
合　计			元	2 373 881.00	100.00

工程内容：道岔运输及铺设等。

单位：组

<table>
<tr><td rowspan="3">序号</td><td colspan="3">指 标 编 号</td><td colspan="2">3F-015</td></tr>
<tr><td colspan="2" rowspan="2">项 目</td><td rowspan="2">单位</td><td colspan="2">50kg 轨道 7# 单开道岔</td></tr>
<tr><td>混凝土道床</td><td>占指标基价 /%</td></tr>
<tr><td colspan="3">指标基价</td><td>元</td><td>216 635.00</td><td>100.00</td></tr>
<tr><td>一</td><td colspan="2">建筑安装工程费</td><td>元</td><td>216 635.00</td><td>100.00</td></tr>
<tr><td>二</td><td colspan="2">设备购置费</td><td>元</td><td>—</td><td>—</td></tr>
<tr><td colspan="6">建筑安装工程费</td></tr>
<tr><td rowspan="15">直接费</td><td rowspan="3">人工费</td><td>人工</td><td>工日</td><td>100.83</td><td>—</td></tr>
<tr><td>措施费分摊</td><td>元</td><td>471.25</td><td>—</td></tr>
<tr><td>人工费小计</td><td>元</td><td>11 915.03</td><td>5.50</td></tr>
<tr><td rowspan="5">材料费</td><td>50kg 轨道 7# 单开道岔（整体道床）</td><td>组</td><td>1.00</td><td>—</td></tr>
<tr><td>7# 单开道岔 混凝土岔枕</td><td>组</td><td>1.00</td><td>—</td></tr>
<tr><td>其他材料费</td><td>元</td><td>2 136.54</td><td>—</td></tr>
<tr><td>措施费分摊</td><td>元</td><td>5 124.86</td><td>—</td></tr>
<tr><td>材料费小计</td><td>元</td><td>154 435.37</td><td>71.29</td></tr>
<tr><td rowspan="5">施工机具使用费</td><td>轨道车 290kW 以内</td><td>台班</td><td>0.92</td><td>—</td></tr>
<tr><td>轨道平车 30t</td><td>台班</td><td>1.42</td><td>—</td></tr>
<tr><td>其他施工机具使用费</td><td>元</td><td>1 243.35</td><td>—</td></tr>
<tr><td>措施费分摊</td><td>元</td><td>294.53</td><td>—</td></tr>
<tr><td>施工机具使用费小计</td><td>元</td><td>2 664.09</td><td>1.23</td></tr>
<tr><td colspan="2">直接费小计</td><td>元</td><td>169 014.49</td><td>78.02</td></tr>
<tr><td colspan="3">综合费用</td><td>元</td><td>47 620.44</td><td>21.98</td></tr>
<tr><td colspan="3">合 计</td><td>元</td><td>216 635.00</td><td>100.00</td></tr>
</table>

工程内容：道岔运输及铺设等。

单位：组

序号		指标编号		3F-016	
		项目	单位	50kg 轨道 7# 交叉渡线	
				混凝土道床 间距 5m	占指标基价 /%
指标基价			元	1 179 690.00	100.00
一		建筑安装工程费	元	1 179 690.00	100.00
二		设备购置费	元	—	—
建筑安装工程费					
直接费	人工费	人工	工日	140.39	—
		措施费分摊	元	1 050.58	—
		人工费小计	元	16 984.85	1.44
	材料费	50kg 轨道 7# 交叉渡线（整体道床）	组	112 405.18	—
		7# 交叉渡线 混凝土岔枕	组	650 000.00	—
		其他材料费	元	129 257.09	—
		措施费分摊	元	11 425.01	—
		材料费小计	元	903 087.28	76.55
	施工机具使用费	轨道车 290kW 以内	台班	3.40	—
		轨道平车 30t	台班	6.81	—
		其他施工机具使用费	元	2 986.78	—
		措施费分摊	元	656.61	—
		施工机具使用费小计	元	8 014.17	0.68
	直接费小计		元	928 086.30	78.67
综合费用			元	251 603.68	21.33
合计			元	1 179 690.00	100.00

3.6 铺 道 床

工程内容：模板安拆、钢筋绑扎、混凝土灌注等。

单位：m^3

序号		项目	单位	C35 混凝土	占指标基价 /%
		指标编号		3F–017	
				地下线 一般减振段现浇整体道床	
指标基价			元	1 465.00	100.00
一		建筑安装工程费	元	1 465.00	100.00
二		设备购置费	元	—	—
建筑安装工程费					
直接费	人工费	人工	工日	1.99	—
		措施费分摊	元	9.98	—
		人工费小计	元	235.49	16.07
	材料费	钢筋 ϕ10 以内	kg	15.72	—
		钢筋 ϕ10 以外	kg	11.27	—
		泵管 ϕ150	kg	0.19	—
		镀锌铁丝 2.0	kg	0.98	—
		板方材	m^3	0.01	—
		水	t	0.02	—
		预拌混凝土 C35	m^3	1.02	—
		电	kW·h	6.37	—
		其他材料费	元	60.84	—
		措施费分摊	元	108.51	—
		材料费小计	元	776.20	52.98
	施工机具使用费	钢筋调直机 ϕ14 以内	台班	0.02	—
		钢筋切断机 ϕ40 以内	台班	0.02	—
		钢筋弯曲机 ϕ40 以内	台班	0.03	—
		混凝土输送泵车	台班	0.01	—
		轨道平车 30t	台班	0.03	—
		轨道车 290kW 以内	台班	0.01	—
		龙门式起重机 10t	台班	—	—
		其他施工机具使用费	元	71.13	—
		措施费分摊	元	6.24	—
		施工机具使用费小计	元	106.68	7.28
	直接费小计		元	1 118.37	76.34
综合费用			元	346.68	23.66
合　计			元	1 465.00	100.00

工程内容: 钢筋绑扎、基底混凝土及自密实混凝土浇筑、预制轨道板安装等。

单位: 延长米

序号		指标编号		3F-018	
				地下线 一般减振段预制板道床	
		项　目	单位	自密实混凝土预制轨道板	占指标基价 /%
指标基价			元	3 929.00	100.00
一	建筑安装工程费		元	3 929.00	100.00
二	设备购置费		元	—	—
建筑安装工程费					
直接费	人工费	人工	工日	2.44	—
		措施费分摊	元	12.59	—
		人工费小计	元	289.23	7.36
	材料费	钢筋 ϕ10 以内	kg	32.53	—
		钢筋 ϕ10 以外	kg	23.31	—
		组合钢模板	m^2	2.94	—
		柴油	kg	11.40	—
		电	m^3	0.02	—
		水	t	0.22	—
		自密实混凝土 C40	m^3	0.88	—
		轨道板铺装材料费	m	1.00	—
		其他材料费	元	60.66	—
		措施费分摊	元	136.88	—
		材料费小计	元	2 644.23	67.31
	施工机具使用费	钢筋调直机 ϕ14 以内	台班	0.06	—
		钢筋切断机 ϕ40 以内	台班	0.03	—
		混凝土输送泵车	台班	0.06	—
		轨道平车 30t	台班	0.09	—
		轨道车 290kW 以内	台班	0.01	—
		铺轨龙门架	台班	0.03	—
		其他施工机具使用费	元	34.91	—
		措施费分摊	元	7.87	—
		施工机具使用费小计	元	120.05	3.06
	直接费小计		元	3 053.50	77.72
综合费用			元	875.13	22.28
合　计			元	3 929.00	100.00

工程内容：模板安拆、钢筋绑扎、混凝土灌注等。

单位：m^3

序号	指标编号		单位	3F–019	
	项目			地下线 中等减振段现浇整体道床	
				C35 混凝土	占指标基价 /%
指标基价			元	1 465.00	100.00
一	建筑安装工程费		元	1 465.00	100.00
二	设备购置费		元	—	—
建筑安装工程费					
直接费	人工费	人工	工日	1.99	—
		措施费分摊	元	9.98	—
		人工费小计	元	235.49	16.07
	材料费	钢筋 ϕ10 以内	kg	15.72	—
		钢筋 ϕ10 以外	kg	11.27	—
		柴油	kg	2.72	—
		组合钢模板	m^2	1.22	—
		水	t	0.02	—
		预拌混凝土 C35	m^3	1.02	—
		电	kW·h	6.37	—
		其他材料费	元	49.45	—
		措施费分摊	元	108.51	—
		材料费小计	元	776.21	52.98
	施工机具使用费	钢筋调直机 ϕ14 以内	台班	0.02	—
		钢筋切断机 ϕ40 以内	台班	0.02	—
		轨道平车 30t	台班	0.03	—
		轨道车 290kW 以内	台班	0.01	—
		铺轨龙门架	台班	0.08	—
		其他施工机具使用费	元	31.88	—
		措施费分摊	元	6.24	—
		施工机具使用费小计	元	106.68	7.28
	直接费小计		元	1 118.38	76.34
综合费用			元	346.69	23.66
合　计			元	1 465.00	100.00

工程内容：模板安拆、钢筋绑扎、混凝土灌注、安装钢弹簧隔振器等。

单位：m^3

序号		项　目	单位	3F-020	
				地下线 高等减振段整体道床	
				C35 混凝土 钢弹簧隔振器 固体阻尼	占指标基价 /%
指标基价			元	4 835.00	100.00
一	建筑安装工程费		元	4 835.00	100.00
二	设备购置费		元	—	—
建筑安装工程费					
直接费	人工费	人工	工日	7.23	—
		措施费分摊	元	28.90	—
		人工费小计	元	849.50	17.57
	材料费	钢筋 ϕ10 以内	kg	90.35	—
		钢筋 ϕ10 以外	kg	64.75	—
		剪力绞	套	0.22	—
		水	t	0.02	—
		预拌混凝土 C35	m^3	1.02	—
		组合钢模板	m^2	0.20	—
		电	kW·h	33.44	—
		钢弹簧隔振器固体阻尼	套	0.62	—
		其他材料费	元	293.78	—
		措施费分摊	元	314.28	—
		材料费小计	元	2 684.31	55.52
	施工机具使用费	钢筋调直机 ϕ14 以内	台班	0.09	—
		钢筋切断机 ϕ40 以内	台班	0.09	—
		轨道平车 30t	台班	0.03	—
		轨道车 290kW 以内	台班	0.01	—
		铺轨龙门架	台班	0.09	—
		其他施工机具使用费	元	57.49	—
		措施费分摊	元	18.06	—
		施工机具使用费小计	元	144.57	2.99
	直接费小计		元	3 678.39	76.07
综合费用			元	1 156.89	23.93
合　计			元	4 835.00	100.00

工程内容：模板安拆、钢筋绑扎、混凝土灌注、安装钢弹簧隔振器等。

单位：m^3

序号	指标编号		单位	3F-021	
	项目			地下线 特殊减振段整体道床	
				C35 混凝土 钢弹簧隔振器 液体阻尼	占指标基价 /%
指标基价			元	6 736.00	100.00
一	建筑安装工程费		元	6 736.00	100.00
二	设备购置费		元	—	—
建筑安装工程费					
直接费	人工费	人工	工日	7.59	—
		措施费分摊	元	30.99	—
		人工费小计	元	892.64	13.25
	材料费	钢筋 ϕ10 以内	kg	90.35	—
		钢筋 ϕ10 以外	kg	64.75	—
		剪力绞	套	0.23	—
		组合钢模	m^2	0.20	—
		水	t	0.02	—
		预拌混凝土 C35	m^3	1.02	—
		电	kW·h	33.79	—
		钢弹簧隔振器液体阻尼	套	0.65	—
		其他材料费	元	316.39	—
		措施费分摊	元	337.05	—
		材料费小计	元	4 131.55	61.33
	施工机具使用费	钢筋调直机 ϕ14 以内	台班	0.09	—
		钢筋切断机 ϕ40 以内	台班	0.09	—
		轨道平车 30t	台班	0.03	—
		轨道车 290kW 以内	台班	0.01	—
		铺轨龙门架	台班	0.09	—
		其他施工机具使用费	元	58.68	—
		措施费分摊	元	19.37	—
		施工机具使用费小计	元	147.07	2.18
	直接费小计		元	5 171.27	76.77
综合费用			元	1 564.86	23.23
合　计			元	6 736.00	100.00

工程内容：模板安拆、钢筋绑扎、混凝土灌注等。

单位：m^3

序号		指标编号		3F-022	
		项目	单位	地面线 一般减振段现浇整体道床	
				C35 混凝土	占指标基价 %
指标基价			元	1 747.00	100.00
一		建筑安装工程费	元	1 747.00	100.00
二		设备购置费	元	—	—
建筑安装工程费					
直接费	人工费	人工	工日	2.32	—
		措施费分摊	元	10.75	—
		人工费小计	元	273.94	15.68
	材料费	钢筋 ϕ10 以内	kg	46.33	—
		钢筋 ϕ10 以外	kg	33.21	—
		水	t	0.02	—
		预拌混凝土 C35	m^3	1.02	—
		电	kW·h	14.64	—
		柴油	kg	0.99	—
		其他材料费	元	44.65	—
		措施费分摊	元	116.93	—
		材料费小计	元	967.34	55.38
	施工机具使用费	钢筋调直机 ϕ14 以内	台班	0.04	—
		钢筋切断机 ϕ40 以内	台班	0.04	—
		轨道平车 30t	台班	—	—
		轨道车 290kW 以内	台班	—	—
		铺轨龙门架	台班	0.08	—
		其他施工机具使用费	元	35.23	—
		措施费分摊	元	6.72	—
		施工机具使用费小计	元	93.01	5.33
	直接费小计		元	1 334.30	76.39
综合费用			元	412.38	23.61
合　计			元	1 747.00	100.00

工程内容：模板安拆、钢筋绑扎、混凝土灌注等。

单位：m^3

序号	指标编号			3F-023	
	项目		单位	高架线 一般减振段现浇整体道床	
				C35 混凝土	占指标基价 /%
指标基价			元	2 019.00	100.00
一	建筑安装工程费		元	2 019.00	100.00
二	设备购置费		元	—	—
建筑安装工程费					
直接费	人工费	人工	工日	2.97	—
		措施费分摊	元	13.84	—
		人工费小计	元	350.68	17.37
	材料费	钢筋 ϕ10 以内	kg	46.10	—
		钢筋 ϕ10 以外	kg	33.04	—
		水	t	0.02	—
		预拌混凝土 C35	m^3	1.02	—
		电	kW·h	1.93	—
		柴油	kg	1.93	—
		组合钢模板	m^2	2.46	—
		其他材料费	元	85.13	—
		措施费分摊	元	150.46	—
		材料费小计	元	1 062.33	52.61
	施工机具使用费	钢筋调直机 ϕ14 以内	台班	0.06	—
		钢筋切断机 ϕ40 以内	台班	0.06	—
		轨道平车 30t	台班	0.01	—
		轨道车 290kW 以内	台班	0.01	—
		铺轨龙门架	台班	0.10	—
		其他施工机具使用费	元	41.34	—
		措施费分摊	元	8.65	—
		施工机具使用费小计	元	123.94	6.14
	直接费小计		元	1 536.96	76.12
综合费用			元	482.12	23.88
合　计			元	2 019.00	100.00

工程内容：模板安拆、钢筋绑扎、混凝土灌注等。

单位：m^3

序号	指标编号		单位	3F-024	
	项目			高架线 中等减振段现浇整体道床	
				C35 混凝土	占指标基价 /%
指标基价			元	2 019.00	100.00
一	建筑安装工程费		元	2 019.00	100.00
二	设备购置费		元	—	—
建筑安装工程费					
直接费	人工费	人工	工日	2.97	—
		措施费分摊	元	13.84	—
		人工费小计	元	350.71	17.37
	材料费	钢筋 ϕ10 以内	kg	46.12	—
		钢筋 ϕ10 以外	kg	33.05	—
		柴油	kg	1.93	—
		水	t	0.02	—
		预拌混凝土 C35	m^3	1.02	—
		电	kW·h	21.13	—
		组合钢模板	m^2	2.46	—
		其他材料费	元	94.84	—
		措施费分摊	元	150.47	—
		材料费小计	元	1 062.43	52.62
	施工机具使用费	钢筋调直机 ϕ14 以内	台班	0.06	—
		钢筋切断机 ϕ40 以内	台班	0.06	—
		轨道平车 30t	台班	0.01	—
		轨道车 290kW 以内	台班	0.01	—
		铺轨龙门架	台班	0.10	—
		其他施工机具使用费	元	41.35	—
		措施费分摊	元	8.65	—
		施工机具使用费小计	元	123.95	6.14
	直接费小计		元	1 537.09	76.12
综合费用			元	482.16	23.88
合　　计			元	2 019.00	100.00

工程内容：弹性减振垫铺装、钢筋绑扎、混凝土灌注等。

单位：m^3

<table>
<tr><th rowspan="3">序号</th><th colspan="3">指 标 编 号</th><th colspan="2">3F-025</th></tr>
<tr><th colspan="2" rowspan="2">项　目</th><th rowspan="2">单位</th><th colspan="2">高架线 高等减振段现浇整体道床</th></tr>
<tr><th>C35 混凝土（含减振垫）</th><th>占指标基价 /%</th></tr>
<tr><td colspan="3">指标基价</td><td>元</td><td>4 870.00</td><td>100.00</td></tr>
<tr><td>一</td><td colspan="2">建筑安装工程费</td><td>元</td><td>4 870.00</td><td>100.00</td></tr>
<tr><td>二</td><td colspan="2">设备购置费</td><td>元</td><td>—</td><td>—</td></tr>
<tr><td colspan="6">建筑安装工程费</td></tr>
<tr><td rowspan="25">直接费</td><td rowspan="3">人工费</td><td>人工</td><td>工日</td><td>6.05</td><td>—</td></tr>
<tr><td>措施费分摊</td><td>元</td><td>25.25</td><td>—</td></tr>
<tr><td>人工费小计</td><td>元</td><td>711.55</td><td>14.61</td></tr>
<tr><td rowspan="11">材料费</td><td>钢筋 ϕ10 以内</td><td>kg</td><td>18.07</td><td>—</td></tr>
<tr><td>钢筋 ϕ10 以外</td><td>kg</td><td>13.54</td><td>—</td></tr>
<tr><td>组合钢模板</td><td>m^2</td><td>2.46</td><td>—</td></tr>
<tr><td>柴油</td><td>kg</td><td>2.46</td><td>—</td></tr>
<tr><td>水</td><td>t</td><td>0.02</td><td>—</td></tr>
<tr><td>预拌混凝土 C35</td><td>m^3</td><td>1.02</td><td>—</td></tr>
<tr><td>电</td><td>kW·h</td><td>10.62</td><td>—</td></tr>
<tr><td>减振道床垫</td><td>m^2</td><td>1.52</td><td>—</td></tr>
<tr><td>其他材料费</td><td>元</td><td>137.22</td><td>—</td></tr>
<tr><td>措施费分摊</td><td>元</td><td>274.59</td><td>—</td></tr>
<tr><td>材料费小计</td><td>元</td><td>2 874.12</td><td>59.02</td></tr>
<tr><td rowspan="8">施工机具使用费</td><td>钢筋调直机 ϕ14 以内</td><td>台班</td><td>0.02</td><td>—</td></tr>
<tr><td>钢筋切断机 ϕ40 以内</td><td>台班</td><td>0.02</td><td>—</td></tr>
<tr><td>轨道平车 30t</td><td>台班</td><td>0.01</td><td>—</td></tr>
<tr><td>轨道车 290kW 以内</td><td>台班</td><td>0.01</td><td>—</td></tr>
<tr><td>铺轨龙门架</td><td>台班</td><td>0.10</td><td>—</td></tr>
<tr><td>其他施工机具使用费</td><td>元</td><td>56.42</td><td>—</td></tr>
<tr><td>措施费分摊</td><td>元</td><td>15.78</td><td>—</td></tr>
<tr><td>施工机具使用费小计</td><td>元</td><td>142.13</td><td>2.92</td></tr>
<tr><td colspan="2">直接费小计</td><td>元</td><td>3 727.80</td><td>76.55</td></tr>
<tr><td colspan="3">综合费用</td><td>元</td><td>1 141.79</td><td>23.45</td></tr>
<tr><td colspan="3">合　计</td><td>元</td><td>4 870.00</td><td>100.00</td></tr>
</table>

工程内容：铺道砟及运输、道床沉落整修等。

单位：m^3

序号		项目	单位	车辆基地 粒料道床	
		指标编号		3F-026	
				碎石道砟	占指标基价 /%
指标基价			元	315.00	100.00
一		建筑安装工程费	元	315.00	100.00
二		设备购置费	元	—	—
建筑安装工程费					
直接费	人工费	人工	工日	0.59	—
		措施费分摊	元	2.42	—
		人工费小计	元	69.58	22.10
	材料费	Ⅰ级碎石道砟	m^3	1.21	—
		其他材料费	元	2.70	—
		措施费分摊	元	26.33	—
		材料费小计	元	153.78	48.84
	施工机具使用费	液压起拨道机	台班	0.01	—
		液压捣固机	台班	0.01	—
		其他施工机具使用费	元	10.01	—
		措施费分摊	元	1.51	—
		施工机具使用费小计	元	13.91	4.42
	直接费小计		元	237.26	75.35
综合费用			元	77.62	24.65
合　计			元	315.00	100.00

工程内容：模板安拆、钢筋绑扎、混凝土灌注、橡胶嵌条安装等。

单位：m^3

序号	指标编号		单位	3F-027	
				车辆基地 整体道床	
	项目			C40 混凝土（含橡胶嵌条）	占指标基价 /%
指标基价			元	2 097.00	100.00
一	建筑安装工程费		元	2 097.00	100.00
二	设备购置费		元	—	—
建筑安装工程费					
直接费	人工费	人工	工日	2.28	—
		措施费分摊	元	10.72	—
		人工费小计	元	269.58	12.85
	材料费	钢筋 ϕ10 以内	kg	44.14	—
		钢筋 ϕ10 以外	kg	31.63	—
		镀锌铁丝 2.0	kg	0.96	—
		板方材	m^3	0.004	—
		水	t	0.02	—
		预拌混凝土	m^3	1.02	—
		电	kW·h	14.04	—
		其他材料费	元	319.52	—
		措施费分摊	元	116.58	—
		材料费小计	元	1 249.65	59.58
	施工机具使用费	钢筋调直机 ϕ14 以内	台班	0.04	—
		钢筋切断机 ϕ40 以内	台班	0.04	—
		钢筋弯曲机 ϕ40 以内	台班	0.08	—
		混凝土输送泵车	台班	0.01	—
		轨道平车 30t	台班	0.003	—
		轨道车 290kW 以内	台班	0.003	—
		龙门式起重机 10t	台班	0.01	—
		其他施工机具使用费	元	67.37	—
		措施费分摊	元	6.70	—
		施工机具使用费小计	元	92.44	4.41
	直接费小计		元	1 611.68	76.84
综合费用			元	485.66	23.16
合 计			元	2 097.00	100.00

3.7 线路有关工程及备料

工程内容: 车挡、线路标志、防排流端子等。

单位: 铺轨公里

序号	指标编号		单位	3F-028	
	项目			线路有关工程 正线	
				—	占指标基价 /%
指标基价			元	323 896.00	100.00
一	建筑安装工程费		元	323 896.00	100.00
二	设备购置费		元	—	—
建筑安装工程费					
直接费	人工费	人工	工日	470.43	—
		措施费分摊	元	1 679.33	—
		人工费小计	元	55 072.72	17.00
	材料费	钢筋 ϕ10 以内	kg	91.39	—
		镀锌扁钢	kg	240.61	—
		位移观测桩	个	7.75	—
		铜端子 120	个	605.73	—
		排流端子	个	101.54	—
		预拌混凝土	m^3	1.93	—
		缓冲滑动式车挡	处	0.07	—
		其他材料费	元	124 260.19	—
		措施费分摊	元	18 262.69	—
		材料费小计	元	189 868.81	58.62
	施工机具使用费	钢筋弯曲机 ϕ40 以内	台班	2.08	—
		轨道车 290kW 以内	台班	0.01	—
		轨道平车 30t	台班	0.02	—
		其他施工机具使用费	元	639.79	—
		措施费分摊	元	1 049.58	—
		施工机具使用费小计	元	1 721.95	0.53
	直接费小计		元	246 663.48	76.16
综合费用			元	77 232.47	23.84
合　计			元	323 896.00	100.00

工程内容：车挡、线路标志等。

单位：铺轨公里

序号		指标编号	单位	3F-029	
				线路有关工程 车辆基地	
		项目		—	占指标基价 /%
指标基价			元	293 922.00	100.00
一		建筑安装工程费	元	293 922.00	100.00
二		设备购置费	元	—	—
建筑安装工程费					
直接费	人工费	人工	工日	34.79	—
		措施费分摊	元	227.49	—
		人工费小计	元	4 175.88	1.42
	材料费	控制基标	个	2.82	—
		位移观测桩	个	2.00	—
		预拌混凝土	m^3	0.04	—
		液压缓冲固定式	组	1.64	—
		其他材料费	元	2 133.24	—
		措施费分摊	元	2 473.92	—
		材料费小计	元	226 236.72	76.97
	施工机具使用费	轨道车 290kW 以内	台班	0.20	—
		轨道平车 30t	台班	0.59	—
		其他施工机具使用费	元	403.20	—
		措施费分摊	元	142.18	—
		施工机具使用费小计	元	825.25	0.28
	直接费小计		元	231 237.84	78.67
综合费用			元	62 683.86	21.33
合计			元	293 922.00	100.00

工程内容: 道岔、轨枕、扣件等备料等。

单位: 铺轨公里

序号	指标编号			3F-030	
	项目		单位	备料 正线	
				—	占指标基价 /%
指标基价			元	83 750.00	100.00
一	建筑安装工程费		元	83 750.00	100.00
二	设备购置费		元	—	—
建筑安装工程费					
直接费	人工费	人工	工日	3.14	—
		措施费分摊	元	42.39	—
		人工费小计	元	398.80	0.48
	材料费	单开道岔 60kg 12#(整体道床)	组	0.05	—
		交叉渡线 60kg 12#(整体道床)	组	0.02	—
		线路备料 双层非线性扣件	套	4.50	—
		道岔直尖轨 12#	根	0.08	—
		道岔辙叉 12#	根	0.09	—
		单开道岔 60kg 9#(混凝土枕)	组	0.01	—
		混凝土岔枕 60kg 9# 单开道岔	组	0.01	—
		混凝土岔枕 60kg 12# 单开道岔	组	0.05	—
		混凝土岔枕交叉渡线 间距 5m 道岔 60kg 12#	组	0.02	—
		混凝土短枕	块	0.48	—
		线路备料 DTⅢ型扣件	套	4.79	—
		其他材料费	元	5 465.52	—
		措施费分摊	元	461.04	—
		材料费小计	元	65 396.63	78.09
	施工机具使用费	轨道平车 30t	台班	0.40	—
		轨道车 290kW 以内	台班	0.13	—
		其他施工机具使用费	元	190.44	—
		措施费分摊	元	26.50	—
		施工机具使用费小计	元	221.29	0.26
	直接费小计		元	66 016.72	78.83
综合费用			元	17 733.28	21.17
合　计			元	83 750.00	100.00

工程内容：道岔、轨枕、扣件等备料等。

单位：铺轨公里

序号	指标编号			3F-031	
	项目		单位	备料 车辆基地	
				—	占指标基价 /%
指标基价			元	144 855.00	100.00
一	建筑安装工程费		元	144 855.00	100.00
二	设备购置费		元	—	—
建筑安装工程费					
直接费	人工费	人工	工日	7.11	—
		措施费分摊	元	85.25	—
		人工费小计	元	891.90	0.62
	材料费	钢轨 50kg 25m 中锰钢	根	0.73	—
		单开道岔 50kg 7#	套	0.09	—
		交叉渡线 50kg 7#	根	0.09	—
		混凝土短枕	块	0.36	—
		线路备料 CZⅠ型扣件	套	0.91	—
		其他材料费	元	37 000.45	—
		措施费分摊	元	927.09	—
		材料费小计	元	112 694.39	77.80
	施工机具使用费	轨道平车 30t	台班	1.16	—
		轨道车 290kW 以内	台班	0.39	—
		其他施工机具使用费	元	4.25	—
		措施费分摊	元	53.28	—
		施工机具使用费小计	元	554.20	0.38
	直接费小计		元	114 140.50	78.80
综合费用			元	30 714.60	21.20
合　计			元	144 855.00	100.00

工程内容: 防脱护轮轨及安装。

单位: 100m

<table>
<tr><td rowspan="3" colspan="2">序号</td><td colspan="2">指 标 编 号</td><td colspan="2">3F-032</td></tr>
<tr><td rowspan="2">项　　目</td><td rowspan="2">单位</td><td colspan="2">防脱护轮轨</td></tr>
<tr><td>单侧</td><td>占指标基价 /%</td></tr>
<tr><td colspan="3">指标基价</td><td>元</td><td>51 904.00</td><td>100.00</td></tr>
<tr><td colspan="2">一</td><td>建筑安装工程费</td><td>元</td><td>51 904.00</td><td>100.00</td></tr>
<tr><td colspan="2">二</td><td>设备购置费</td><td>元</td><td>—</td><td>—</td></tr>
<tr><td colspan="6">建筑安装工程费</td></tr>
<tr><td rowspan="17">直接费</td><td rowspan="3">人工费</td><td>人工</td><td>工日</td><td>40.00</td><td>—</td></tr>
<tr><td>措施费分摊</td><td>元</td><td>167.54</td><td>—</td></tr>
<tr><td>人工费小计</td><td>元</td><td>4 707.54</td><td>9.07</td></tr>
<tr><td rowspan="8">材料费</td><td>护轨槽钢</td><td>m</td><td>200.20</td><td>—</td></tr>
<tr><td>护轨支架</td><td>个</td><td>169.68</td><td>—</td></tr>
<tr><td>护轨螺栓</td><td>个</td><td>337.34</td><td>—</td></tr>
<tr><td>护轨扣板</td><td>块</td><td>169.68</td><td>—</td></tr>
<tr><td>绝缘套</td><td>个</td><td>169.68</td><td>—</td></tr>
<tr><td>其他材料费</td><td>元</td><td>485.12</td><td>—</td></tr>
<tr><td>措施费分摊</td><td>元</td><td>1 821.99</td><td>—</td></tr>
<tr><td>材料费小计</td><td>元</td><td>34 741.34</td><td>66.93</td></tr>
<tr><td rowspan="5">施工机具使用费</td><td>轨道式内燃起重机</td><td>台班</td><td>0.40</td><td>—</td></tr>
<tr><td>轨道车 290kW 以内</td><td>台班</td><td>0.40</td><td>—</td></tr>
<tr><td>其他施工机具使用费</td><td>元</td><td>—</td><td>—</td></tr>
<tr><td>措施费分摊</td><td>元</td><td>104.71</td><td>—</td></tr>
<tr><td>施工机具使用费小计</td><td>元</td><td>746.36</td><td>1.44</td></tr>
<tr><td colspan="2">直接费小计</td><td>元</td><td>40 195.24</td><td>77.44</td></tr>
<tr><td colspan="3">综合费用</td><td>元</td><td>11 708.48</td><td>22.56</td></tr>
<tr><td colspan="3">合　　计</td><td>元</td><td>51 904.00</td><td>100.00</td></tr>
</table>

主要材料单价取定表

工程名称：轨道

序号	名称	规格型号	单位	单价 / 元
1	钢轨	60kg 25m	根	8 265.00
2	钢轨	50kg 25m	根	6 960.00
3	无孔夹板	—	套	612.84
4	膨胀螺栓	M12	套	2.03
5	混凝土短枕	—	块	91.82
6	DZⅢ型扣件	—	套	250.00
7	钢轨支撑架	—	套	853.68
8	水	—	t	9.22
9	电	—	kW·h	0.87
10	柴油	—	kg	7.58
11	组合钢模板	—	m^2	3.94
12	减振道床垫	—	m^2	1 200.00
13	剪力铰	—	套	650.00
14	预制轨道板	—	m	1 500.00
15	C40 自密实混凝土	—	m^3	1 200.00
16	钢弹簧隔振器 液体阻尼	—	套	3 450.00
17	混凝土短枕	—	块	91.82
18	双层非线性扣件	—	套	380.00
19	单开道岔	60kg 9#	组	185 574.16
20	混凝土岔枕	60kg 9#	组	38 000.00
21	单开道岔	60kg 12#	组	262 760.25
22	混凝土岔枕	60kg 12#	组	40 000.00
23	交叉渡线	间距 5.0m 60kg 12#	组	1 500 000.00
24	混凝土岔枕 交叉渡线	—	组	220 000.00
25	CZⅠ型扣件	—	套	245.00
26	弹条Ⅰ型扣件	—	套	190.00
27	新Ⅱ型枕	—	根	210.00
28	钢轨支撑架	—	套	853.68

续表

序号	名称	规格型号	单位	单价 / 元
29	单开道岔	50kg 7#	组	112 068.97
30	混凝土岔枕	50kg 7#	组	35 000.00
31	交叉渡线 道岔	50kg 7#	组	650 000.00
32	护轨	16# 槽钢	m	129.83
33	护轨支架	—	个	25.87
34	护轨螺栓	—	个	3.60
35	护轨扣板	—	块	4.20
36	绝缘套	—	个	0.74
37	铜端子	—	个	29.83
38	排流端子	—	个	170.94
39	液压缓冲滑动式车挡	—	组	138 000.00

4 通　　信

说　明

本章内容为通信工程的综合指标和分项指标。

一、综合指标

1. 综合指标按通信系统组成不同分为专用通信、办公自动化、乘客信息、公安通信。

2. 综合指标的取定见表 4-1。

表 4-1　工程规模选定表

工程内容	单位	工作量	备注
控制中心	处	1	不含备用中心
车站	座	22	地下
车辆段	座	1	31.536hm^2
停车场	座	1	26 hm^2
线路全长	正线公里	29.570	—
车辆配置	列	31	每列 6 节车厢
公交总队 / 公安地铁分局	处	1	—
派出所	处	2	—

3. 技术条件。

（1）专用通信。

传输系统：节点 25 个，包括 22 个车站、1 座车辆段、1 座停车场、1 座控制中心，组建 2 个具有自愈功能的以控制中心为切点的 40Gbps 环网，系统容量 40Gbps，沿线路两侧各敷设一条单模光缆。通信、信号共用的托板托架列入通信指标中。

公务电话系统：采用软交换系统，在控制中心设置线路汇聚设备，并通过数字中继接口与市话局相连。各车站综合接入网关 / 综合接入设备通过传输系统提供的以太网通道与线路汇聚设备相连。车站各部门电话通过综合布线系统接入综合接入设备。

专用电话系统：采用基于程控交换技术的专用调度电话系统，组网采用主分结构，调度回线采用星型结构，车站、车辆段 / 停车场分系统交换机通过传输系统提供的 2M 通道点对点星型连接至控制中心主系统交换机。

无线通信系统：采用 800M TETRA 数字集群系统，采用多基站小区制方式，隧道的信号覆盖采用泄漏同轴电缆。

广播系统：方案采用数模结合的广播系统，组网采用控制中心与车站 / 车辆段 / 停车场两级组网方式。中心广播设备、车站广播设备、车辆段 / 停车场广播设备、网管设备和传输通道共同构成本工程的广播系统。

视频监控系统：方案采用网络摄像机（IPC）高清视频监视技术及分布式存储方式，组网采用车站视频监视由车站本地监视和中心远端监视两部分组成，车站至中心的数字高清图像传输由专用通信传输系统提供通道。摄像机及视频控制设备均与公安视频监视共用，并通过公安视频系统传送至所属派出所、地铁公安分局的监控中心。

时钟系统：采用控制中心与车站 / 车辆段 / 停车场两级组网方式。

电源系统：在控制中心、各车站、车辆段和停车场采用 UPS+48V 开关电源方式供电。

（2）办公自动化系统。

利用通信传输系统独立分配办公自动化系统所需通道，将本工程控制中心、各车站、停车场联系在一起。此系统不包含运营所需要的各种软件。

（3）乘客信息系统。

乘客信息系统由中心子系统、车站子系统、停车场子系统、车载子系统组成。

有线网络系统，在控制中心设置以太网核心交换机，在各车站 / 停车场设置以太网接入交换机。接入交换机通过传输系统提供的以太网接口上联控制中心的交换机。

无线网络系统，在控制中心设置无线局域网络（WLAN）控制设备，区间间隔 150m 新设 1 个无线接入点（AP）。

（4）公安通信。

传输系统：采用光纤数字通信设备组网，系统容量按 10Gbps，单独敷设光缆。警用通信的指标是在包含警用传输系统的模型下得出的，当模型中不含警用传输系统时，其指标将相应下降 30% 左右。

无线通信系统：地面主基站与地下各车站分基站采用无线链路组网方式，通过漏缆及天线覆盖地下空间。

公安视频监视：采用车站、派出所、地铁公安分局三级监控组网模式并支持支持图像分析功能，公安视频监视系统各车站的监视图像，从轨道交通各车站专用通信视频监视系统交换机处获取，共享图像信息，并通过公安视频交换机网络传送至所属派出所、地铁公安分局的监控中心。

计算机网络系统：利用公安传输系统提供的百兆以太网通道组建计算机网络环形网。在各车站、派出所设以太网交换机，与分局中心交换机连接。

4. 当工程规模及技术条件与本指标相差较大时，可根据相应分项指标或实际用量重新确定。

5. 计算规则。

（1）传输线路：

1）正线部分按线路长度 2 倍（两侧）考虑，根据实际情况预留备用量。

2）车站引入缆线按 200m 计列；控制中心引入缆线按 2km 计列；车辆段 / 停车场引入缆线按 3km 计列。

（2）漏缆线路：

正线部分按线路长度 2 倍（两侧）考虑，根据实际情况预留备用量。

6. 综合指标中未按“节点（控制中心、车站、车辆段、停车场）”给出专用通信、警用通信相应指标，此类指标可参考规模选定、技术条件数据或实际情况取定。

二、分项指标

1. 分项指标按照通信系统组成不同划分为专用通信、公安通信、办公自动化、乘客信息四部分，每部分内容首先按系统分类，然后各系统按照控制中心、车站、车辆段及停车场、线路等划分细目。分项指标共 55 个子目，其中仪器仪表一项未列分项指标，参考数据：专用通信按 400 万元估列；警用通信按 200 万元估列。本次估算指标不包含民用通信系统，只考虑民用通信接口及配合费用，按 10 万元 / 站估列。

2. 计算规定。

（1）区间电缆敷设列入传输系统线路工程，其他系统不再计列。

（2）车站通信桥架列入专用电话系统，在其他系统中不再计列。

（3）车辆段 / 停车场的通信管道、通信人孔、手孔等列入专用电话系统，在其他系统中不再计列。

（4）各系统线路指标均为单侧线路的指标。

4.1 专用通信

工程内容：传输、公务电话、专用电话、无线通信、视频监视、广播、时钟、电源及接地、集中告警系统及备品备件等。

单位：正线公里

序号	指标编号		单位	4Z-001	
	项目			专用通信	
				—	占指标基价 /%
指标基价			元	9 998 031.00	100.00
一	建筑安装工程费		元	4 200 034.00	42.01
二	设备购置费		元	5 797 996.00	57.99
建筑安装工程费					
直接费	人工费	人工	工日	7 001.45	—
		措施费分摊	元	17 685.06	—
		人工费小计	元	830 517.00	8.31
	材料费	镀锌钢管 25	m	2 289.20	—
		镀锌钢管 32	m	2 862.89	—
		镀锌钢管 50	m	870.75	—
		防空障碍灯	套	0.14	—
		充油膏接头套管	套	26.76	—
		镀锌托板托架 6 层	套	2 323.35	—
		槽式电缆桥架 $W400 \times H200$	m	777.63	—
		槽式电缆桥架 $W200 \times H100$	m	542.10	—
		槽式电缆桥架 $W600 \times H200$	m	176.73	—
		槽式电缆桥架 $W400 \times H200$	m	112.16	—
		槽式电缆桥架 $W200 \times H100$	m	275.30	—
		摄像机立杆	根	6.11	—
		光缆接头盒 96 芯	套	1.50	—
		光缆接头盒 96 芯	套	0.07	—
		光缆接头盒 24 芯	套	0.14	—
		同轴软线	m	414.74	—
		光缆终端盒 8 芯	套	90.92	—
		接头	个	3.89	—
		跳线	根	552.60	—
		尾纤	根	395.72	—
		电源线 WDZ-RYY-$3 \times 2.5mm^2$	m	798.43	—

续表

序号		指标编号		4Z-001	
		项目	单位	专用通信	
				—	占指标基价 /%
建筑安装工程费					
直接费	材料费	广播扬声器 / 噪感器线	m	3 468.52	—
		广播扬声器 / 噪感器线	m	1 051.07	—
		电源线 WDZ-RYYP-3×2.5mm²	m	5 923.50	—
		屏蔽双绞线	m	2 870.19	—
		音频话筒线缆	m	62.50	—
		电源线 WDZ-RYY-3×4mm²	m	218.94	—
		接地电缆 WDZB-RYJ 1×35mm²	m	42.01	—
		接地电缆 WDZB-YJYR 1×16mm²	m	266.42	—
		电力电缆 WDZB-RYJ 4×10mm²	m	22.20	—
		电力电缆 WDZB-RYJ 4×25mm²	m	40.99	—
		电力电缆 WDZB-RYJ 4×25mm²	m	3.42	—
		电力电缆 WDZB-RYJ 5×16mm²	m	95.64	—
		超五类双绞线	m	2 024.01	—
		多模光缆 4 芯	m	12 687.05	—
		光缆 24 芯	m	365.64	—
		光缆 96 芯	m	2 520.16	—
		市话电缆 100×2×0.5mm²	m	206.97	—
		市话电缆 50×2×0.5mm²	m	206.97	—
		市话电缆 30×2×0.5mm²	m	68.99	—
		10P 市话电缆	m	2 520.16	—
		天线铁塔消雷器	套	0.07	—
		泄漏电缆	m	2 256.97	—
		7/8 射频同轴电缆	m	903.75	—
		1/2 射频同轴电缆	m	82.79	—
		抗振底座	个	13.56	—
		其他材料费	元	352 428.00	—
		措施费分摊	元	192 325.00	—
		材料费小计	元	1 853 444.00	18.54
	施工机具使用费	施工机具使用费	元	73 146.00	—
		措施费分摊	元	11 053.00	—
		施工机具使用费小计	元	84 199.00	0.84
直接费小计			元	2 768 160.00	27.69
综合费用			元	1 431 874.00	14.32
建筑安装工程费合计			元	4 200 034.00	42.01

续表

序号	指标编号		4Z-001	
	项目	单位	专用通信	
			—	占指标基价 /%
建筑安装工程费				
设备购置费	**传输系统**	—	—	—
	控制中心	处	0.03	—
	车站	站	0.74	—
	车辆段 / 停车场	处	0.07	—
	传输线路	km	1.00	—
	公务电话系统	—	—	—
	控制中心	处	0.03	—
	车站	站	0.74	—
	车辆段 / 停车场	处	0.07	—
	专用电话系统	—	—	—
	控制中心	处	0.03	—
	车站	站	0.74	—
	车辆段 / 停车场	处	0.07	—
	无线通信系统	—	—	—
	控制中心	处	0.03	—
	车站	站	0.74	—
	车辆段 / 停车场	处	0.07	—
	漏缆线路	km	1.00	—
	车载	列	1.05	—
	视频监视系统	—	—	—
	控制中心	处	0.03	—
	车站	站	0.74	—
	车辆段 / 停车场	处	0.07	—
	广播系统	—	—	—
	控制中心	处	0.03	—
	车站	站	0.74	—
	车辆段 / 停车场	处	0.07	—
	时钟系统	—	—	—
	控制中心	处	0.03	—
	车站	站	0.74	—
	车辆段 / 停车场	处	0.07	—
	电源及接地系统	—	—	—
	控制中心	处	0.03	—
	车站	站	0.74	—
	车辆段 / 停车场	处	0.07	—
	集中告警系统	—	—	—
	控制中心	处	0.03	57.99
	设备购置费小计	元	5 797 996.00	—
合计		元	9 998 031.00	100.00

4.2 公安通信

工程内容：传输、无线、消防无线、视频监视、计算机网络、公安电话、电源及接地及备品备件等。

单位：正线公里

序号		指标编号		4Z-002	
		项目	单位	公安通信	
				—	占指标基价 /%
指标基价			元	3 498 552.00	100.00
一		建筑安装工程费	元	978 753.00	27.98
二		设备购置费	元	2 519 799.00	72.02
建筑安装工程费					
直接费	人工费	人工	工日	2 415.09	—
		措施费分摊	元	3 249.40	—
		人工费小计	元	146 460.00	4.19
	材料费	镀锌钢管 25	m	752.38	—
		镀锌钢管 50	m	69.67	—
		光缆接头盒 96 芯	套	1.33	—
		接头	个	4.37	—
		尾纤	根	289.75	—
		屏蔽双绞线 8 芯	m	1 729.11	—
		电源线 WDZ-RYY-3×4	m	171.46	—
		接地电 WDZB-RYJ 1×35mm²	m	38.43	—
		接地电缆 WDZB-YJYR 1×16mm²	m	140.89	—
		电力电缆 WDZB-RYJ 4×10mm²	m	25.62	—
		电力电缆 WDZB-RYJ 4×25mm²	m	12.81	—
		光缆 96 芯	m	2 244.21	—
		泄漏电缆	m	2 101.40	—
		7/8 射频同轴电缆	m	1 403.92	—
		1/2 射频同轴电缆	m	140.39	—
		抗振底座	个	8.39	—
		其他材料费	元	37 110.00	—
		措施费分摊	元	35 337.00	—
		材料费小计	元	532 198.00	15.21
	施工机具使用费	施工机具使用费	元	25 209.00	—
		措施费分摊	元	2 031.00	—
		施工机具使用费小计	元	27 240.00	0.78
	直接费小计		元	705 898.00	20.18
综合费用			元	272 855.00	7.80
建筑安装工程费合计			元	978 753.00	27.98

续表

序号	指标编号		4Z-002	
	项目	单位	公安通信	
			—	占指标基价 /%
设备购置费				
设备购置费	**传输系统**	正线公里	1.00	—
	控制中心	处	0.03	—
	车站	站	0.74	—
	派出所	处	0.07	—
	传输线路	正线公里	1.00	—
	无线通信系统	正线公里	1.00	—
	控制中心	处	0.03	—
	车站	站	0.74	—
	漏缆线路	km	1.00	—
	消防无线系统	正线公里	1.00	—
	控制中心	处	0.03	—
	车站	站	0.74	—
	视频监视系统	正线公里	1.00	—
	控制中心	处	0.03	—
	车站	站	0.74	—
	派出所	处	0.07	—
	计算机网络系统	正线公里	1.00	—
	控制中心	处	0.03	—
	车站	站	0.74	—
	派出所	处	0.07	—
	公安电话系统	正线公里	1.00	—
	控制中心	处	0.03	—
	车站	站	0.74	—
	派出所	处	0.07	—
	电源及接地系统	正线公里	1.00	—
	控制中心	处	0.03	—
	车站	站	0.74	—
	派出所	处	0.07	—
	设备购置费小计	元	2 519 799.00	72.02
合计		元	3 498 552.00	100.00

4.3 办公自动化

工程内容：控制中心、车站、车辆段及停车场办公自动化系统。

单位：正线公里

<table>
<tr><td rowspan="3">序号</td><td colspan="3">指 标 编 号</td><td colspan="2">4Z-003</td></tr>
<tr><td colspan="2" rowspan="2">项 目</td><td rowspan="2">单位</td><td colspan="2">办公自动化</td></tr>
<tr><td>—</td><td>占指标基价 /%</td></tr>
<tr><td colspan="3">指标基价</td><td>元</td><td>712 059.00</td><td>100.00</td></tr>
<tr><td>一</td><td colspan="2">建筑安装工程费</td><td>元</td><td>318 460.00</td><td>44.72</td></tr>
<tr><td>二</td><td colspan="2">设备购置费</td><td>元</td><td>393 599.00</td><td>55.28</td></tr>
<tr><td colspan="6">建筑安装工程费</td></tr>
<tr><td rowspan="18">直接费</td><td rowspan="3">人工费</td><td>人工</td><td>工日</td><td>457.76</td><td>—</td></tr>
<tr><td>措施费分摊</td><td>元</td><td>1 103.45</td><td>—</td></tr>
<tr><td>人工费小计</td><td>元</td><td>54 148.00</td><td>7.60</td></tr>
<tr><td rowspan="10">材料费</td><td>插座</td><td>个</td><td>118.66</td><td>—</td></tr>
<tr><td>光缆终端盒 8 芯</td><td>套</td><td>0.89</td><td>—</td></tr>
<tr><td>屏蔽双绞线</td><td>m</td><td>13 755.46</td><td>—</td></tr>
<tr><td>电源线 WDZ-RYY-3 × $4mm^2$</td><td>m</td><td>230.55</td><td>—</td></tr>
<tr><td>多模光缆 4 芯</td><td>m</td><td>558.81</td><td>—</td></tr>
<tr><td>市话电缆 30 × 2 × $0.5mm^2$</td><td>m</td><td>917.55</td><td>—</td></tr>
<tr><td>抗振底座</td><td>个</td><td>0.85</td><td>—</td></tr>
<tr><td>其他材料费</td><td>元</td><td>5 853.00</td><td>—</td></tr>
<tr><td>措施费分摊</td><td>元</td><td>12 000.00</td><td>—</td></tr>
<tr><td>材料费小计</td><td>元</td><td>163 151.00</td><td>22.91</td></tr>
<tr><td rowspan="3">施工机具使用费</td><td>施工机具使用费</td><td>元</td><td>3 138.00</td><td>—</td></tr>
<tr><td>措施费分摊</td><td>元</td><td>690.00</td><td>—</td></tr>
<tr><td>施工机具使用费小计</td><td>元</td><td>3 828.00</td><td>0.54</td></tr>
<tr><td colspan="2">直接费小计</td><td>元</td><td>221 126.00</td><td>31.05</td></tr>
<tr><td colspan="3">综合费用</td><td>元</td><td>97 334.00</td><td>13.67</td></tr>
<tr><td colspan="3">建筑安装工程费合计</td><td>元</td><td>318 460.00</td><td>44.72</td></tr>
<tr><td colspan="6">设备购置费</td></tr>
<tr><td colspan="2" rowspan="4">设备购置费</td><td>控制中心</td><td>处</td><td>0.03</td><td>—</td></tr>
<tr><td>正线</td><td>站</td><td>0.74</td><td>—</td></tr>
<tr><td>车辆段及停车场</td><td>处</td><td>0.07</td><td>—</td></tr>
<tr><td>设备购置费小计</td><td>元</td><td>393 599.00</td><td>55.28</td></tr>
<tr><td colspan="3">合 计</td><td>元</td><td>712 059.00</td><td>100.00</td></tr>
</table>

4.4 乘客信息

工程内容: 控制中心、车站、车载乘客信息系统。

单位: 正线公里

序号	指标编号			4Z-004	
	项目		单位	乘客信息	
				—	占指标基价/%
指标基价			元	1 589 876.00	100.00
一	建筑安装工程费		元	326 779.00	20.55
二	设备购置费		元	1 263 096.00	79.45
建筑安装工程费					
直接费	人工费	人工	工日	552.34	—
		措施费分摊	元	1 506.76	—
		人工费小计	元	65 702.00	4.13
	材料费	光缆接头盒	套	1.22	—
		光缆终端盒 8芯	套	22.85	—
		尾纤	根	211.31	—
		电源线 WDZ-RYYP-3×2.5mm^2	m	1 816.84	—
		屏蔽双绞线	m	156.24	—
		电源线 WDZ-RYY-3×4	m	2 156.97	—
		单模光缆 8芯	m	227.66	—
		光缆 24芯	m	2 061.04	—
		抗振底座	个	2.30	—
		其他材料费	元	24 955.00	—
		措施费分摊	元	16 386.00	—
		材料费小计	元	136 033.00	8.56
	施工机具使用费	施工机具使用费	元	11 607.00	—
		措施费分摊	元	942.00	—
		施工机具使用费小计	元	12 549.00	0.79
	直接费小计		元	214 284.00	13.48
综合费用			元	112 495.00	7.08
建筑安装工程费合计			元	326 779.00	20.55
设备购置费					
设备购置费		控制中心	处	0.03	—
		车站	站	0.74	—
		车载	列	1.05	—
		设备购置费小计	元	1 263 096.00	79.45
合计			元	1 589 876.00	100.00

4.5 专用通信

4.5.1 传 输

工程内容：安装光线配线架、数字配线架、综合配线架、安装与调测传输设备、中心网络管理系统、本地维护终端、同步网络、BITS、GPS 接收机，数字通信通道调测，布放电缆及尾纤，机架加固，光缆引入及备品备件等。

单位：座

序号		指标编号		4F-001	
		项目	单位	控制中心	
				—	占指标基价 %
指标基价			元	2 742 439.00	100.00
一		建筑安装工程费	元	216 874.00	7.91
二		设备购置费	元	2 525 565.00	92.09
建筑安装工程费					
直接费	人工费	人工	工日	521.60	—
		措施费分摊	元	1 337.41	—
		人工费小计	元	61 780.16	2.25
	材料费	同轴软线 SFF-75-2	m	3 360.00	—
		尾纤	根	195.84	—
		屏蔽双绞线 8 芯	m	504.00	—
		电源线 WDZ-RYY-3 × $4mm^2$	m	80.80	—
		抗振底座	个	4.00	—
		其他材料费	元	3 745.53	—
		措施费分摊	元	14 544.29	—
		施工机具使用费	元	44 440.13	1.62
	施工机具使用费	施工机具使用费	元	9 036.87	—
		措施费分摊	元	835.88	—
		施工机具使用费小计	元	9 872.75	0.36
	直接费小计		元	116 093.04	4.23
综合费用			元	100 781.35	3.67
建筑安装工程费合计			元	216 874.39	7.91

续表

序号	指标编号		4F-001	
	项　目	单位	控制中心	
			—	占指标基价 %
设备购置费				
设备购置费	增强型 MSTP 40Gbps	套	1.00	—
	网管服务器	套	1.00	—
	网管终端（含软件）	套	1.00	—
	勤务电话	个	1.00	—
	便携式维护终端	台	1.00	—
	光纤配线架	架	1.00	—
	数字配线架	架	1.00	—
	综合配线架	架	1.00	—
	传输机柜	架	1.00	—
	同步设备	架	1.00	—
	卫星接收机	套	1.00	—
	备品备件	项	1.00	—
	设备购置费小计	元	2 525 565.00	92.09
合　计		元	2 742 439.00	100.00

工程内容：安装光线配线架、数字配线架、综合配线架，安装与调测传输设备，数字通信通道调测，布放电缆及尾纤，机架加固，光缆引入及备品备件等。

单位：站

<table>
<tr><td rowspan="3">序号</td><td colspan="3">指 标 编 号</td><td colspan="2">4F-002</td></tr>
<tr><td colspan="2" rowspan="2">项　　目</td><td rowspan="2">单位</td><td colspan="2">车站</td></tr>
<tr><td>—</td><td>占指标基价 /%</td></tr>
<tr><td colspan="3">指标基价</td><td>元</td><td>1 469 550.00</td><td>100.00</td></tr>
<tr><td>一</td><td colspan="2">建筑安装工程费</td><td>元</td><td>138 714.00</td><td>9.44</td></tr>
<tr><td>二</td><td colspan="2">设备购置费</td><td>元</td><td>1 330 837.00</td><td>90.56</td></tr>
<tr><td colspan="6">建筑安装工程费</td></tr>
<tr><td rowspan="16">直接费</td><td rowspan="3">人工费</td><td>人工</td><td>工日</td><td>290.77</td><td>—</td></tr>
<tr><td>措施费分摊</td><td>元</td><td>802.33</td><td>—</td></tr>
<tr><td>人工费小计</td><td>元</td><td>34 498.13</td><td>2.35</td></tr>
<tr><td rowspan="8">材料费</td><td>同轴软线 SFF-75-2</td><td>m</td><td>252.00</td><td>—</td></tr>
<tr><td>尾纤</td><td>根</td><td>487.37</td><td>—</td></tr>
<tr><td>屏蔽双绞线 8 芯</td><td>m</td><td>378.00</td><td>—</td></tr>
<tr><td>电源线 WDZ-RYY-3 × 4mm^2</td><td>m</td><td>60.60</td><td>—</td></tr>
<tr><td>抗振底座</td><td>个</td><td>3.00</td><td>—</td></tr>
<tr><td>其他材料费</td><td>元</td><td>2 968.85</td><td>—</td></tr>
<tr><td>措施费分摊</td><td>元</td><td>8 725.37</td><td>—</td></tr>
<tr><td>材料费小计</td><td>元</td><td>37 081.41</td><td>2.52</td></tr>
<tr><td rowspan="3">施工机具使用费</td><td>施工机具使用费</td><td>元</td><td>8 908.40</td><td>—</td></tr>
<tr><td>措施费分摊</td><td>元</td><td>501.46</td><td>—</td></tr>
<tr><td>施工机具使用费小计</td><td>元</td><td>9 409.86</td><td>0.64</td></tr>
<tr><td colspan="2">直接费小计</td><td>元</td><td>80 989.41</td><td>5.51</td></tr>
<tr><td colspan="3">综合费用</td><td>元</td><td>57 724.15</td><td>3.93</td></tr>
<tr><td colspan="3">建筑安装工程费合计</td><td>元</td><td>138 713.55</td><td>9.44</td></tr>
<tr><td colspan="6">设备购置费</td></tr>
<tr><td colspan="2" rowspan="9">设备购置费</td><td>增强型 MSTP 40Gbps</td><td>套</td><td>1.00</td><td>—</td></tr>
<tr><td>勤务电话</td><td>个</td><td>1.00</td><td>—</td></tr>
<tr><td>光纤配线架</td><td>架</td><td>0.09</td><td>—</td></tr>
<tr><td>光纤配线架</td><td>架</td><td>0.41</td><td>—</td></tr>
<tr><td>光纤配线架</td><td>架</td><td>0.50</td><td>—</td></tr>
<tr><td>综合配线架</td><td>个</td><td>1.00</td><td>—</td></tr>
<tr><td>传输机柜</td><td>架</td><td>1.00</td><td>—</td></tr>
<tr><td>备品备件</td><td>项</td><td>0.05</td><td>—</td></tr>
<tr><td>设备购置费小计</td><td>元</td><td>1 330 836.82</td><td>90.56</td></tr>
<tr><td colspan="3">合　　计</td><td>元</td><td>1 469 550.00</td><td>100.00</td></tr>
</table>

工程内容：安装光线配线架、数字配线架、综合配线架，安装与调测传输设备，数字通信通道调测，布放电缆及尾纤，机架加固，光缆引入及备品备件等。

单位：处

序号	指标编号			4F-003	
	项目		单位	车辆段 / 停车场	
				—	占指标基价/%
指标基价			元	1 294 671.00	100.00
一	建筑安装工程费		元	156 996.00	12.13
二	设备购置费		元	1 137 675.00	87.87
建筑安装工程费					
直接费	人工费	人工	工日	334.18	—
		措施费分摊	元	904.36	—
		人工费小计	元	39 629.91	3.06
	材料费	同轴软线 SFF-75-2	m	1 680.00	—
		尾纤	根	391.68	—
		屏蔽双绞线 8 芯	m	378.00	—
		电源线 WDZ-RYY-3×4mm^2	m	60.60	—
		抗振底座	个	3.00	—
		其他材料费	元	5 436.61	—
		措施费分摊	元	9 834.94	—
		材料费小计	元	41 644.79	3.22
	施工机具使用费	施工机具使用费	元	9 030.60	—
		措施费分摊	元	565.23	—
		施工机具使用费小计	元	9 595.82	0.74
	直接费小计		元	90 870.53	7.02
综合费用			元	66 125.59	5.11
建筑安装工程费合计			元	156 996.12	12.13
设备购置费					
设备购置费		增强型 MSTP 40Gbps	套	1.00	—
		勤务电话	个	1.00	—
		光纤配线架	架	1.00	—
		数字配线架	架	1.00	—
		综合配线架	个	1.00	—
		传输机柜	架	1.00	—
		备品备件	项	0.50	—
		设备购置费小计	元	1 137 675.00	87.87
合　计			元	1 294 671.00	100.00

工程内容：敷设托架光、电缆、护套电线、安装托板托架、光 / 电缆引入及备品备件等。

单位：正线公里

序号	指标编号			4F-004	
	项目		单位	传输线路	
				—	占指标基价 /%
指标基价			元	1 005 005.00	100.00
一	建筑安装工程费		元	1 005 005.00	100.00
二	设备购置费		元	—	—
建筑安装工程费					
直接费	人工费	人工	工日	1 492.16	—
		措施费分摊	元	3 592.88	—
		人工费小计	元	176 478.05	17.56
	材料费	充油膏接头套管	套	22.46	—
		镀锌托板托架 6 层	套	2 323.35	—
		光缆接头盒 96 芯	套	1.50	—
		光缆 96 芯	m	2 520.16	—
		10P 市话电缆 HYAT	m	2 520.16	—
		其他材料费	元	44 830.43	—
		措施费分摊	元	39 072.58	—
		材料费小计	元	496 154.38	49.37
	施工机具使用费	施工机具使用费	元	10 484.46	—
		措施费分摊	元	2 245.55	—
		施工机具使用费小计	元	12 730.02	1.27
	直接费小计		元	685 362.44	68.19
综合费用			元	319 642.10	31.81
建筑安装工程费合计			元	1 005 004.53	100.00
设备购置费					
设备购置费	—		—	—	—
	设备购置费小计		元	0.00	0.00
合　计			元	1 005 005.00	100.00

4.5.2 公务电话

工程内容:安装与调测核心软交换控制设备、维护终端、打印机告警设备、计费系统设备、安装总配线架、自动电话机、数字话机,机架加固及备品备件等。

单位:座

序号		指标编号		4F-005	
		项目	单位	控制中心	
				—	占指标基价 /%
指标基价			元	1 355 093.00	100.00
一		建筑安装工程费	元	62 543.00	4.62
二		设备购置费	元	1 292 550.00	95.38
建筑安装工程费					
直接费	人工费	人工	工日	139.10	—
		措施费分摊	元	395.42	—
		人工费小计	元	16 514.45	1.22
	材料费	屏蔽双绞线 8 芯	m	388.50	—
		电源线 WDZ-RYY-3×4mm²	m	30.30	—
		抗振底座	个	1.00	—
		其他材料费	元	5 069.55	—
		措施费分摊	元	4 300.14	—
		材料费小计	元	13 731.86	1.01
	施工机具使用费	施工机具使用费	元	5 069.55	—
		措施费分摊	元	247.13	—
		施工机具使用费小计	元	5 316.68	0.39
	直接费小计		元	35 562.99	2.62
综合费用			元	26 979.59	1.99
建筑安装工程费合计			元	62 542.58	4.62
设备购置费					
设备购置费		核心软交换控制设备	套	1.00	—
		计费服务器	套	1.00	—
		网管服务器	套	1.00	—
		网管终端(含软件)	套	1.00	—
		计费系统	套	1.00	—
		便携式维护终端	台	1.00	—
		以太网交换机	台	1.00	—
		传真机	套	1.00	—
		IP 电话	台	5.00	—
		IP 话务台	套	1.00	—
		综合接入设备	台	1.00	—
		公务电话机柜	架	1.00	—
		备品备件	项	1.00	—
		设备购置费小计	元	1 292 550.00	95.38
合计			元	1 355 093.00	100.00

工程内容：安装与调测车站综合接入网关、综合接入设备，安装自动电话机、数字话机，机架加固及备品备件等。

单位：站

序号	指标编号			4F-006	
	项　目		单位	车站	
				—	占指标基价 /%
指标基价			元	147 664.00	100.00
一	建筑安装工程费		元	43 872.00	29.71
二	设备购置费		元	103 793.00	70.29
建筑安装工程费					
直接费	人工费	人工	工日	110.95	—
		措施费分摊	元	262.20	—
		人工费小计	元	13 123.47	8.89
	材料费	电源线 WDZ-RYY-3×4mm^2	m	30.30	—
		超五类双绞线	m	525.00	—
		抗振底座	个	1.00	—
		其他材料费	元	632.69	—
		措施费分摊	元	2 851.43	—
		材料费小计	元	9 059.77	6.14
	施工机具使用费	施工机具使用费	元	304.91	—
		措施费分摊	元	163.88	—
		施工机具使用费小计	元	468.79	0.32
	直接费小计		元	22 652.03	15.34
综合费用			元	21 219.65	14.37
建筑安装工程费合计			元	43 871.68	29.71
设备购置费					
设备购置费		综合接入网关	台	0.41	—
		综合接入设备	台	0.59	—
		以太网交换机	台	1.00	—
		IP 电话	台	1.00	—
		自动电话机	部	45.00	—
		公务电话机柜	架	1.00	—
		备品备件	项	0.05	—
		设备购置费小计	元	103 792.50	70.29
合　计			元	147 664.00	100.00

工程内容：安装与调测车站综合接入网关、综合接入设备，安装自动电话机、数字话机，机架加固及备品备件等。

单位：座

序号		指标编号		4F-007	
		项目	单位	车辆段/停车场	
				—	占指标基价/%
指标基价			元	1 624 306.00	100.00
一		建筑安装工程费	元	482 588.00	29.71
二		设备购置费	元	1 141 718.00	70.29
建筑安装工程费					
直接费	人工费	人工	工日	1 220.45	—
		措施费分摊	元	2 884.21	—
		人工费小计	元	144 358.15	8.89
	材料费	电源线 WDZ-RYY-3×4mm^2	m	30.30	—
		超五类双绞线	m	525.00	—
		抗振底座	个	1.00	—
		其他材料费	元	6 959.56	—
		措施费分摊	元	31 365.75	—
		材料费小计	元	99 657.50	6.14
	施工机具使用费	施工机具使用费	元	3 354.04	—
		措施费分摊	元	1 802.63	—
		施工机具使用费小计	元	5 156.66	0.32
	直接费小计		元	249 172.31	15.34
综合费用			元	233 416.12	14.37
建筑安装工程费合计			元	482 588.43	29.71
设备购置费					
设备购置费		综合接入网关	台	0.41	—
		综合接入设备	台	0.59	—
		以太网交换机	台	1.00	—
		IP 电话	台	1.00	—
		自动电话机	部	45.00	—
		公务电话机柜	架	1.00	—
		备品备件	项	0.05	—
		设备购置费小计	元	1 141 717.50	70.29
合　计			元	1 624 306.00	100.00

4.5.3 专 用 电 话

工程内容：安装与调测中心调度专用交换机、调度操作台、维护管理终端、录音装置，机架加固及备品备件等。

单位：座

<table>
<tr><td rowspan="3">序号</td><td colspan="3">指 标 编 号</td><td colspan="2">4F–008</td></tr>
<tr><td colspan="2" rowspan="2">项　　目</td><td rowspan="2">单位</td><td colspan="2">控制中心</td></tr>
<tr><td>—</td><td>占指标基价 /%</td></tr>
<tr><td colspan="3">指标基价</td><td>元</td><td>1 085 077.00</td><td>100.00</td></tr>
<tr><td>一</td><td colspan="2">建筑安装工程费</td><td>元</td><td>126 952.00</td><td>11.70</td></tr>
<tr><td>二</td><td colspan="2">设备购置费</td><td>元</td><td>958 125.00</td><td>88.30</td></tr>
<tr><td colspan="6">建筑安装工程费</td></tr>
<tr><td rowspan="15">直接费</td><td rowspan="3">人工费</td><td>人工</td><td>工日</td><td>309.81</td><td>—</td></tr>
<tr><td>措施费分摊</td><td>元</td><td>767.42</td><td>—</td></tr>
<tr><td>人工费小计</td><td>元</td><td>36 665.34</td><td>3.38</td></tr>
<tr><td rowspan="6">材料费</td><td>屏蔽双绞线 8 芯</td><td>m</td><td>8.89</td><td>—</td></tr>
<tr><td>电源线 WDZ-RYY-3×4mm^2</td><td>m</td><td>16.78</td><td>—</td></tr>
<tr><td>抗振底座</td><td>个</td><td>400.00</td><td>—</td></tr>
<tr><td>其他材料费</td><td>元</td><td>2 376.74</td><td>—</td></tr>
<tr><td>措施费分摊</td><td>元</td><td>8 345.70</td><td>—</td></tr>
<tr><td>材料费小计</td><td>元</td><td>26 566.04</td><td>2.45</td></tr>
<tr><td rowspan="3">施工机具使用费</td><td>施工机具使用费</td><td>元</td><td>3 589.74</td><td>—</td></tr>
<tr><td>措施费分摊</td><td>元</td><td>479.64</td><td>—</td></tr>
<tr><td>施工机具使用费小计</td><td>元</td><td>4 069.38</td><td>0.38</td></tr>
<tr><td colspan="2">直接费小计</td><td>元</td><td>67 300.76</td><td>6.20</td></tr>
<tr><td colspan="3">综合费用</td><td>元</td><td>59 650.87</td><td>5.50</td></tr>
<tr><td colspan="3">建筑安装工程费合计</td><td>元</td><td>126 951.63</td><td>11.70</td></tr>
<tr><td colspan="6">设备购置费</td></tr>
<tr><td colspan="2" rowspan="11">设备购置费</td><td>调度主系统</td><td>套</td><td>1.00</td><td>—</td></tr>
<tr><td>网管服务器</td><td>套</td><td>1.00</td><td>—</td></tr>
<tr><td>专用电话网管终端（含软件）</td><td>套</td><td>1.00</td><td>—</td></tr>
<tr><td>数字式录音设备（1+1 热备）</td><td>套</td><td>1.00</td><td>—</td></tr>
<tr><td>录音网管终端（含软件）</td><td>套</td><td>1.00</td><td>—</td></tr>
<tr><td>调度操作台</td><td>套</td><td>6.00</td><td>—</td></tr>
<tr><td>打印机</td><td>套</td><td>1.00</td><td>—</td></tr>
<tr><td>便携式维护终端</td><td>台</td><td>1.00</td><td>—</td></tr>
<tr><td>专用电话机柜</td><td>架</td><td>1.00</td><td>—</td></tr>
<tr><td>备品备件</td><td>项</td><td>1.00</td><td>—</td></tr>
<tr><td>设备购置费小计</td><td>元</td><td>958 125.00</td><td>88.30</td></tr>
<tr><td colspan="3">合　　计</td><td>元</td><td>1 085 077.00</td><td>100.00</td></tr>
</table>

工程内容：安装与调测车站调度专用交换机、值班操作台、调度及专用电话分机，安装通信综合设备柜、出线盒、桥架，敷设配线电缆，穿放电话线、机架加固等及备品备件。

单位：站

<table>
<tr><td rowspan="3">序号</td><td colspan="2">指 标 编 号</td><td colspan="2">4F-009</td></tr>
<tr><td colspan="2" rowspan="2">项　　目</td><td rowspan="2">单位</td><td colspan="2">车站</td></tr>
<tr><td>—</td><td>占指标基价 /%</td></tr>
<tr><td colspan="3">指标基价</td><td>元</td><td>1 279 172.00</td><td>100.00</td></tr>
<tr><td>一</td><td colspan="2">建筑安装工程费</td><td>元</td><td>1 081 562.00</td><td>84.55</td></tr>
<tr><td>二</td><td colspan="2">设备购置费</td><td>元</td><td>197 610.00</td><td>15.45</td></tr>
<tr><td colspan="6">建筑安装工程费</td></tr>
<tr><td rowspan="20">直接费</td><td rowspan="3">人工费</td><td>人工</td><td>工日</td><td>2 192.97</td><td>—</td></tr>
<tr><td>措施费分摊</td><td>元</td><td>5 600.95</td><td>—</td></tr>
<tr><td>人工费小计</td><td>元</td><td>260 860.00</td><td>20.39</td></tr>
<tr><td rowspan="11">材料费</td><td>镀锌钢管 25</td><td>m</td><td>1 060.90</td><td>—</td></tr>
<tr><td>镀锌钢管 32</td><td>m</td><td>1 591.35</td><td>—</td></tr>
<tr><td>镀锌钢管 50</td><td>m</td><td>318.27</td><td>—</td></tr>
<tr><td>槽式电缆桥架 $W400 \times H200$</td><td>m</td><td>1 045.20</td><td>—</td></tr>
<tr><td>槽式电缆桥架 $W200 \times H100$</td><td>m</td><td>728.63</td><td>—</td></tr>
<tr><td>槽式电缆桥架 $W600 \times H200$</td><td>m</td><td>237.55</td><td>—</td></tr>
<tr><td>电源线 WDZ-RYY-3×4mm^2</td><td>m</td><td>30.30</td><td>—</td></tr>
<tr><td>抗振底座</td><td>个</td><td>1.00</td><td>—</td></tr>
<tr><td>施工机具使用费</td><td>元</td><td>97 735.31</td><td>—</td></tr>
<tr><td>措施费分摊</td><td>元</td><td>60 910.31</td><td>—</td></tr>
<tr><td>材料费小计</td><td>元</td><td>364 909.01</td><td>28.53</td></tr>
<tr><td rowspan="3">施工机具使用费</td><td>施工机具使用费</td><td>元</td><td>13 948.71</td><td>—</td></tr>
<tr><td>措施费分摊</td><td>元</td><td>3 500.59</td><td>—</td></tr>
<tr><td>施工机具使用费小计</td><td>元</td><td>17 449.31</td><td>1.36</td></tr>
<tr><td colspan="2">机械</td><td>元</td><td>643 218.47</td><td>50.28</td></tr>
<tr><td colspan="3">综合费用</td><td>元</td><td>438 343.73</td><td>34.27</td></tr>
<tr><td colspan="3">建筑安装工程费合计</td><td>元</td><td>1 081 562.20</td><td>84.55</td></tr>
<tr><td colspan="6">设备购置费</td></tr>
<tr><td colspan="2" rowspan="8">设备购置费</td><td>调度分系统</td><td>套</td><td>1.00</td><td>—</td></tr>
<tr><td>数字式录音设备</td><td>套</td><td>1.00</td><td>—</td></tr>
<tr><td>值班操作台</td><td>套</td><td>1.00</td><td>—</td></tr>
<tr><td>调度电话分机</td><td>台</td><td>6.00</td><td>—</td></tr>
<tr><td>站内直通电话</td><td>台</td><td>20.00</td><td>—</td></tr>
<tr><td>专用电话机柜</td><td>架</td><td>1.00</td><td>—</td></tr>
<tr><td>备品备件</td><td>项</td><td>0.05</td><td>—</td></tr>
<tr><td>设备购置费小计</td><td>元</td><td>197 610.00</td><td>15.45</td></tr>
<tr><td colspan="3">合　　计</td><td>元</td><td>1 279 172.00</td><td>100.00</td></tr>
</table>

工程内容：安装与调测车站调度专用交换机、调度操作台、调度及专用电话分机、扩音对讲终端，安装通信综合设备柜、出线盒、桥架，敷设地区电缆、配线电缆，穿放电话线，设置人孔、手孔，敷设钢管、通信管道，机架加固及备品备件等。

单位：座

序号	指标编号		单位	4F-010	
	项目			车辆段 / 停车场	
				—	占指标基价 /%
指标基价			元	8 140 554.00	100.00
一	建筑安装工程费		元	7 669 314.00	94.21
二	设备购置费		元	471 240.00	5.79
建筑安装工程费					
直接费	人工费	人工	工日	14 584.63	—
		措施费分摊	元	35 856.19	—
		人工费小计	元	1 729 508.42	21.25
	材料费	镀锌钢管 25	m	5 150.00	—
		镀锌钢管 32	m	1 030.00	—
		镀锌钢管 50	m	8 240.00	—
		充油膏接头套管	套	27.27	—
		槽式电缆桥架 $W400 \times H200$	m	1 658.25	—
		槽式电缆桥架 $W200 \times H100$	m	4 070.25	—
		电源线 WDZ-RYY-3 × 4mm^2	m	30.30	—
		市话电缆 100 × 2 × 0.5mm^{2}HYAT	m	1 020.00	—
		施工机具使用费	m	2 040.00	—
		抗振底座	个	1.00	—
		其他材料费	元	1 803 028.41	—
		措施费分摊	元	389 936.09	—
		材料费小计	元	2 890 884.00	35.51
	施工机具使用费	施工机具使用费	元	76 491.43	—
		措施费分摊	元	22 410.12	—
		施工机具使用费小计	元	98 901.55	1.21
	直接费小计		元	4 719 293.97	57.97
综合费用			元	2 950 020.43	36.24
建筑安装工程费合计			元	7 669 314.40	94.21
设备购置费					
设备购置费		调度分系统	套	1.00	—
		数字式录音设备	套	1.00	—
		值班操作台	套	4.00	—
		调度电话分机	台	10.00	—
		站内直通电话	台	40.00	—
		扩音对讲终端	个	35.00	—
		专用电话机柜	架	1.00	—
		工作台	套	6.00	—
		设备购置费小计	元	471 240.00	5.79
合　计			元	8 140 554.00	100.00

4.5.4 无线通信

工程内容：安装与调测中央控制设备、调度控制台、网管设备，敷设电缆、电源线，全线无线系统调试与开通，机架加固及备品备件等。

单位：座

序号		指标编号		4F-011	
		项目	单位	控制中心	
				—	占指标基价 /%
指标基价			元	9 932 700.00	100.00
一		建筑安装工程费	元	191 640.00	1.93
二		设备购置费	元	9 741 060.00	98.07
建筑安装工程费					
直接费	人工费	人工	工日	440.76	—
		措施费分摊	元	1 166.99	—
		人工费小计	元	52 237.85	0.53
	材料费	屏蔽双绞线 8 芯	m	2 310.00	—
		电源线 WDZ-RYY-$3\times4mm^2$	m	50.50	—
		抗振底座	个	1.00	—
		施工机具使用费	元	8 041.31	—
		措施费分摊	元	12 691.06	—
		材料费小计	元	42 515.61	0.43
	施工机具使用费	施工机具使用费	元	10 273.51	—
		措施费分摊	元	729.37	—
		施工机具使用费小计	—	11 002.88	0.11
	直接费小计		元	105 756.34	1.06
综合费用			元	85 883.65	0.86
建筑安装工程费合计			元	191 639.99	1.93
设备购置费					
设备购置费		集群交换设备	套	1.00	—
		TETRA 网管	套	1.00	—
		二次开发网管	台	1.00	—
		直放站网管	套	1.00	—
		二次开发服务器	套	2.00	—
		路由器	套	1.00	—
		集群基站	套	1.00	—
		POI 设备	套	1.00	—
		无线调度台	套	5.00	—
		二次开发调度台	套	5.00	—
		便携式维护终端	台	1.00	—
		打印机	套	1.00	—
		服务器机柜	架	1.00	—
		备品备件	项	1.00	—
		设备购置费小计	元	9 741 060.00	98.07
合计			元	9 932 700.00	100.00

工程内容：安装与调测集群基站、安装固定台及天线、小天线、功分器，布放射频馈线，敷设防护钢管，集群基站系统调测，机架加固及备品备件等。

单位：站

序号		指标编号		4F-012	
		项目	单位	车站	
				—	占指标基价 /%
指标基价			元	1 400 952.00	100.00
一		建筑安装工程费	元	175 197.00	12.51
二		设备购置费	元	1 225 756.00	87.49
建筑安装工程费					
直接费	人工费	人工	工日	300.32	—
		措施费分摊	元	760.86	—
		人工费小计	元	35 585.99	2.54
	材料费	镀锌钢管 32	m	103.00	—
		镀锌钢管 50	m	103.00	—
		接头	个	1.47	—
		屏蔽双绞线 8 芯	m	94.50	—
		电源线 WDZ-RYY-3 × 4mm^2	m	40.40	—
		7/8 射频同轴电缆	m	1 122.00	—
		1/2 射频同轴电缆	m	102.00	—
		抗振底座	个	1.00	—
		施工机具使用费	—	—	—
		其他材料费	元	6 582.91	—
		措施费分摊	元	8 274.34	—
		材料费小计	元	72 862.14	5.20
	施工机具使用费	施工机具使用费	元	4 101.19	—
		措施费分摊	元	475.54	—
		施工机具使用费小计	元	4 576.72	0.33
	直接费小计		元	113 024.85	8.07
综合费用			元	62 171.91	4.44
建筑安装工程费合计			元	175 196.77	12.51
设备购置费					
设备购置费		集群基站	套	1.00	—
		无线射频机柜	套	1.00	—
		固定台及固定台天线	套	1.00	—
		全向吸顶小天线	个	20.00	—
		耦合器	个	15.00	—
		功分器	个	10.00	—
		新设手持电台	套	11.36	—
		光纤直放站近端机	套	0.50	—
		光纤直放站远端机	套	1.00	—
		备品备件	项	0.05	—
		设备购置费小计	元	1 225 755.68	87.49
合　计			元	1 400 952.00	100.00

工程内容：安装与调测集群基站及天线、馈线、调度控制台，安装天线铁塔、避雷器，布放射频馈线，敷设防护钢管，集群基站系统调测，机架加固及备品备件等。

单位：座

序号	指标编号		单位	4F-013	
	项目			车辆段 / 停车场	
				—	占指标基价 /%
指标基价			元	2 484 231.00	100.00
一	建筑安装工程费		元	585 831.00	23.58
二	设备购置费		元	1 898 400.00	76.42
建筑安装工程费					
直接费	人工费	人工	工日	1 167.71	—
		措施费分摊	元	3 095.96	—
		人工费小计	元	138 392.35	5.57
	材料费	防空障碍灯	套	2.00	—
		接头	个	1.35	—
		屏蔽双绞线 8 芯	m	1 680.00	—
		电源线 WDZ-RYY-3 × 4mm^2	m	40.40	—
		天线铁塔消雷器	套	1.00	—
		7/8 射频同轴电缆	m	1 020.00	—
		施工机具使用费	—	—	—
		其他材料费	元	85 133.36	—
		措施费分摊	元	33 668.55	—
		材料费小计	元	183 738.86	7.40
	施工机具使用费	施工机具使用费	元	27 637.43	—
		措施费分摊	元	1 934.97	—
		施工机具使用费小计	元	29 572.40	1.19
	直接费小计		元	351 703.61	14.16
综合费用			元	234 127.36	9.42
建筑安装工程费合计			元	585 830.96	23.58
设备购置费					
设备购置费		集群基站	套	1.00	—
		光纤直放站近端机	套	1.00	—
		光纤直放站远端机	套	2.00	—
		无线射频机柜	套	1.00	—
		固定台及固定台天线	套	1.00	—
		远端调度台	套	1.00	—
		无线塔（杆）	套	1.00	—
		鞭状全向天线	个	3.00	—
		全向吸顶小天线	个	25.00	—
		耦合器	个	20.00	—
		功分器	个	2.00	—
		备品备件	项	0.50	—
		设备购置费小计	元	1 898 400.00	76.42
合　计			元	2 484 231.00	100.00

工程内容：架设漏泄同轴电缆及调整调试，场强测试及整理分析，安装隧道口定向天及备品备件线。

单位：km

序号	指标编号		单位	4F-014	
	项目			漏缆线路	
				—	占指标基价 /%
指标基价			元	356 137.00	100.00
一	建筑安装工程费		元	356 137.00	100.00
二	设备购置费		元	—	—
建筑安装工程费					
直接费	人工费	人工	工日	44.41	—
		措施费分摊	元	163.79	—
		人工费小计	元	5 309.15	1.49
	材料费	接头	个	2.71	—
		泄漏电缆	m	2 256.97	—
		施工机具使用费	元	665.38	—
		其他材料费措施费分摊	元	1 781.19	—
		材料费小计	元	309 981.29	87.04
	施工机具使用费	施工机具使用费	元	4 212.34	—
		措施费分摊	元	102.37	—
		施工机具使用费小计	元	4 314.71	1.21
	直接费小计		元	319 605.15	89.74
综合费用			元	36 531.91	10.26
建筑安装工程费合计			元	356 137.06	100.00
设备购置费					
设备购置费		—	—	—	—
		设备购置费小计	元	0.00	0.00
合　计			元	356 137.00	100.00

工程内容：安装与调测车载电台及备品备件。

单位：列

序号	指标编号		单位	4F–015	
	项目			车载	
				—	占指标基价 /%
指标基价			元	110 350.00	100.00
一	建筑安装工程费		元	8 737.00	7.92
二	设备购置费		元	101 613.00	92.08
建筑安装工程费					
直接费	人工费	人工	工日	25.00	—
		措施费分摊	元	60.20	—
		人工费小计	元	2 956.76	2.68
	材料费	其他材料费	元	226.35	—
		措施费分摊	元	654.64	—
		施工机具使用费	元	880.99	0.80
	施工机具使用费	施工机具使用费	元	175.52	—
		措施费分摊	元	37.62	—
		施工机具使用费小计	元	213.14	0.19
	直接费小计		元	4 050.89	3.67
综合费用			元	4 686.52	4.25
建筑安装工程费合计			元	8 737.41	7.92
设备购置费					
设备购置费	车载电台		套	2.42	—
	备品备件		项	0.03	—
	设备购置费小计		元	101 612.90	92.08
合计			元	110 350.00	100.00

4.5.5 视频监控

工程内容: 安装与调测中心视频控制设备、网管设备、录像回放设备、控制终端、监视器以及中心系统开通调试、机架加固及备品备件等。

单位:座

序号		指标编号		4F-016	
		项目	单位	控制中心	
				—	占指标基价 %
指标基价			元	7 462 430.00	100.00
一	建筑安装工程费		元	258 380.00	3.46
二	设备购置费		元	7 204 050.00	96.54
建筑安装工程费					
直接费	人工费	人工	工日	724.67	—
		措施费分摊	元	1 683.63	—
		人工费小计	元	85 654.39	1.15
	材料费	屏蔽双绞线 8芯	m	1 239.00	—
		电源线 WDZ-RYY-3×4mm^2	m	40.40	—
		抗振底座	个	5.00	—
		其他材料费	元	2 792.84	—
		措施费分摊	元	18 309.52	—
		材料费小计	元	34 794.94	0.47
	施工机具使用费	施工机具使用费	元	693.59	—
		措施费分摊	元	1 052.27	—
		施工机具使用费小计	元	1 745.86	0.02
	直接费小计		元	122 195.20	1.64
综合费用			元	136 184.61	1.82
建筑安装工程费合计			元	258 379.81	3.46

续表

序号	指标编号		4F-016	
	项目	单位	控制中心	
			—	占指标基价 %
设备购置费				
设备购置费	视频管理服务器	套	1.00	—
	核心以太网交换机	套	1.00	—
	录像服务器	套	1.00	—
	系统网管服务器	套	1.00	—
	系统网管终端	套	1.00	—
	录像网管	套	1.00	—
	列车视频服务器	套	1.00	—
	数字录像存储设备	套	1.00	—
	安全设备	套	1.00	—
	监控终端	套	5.00	—
	列车视频监控终端	套	1.00	—
	录像回放终端	套	1.00	—
	便携式维护终端	台	1.00	—
	解码器	台	12.00	—
	大屏显示设备 70″高清	块	15.00	—
	显示屏接口工作站	台	1.00	—
	大屏控制设备	套	1.00	—
	视频监视系统机柜	架	4.00	—
	大屏幕机柜	架	1.00	—
	固定式摄像机	台	2.00	—
	以太网交换机	套	2.00	—
	备品备件	项	1.00	—
	设备购置费小计	元	7 204 050.00	96.54
合计		元	7 462 430.00	100.00

工程内容：安装与调测车站控制设备、控制终端、监视器、录像存储设备、摄像机，敷设钢管、同轴电缆、机架加固等以及车站系统开通调试、机架加固及备品备件等。

单位：站

序号		指标编号		4F-017	
		项　目	单位	车站	
				—	占指标基价 /%
指标基价			元	2 839 301.00	100.00
一		建筑安装工程费	元	916 498.00	32.28
二		设备购置费	元	1 922 803.00	67.72
建筑安装工程费					
直接费	人工费	人工	工日	1 593.26	—
		措施费分摊	元	4 214.30	—
		人工费小计	元	189 182.58	6.66
	材料费	镀锌钢管 32	m	2 060.00	—
		光缆终端盒 8 芯	套	107.06	—
		跳线	根	648.72	—
		电源线 WDZ-RYYP-3 × 2.5mm^2	m	6 327.00	—
		电源线 WDZ-RYY-3 × 4mm^2	m	40.40	—
		超五类双绞线	m	2 100.00	—
		多模光缆 4 芯	m	15 300.00	—
		抗振底座	个	4.00	—
		施工机具使用费	元	93 906.11	—
		措施费分摊	元	45 830.49	—
		材料费小计	元	365 986.57	12.89
	施工机具使用费	施工机具使用费	元	29 525.48	—
		措施费分摊	元	2 633.94	—
		施工机具使用费小计	元	32 159.41	1.13
	直接费小计		元	587 328.56	20.69
综合费用			元	329 169.76	11.59
建筑安装工程费合计			元	916 498.32	32.28

续表

序号	指标编号		4F-017	
	项　目	单位	车站	
			—	占指标基价 /%
设备购置费				
设备购置费	视频管理服务器	套	1.00	—
	以太网交换机	套	1.00	—
	数字录像存储设备	套	1.00	—
	防灾监控终端	套	1.00	—
	监视器	套	4.00	—
	解码器	套	4.00	—
	站台监视器	套	2.00	—
	解码器	套	2.00	—
	室内固定式摄像机	台	78.00	—
	球型摄像机	台	0.91	—
	球型摄像机	台	18.00	—
	半球摄像机	台	10.00	—
	拾音器	台	89.00	—
	光电转换器	对	10.00	—
	ODF 子架 240 芯	套	1.00	—
	以太网交换机	台	0.09	—
	配电箱	台	0.09	—
	视频监视系统机柜	架	4.00	—
	视频监视系统机柜	架	0.09	—
	备品备件	项	0.05	—
	设备购置费小计	元	1 922 802.95	67.72
合　计		元	2 839 301.00	100.00

工程内容：安装与调测车站控制设备、控制终端、监视器、录像存储设备、摄像机，敷设钢管、同轴电缆、机架加固等以及车站系统开通调试、机架加固及备品备件等。

单位：座

序号		指标编号		4F-018	
		项　　目	单位	车辆段 / 停车场	
				—	占指标基价 /%
指标基价			元	4 600 870.00	100.00
一		建筑安装工程费	元	1 690 060.00	36.73
二		设备购置费	元	2 910 810.00	63.27
建筑安装工程费					
直接费	人工费	人工	工日	2 553.74	—
		措施费分摊	元	6 841.45	—
		人工费小计	元	303 291.51	6.59
	材料费	摄像机立杆	根	90.27	—
		光缆接头盒 24 芯	套	2.12	—
		光缆接头盒 96 芯	套	1.09	—
		光缆终端盒 8 芯	套	166.65	—
		跳线	根	1 034.28	—
		电源线 WDZ-RYYP-3×2.5mm^2	m	17 982.00	—
		电源线 WDZ-RYY-3×4mm^2	m	40.40	—
		超五类双绞线	m	945.00	—
		施工机具使用费	m	19 278.00	—
		光缆 24 芯	m	5 406.00	—
		抗振底座	个	5.00	—
		其他材料费	元	178 995.47	—
		措施费分摊	元	74 400.73	—
		材料费小计	元	782 584.41	17.01
	施工机具使用费	施工机具使用费	元	53 968.15	—
		措施费分摊	元	4 275.90	—
		施工机具使用费小计	元	58 244.05	1.27
	直接费小计		元	1 144 119.98	24.87
综合费用			元	545 939.67	11.87
建筑安装工程费合计			元	1 690 059.65	36.73

续表

序号	指标编号		4F-018	
	项 目	单位	车辆段 / 停车场	
			—	占指标基价 /%
设备购置费				
设备购置费	视频管理服务器	套	1.00	—
	以太网交换机	套	1.00	—
	数字录像存储设备	套	1.00	—
	监控终端	套	4.00	—
	室内固定式摄像机	台	59.00	—
	室外固定式摄像机	台	86.00	—
	球型摄像机	台	20.00	—
	接入以太网交换机	套	3.00	—
	ODF 子架 96 芯	套	5.00	—
	ODF 子架 240 芯	套	1.00	—
	ODF 子架 480 芯	套	1.00	—
	监视器拼接墙	套	1.00	—
	数字解码器	套	6.00	—
	摄像机室外箱	套	90.00	—
	摄像机立杆	套	90.00	—
	视频监视系统机柜	架	5.00	—
	备品备件	项	0.50	—
	设备购置费小计	元	2 910 810.00	63.27
合 计		元	4 600 870.00	100.00

4.5.6 广　　播

工程内容: 安装与调测中心行车/防灾广播控制台、中心广播控制机柜、广播系统网管终端以及全线系统测试,机架加固及备品备件等。

单位: 座

序号		指标编号		4F-019	
		项目	单位	控制中心	
				—	占指标基价/%
指标基价			元	238 702.00	100.00
一		建筑安装工程费	元	77 212.00	32.35
二		设备购置费	元	161 490.00	67.65
建筑安装工程费					
直接费	人工费	人工	工日	198.95	—
		措施费分摊	元	465.19	—
		人工费小计	元	23 519.34	9.85
	材料费	屏蔽双绞线 8芯	m	840.00	—
		电源线 WDZ-RYY-3×4mm^2	m	50.50	—
		抗振底座	个	1.00	—
		其他材料费	元	1 343.24	—
		措施费分摊	元	5 058.95	—
		材料费小计	元	15 117.13	6.33
	施工机具使用费	施工机具使用费	元	373.32	—
		措施费分摊	元	290.74	—
		施工机具使用费小计	元	664.06	0.28
	直接费小计		元	39 300.53	16.46
综合费用			元	37 910.98	15.88
建筑安装工程费合计			元	77 211.51	32.35
设备购置费					
设备购置费		广播控制盒(含话筒)	套	1.00	—
		音频话筒	个	4.00	—
		广播系统网管设备	套	1.00	—
		中心广播设备	套	1.00	—
		广播机柜	架	1.00	—
		备品备件	项	1.00	—
		设备购置费小计	元	161 490.00	67.65
合　计			元	238 702.00	100.00

工程内容: 安装与调测车站行车 / 防灾 / 站台广播控制盒、广播控制机柜、扬声设备、噪声检测器及系统测试,敷设钢管、广播线缆,机架加固及备品备件等。

单位: 站

序号		指标编号		4F-020	
		项目	单位	车站	
				—	占指标基价 /%
指标基价			元	376 665.00	100.00
一		建筑安装工程费	元	221 643.00	58.84
二		设备购置费	元	155 022.00	41.16
建筑安装工程费					
直接费	人工费	人工	工日	440.60	—
		措施费分摊	元	1 073.60	—
		人工费小计	元	52 238.17	13.87
	材料费	镀锌钢管 25	m	1 060.90	—
		广播扬声器 / 噪感器线	m	4 662.00	—
		音频话筒线缆 8 芯	m	84.00	—
		屏蔽双绞线 8 芯	m	157.50	—
		电源线 WDZ-RYY-3 × 4mm^2	m	30.30	—
		抗振底座	个	1.00	—
		其他材料费	元	10 108.91	—
		措施费分摊	元	11 675.41	—
		施工机具使用费	元	78 801.37	20.92
	施工机具使用费	施工机具使用费	元	1 653.16	—
		措施费分摊	元	671.00	—
		施工机具使用费小计	元	2 324.16	0.62
	直接费小计		元	133 363.70	35.41
综合费用			元	88 278.93	23.44
建筑安装工程费合计			元	221 642.63	58.84
设备购置费					
设备购置费		广播控制盒(含话筒)	套	1.00	—
		音频话筒	个	1.00	—
		广播设备	套	1.00	—
		站台无线广播手持终端	套	2.00	—
		吸顶式扬声器	个	272.00	—
		音柱扬声器	个	5.00	—
		噪声传感器	个	4.00	—
		无线广播接收天线	个	2.00	—
		广播机柜	架	1.00	—
		备品备件	项	0.05	—
		设备购置费小计	元	155 022.00	41.16
合 计			元	376 665.00	100.00

工程内容：安装与调测行车 / 防灾 / 运转广播控制盒、广播控制机柜、扬声设备及系统测试，敷设钢管、广播线缆，机架加固及备品备件等。

单位：座

序号		指标编号		4F-021	
		项目	单位	车辆段 / 停车场	
				—	占指标基价 /%
指标基价			元	885 237.00	100.00
一	建筑安装工程费		元	542 885.00	61.33
二	设备购置费		元	342 353.00	38.67
建筑安装工程费					
直接费	人工费	人工	工日	903.65	—
		措施费分摊	元	2 211.47	—
		人工费小计	元	107 155.28	12.10
	材料费	镀锌钢管 25	m	2 266.00	—
		广播扬声器 / 噪感器线	m	15 540.00	—
		屏蔽双绞线 8 芯	m	3 465.00	—
		电源线 WDZ-RYY-3 × 4mm^2	m	50.50	—
		抗振底座	个	1.00	—
		其他材料费	元	21 633.78	—
		措施费分摊	元	24 049.75	—
		施工机具使用费	元	242 084.50	27.35
	施工机具使用费	施工机具使用费	元	3 897.86	—
		措施费分摊	元	1 382.17	—
		施工机具使用费小计	元	5 280.03	0.60
	直接费小计		元	354 519.81	40.05
综合费用			元	188 364.82	21.28
建筑安装工程费合计			元	542 884.63	61.33
设备购置费					
设备购置费		广播控制盒（含话筒）	套	6.00	—
		广播设备	套	1.00	—
		吸顶式扬声器	个	350.00	—
		音柱扬声器	个	10.00	—
		号筒扬声器	个	110.00	—
		扬声器立杆	个	10.00	—
		光电转换器	对	2.00	—
		广播机柜	架	3.00	—
		备品备件	项	0.50	—
		设备购置费小计	元	342 352.50	38.67
合　　计			元	885 237.00	100.00

4.5.7 时　钟

工程内容：安装与调测中心一级母钟设备、GPS 接收机及天线、监控计算机、子钟，敷设钢管、时钟线缆以及全线时钟系统调试、机架加固及备品备件等。

单位：座

序号		指标编号		4F-022	
		项目	单位	控制中心	
				—	占指标基价 /%
指标基价			元	476 531.00	100.00
一		建筑安装工程费	元	238 706.00	50.09
二		设备购置费	元	237 825.00	49.91
建筑安装工程费					
直接费	人工费	人工	工日	510.87	—
		措施费分摊	元	1 281.96	—
		人工费小计	元	60 694.60	12.74
	材料费	镀锌钢管 25	m	2 060.00	—
		电源线 WDZ-RYY-3×2.5mm^2	m	921.30	—
		电源线 WDZ-RYY-3×4mm^2	m	30.30	—
		抗振底座	个	1.00	—
		其他材料费	元	21 626.35	—
		措施费分摊	元	13 941.36	—
		材料费小计	元	73 537.05	15.43
	施工机具使用费	施工机具使用费	元	2 709.52	—
		措施费分摊	元	801.23	—
		施工机具使用费小计	元	3 510.75	0.74
	直接费小计		元	137 742.40	28.91
综合费用			元	100 963.35	21.19
建筑安装工程费合计			元	238 705.75	50.09
设备购置费					
设备购置费		一级母钟设备	套	1.00	—
		网管终端	套	1.00	—
		打印机	套	1.00	—
		便携式维护终端	套	1.00	—
		大型单面年历钟	套	1.00	—
		单面数显式子钟 字高 3″	套	5.00	—
		接入与调试时钟同步设备	架	1.00	—
		时钟机柜	架	1.00	—
		备品备件	项	1.00	—
		设备购置费小计	元	237 825.00	49.91
合　计			元	476 531.00	100.00

工程内容：安装与调测车站二级母钟设备、子钟，敷设钢管、时钟线缆以及车站时钟系统调试、机架加固及备品备件等。

单位：站

序号		指标编号	单位	4F-023	
		项目		车站	
				—	占指标基价 /%
指标基价			元	171 127.00	100.00
一		建筑安装工程费	元	55 627.00	32.51
二		设备购置费	元	115 500.00	67.49
建筑安装工程费					
直接费	人工费	人工	工日	98.23	—
		措施费分摊	元	234.13	—
		人工费小计	元	11 626.51	6.79
	材料费	镀锌钢管 25	m	93.64	—
		电源线 WDZ-RYY-3 × 2.5mm^2	m	688.20	—
		屏蔽双绞线 8 芯	m	1 050.00	—
		电源线 WDZ-RYY-3 × 4mm^2	m	20.20	—
		抗振底座	个	0.05	—
		其他材料费	元	1 960.39	—
		措施费分摊	元	2 546.12	—
		材料费小计	元	23 369.71	13.66
	施工机具使用费	施工机具使用费	元	307.43	—
		措施费分摊	元	146.33	—
		施工机具使用费小计	元	453.76	0.27
	直接费小计		元	35 449.98	20.72
综合费用			元	20 176.62	11.79
建筑安装工程费合计			元	55 626.60	32.51
设备购置费					
设备购置费		二级母钟设备	套	22.00	—
		单面数显式子钟 字高 3″	套	220.00	—
		双面数显式子钟 字高 5″	套	44.00	—
		时钟机柜	架	22.00	—
		备品备件	项	1.00	—
		设备购置费小计	元	115 500.00	67.49
合　计			元	171 127.00	100.00

工程内容：安装与调测车辆段二级母钟设备、子钟，敷设钢管、时钟线缆以及车站时钟系统调试、机架加固及备品备件等。

单位：座

序号		指标编号		4F-024	
		项　目	单位	车辆段/停车场	
				—	占指标基价/%
指标基价			元	718 716.00	100.00
一	建筑安装工程费		元	471 966.00	65.67
二	设备购置费		元	246 750.00	34.33
建筑安装工程费					
直接费	人工费	人工	工日	89 923.83	—
		措施费分摊	元	1 858.10	—
		人工费小计	元	91 781.93	12.77
	材料费	镀锌钢管 25	m	1 030.00	—
		电源线 WDZ-RYY-3×2.5mm²	m	3 774.00	—
		屏蔽双绞线 8芯	m	13 650.00	—
		电源线 WDZ-RYY-3×4mm²	m	50.50	—
		抗振底座	个	1.00	—
		其他材料费	元	14 732.11	—
		措施费分摊	元	20 206.84	—
		材料费小计	元	214 447.10	29.84
	施工机具使用费	施工机具使用费	元	2 606.70	—
		措施费分摊	元	1 161.31	—
		施工机具使用费小计	元	3 768.01	0.52
	直接费小计		元	309 997.05	43.13
综合费用			元	161 968.65	22.54
建筑安装工程费合计			元	471 965.70	65.67
设备购置费					
设备购置费		二级母钟设备	套	1.00	—
		单面数显式子钟 字高 3″	套	15.00	—
		双面数显式子钟 字高 5″	套	25.00	—
		时钟机柜	架	1.00	—
		备品备件	项	0.50	—
		设备购置费小计	元	246 750.00	34.33
合　计			元	718 716.00	100.00

4.5.8 电源及接地

工程内容：安装与调测开关电源、UPS 不间断电源、蓄电池、电源切换屏、配电屏、监控设备、中心电源系统联调、机架加固及备品备件等。

单位：座

序号		指标编号		4F-025	
		项目	单位	控制中心	
				—	占指标基价 /%
指标基价			元	1 678 127.00	100.00
一		建筑安装工程费	元	153 527.00	9.15
二		设备购置费	元	1 524 600.00	90.85
建筑安装工程费					
直接费	人工费	人工	工日	327.65	—
		措施费分摊	元	807.81	—
		人工费小计	元	38 805.90	2.31
	材料费	屏蔽双绞线 8 芯	m	84.00	—
		接地电缆 WDZB-RYJ $1\times35mm^2$	m	252.50	—
		接地电缆 WDZB-YJYR $1\times16mm^2$	m	606.00	—
		电力电缆 WDZB-RYJ $4\times10mm^2$	m	151.50	—
		电力电缆 WDZB-RYJ $4\times25mm^2$	m	101.00	—
		抗振底座	个	4.00	—
		其他材料费	元	5 705.66	—
		措施费分摊	元	8 784.90	—
		施工机具使用费	元	46 858.26	2.79
	施工机具使用费	施工机具使用费	元	2 674.14	—
		措施费分摊	元	504.88	—
		施工机具使用费小计	元	3 179.02	0.19
	直接费小计		元	88 843.18	5.29
综合费用			元	64 684.03	3.85
建筑安装工程费合计			元	153 527.21	9.15
设备购置费					
设备购置费		网管设备	套	1.00	—
		UPS 设备	套	1.00	—
		UPS 蓄电池组	套	1.00	—
		交流配电柜	套	2.00	—
		高频开关电源	套	1.00	—
		高频开关电源用蓄电池	套	1.00	—
		蓄电池在线均衡系统	套	1.00	—
		备品备件	项	1.00	—
		设备购置费小计	元	1 524 600.00	90.85
合　计			元	1 678 127.00	100.00

工程内容：安装与调测开关电源、UPS 不间断电源、蓄电池、电源切换屏、配电屏、监控设备、车站电源系统联调、机架加固及备品备件等。

单位：座

<table>
<tr><td rowspan="3">序号</td><td colspan="3">指 标 编 号</td><td colspan="2">4F-026</td></tr>
<tr><td colspan="2" rowspan="2">项 目</td><td rowspan="2">单位</td><td colspan="2">车站</td></tr>
<tr><td>—</td><td>占指标基价 /%</td></tr>
<tr><td colspan="3">指标基价</td><td>元</td><td>767 446.00</td><td>100.00</td></tr>
<tr><td>一</td><td colspan="2">建筑安装工程费</td><td>元</td><td>72 346.00</td><td>9.43</td></tr>
<tr><td>二</td><td colspan="2">设备购置费</td><td>元</td><td>695 100.00</td><td>90.57</td></tr>
<tr><td colspan="6">建筑安装工程费</td></tr>
<tr><td rowspan="20">直接费</td><td rowspan="3">人工费</td><td>人工</td><td>工日</td><td>163.10</td><td>—</td></tr>
<tr><td>措施费分摊</td><td>元</td><td>400.51</td><td>—</td></tr>
<tr><td>人工费小计</td><td>元</td><td>19 311.14</td><td>2.52</td></tr>
<tr><td rowspan="9">材料费</td><td>屏蔽双绞线 8 芯</td><td>m</td><td>105.00</td><td>—</td></tr>
<tr><td>接地电缆 WDZB-RYJ $1\times35mm^2$</td><td>m</td><td>40.40</td><td>—</td></tr>
<tr><td>接地电缆 WDZB-YJYR $1\times16mm^2$</td><td>m</td><td>303.00</td><td>—</td></tr>
<tr><td>电力电缆 WDZB-RYJ $4\times10mm^2$</td><td>m</td><td>20.20</td><td>—</td></tr>
<tr><td>电力电缆 WDZB-RYJ $4\times25mm^2$</td><td>m</td><td>50.50</td><td>—</td></tr>
<tr><td>抗振底座</td><td>个</td><td>3.00</td><td>—</td></tr>
<tr><td>其他材料费</td><td>元</td><td>2 871.73</td><td>—</td></tr>
<tr><td>措施费分摊</td><td>元</td><td>4 355.50</td><td>—</td></tr>
<tr><td>施工机具使用费</td><td>元</td><td>19 604.48</td><td>2.55</td></tr>
<tr><td rowspan="3">施工机具使用费</td><td>施工机具使用费</td><td>元</td><td>1 323.25</td><td>—</td></tr>
<tr><td>措施费分摊</td><td>元</td><td>250.32</td><td>—</td></tr>
<tr><td>施工机具使用费小计</td><td>元</td><td>1 573.57</td><td>0.21</td></tr>
<tr><td colspan="2">直接费小计</td><td>元</td><td>40 489.19</td><td>5.28</td></tr>
<tr><td colspan="3">综合费用</td><td>元</td><td>31 856.99</td><td>4.15</td></tr>
<tr><td colspan="3">建筑安装工程费合计</td><td>元</td><td>72 346.18</td><td>9.43</td></tr>
<tr><td colspan="6">设备购置费</td></tr>
<tr><td colspan="2" rowspan="8">设备购置费</td><td>UPS 设备</td><td>套</td><td>1.00</td><td>—</td></tr>
<tr><td>UPS 蓄电池组</td><td>套</td><td>1.00</td><td>—</td></tr>
<tr><td>-48V 高频开关电源</td><td>套</td><td>1.00</td><td>—</td></tr>
<tr><td>高频开关电源用蓄电池</td><td>套</td><td>1.00</td><td>—</td></tr>
<tr><td>交流配电柜</td><td>套</td><td>1.00</td><td>—</td></tr>
<tr><td>蓄电池在线均衡系统</td><td>套</td><td>1.00</td><td>—</td></tr>
<tr><td>备品备件</td><td>项</td><td>0.05</td><td>—</td></tr>
<tr><td>设备购置费小计</td><td>元</td><td>695 100.00</td><td>90.57</td></tr>
<tr><td colspan="3">合 计</td><td>元</td><td>767 446.00</td><td>100.00</td></tr>
</table>

工程内容：安装与调测开关电源、UPS 不间断电源、蓄电池、电源切换屏、配电屏、监控设备、车辆段电源系统联调、机架加固及备品备件等。

单位：座

序号		指 标 编 号		4F-027	
		项 目	单位	车辆段 / 停车场	
				—	占指标基价 / %
指标基价			元	969 801.00	100.00
一		建筑安装工程费	元	258 951.00	26.70
二		设备购置费	元	710 850.00	73.30
建筑安装工程费					
直接费	人工费	人工	工日	387.90	—
		措施费分摊	元	988.37	—
		人工费小计	元	46 013.25	4.74
	材料费	屏蔽双绞线 8 芯	m	70.00	—
		接地电缆 WDZB-RYJ $1\times35mm^2$	m	33.67	—
		接地电缆 WDZB-YJYR $1\times16mm^2$	m	202.00	—
		电力电缆 WDZB-RYJ $4\times10mm^2$	m	20.20	—
		电力电缆 WDZB-RYJ $4\times25mm^2$	m	33.67	—
		电力电缆 WDZB-RYJ $5\times16mm^2$	m	942.67	—
		抗振底座	个	2.00	—
		其他材料费	元	7 513.35	—
		施工机具使用费	元	10 748.55	—
		材料费小计	元	124 713.16	12.86
	施工机具使用费	施工机具使用费	元	4 578.42	—
		措施费分摊	元	617.73	—
		施工机具使用费小计	元	5 196.15	0.54
	直接费小计		元	175 922.55	18.14
综合费用			元	83 028.83	8.56
建筑安装工程费合计			元	258 951.38	26.70
设备购置费					
设备购置费		UPS 设备	套	2.00	—
		UPS 蓄电池组	套	2.00	—
		-48V 高频开关电源	套	2.00	—
		高频开关电源用蓄电池	套	2.00	—
		交流配电柜	套	10.00	—
		蓄电池在线均衡系统	套	1.00	—
		备品备件	项	1.00	—
		设备购置费小计	元	710 850.00	73.30
合 计			元	969 801.00	100.00

4.5.9 集中告警

工程内容：安装与调测集中告警终端、集中告警软件、交换机、服务器、机架加固及备品备件等。

单位：座

序号	指标编号			4F-028	
	项目		单位	控制中心	
				—	占指标基价/%
指标基价			元	1 439 736.00	100.00
一	建筑安装工程费		元	16 461.00	1.14
二	设备购置费		元	1 423 275.00	98.86
建筑安装工程费					
直接费	人工费	人工	工日	46.40	—
		措施费分摊	元	114.98	—
		人工费小计	元	5 501.87	0.38
	材料费	其他材料费	元	596.71	—
		措施费分摊	元	1 250.44	—
		施工机具使用费	元	1 847.15	0.13
	施工机具使用费	施工机具使用费	元	310.72	—
		措施费分摊	元	71.86	—
		施工机具使用费小计	元	382.58	0.03
	直接费小计		元	7 731.61	0.54
综合费用			元	8 729.06	0.61
建筑安装工程费合计			元	16 460.67	1.14
设备购置费					
设备购置费		以太网交换机	套	1.00	—
		服务器	套	1.00	—
		集中告警软件	套	1.00	—
		集中告警终端（含软件）	套	1.00	—
		便携式维护终端	套	1.00	—
		打印机	套	1.00	—
		集中告警系统机柜	架	1.00	—
		备品备件	架	1.00	—
		设备购置费小计	元	1 423 275.00	98.86
合计			元	1 439 736.00	100.00

4.6 公安通信

4.6.1 传　　输

工程内容： 安装光纤配线架、数字配线架、综合配线架、安装与调测传输设备、中心网络管理系统、本地维护终端，数字通信通道调测，机架加固，光缆引入及备品备件等。

单位： 座

序号		指标编号		4F-029	
		项　　目	单位	控制中心	
				—	占指标基价 /%
指标基价			元	1 620 900.00	100.00
一		建筑安装工程费	元	166 702.00	10.28
二		设备购置费	元	1 454 198.00	89.72
建筑安装工程费					
直接费	人工费	人工	工日	405.82	—
		措施费分摊	元	1 064.91	—
		人工费小计	元	48 091.54	2.97
	材料费	尾纤	根	342.72	—
		屏蔽双绞线 8 芯	m	131.25	—
		电源线 WDZ-RYY-3 × 4mm^2	m	80.80	—
		抗振底座	个	3.00	—
		其他材料费	元	2 325.66	—
		措施费分摊	元	11 580.93	—
		材料费小计	元	30 974.66	1.91
	施工机具使用费	施工机具使用费	元	8 710.11	—
		措施费分摊	元	665.57	—
		施工机具使用费小计	元	9 375.68	0.58
	直接费小计		元	88 441.88	5.46
综合费用			元	78 260.50	4.83
建筑安装工程费合计			元	166 702.38	10.28
设备购置费					
设备购置费		增强型 MSTP 10Gbps	套	1.00	—
		网管服务器	套	1.00	—
		网管终端（含软件）	套	1.00	—
		勤务电话	个	1.00	—
		便携式维护终端	台	1.00	—
		光纤配线架	架	1.00	—
		综合配线架	架	1.00	—
		传输机柜	架	1.00	—
		备品备件	架	1.00	—
		设备购置费小计	元	1 454 197.50	89.72
合　　计			元	1 620 900.00	100.00

工程内容：安装光纤配线架、数字配线架、综合配线架、安装与调测传输设备，数字通信通道调测，机架加固，光缆引入及备品备件等。

单位：站

序号				4F-030	
序号	指标编号			车站	
序号	项目		单位	—	占指标基价 /%
指标基价			元	803 678.00	100.00
一	建筑安装工程费		元	107 580.00	13.39
二	设备购置费		元	696 098.00	86.61
建筑安装工程费					
直接费	人工费	人工	工日	230.62	—
直接费	人工费	措施费分摊	元	660.04	—
直接费	人工费	**人工费小计**	元	27 386.81	3.41
直接费	材料费	尾纤	根	342.72	—
直接费	材料费	屏蔽双绞线 8 芯	m	131.25	—
直接费	材料费	电源线 WDZ-RYY-3×4mm^2	m	60.60	—
直接费	材料费	抗振底座	个	3.00	—
直接费	材料费	其他材料费	元	1 596.06	—
直接费	材料费	措施费分摊	元	7 177.96	—
直接费	材料费	**施工机具使用费**	元	25 503.16	3.17
直接费	施工机具使用费	施工机具使用费	元	8 661.97	—
直接费	施工机具使用费	措施费分摊	元	412.53	—
直接费	施工机具使用费	**施工机具使用费小计**	元	9 074.50	1.13
直接费	**直接费小计**		元	61 964.47	7.71
综合费用			元	45 615.64	5.68
建筑安装工程费合计			元	107 580.11	13.39
设备购置费					
设备购置费		增强型 MSTP 10Gbps	套	1.00	—
设备购置费		勤务电话	个	1.00	—
设备购置费		光纤配线架	架	1.00	—
设备购置费		综合配线架	个	1.00	—
设备购置费		传输机柜	架	1.00	—
设备购置费		备品备件	项	0.05	—
设备购置费		**设备购置费小计**	元	696 097.50	86.61
合　　计			元	803 678.00	100.00

工程内容：安装光纤配线架、数字配线架、综合配线架、安装与调测传输设备，数字通信通道调测，机架加固，光缆引入及备品备件等。

单位：处

序号	指标编号			4F-031	
	项目		单位	派出所	
				—	占指标基价 /%
指标基价			元	802 246.00	100.00
一	建筑安装工程费		元	106 201.00	13.24
二	设备购置费		元	696 045.00	86.76
建筑安装工程费					
直接费	人工费	人工	工日	228.82	—
		措施费分摊	元	655.81	—
		人工费小计	元	27 174.02	3.39
	材料费	尾纤	根	342.72	—
		屏蔽双绞线 8芯	m	52.50	—
		电源线 WDZ-RYY-3 × $4mm^2$	m	60.60	—
		抗振底座	个	3.00	—
		其他材料费	元	1 583.68	—
		措施费分摊	元	7 131.88	—
		施工机具使用费	元	24 744.61	3.08
	施工机具使用费	施工机具使用费	元	8 655.98	—
		措施费分摊	元	409.88	—
		施工机具使用费小计	元	9 065.85	1.13
	直接费小计		元	60 984.48	7.60
综合费用			元	45 216.46	5.64
建筑安装工程费合计			元	106 200.94	13.24
设备购置费					
设备购置费		增强型 MSTP 10Gbps	套	1.00	—
		勤务电话	个	1.00	—
		光纤配线架	架	1.00	—
		综合配线架	个	1.00	—
		传输机柜	架	0.50	—
		备品备件	项	1.00	—
		设备购置费小计	元	696 045.00	86.76
合计			元	802 246.00	100.00

工程内容：敷设托架光缆。

单位：km

序号	指标编号			4F-032	
	项　目		单位	传输线路	
				—	占指标基价 /%
指标基价			元	184 650.00	100.00
一	建筑安装工程费		元	184 650.00	100.00
二	设备购置费		元	—	—
建筑安装工程费					
直接费	人工费	人工	工日	273.59	—
		措施费分摊	元	720.17	—
		人工费小计	元	32 418.70	17.56
	材料费	光缆接头盒 96 芯	套	1.33	—
		光缆 96 芯	m	2 244.21	—
		其他材料费	元	20 347.83	—
		措施费分摊	元	7 831.81	—
		施工机具使用费	元	86 920.11	47.07
	施工机具使用费	施工机具使用费	元	6 133.63	—
		措施费分摊	元	450.10	—
		施工机具使用费小计	元	6 583.73	3.57
	直接费小计		元	125 922.54	68.20
综合费用			元	58 727.47	31.80
建筑安装工程费合计			元	184 650.01	100.00
设备购置费					
设备购置费	—		—	—	—
	设备购置费小计		元	0.00	0.00
合　计			元	184 650.00	100.00

4.6.2 无线通信

工程内容：安装与调测中央控制设备、调度控制台、网管设备，敷设电缆、电源线，全线无线系统调试与开通，机架加固及备品备件等。

单位：座

序号		指标编号		4F-033	
		项目	单元	控制中心	
				—	占指标基价 /%
指标基价			元	1 289 110.00	100.00
一		建筑安装工程费	元	116 785.00	9.06
二		设备购置费	元	1 172 325.00	90.94
建筑安装工程费					
直接费	人工费	人工	工日	260.58	—
		措施费分摊	元	635.30	—
		人工费小计	元	30 830.06	2.39
	材料费	屏蔽双绞线 8 芯	m	2 310.00	—
		电源线 WDZ-RYY-3×4mm^2	m	50.50	—
		抗振底座	个	1.00	—
		其他材料费	元	3 586.47	—
		措施费分摊	元	6 908.86	—
		施工机具使用费	元	32 278.57	2.50
	施工机具使用费	施工机具使用费	元	2 295.57	—
		措施费分摊	元	397.06	—
		施工机具使用费小计	元	2 692.63	0.21
	直接费小计		元	65 801.26	5.10
综合费用			元	50 983.87	3.95
建筑安装工程费合计			元	116 785.13	9.06
设备购置费					
设备购置费		中心集群交换设备	套	1.00	—
		无线单点引入设备	套	2.00	—
		模拟 / 数字集群调度互通网关设备	套	2.00	—
		网络管理设备	套	1.00	—
		调度台	套	3.00	—
		公安无线系统机柜	架	2.00	—
		打印机	套	1.00	—
		备品备件	项	1.00	—
		设备购置费小计	元	1 172 325.00	90.94
合计			元	1 289 110.00	100.00

工程内容：安装与调测集群基站、安装固定台及天线、小天线、功分器，布放射频馈线，敷设防护钢管，集群基站系统调测，机架加固及备品备件等。

单位：站

序号	指标编号			4F-034	
	项目		单位	车站	
				—	占指标基价 /%
指标基价			元	882 433.00	100.00
一	建筑安装工程费		元	191 891.00	21.75
二	设备购置费		元	690 542.00	78.25
建筑安装工程费					
直接费	人工费	人工	工日	303.93	—
		措施费分摊	元	772.50	—
		人工费小计	元	36 011.07	4.08
	材料费	镀锌钢管 25	m	93.64	—
		镀锌钢管 50	m	93.64	—
		接头	个	1.93	—
		屏蔽双绞线 8 芯	m	94.50	—
		7/8 射频同轴电缆	m	1 428.00	—
		1/2 射频同轴电缆	m	183.60	—
		抗振底座	个	1.00	—
		其他材料费	元	6 078.52	—
		施工机具使用费	元	8 400.97	—
		材料费小计	元	86 838.31	9.84
	施工机具使用费	施工机具使用费	元	4 434.98	—
		措施费分摊	元	482.81	—
		施工机具使用费小计	元	4 917.80	0.56
	直接费小计		元	127 767.18	14.48
综合费用			元	64 124.14	7.27
建筑安装工程费合计			元	191 891.33	21.75
设备购置费					
设备购置费		集群无线基站	套	1.09	—
		分合路器设备 POI	套	1.00	—
		固定台及天线	套	1.00	—
		新设手持电台	部	10.00	—
		全向吸顶小天线	个	20.00	—
		耦合器	个	20.00	—
		功分器	个	5.00	—
		公安无线系统机柜	架	1.00	—
		备品备件	项	0.05	—
		设备购置费小计	元	690 542.05	78.25
合计			元	882 433.00	100.00

工程内容：架设漏泄同轴电缆及调整测试等。

单位：km

<table>
<tr><td rowspan="3">序号</td><td colspan="2">指 标 编 号</td><td colspan="2">4F-035</td></tr>
<tr><td rowspan="2">项　目</td><td rowspan="2">单位</td><td colspan="2">漏缆线路</td></tr>
<tr><td>—</td><td>占指标基价 /%</td></tr>
<tr><td colspan="2">指标基价</td><td>元</td><td>331 589.00</td><td>100.00</td></tr>
<tr><td>一</td><td>建筑安装工程费</td><td>元</td><td>331 589.00</td><td>100.00</td></tr>
<tr><td>二</td><td>设备购置费</td><td>元</td><td>—</td><td>—</td></tr>
<tr><td colspan="5">建筑安装工程费</td></tr>
<tr><td rowspan="12">直接费</td><td rowspan="3">人工费</td><td>人工</td><td>工日</td><td>41.35</td><td>—</td></tr>
<tr><td>措施费分摊</td><td>元</td><td>152.50</td><td>—</td></tr>
<tr><td>人工费小计</td><td>元</td><td>4 943.20</td><td>1.49</td></tr>
<tr><td rowspan="5">材料费</td><td>接头</td><td>个</td><td>2.52</td><td>—</td></tr>
<tr><td>泄漏电缆</td><td>m</td><td>2 101.40</td><td>—</td></tr>
<tr><td>其他材料费</td><td>元</td><td>619.52</td><td>—</td></tr>
<tr><td>措施费分摊</td><td>元</td><td>1 658.42</td><td>—</td></tr>
<tr><td>施工机具使用费</td><td>元</td><td>288 614.71</td><td>87.04</td></tr>
<tr><td rowspan="3">施工机具使用费</td><td>施工机具使用费</td><td>元</td><td>3 921.99</td><td>—</td></tr>
<tr><td>措施费分摊</td><td>元</td><td>95.31</td><td>—</td></tr>
<tr><td>施工机具使用费小计</td><td>元</td><td>4 017.30</td><td>1.21</td></tr>
<tr><td colspan="2">直接费小计</td><td>元</td><td>297 575.21</td><td>89.74</td></tr>
<tr><td colspan="3">综合费用</td><td>元</td><td>34 013.82</td><td>10.26</td></tr>
<tr><td colspan="3">建筑安装工程费合计</td><td>元</td><td>331 589.03</td><td>100.00</td></tr>
<tr><td colspan="6">设备购置费</td></tr>
<tr><td rowspan="2" colspan="2">设备购置费</td><td>—</td><td>—</td><td>—</td><td>—</td></tr>
<tr><td>设备购置费小计</td><td>元</td><td>0.00</td><td>0.00</td></tr>
<tr><td colspan="3">合　计</td><td>元</td><td>331 589.00</td><td>100.00</td></tr>
</table>

4.6.3 消防无线

工程内容：安装与调测线路交换设备、无线单点引入设备、网管设备、敷设电缆、电源线，全线无线系统调试与开通，机架加固及备品备件等。

单位：座

序号		指标编号	单位	4F-036	
		项目		控制中心	
				—	占指标基价/%
指标基价			元	1 343 469.00	100.00
一	建筑安装工程费		元	80 319.00	5.98
二	设备购置费		元	1 263 150.00	94.02
建筑安装工程费					
直接费	人工费	人工	工日	211.91	—
		措施费分摊	元	525.86	—
		人工费小计	元	25 083.46	1.87
	材料费	屏蔽双绞线 8芯	m	210.00	—
		电源线 WDZ-RYY-3×4mm²	m	101.00	—
		抗振底座	个	1.00	—
		其他材料费	元	2 514.65	—
		措施费分摊	元	5 718.71	—
		施工机具使用费	元	12 194.94	0.91
	施工机具使用费	施工机具使用费	元	2 444.33	—
		措施费分摊	元	328.66	—
		施工机具使用费小计	元	2 772.99	0.21
	直接费小计		元	40 051.39	2.98
综合费用			元	40 267.56	3.00
建筑安装工程费合计			元	80 318.95	5.98
设备购置费					
设备购置费		线路交换设备	套	1.00	—
		无线单点引入设备	套	2.00	—
		网络管理设备	套	2.00	—
		打印机	套	2.00	—
		调度台	套	1.00	—
		公安无线系统机柜	架	22.00	—
		备品备件	项	1.00	—
		设备购置费小计	元	1 263 150.00	94.02
合计			元	1 343 469.00	100.00

工程内容：安装与调测集群基站、安装固定台及天线、小天线、功分器，布放射频馈线，敷设防护钢管，集群基站系统调测，机架加固及备品备件等。

单位：站

序号		指标编号		4F-037	
		项目	单位	车站	
				—	占指标基价/%
指标基价			元	508 244.00	100.00
一		建筑安装工程费	元	62 873.00	12.37
二		设备购置费	元	445 372.00	87.63
建筑安装工程费					
直接费	人工费	人工	工日	100.47	—
		措施费分摊	元	268.75	—
		人工费小计	元	11 912.53	2.34
	材料费	接头	个	0.56	—
		屏蔽双绞线 8芯	m	105.00	—
		电源线 WDZ-RYY-3×4mm^2	m	50.50	—
		7/8 射频同轴电缆	m	459.00	—
		1/2 射频同轴电缆	m	5.10	—
		抗振底座	个	1.09	—
		其他材料费	元	1 870.78	—
		施工机具使用费	元	2 922.67	—
		材料费小计	元	27 154.27	5.34
	施工机具使用费	施工机具使用费	元	2 470.95	—
		措施费分摊	元	167.97	—
		施工机具使用费小计	元	2 638.92	0.52
	直接费小计		元	41 705.72	8.21
综合费用			元	21 166.86	4.16
建筑安装工程费合计			元	62 872.58	12.37
设备购置费					
设备购置费		以太网交换机	套	1.09	—
		数字同频同播基站	套	1.00	—
		应急输入输出接口设备	套	1.00	—
		板状定向天线	个	4.00	—
		耦合器	个	2.00	—
		功分器	个	2.00	—
		消防无线系统机柜	架	1.09	—
		备品备件	项	0.05	—
		设备购置费小计	元	445 371.82	87.63
合计			元	508 244.00	100.00

4.6.4 视频监控

工程内容：安装与调测中心视频控制设备、网管设备、录像回放设备、控制终端、监视器以及机架加固及备品备件等。

单位：座

序号		指标编号		4F-038	
		项目	单元	控制中心	
				—	占指标基价/%
指标基价			元	1 561 169.00	100.00
一		建筑安装工程费	元	134 744.00	8.63
二		设备购置费	元	1 426 425.00	91.37
建筑安装工程费					
直接费	人工费	人工	工日	377.36	—
		措施费分摊	元	882.84	—
		人工费小计	元	44 616.24	2.86
	材料费	屏蔽双绞线 8芯	m	630.00	—
		电源线 WDZ-RYY-3×4mm^2	m	40.40	—
		抗振底座	个	1.00	—
		其他材料费	元	1 706.20	—
		措施费分摊	元	9 600.86	—
		施工机具使用费	元	17 985.63	1.15
	施工机具使用费	施工机具使用费	元	644.38	—
		措施费分摊	元	551.77	—
		施工机具使用费小计	元	1 196.15	0.08
	直接费小计		元	63 798.02	4.09
综合费用			元	70 945.64	4.54
建筑安装工程费合计			元	134 743.66	8.63
设备购置费					
设备购置费		视频管理服务器	套	1.00	—
		视频存储设备	套	1.00	—
		分局核心交换机	台	2.00	—
		视频监控终端	套	5.00	—
		安全接入设备	套	1.00	—
		视频解码器	套	1.00	—
		网络管理终端	套	1.00	—
		公安视频监视系统机柜	架	1.00	—
		备品备件	项	1.00	—
		设备购置费小计	元	1 426 425.00	91.37
合计			元	1 561 169.00	100.00

工程内容：安装与调测车站控制设备、监视器、机架加固及备品备件等。

单位：站

<table>
<tr><td rowspan="3">序号</td><td colspan="3">指 标 编 号</td><td colspan="2">4F-039</td></tr>
<tr><td colspan="2" rowspan="2">项　目</td><td rowspan="2">单位</td><td colspan="2">车站</td></tr>
<tr><td>—</td><td>占指标基价 /%</td></tr>
<tr><td colspan="3">指标基价</td><td>元</td><td>365 209.00</td><td>100.00</td></tr>
<tr><td>一</td><td colspan="2">建筑安装工程费</td><td>元</td><td>13 459.00</td><td>3.69</td></tr>
<tr><td>二</td><td colspan="2">设备购置费</td><td>元</td><td>351 750.00</td><td>96.31</td></tr>
<tr><td colspan="6">建筑安装工程费</td></tr>
<tr><td rowspan="14">直接费</td><td rowspan="3">人工费</td><td>人工</td><td>工日</td><td>31.25</td><td>—</td></tr>
<tr><td>措施费分摊</td><td>元</td><td>78.72</td><td>—</td></tr>
<tr><td>人工费小计</td><td>元</td><td>3 702.36</td><td>1.01</td></tr>
<tr><td rowspan="6">材料费</td><td>屏蔽双绞线 8 芯</td><td>m</td><td>105.00</td><td>—</td></tr>
<tr><td>电源线 WDZ-RYY-3×4mm^2</td><td>m</td><td>40.40</td><td>—</td></tr>
<tr><td>抗振底座</td><td>个</td><td>1.00</td><td>—</td></tr>
<tr><td>其他材料费</td><td>元</td><td>372.25</td><td>—</td></tr>
<tr><td>施工机具使用费</td><td>元</td><td>856.09</td><td>—</td></tr>
<tr><td>材料费小计</td><td>元</td><td>3 239.66</td><td>0.89</td></tr>
<tr><td rowspan="3">施工机具使用费</td><td>施工机具使用费</td><td>元</td><td>393.10</td><td>—</td></tr>
<tr><td>措施费分摊</td><td>元</td><td>49.20</td><td>—</td></tr>
<tr><td>施工机具使用费小计</td><td>元</td><td>442.30</td><td>0.12</td></tr>
<tr><td colspan="2">直接费小计</td><td>元</td><td>7 384.32</td><td>2.02</td></tr>
<tr><td colspan="3">综合费用</td><td>元</td><td>6 074.52</td><td>1.66</td></tr>
<tr><td colspan="3">建筑安装工程费合计</td><td>元</td><td>13 458.84</td><td>3.69</td></tr>
<tr><td colspan="6">设备购置费</td></tr>
<tr><td colspan="2" rowspan="6">设备购置费</td><td>车站交换机</td><td>套</td><td>1.00</td><td>—</td></tr>
<tr><td>车站控制终端</td><td>套</td><td>1.00</td><td>—</td></tr>
<tr><td>视频分析设备</td><td>套</td><td>1.00</td><td>—</td></tr>
<tr><td>公安视频监视系统机柜</td><td>架</td><td>1.00</td><td>—</td></tr>
<tr><td>备品备件</td><td>项</td><td>0.05</td><td>—</td></tr>
<tr><td>设备购置费小计</td><td>元</td><td>351 750.00</td><td>96.31</td></tr>
<tr><td colspan="3">合　计</td><td>元</td><td>365 209.00</td><td>100.00</td></tr>
</table>

工程内容：安装与调测车站控制设备、控制终端、监视器、录像回放设备、监视器拼接墙以及机架加固及备品备件等。

单位：处

序号	指标编号		单位	4F-040	
	项目			派出所	
				—	占指标基价 /%
指标基价			元	984 290.00	100.00
一	建筑安装工程费		元	103 865.00	10.55
二	设备购置费		元	880 425.00	89.45
建筑安装工程费					
直接费	人工费	人工	工日	283.56	—
		措施费分摊	元	670.47	—
		人工费小计	元	33 535.50	3.41
	材料费	屏蔽双绞线 8 芯	m	630.00	—
		电源线 WDZ-RYY-3×4mm²	m	40.40	—
		抗振底座	个	1.00	—
		其他材料费	元	1 491.30	—
		施工机具使用费	元	7 291.32	—
		材料费小计	元	15 461.19	1.57
	施工机具使用费	施工机具使用费	元	911.64	—
		措施费分摊	元	419.04	—
		施工机具使用费小计	元	1 330.68	0.14
	直接费小计		元	50 327.37	5.11
综合费用			元	53 538.02	5.44
建筑安装工程费合计			元	103 865.38	10.55
设备购置费					
设备购置费		视频管理服务器	套	1.00	—
		视频存储设备	套	1.00	—
		派出所汇聚交换机	台	2.00	—
		视频解码器	套	1.00	—
		录像回放终端	套	1.00	—
		拼接墙复视终端	套	1.00	—
		监视器拼接墙	套	1.00	—
		公安视频监视系统机柜	架	1.00	—
		备品备件	项	0.50	—
		设备购置费小计	元	880 425.00	89.45
合计			元	984 290.00	100.00

4.6.5 计算机网络

工程内容：安装与调测以太网交换机、计算机终端、打印传真机、网管设备、网线，机架加固及备品备件等。

单位：座

序号	指标编号			4F-041	
	项目		单位	控制中心	
				—	占指标基价 /%
指标基价			元	733 474.00	100.00
一	建筑安装工程费		元	57 274.00	7.81
二	设备购置费		元	676 200.00	92.19
建筑安装工程费					
直接费	人工费	人工	工日	130.80	—
		措施费分摊	元	308.64	—
		人工费小计	元	15 464.89	2.11
	材料费	屏蔽双绞线 8 芯	m	1 260.00	—
		抗振底座	个	1.00	—
		其他材料费	元	739.78	—
		措施费分摊	元	3 356.42	—
		施工机具使用费	元	15 697.60	2.14
	施工机具使用费	施工机具使用费	元	453.78	—
		措施费分摊	元	192.90	—
		施工机具使用费小计	元	646.68	0.09
	直接费小计		元	31 809.16	4.34
综合费用			元	25 465.29	3.47
建筑安装工程费合计			元	57 274.45	7.81
设备购置费					
设备购置费		核心交换机	台	2.00	—
		网络打印机	台	1.00	—
		网络管理终端	套	1.00	—
		PC 操作终端	套	4.00	—
		网络配线架	套	1.00	—
		公安计算机网络系统机柜	架	1.00	—
		备品备件	项	1.00	—
		设备购置费小计	元	676 200.00	92.19
合　计			元	733 474.00	100.00

工程内容：安装与调测以太网交换机、计算机终端、配线架、敷设钢管、网线，机架加固及备品备件等。

单位：站

序号	指标编号			4F-042	
	项目		单位	车站	
				—	占指标基价 /%
指标基价			元	164 657.00	100.00
一	建筑安装工程费		元	102 182.00	62.06
二	设备购置费		元	62 475.00	37.94
建筑安装工程费					
直接费	人工费	人工	工日	212.80	—
		措施费分摊	元	534.09	—
		人工费小计	元	25 278.83	15.35
	材料费	镀锌钢管 25	m	824.00	—
		屏蔽双绞线 8 芯	m	1 050.00	—
		抗振底座	个	1.00	—
		其他材料费	元	6 992.20	—
		施工机具使用费	元	5 808.18	—
		材料费小计	元	33 090.32	20.10
	施工机具使用费	施工机具使用费	元	1 199.31	—
		措施费分摊	元	333.80	—
		施工机具使用费小计	元	1 533.11	0.93
	直接费小计		元	59 902.25	36.38
综合费用			元	42 279.74	25.68
建筑安装工程费合计			元	102 181.99	62.06
设备购置费					
设备购置费		接入交换机	套	1.00	—
		PC 操作终端	套	2.00	—
		网络配线架	套	1.00	—
		公安计算机网络系统机柜	架	1.00	—
		备品备件	项	0.05	—
		设备购置费小计	元	62 475.00	37.94
合计			元	164 657.00	100.00

工程内容：安装与调测以太网交换机、计算机终端、配线架、敷设钢管、网线，机架加固及备品备件等。

单位：处

序号		指标编号		4F-043	
		项目	单位	派出所	
				—	占指标基价 /%
指标基价			元	373 928.00	100.00
一		建筑安装工程费	元	132 953.00	35.56
二		设备购置费	元	240 975.00	64.44
建筑安装工程费					
直接费	人工费	人工	工日	289.50	—
		措施费分摊	元	722.52	—
		人工费小计	元	34 375.86	9.19
	材料费	镀锌钢管 25	m	1 030.00	—
		屏蔽双绞线 8 芯	m	1 050.00	—
		抗振底座	个	1.00	—
		其他材料费	元	8 775.90	—
		施工机具使用费	元	7 857.46	—
		材料费小计	元	39 562.16	10.58
	施工机具使用费	施工机具使用费	元	1 557.65	—
		措施费分摊	元	451.58	—
		施工机具使用费小计	元	2 009.22	0.54
	直接费小计		元	75 947.24	20.31
综合费用			元	57 005.86	15.25
建筑安装工程费合计			元	132 953.10	35.56
设备购置费					
设备购置费		线路汇聚交换机	套	1.00	—
		接入交换机	套	1.00	—
		PC 操作终端	套	4.00	—
		网络配线架	套	1.00	—
		公安计算机网络系统机柜	架	1.00	—
		备品备件	项	0.50	—
		设备购置费小计	元	240 975.00	64.44
合　　计			元	373 928.00	100.00

4.6.6 公安电话

工程内容: 安装与调测电话服务器、中继网关、电话管理终端及备品备件等。

单位: 座

序号		项目	单位	4F-044 控制中心 —	占指标基价/%
		指标编号		4F-044	
指标基价			元	268 948.00	100.00
一		建筑安装工程费	元	22 198.00	8.25
二		设备购置费	元	246 750.00	91.75
建筑安装工程费					
直接费	人工费	人工	工日	51.35	—
直接费	人工费	措施费分摊	元	126.95	—
直接费	人工费	**人工费小计**	元	6 089.23	2.26
直接费	材料费	屏蔽双绞线 8芯	m	315.00	—
直接费	材料费	电源线 WDZ-RYY-3×4mm^2	m	50.50	—
直接费	材料费	其他材料费	元	704.59	—
直接费	材料费	措施费分摊	元	1 380.59	—
直接费	材料费	**施工机具使用费**	元	5 732.87	2.13
直接费	施工机具使用费	施工机具使用费	元	307.22	—
直接费	施工机具使用费	措施费分摊	元	79.34	—
直接费	施工机具使用费	**施工机具使用费小计**	元	386.56	0.14
直接费	**直接费小计**		元	12 208.67	4.54
综合费用			元	9 989.14	3.71
建筑安装工程费合计			元	22 197.81	8.25
设备购置费					
设备购置费		电话服务器	套	1.00	—
设备购置费		中继网关	套	1.00	—
设备购置费		电话管理终端	套	1.00	—
设备购置费		备品备件	项	1.00	—
设备购置费		**设备购置费小计**	元	246 750.00	91.75
合计			元	268 948.00	100.00

工程内容：安装与调测电话接入设备、电话机及备品备件等。

单位：站

序号	指标编号			4F-045	
	项目		单位	车站	
				—	占指标基价 /%
指标基价			元	32 207.00	100.00
一	建筑安装工程费		元	16 037.00	49.79
二	设备购置费		元	16 170.00	50.21
建筑安装工程费					
直接费	人工费	人工	工日	34.45	—
		措施费分摊	元	83.13	—
		人工费小计	元	4 076.46	12.66
	材料费	屏蔽双绞线 8 芯	m	315.00	—
		电源线 WDZ-RYY-3×4mm^2	m	50.50	—
		其他材料费	元	354.79	—
		施工机具使用费	元	904.02	—
		材料费小计	元	4 906.49	15.23
	施工机具使用费	施工机具使用费	元	212.59	—
		措施费分摊	元	51.96	—
		施工机具使用费小计	元	264.54	0.82
	直接费小计		元	9 247.50	28.71
综合费用			元	6 789.51	21.08
建筑安装工程费合计			元	16 037.01	49.79
设备购置费					
设备购置费		电话接入设备	套	1.00	—
		IP 话机	套	2.00	—
		备品备件	项	0.05	—
		设备购置费小计	元	16 170.00	50.21
合　　计			元	32 207.00	100.00

工程内容：安装与调测电话接入设备、电话机及备品备件等。

单位：处

序号		指标编号		4F-046	
		项目	单位	派出所	
				—	占指标基价/%
指标基价			元	31 422.00	100.00
一		建筑安装工程费	元	15 252.00	48.54
二		设备购置费	元	16 170.00	51.46
建筑安装工程费					
直接费	人工费	人工	工日	32.45	—
		措施费分摊	元	77.78	—
		人工费小计	元	3 839.39	12.22
	材料费	屏蔽双绞线 8芯	m	315.00	—
		电源线 WDZ-RYY-3×4mm^2	m	50.50	—
		其他材料费	元	301.81	—
		施工机具使用费	元	845.81	—
		材料费小计	元	4 795.31	15.26
	施工机具使用费	施工机具使用费	元	161.68	—
		措施费分摊	元	48.61	—
		施工机具使用费小计	元	210.28	0.67
	直接费小计		元	8 844.98	28.15
综合费用			元	6 406.68	20.39
建筑安装工程费合计			元	15 251.66	48.54
设备购置费					
设备购置费		电话接入设备	套	1.00	—
		IP 话机	套	2.00	—
		备品备件	项	0.50	—
		设备购置费小计	元	16 170.00	51.46
合计			元	31 422.00	100.00

4.6.7 电源及接地

工程内容： 安装与调测开关电源、UPS 不间断电源、蓄电池、电源切换屏、配电屏、监控设备、中心电源系统联调、机架加固及备品备件等。

单位： 座

序号		指标编号		4F-047	
		项目	单位	控制中心	
				—	占指标基价 /%
指标基价			元	821 044.00	100.00
一		建筑安装工程费	元	99 694.00	12.14
二		设备购置费	元	721 350.00	87.86
建筑安装工程费					
直接费	人工费	人工	工日	260.53	—
		措施费分摊	元	622.08	—
		人工费小计	元	30 818.67	3.75
	材料费	屏蔽双绞线 8芯	m	84.00	—
		接地电缆 WDZB-RYJ $1 \times 35mm^2$	m	45.45	—
		接地电缆 WDZB-YJYR $1 \times 16mm^2$	m	166.65	—
		电力电缆 WDZB-RYJ $4 \times 10mm^2$	m	30.30	—
		电力电缆 WDZB-RYJ $4 \times 25mm^2$	m	15.15	—
		抗振底座	个	3.00	—
		其他材料费	元	2 941.67	—
		措施费分摊	元	6 765.12	—
		施工机具使用费	元	17 736.29	2.16
	施工机具使用费	施工机具使用费	元	1 201.12	—
		措施费分摊	元	388.80	—
		施工机具使用费小计	元	1 589.92	0.19
	直接费小计		元	50 144.88	6.11
综合费用			元	49 549.38	6.03
建筑安装工程费合计			元	99 694.26	12.14
设备购置费					
设备购置费		网管设备	套	1.00	—
		UPS 设备	套	1.00	—
		UPS 蓄电池组	套	1.00	—
		交流配电柜	套	1.00	—
		-48V 高频开关电源	套	1.00	—
		高频开关电源用蓄电池	套	1.00	—
		蓄电池在线均衡系统	套	1.00	—
		备品备件	项	1.00	—
		设备购置费小计	元	721 350.00	87.86
合计			元	821 044.00	100.00

工程内容：安装与调测开关电源、UPS 不间断电源、蓄电池、电源切换屏、配电屏、监控设备、车站电源系统联调、机架加固及备品备件等。

单位：站

序号	指标编号			4F-048	
	项目		单位	车站	
				—	占指标基价 /%
指标基价			元	660 085.00	100.00
一	建筑安装工程费		元	64 735.00	9.81
二	设备购置费		元	595 350.00	90.19
建筑安装工程费					
直接费	人工费	人工	工日	156.01	—
		措施费分摊	元	380.15	—
		人工费小计	元	18 466.79	2.80
	材料费	屏蔽双绞线 8 芯	m	105.00	—
		接地电缆 WDZB-RYJ $1 \times 35mm^2$	m	45.45	—
		接地电缆 WDZB-YJYR $1 \times 16mm^2$	m	166.65	—
		电力电缆 WDZB-RYJ $4 \times 10mm^2$	m	30.30	—
		电力电缆 WDZB-RYJ $4 \times 25mm^2$	m	15.15	—
		抗振底座	个	3.00	—
		其他材料费	元	2 445.50	—
		施工机具使用费	元	4 134.11	—
		材料费小计	元	14 795.79	2.24
	施工机具使用费	施工机具使用费	元	1 135.23	—
		措施费分摊	元	237.59	—
		施工机具使用费小计	元	1 372.82	0.21
	直接费小计		元	34 635.40	5.25
综合费用			元	30 099.74	4.56
建筑安装工程费合计			元	64 735.15	9.81
设备购置费					
设备购置费		UPS 设备	套	1.00	—
		UPS 蓄电池组	套	1.00	—
		-48V 高频开关电源	套	1.00	—
		高频开关电源用蓄电池	套	1.00	—
		交流配电柜	套	1.00	—
		蓄电池在线均衡系统	套	1.00	—
		备品备件	项	0.05	—
		设备购置费小计	元	595 350.00	90.19
合　计			元	660 085.00	100.00

工程内容：安装与调测开关电源、UPS不间断电源、蓄电池、电源切换屏、配电屏、监控设备、派出所电源系统联调、机架加固及备品备件等。

单位：处

序号		指标编号		4F-049	
		项目	单位	派出所	
				—	占指标基价/%
指标基价			元	561 452.00	100.00
一		建筑安装工程费	元	55 352.00	9.86
二		设备购置费	元	506 100.00	90.14
建筑安装工程费					
直接费	人工费	人工	工日	155.53	—
		措施费分摊	元	379.02	—
		人工费小计	元	9 394.53	1.67
	材料费	屏蔽双绞线 8芯	m	168.00	—
		接地电缆 WDZB-RYJ $1\times35mm^2$	m	90.90	—
		接地电缆 WDZB-YJYR $1\times16mm^2$	m	333.30	—
		电力电缆 WDZB-RYJ $4\times10mm^2$	m	60.60	—
		电力电缆 WDZB-RYJ $4\times25mm^2$	m	30.30	—
		抗振底座	个	6.00	—
		其他材料费	元	2 442.19	—
		施工机具使用费	元	4 121.82	—
		材料费小计	元	14 593.51	2.60
	施工机具使用费	施工机具使用费	元	1 133.62	—
		措施费分摊	元	236.89	—
		施工机具使用费小计	元	1 370.51	0.24
	直接费小计		元	25 358.55	4.52
综合费用			元	29 993.29	5.34
建筑安装工程费合计			元	55 351.84	9.86
设备购置费					
设备购置费		UPS设备	套	1.00	—
		UPS蓄电池组	套	1.00	—
		-48V高频开关电源	套	1.00	—
		高频开关电源用蓄电池	套	1.00	—
		交流配电柜	套	1.00	—
		蓄电池在线均衡系统	套	0.50	—
		备品备件	项	0.50	—
		设备购置费小计	元	506 100.00	90.14
合计			元	561 452.00	100.00

4.7 办公自动化

工程内容：安装与调测以太网交换机、计算机终端、打印传真机、网管设备、网线，机架加固及备品备件等。

单位：座

序号		指标编号		4F-050	
		项目	单位	控制中心	
				—	占指标基价/%
指标基价			元	483 150.00	100.00
一		建筑安装工程费	元	24 825.00	5.14
二		设备购置费	元	458 325.00	94.86
建筑安装工程费					
直接费	人工费	人工	工日	63.30	—
		措施费分摊	元	136.12	—
		人工费小计	元	7 485.54	1.55
	材料费	屏蔽双绞线 8芯	m	105.00	—
		电源线 WDZ-RYY-3×4mm^2	m	50.50	—
		抗振底座	个	1.00	—
		其他材料费	元	938.65	—
		措施费分摊	元	1 480.30	—
		材料费小计	元	4 599.74	0.95
	施工机具使用费	施工机具使用费	元	524.43	—
		措施费分摊	元	85.07	—
		施工机具使用费小计	元	609.50	0.13
	直接费小计		元	12 694.78	2.63
综合费用			元	12 130.02	2.51
建筑安装工程费合计			元	24 824.80	5.14
设备购置费					
设备购置费		以太网交换机	套	1.00	—
		运营管理服务器	套	1.00	—
		网管终端	套	1.00	—
		打印机	台	1.00	—
		运营管理系统机柜	架	1.00	—
		备品备件	项	1.00	—
		设备购置费小计	元	458 325.00	94.86
合计			元	483 150.00	100.00

工程内容：安装与调测以太网交换机、计算机终端、网线、光缆、市话电缆，机架加固及备品备件等。

单位：站

序号	指标编号		单位	4F-051	
	项目			车站	
				—	占指标基价 /%
指标基价			元	421 025.00	100.00
一	建筑安装工程费		元	212 075.00	50.37
二	设备购置费		元	208 950.00	49.63
建筑安装工程费					
直接费	人工费	人工	工日	306.99	—
		措施费分摊	元	656.41	—
		人工费小计	元	36 241.88	8.61
	材料费	插座	个	71.40	—
		光缆终端盒 8 芯	套	1.01	—
		屏蔽双绞线 8 芯	m	9 177.00	—
		电源线 WDZ-RYY-3 × 4mm^2	m	303.00	—
		多模光缆 4 芯	m	306.00	—
		市话电缆 HYAT 30 × 2 × 0.5mm^2	m	306.00	—
		抗振底座	个	1.00	—
		施工机具使用费	元	4 376.03	—
		措施费分摊	元	7 138.44	—
		材料费小计	元	106 825.67	25.37
	施工机具使用费	施工机具使用费	元	2 286.38	—
		措施费分摊	元	410.25	—
		施工机具使用费小计	元	2 696.63	0.64
	直接费小计		元	145 764.18	34.62
综合费用			元	66 310.62	15.75
建筑安装工程费合计			元	212 074.80	50.37
设备购置费					
设备购置费		接入以太网交换机	套	2.00	—
		运营管理服务器	套	1.00	—
		计算机终端	套	4.00	—
		综合布线柜	套	1.00	—
		壁挂式综合布线箱	套	1.00	—
		运营管理系统机柜	架	1.00	—
		备品备件	项	1.00	—
		设备购置费小计	元	208 950.00	49.63
合　计			元	421 025.00	100.00

工程内容：安装与调测以太网交换机、计算机终端、网线、光缆、市话电缆，机架加固及备品备件等。

单位：座

序号	指标编号			4F-052	
	项目		单位	车辆段 / 停车场	
				—	占指标基价 /%
指标基价			元	5 656 372.00	100.00
一	建筑安装工程费		元	2 364 622.00	41.80
二	设备购置费		元	3 291 750.00	58.20
建筑安装工程费					
直接费	人工费	人工	工日	3 359.44	—
		措施费分摊	元	7 123.99	—
		人工费小计	元	396 271.73	7.01
	材料费	插座	个	969.00	—
		光缆终端盒 8 芯	套	2.02	—
		屏蔽双绞线 8 芯	m	102 375.00	—
		电源线 WDZ-RYY-$3\times4mm^2$	m	50.50	—
		多模光缆 4 芯	m	4 896.00	—
		市话电缆 HYAT $30\times2\times0.5mm^2$	m	10 200.00	—
		抗振底座	个	1.00	—
		施工机具使用费	元	37 925.46	—
		措施费分摊	元	77 473.38	—
		材料费小计	元	1 214 117.61	21.46
	施工机具使用费	施工机具使用费	元	20 983.10	—
		措施费分摊	元	4 452.49	—
		施工机具使用费小计	元	25 435.59	0.45
	直接费小计		元	1 635 824.94	28.92
综合费用			元	728 796.79	12.88
建筑安装工程费合计			元	2 364 621.72	41.80
设备购置费					
设备购置费		核心以太网交换机	套	1.00	—
		汇聚以太网交换机	套	5.00	—
		接入以太网交换机	套	15.00	—
		运营管理服务器	套	1.00	—
		计算机终端	套	100.00	—
		安全设备	套	1.00	—
		综合布线机柜	套	5.00	—
		壁挂式综合配线箱	套	15.00	—
		运营管理系统机柜	架	1.00	—
		备品备件	项	0.50	—
		设备购置费小计	元	3 291 750.00	58.20
合计			元	5 656 372.00	100.00

4.8 乘客信息

工程内容：控制中心乘客信息系统服务器、工作站、交换机、控制器等设备及材料安装。

单位：座

序号		指标编号		4F-053	
		项目	单位	控制中心	
				—	占指标基价 /%
指标基价			元	2 783 035.00	100.00
一	建筑安装工程费		元	113 935.00	4.09
二	设备购置费		元	2 669 100.00	95.91
建筑安装工程费					
直接费	人工费	人工	工日	320.95	—
		措施费分摊	元	675.72	—
		人工费小计	元	37 980.27	1.36
	材料费	屏蔽双绞线 8 芯	m	1 155.00	—
		电源线 WDZ-RYY-3 × 4mm^2	m	101.00	—
		抗振底座	个	2.00	—
		其他材料费	元	3 379.23	—
		措施费分摊	元	7 348.44	—
		材料费小计	元	12 397.07	0.45
	施工机具使用费	施工机具使用费	元	1 669.40	—
		措施费分摊	元	422.32	—
		施工机具使用费小计	元	2 091.72	0.08
	直接费小计		元	52 469.06	1.89
综合费用			元	61 465.79	2.21
建筑安装工程费合计			元	113 934.85	4.09

续表

序号	指标编号		4F-053	
	项目	单位	控制中心	
			—	占指标基价 /%
设备购置费				
设备购置费	中心服务器	套	1.00	—
	接口服务器	套	1.00	—
	视频服务器	套	1.00	—
	中心存储设备	套	1.00	—
	核心以太网交换机	套	2.00	—
	媒体编辑工作站	套	1.00	—
	发布管理工作站	套	1.00	—
	系统管理工作站	套	1.00	—
	预览工作站	套	1.00	—
	系统网管工作站	套	1.00	—
	WLAN 控制设备	套	2.00	—
	WLAN 网管工作站	套	1.00	—
	安全设备	套	1.00	—
	便携式维护终端	台	1.00	—
	专业操作台	套	1.00	—
	乘客信息系统机柜	架	2.00	—
	备品备件	项	1.00	—
	设备购置费小计	元	2 669 100.00	95.91
合计		元	2 783 035.00	100.00

工程内容：车站乘客信息系统指示屏、信息屏、控制器等设备及材料安装。

单位：站

序号			单位	4F-054	
	指标编号			车站	
	项目			—	占指标基价 /%
指标基价			元	1 373 997.00	100.00
一	建筑安装工程费		元	422 817.00	30.77
二	设备购置费		元	951 180.00	69.23
建筑安装工程费					
直接费	人工费	人工	工日	696.67	—
		措施费分摊	元	1 637.67	—
		人工费小计	元	82 600.34	6.01
	材料费	光缆接头盒	套	1.65	—
		光缆终端盒 8芯	套	30.71	—
		尾纤	根	284.02	—
		电源线 WDZ-RYYP-3×2.5mm^2	m	2 442.00	—
		屏蔽双绞线 8芯	m	157.50	—
		其他材料费	元	33 179.68	—
		措施费分摊	元	17 809.71	—
		施工机具使用费	元	177 684.45	12.93
	施工机具使用费	施工机具使用费	元	15 333.12	—
		措施费分摊	元	1 023.55	—
		施工机具使用费小计	元	16 356.67	1.19
	直接费小计		元	276 641.46	20.13
综合费用			元	146 175.46	10.64
建筑安装工程费合计			元	422 816.92	30.77
设备购置费					
设备购置费		车站交换机	套	1.00	—
		数据服务器	套	1.00	—
		视频转换设备	套	1.00	—
		电源时序控制器	套	1.00	—
		ODF 子架 96芯	套	1.00	—
		简易可拆装高空检修平台	套	1.00	—
		操作工作站	套	1.00	—
		LCD 显示屏 43″	台	16.00	—
		LCD 显示屏 55″	台	8.41	—
		LED 显示屏	台	4.00	—
		LCD 控制器	套	4.00	—
		光电转换器	对	6.00	—
		AP 设备	个	19.77	—
		区间配电箱	套	3.64	—
		备品备件	项	0.05	—
		设备购置费小计	元	951 179.73	69.23
合计			元	1 373 997.00	100.00

工程内容: 车载乘客信息系统控制器、天线、显示屏等设备及材料安装。

单位: 列

序号	指标编号			4F-055	
	项目		单位	车载	
				—	占指标基价 /%
指标基价			元	451 298.00	100.00
一	建筑安装工程费		元	7 598.00	1.68
二	设备购置费		元	443 700.00	98.32
建筑安装工程费					
直接费	人工费	人工	工日	22.10	—
		措施费分摊	元	46.84	—
		人工费小计	元	2 620.11	0.58
	材料费	镀锌带母螺栓 8×（30 ~ 60）	套	8.16	—
		膨胀螺栓 ϕ12	套	8.16	—
		光盘	套	4.00	—
		多功能上光清洁剂	张	0.20	—
		其他材料费	元	147.88	—
		措施费分摊	元	509.36	—
		施工机具使用费	元	657.25	0.15
	施工机具使用费	施工机具使用费	元	136.22	—
		措施费分摊	元	29.27	—
		施工机具使用费小计	元	165.49	0.04
	直接费小计		元	3 442.85	0.76
综合费用			元	4 155.52	0.92
建筑安装工程费合计			元	7 598.37	1.68
设备购置费					
设备购置费		车载天线	套	2.00	—
		车载无线终端	套	2.00	—
		车载工业三层交换机	套	2.00	—
		车载 LCD 控制器	套	2.00	—
		乘客信息系统机柜	架	2.00	—
		列车显示屏	套	24.00	—
		备品备件	项	0.03	—
		设备购置费小计	元	443 700.00	98.32
合　计			元	451 298.00	100.00

主要材料、设备单价取定表

工程名称：专用通信系统

序号	设备名称	规格型号	单位	单价 / 元
01 专用传输系统				
一	**控制中心**			
1	增强型 MSTP	40Gbps	套	1 500 000.00
2	网管服务器	—	套	60 000.00
3	网管终端（含软件）	—	套	500 000.00
4	勤务电话	—	个	100.00
5	便携式维护终端	—	台	12 000.00
6	光纤配线架（含机柜）	192 芯	架	17 600.00
7	数字配线架（含机柜）	DDF320 系统	架	40 000.00
8	综合配线架（含机柜）	MDF/VDF 300 线 / NDF96 口	架	20 600.00
9	传输机柜（含智能 PDU）	—	架	15 000.00
10	同步设备	—	架	90 000.00
11	卫星接收机	—	套	150 000.00
二	**正线**			
1	增强型 MSTP	40Gbps	套	1 200 000.00
2	勤务电话	—	个	100.00
3	光纤配线架（含机柜）	576 芯	架	36 800.00
4	光纤配线架（含机柜）	240 芯	架	21 000.00
5	光纤配线架（含机柜）	432 芯	架	29 600.00
6	综合配线架	含机柜 DDF 24 系统 MDF/VDF 300 线 /NDF72 口	个	20 600.00
7	传输机柜	含智能 PDU	架	15 000.00
三	**车辆段及停车场**			
1	增强型 MSTP	40Gbps	套	1 000 000.00
2	勤务电话	—	个	100.00
3	光纤配线架（含机柜）	384 芯	架	27 200.00
4	数字配线架（含机柜）	DDF160 系统	架	24 000.00
5	综合配线架（含机柜）	MDF/VDF 1000 线 / NDF72 口	个	17 200.00
6	传输机柜（含智能 PDU）	—	架	15 000.00

续表

序号	设备名称	规格型号	单位	单价 / 元
02 公务电话系统				
一	**控制中心**			
1	核心软交换控制设备	—	套	100 000.00
2	计费服务器	—	套	60 000.00
3	网管服务器	—	套	60 000.00
4	网管终端(含软件)	—	套	40 000.00
5	计费系统	—	套	10 000.00
6	便携式维护终端	—	台	12 000.00
7	以太网交换机	—	台	32 000.00
8	传真机	—	套	5 000.00
9	IP 电话	—	台	6 600.00
10	IP 话务台	—	套	30 000.00
11	综合接入设备	—	台	34 000.00
12	公务电话机柜	含智能 PDU	架	15 000.00
二	**正线**			
1	综合接入网关	—	台	45 000.00
2	综合接入设备	—	台	34 000.00
3	以太网交换机	—	台	32 000.00
4	IP 电话	—	台	6 600.00
5	自动电话机	—	部	150.00
6	公务电话机柜	含智能 PDU	架	15 000.00
三	**车辆段**			
1	综合媒体网关	—	套	255 000.00
2	以太网交换机	—	台	32 000.00
3	综合接入网关	—	台	250 000.00
4	IP 电话	—	台	6 600.00
5	自动电话机	—	部	150.00
6	公务电话机柜	含智能 PDU	架	15 000.00
03 专用电话系统				
一	**控制中心**			
1	调度主系统	—	套	600 000.00
2	网管服务器	—	套	60 000.00
3	专用电话网管终端(含软件)	—	套	32 000.00
4	数字式录音设备(1+1 热备)	—	套	100 000.00
5	录音网管终端(含软件)	—	套	10 000.00
6	调度操作台	—	套	12 000.00
7	打印机	—	套	11 500.00

续表

序号	设备名称	规格型号	单位	单价 / 元
8	便携式维护终端	—	台	12 000.00
9	专用电话机柜	—	架	15 000.00
二	**正线**			
1	调度分系统	—	套	150 000.00
2	数字式录音设备	—	套	15 000.00
3	值班操作台	—	套	3 000.00
4	调度电话分机	—	台	200.00
5	站内直通电话	—	台	200.00
6	专用电话机柜	—	架	15 000.00
三	**车辆段及停车场**			
1	调度分系统	—	套	218 000.00
2	数字式录音设备	—	套	50 000.00
3	值班操作台	—	套	3 000.00
4	调度电话分机	—	台	200.00
5	站内直通电话	—	台	200.00
6	扩音对讲终端	—	个	1 400.00
7	专用电话机柜		架	15 000.00
8	工作台	含椅子 2 000 × 700 × 760（WDH）	套	15 800.00
04 专用无线通信系统				
一	**控制中心**			
1	集群交换设备	含机柜、底座	套	5 000 000.00
2	TETRA 网管	—	套	150 000.00
3	二次开发网管	—	台	160 000.00
4	直放站网管	—	套	130 000.00
5	二次开发服务器	—	套	60 000.00
6	路由器	—	套	80 000.00
7	集群基站	—	套	800 000.00
8	POI 设备	—	套	23 700.00
9	无线调度台	—	套	300 000.00
10	二次开发调度台	—	套	255 000.00
11	便携式维护终端	—	台	12 000.00
12	打印机	—	套	11 500.00
13	服务器机柜	—	架	15 000.00
二	**正线**			
1	集群基站	—	套	800 000.00
2	无线射频机柜	—	套	15 000.00

续表

序号	设备名称	规格型号	单位	单价 / 元
3	固定台及固定台天线	—	套	35 000.00
4	全向吸顶小天线	—	个	500.00
5	耦合器	—	个	750.00
6	功分器	—	个	750.00
7	新设手持电台	—	套	10 000.00
8	光纤直放站近端机	—	套	150 000.00
9	光纤直放站远端机	—	套	100 000.00
三	**车辆段及停车场**			
1	集群基站	—	套	800 000.00
2	光纤直放站近端机	—	套	150 000.00
3	光纤直放站远端机	—	套	100 000.00
4	无线射频机柜	—	套	15 000.00
5	固定台及固定台天线	—	套	35 000.00
6	远端调度台	—	套	270 000.00
7	无线塔（杆）	—	套	300 000.00
8	鞭状全向天线	—	个	3 000.00
9	全向吸顶小天线	—	个	500.00
10	耦合器	—	个	750.00
11	功分器	—	个	750.00
四	**车载**			
1	车载电台（含天线、馈线）	—	套	40 000.00
05 专用视频监视系统				
一	**控制中心**			
1	视频管理服务器	—	套	150 000.00
2	核心以太网交换机	—	套	200 000.00
3	录像服务器	—	套	150 000.00
4	系统网管服务器	—	套	190 000.00
5	系统网管终端	—	套	10 000.00
6	录像网管	—	套	140 000.00
7	列车视频服务器	—	套	130 000.00
8	数字录像存储设备	—	套	600 000.00
9	安全设备	包括防火墙，漏扫，防病毒等	套	350 000.00
10	监控终端	—	套	20 000.00
11	列车视频监控终端	—	套	20 000.00
12	录像回放终端	—	套	20 000.00
13	便携式维护终端	—	台	12 000.00

续表

序号	设备名称	规格型号	单位	单价 / 元
14	解码器	—	台	4 500.00
15	大屏显示设备（含支架）	70″高清 LED 光源	块	300 000.00
16	显示屏接口工作站	—	台	10 000.00
17	大屏控制设备	—	套	95 000.00
18	视频监视系统机柜	—	架	15 000.00
19	大屏幕机柜	—	架	15 000.00
20	固定式摄像机（含镜头、防护罩、支架）	—	台	5 500.00
21	以太网交换机（接入 ACC 大屏用）	—	套	22 000.00
二	**正线**			
1	视频管理服务器	—	套	190 000.00
2	以太网交换机	—	套	180 000.00
3	数字录像存储设备	—	套	450 000.00
4	防灾监控终端	—	套	20 000.00
5	监视器	界面集成	套	3 000.00
6	解码器	界面集成	套	4 500.00
7	站台监视器	—	套	8 000.00
8	解码器	—	套	4 500.00
9	室内固定式摄像机	含镜头、防护罩、支架	台	5 800.00
10	球型摄像机	含镜头、防护罩、支架	台	12 000.00
11	半球型摄像机	含镜头、防护罩、支架	台	4 500.00
12	拾音器	—	台	1 250.00
13	光电转换器	—	对	2 500.00
14	ODF 子架	240 芯	套	12 000.00
15	球型摄像机	区间变电所含镜头、防护罩、支架	台	12 000.00
16	以太网交换机	区间变电所	台	22 000.00
17	配电箱	区间变电所	台	3 500.00
18	视频监视系统机柜	—	架	15 000.00
19	视频监视系统机柜	区间变电所	架	15 000.00
三	**车辆段及停车场**			
1	视频管理服务器	—	套	190 000.00
2	以太网交换机	—	套	180 000.00
3	数字录像存储设备	—	套	500 000.00
4	监控终端	—	套	20 000.00
5	室内固定式摄像机	含镜头、防护罩、支架	台	5 800.00
6	室外固定式摄像机	含镜头、防护罩、支架	台	6 500.00
7	球型摄像机	含镜头、防护罩、支架	台	12 000.00

续表

序号	设备名称	规格型号	单位	单价 / 元
8	接入以太网交换机	监控终端用	套	8 000.00
9	ODF 子架	480 芯	套	24 000.00
10	ODF 子架	240 芯	套	12 000.00
11	ODF 子架	96 芯	套	4 800.00
12	监视器拼接墙	6 块 46 英寸	套	90 000.00
13	数字解码器	—	套	4 500.00
14	摄像机室外箱	—	套	3 500.00
15	摄像机立杆	—	套	1 000.00
16	视频监视系统机柜	—	架	15 000.00
06 广播系统				
一	**控制中心**			
1	广播控制盒(含话筒)	—	套	6 800.00
2	音频话筒	—	个	1 500.00
3	广播系统网管设备	—	套	25 000.00
4	中心广播设备	含控制、接口、功放等设备	套	101 000.00
5	广播机柜	—	架	15 000.00
二	**正线**			
1	广播控制盒(含话筒)	—	套	6 800.00
2	音频话筒	—	个	1 500.00
3	广播设备	含控制、接口、功放等设备	套	64 000.00
4	站台无线广播手持终端	—	套	900.00
5	吸顶式扬声器		个	195.00
6	音柱扬声器	—	个	300.00
7	噪声传感器	—	个	900.00
8	无线广播接收天线	—	个	200.00
9	广播机柜	—	架	15 000.00
三	**车辆段**			
1	广播控制盒(含话筒)	—	套	6 800.00
2	广播设备	含控制、接口、功放等设备	套	55 000.00
3	吸顶式扬声器	—	个	195.00
4	音柱扬声器	—	个	300.00
5	号筒扬声器	—	个	900.00
6	扬声器立杆	—	个	1 000.00
7	光电转换器	—	对	2 500.00
8	广播机柜	—	架	15 000.00
07 时钟系统				
一	**控制中心**			
1	一级母钟设备	—	套	100 000.00

续表

序号	设备名称	规格型号	单位	单价 / 元
2	网管终端	—	套	65 000.00
3	打印机	—	套	6 500.00
4	便携式维护终端	—	套	12 000.00
5	大型单面年历钟	—	套	8 000.00
6	单面数显式子钟	字高 3″	套	2 000.00
7	接入与调试 1 号线时钟同步设备	—	架	10 000.00
8	时钟机柜	—	架	15 000.00
二	**正线**			
1	二级母钟设备	—	套	65 000.00
2	单面数显式子钟	字高 3″	套	2 000.00
3	双面数显式子钟	字高 5″	套	5 000.00
4	时钟机柜	—	架	15 000.00
三	**车辆段**			
1	二级母钟设备	—	套	65 000.00
2	单面数显式子钟	字高 3″	套	2 000.00
3	双面数显式子钟	字高 5″	套	5 000.00
4	时钟机柜	—	架	15 000.00
08 电源系统及接地				
一	**控制中心**			
1	网管设备	—	套	120 000.00
2	UPS 设备	120kV · A	套	840 000.00
3	UPS 蓄电池组	—	套	200 000.00
4	交流配电柜	—	套	25 000.00
5	高频开关电源	—	套	22 000.00
6	高频开关电源用蓄电池	—	套	50 000.00
7	蓄电池在线均衡系统	—	套	170 000.00
二	**正线**			
1	UPS 设备	45kV · A	套	225 000.00
2	UPS 蓄电池组	—	套	170 000.00
3	-48V 高频开关电源	—	套	22 000.00
4	高频开关电源用蓄电池	—	套	50 000.00
5	交流配电柜	—	套	25 000.00
6	蓄电池在线均衡系统	—	套	170 000.00
三	**车辆段及停车场**			
1	UPS 设备	45kV · A	套	225 000.00
2	UPS 蓄电池组	—	套	170 000.00
3	-48V 高频开关电源	—	套	22 000.00

续表

序号	设备名称	规格型号	单位	单价 / 元
4	高频开关电源用蓄电池	—	套	50 000.00
5	交流配电柜	—	套	25 000.00
6	蓄电池在线均衡系统	—	套	170 000.00
09 集中告警系统				
控制中心				
1	以太网交换机	—	套	42 000.00
2	服务器	—	套	65 000.00
3	集中告警软件	—	套	1 200 000.00
4	集中告警终端（含软件）	—	套	10 000.00
5	便携式维护终端	—	套	12 000.00
6	打印机	—	套	11 500.00
7	集中告警系统机柜	—	架	15 000.00
主要材料				
1	镀锌钢管	32	m	16.10
2	镀锌钢管	50	m	24.87
3	防空障碍灯	—	套	850.00
4	充油膏接头套管	—	套	43.11
5	镀锌托板托架	6 层	套	144.02
6	槽式电缆桥架	$W400\times H200$	m	91.07
7	槽式电缆桥架	$W200\times H100$	m	45.03
8	槽式电缆桥架	$W600\times H200$	m	127.27
9	槽式电缆桥架	$W400\times H200$	m	91.07
10	槽式电缆桥架	$W200\times H100$	m	45.03
11	摄像机立杆	—	根	1 250.00
12	光缆接头盒	96 芯	套	125.00
13	光缆接头盒	24 芯	套	23.28
14	同轴软线	—	m	3.30
15	光缆终端盒	8 芯	套	106.04
16	接头	—	个	850.00
17	跳线	—	根	43.36
18	尾纤	—	根	38.94
19	电源线	WDZ-RYY-3 × 2.5mm^2	m	11.58
20	广播扬声器 / 噪感器线	—	m	8.71
21	电源线	WDZ-RYYP-3 × 2.5mm^2	m	11.58
22	屏蔽双绞线	—	m	8.89
23	音频话筒线缆	—	m	6.21
24	电源线	WDZ-RYY-3 × 4mm^2	m	16.78

续表

序号	设备名称	规格型号	单位	单价 / 元
25	接地电缆	WDZB- RYJ $1\times35mm^2$	m	28.11
26	接地电缆	WDZB-YJYR $1\times16mm^2$	m	13.81
27	电力电缆	WDZB-RYJ $4\times10mm^2$	m	42.37
28	电力电缆	WDZB- RYJ $4\times25mm^2$	m	80.58
29	电力电缆	WDZB-RYJ $5\times16mm^2$	m	66.03
30	超五类双绞线	—	m	8.89
31	多模光缆	4 芯	m	3.88
32	光缆	24 芯	m	11.00
33	光缆	96 芯	m	26.10
34	市话电缆	$30\times2\times0.5mm^2$	m	12.21
35	市话电缆	$50\times2\times0.5mm^2$	m	18.12
36	市话电缆	$100\times2\times0.5mm^2$	m	36.36
37	市话电缆	10P	m	4.25
38	天线铁塔消雷器	—	套	1 500.00
39	泄漏电缆	—	m	135.24
40	7/8 射频同轴电缆	—	m	42.54
41	1/2 射频同轴电缆	—	m	28.32
42	抗振底座	—	个	400.00

主要材料、设备单价取定表

工程名称：公安通信系统

序号	设备名称	规格型号	单位	单价 / 元
01 传输系统				
一	**控制中心**			
1	增强型 MSTP	10Gbps	套	750 000.00
2	网管服务器	—	套	60 000.00
3	网管终端（含软件）	—	套	500 000.00
4	勤务电话	—	个	100.00
5	便携式维护终端	—	台	12 000.00
6	光纤配线架	含机柜 384 芯	架	27 250.00
7	综合配线架	—	架	20 600.00
8	传输机柜	含智能 PDU	架	15 000.00
二	**正线**			
1	增强型 MSTP	10Gbps	套	600 000.00
2	勤务电话	—	个	100.00
3	光纤配线架	含机柜 384 芯	架	27 250.00
4	综合配线架	—	个	20 600.00
5	传输机柜	含智能 PDU	架	15 000.00
8	派出所	—	—	—
9	增强型 MSTP	10Gbps	套	600 000.00
10	勤务电话	—	个	100.00
11	光纤配线架	含机柜 384 芯	架	27 200.00
12	综合配线架	—	个	20 600.00
13	传输机柜	含智能 PDU	架	15 000.00
02 无线通信系统				
一	**控制中心**			
1	中心集群交换设备	—	套	550 000.00
2	无线单点引入设备	含天线	套	65 000.00
3	模拟 / 数字集群调度互通网关设备	—	套	20 000.00
4	网络管理设备	—	套	100 000.00
5	调度台	—	套	80 000.00
6	公安无线系统机柜	—	架	25 000.00
7	打印机	—	套	6 500.00

续表

序号	设备名称	规格型号	单位	单价 / 元
二	**车站**			
1	集群无线基站	—	套	450 000.00
2	分合路器设备 POI	—	套	25 000.00
3	固定台及天线	—	套	20 000.00
4	新设手持电台	—	部	8 200.00
5	全向吸顶小天线	—	个	300.00
6	耦合器	—	个	750.00
7	功分器	—	个	750.00
8	公安无线系统机柜	—	架	15 000.00
03 消防无线通信系统				
一	**控制中心**			
1	线路交换设备	—	套	450 000.00
2	无线单点引入设备	—	套	65 000.00
3	网络管理设备	含机架式服务器	套	100 000.00
4	打印机	—	套	6 500.00
5	调度台	—	套	80 000.00
6	公安无线系统机柜	—	架	15 000.00
二	**车站**			
1	以太网交换机	—	套	22 000.00
2	数字同频同播基站	—	套	320 000.00
3	应急输入输出接口设备	—	套	60 000.00
4	板状定向天线	—	个	200.00
5	耦合器	—	个	750.00
6	功分器	—	个	750.00
7	消防无线系统机柜	—	架	15 000.00
04 视频监视系统				
一	**控制中心**			
1	视频管理服务器	—	套	150 000.00
2	视频存储设备	—	套	220 000.00
3	分局核心交换机	—	台	250 000.00
4	视频监控终端	—	套	20 000.00
5	安全接入设备	—	套	350 000.00
6	视频解码器	17 路	套	3 500.00
7	网络管理终端	—	套	20 000.00
8	公安视频监视系统机柜	—	架	15 000.00

续表

序号	设备名称	规格型号	单位	单价 / 元
二	**车站**			
1	车站交换机	—	套	100 000.00
2	车站控制终端	—	套	20 000.00
3	视频分析设备	—	套	200 000.00
4	公安视频监视系统机柜	—	架	15 000.00
三	**派出所**			
1	视频管理服务器	—	套	150 000.00
2	视频存储设备	—	套	220 000.00
3	派出所汇聚交换机	—	台	160 000.00
4	视频解码器	17 路	套	3 500.00
5	录像回放终端	—	套	20 000.00
6	拼接墙复视终端	—	套	20 000.00
7	监视器拼接墙	6 块 46 英寸	套	90 000.00
8	公安视频监视系统机柜	—	架	15 000.00
05 计算机网络系统				
一	**控制中心**			
1	核心交换机	—	台	250 000.00
2	网络打印机	—	台	6 500.00
3	网络管理终端	—	套	80 000.00
4	PC 操作终端	—	套	10 000.00
5	网络配线架	—	套	2 500.00
6	公安计算机网络系统机柜	—	架	15 000.00
二	**车站**			
1	接入交换机	—	套	22 000.00
2	PC 操作终端	—	套	10 000.00
3	网络配线架	—	套	2 500.00
4	公安计算机网络系统机柜	—	架	15 000.00
三	**派出所**			
1	线路汇聚交换机	—	套	150 000.00
2	接入交换机	—	套	22 000.00
3	PC 操作终端	—	套	10 000.00
4	网络配线架	—	套	2 500.00
5	公安计算机网络系统机柜	—	架	15 000.00
06 专用电话系统				
一	**控制中心**			
1	电话服务器	—	套	130 000.00
2	中继网关	—	套	85 000.00
3	电话管理终端	—	套	20 000.00

续表

序号	设备名称	规格型号	单位	单价 / 元
二	车站			
1	电话接入设备	—	套	13 000.00
2	IP 话机	—	套	1 200.00
三	派出所			
1	电话接入设备	—	套	13 000.00
2	IP 话机	—	套	1 200.00
07 电源及接地系统				
一	控制中心			
1	网管设备	—	套	120 000.00
2	UPS 设备	30kV·A	套	180 000.00
3	UPS 蓄电池组	—	套	120 000.00
4	交流配电柜	—	套	25 000.00
5	-48V 高频开关电源	—	套	22 000.00
6	高频开关电源用蓄电池	—	套	50 000.00
7	蓄电池在线均衡系统	—	套	170 000.00
二	正线			
1	UPS 设备	30kV·A	套	180 000.00
2	UPS 蓄电池组	—	套	120 000.00
3	-48V 高频开关电源	—	套	22 000.00
4	高频开关电源用蓄电池	—	套	50 000.00
5	交流配电柜	—	套	25 000.00
6	蓄电池在线均衡系统	—	套	170 000.00
三	派出所			
1	UPS 设备	30kV·A	套	180 000.00
2	UPS 蓄电池组	—	套	120 000.00
3	-48V 高频开关电源	—	套	22 000.00
4	高频开关电源用蓄电池	—	套	50 000.00
5	交流配电柜	—	套	25 000.00
6	蓄电池在线均衡系统	—	套	170 000.00
主要材料				
1	镀锌钢管	25	m	12.81
2	镀锌钢管	50	m	24.87
3	光缆接头盒	96 芯	套	125.00
4	接头	—	个	850.00
5	尾纤	—	根	38.94
6	屏蔽双绞线	8 芯	m	8.89

续表

序号	设备名称	规格型号	单位	单价 / 元
7	电源线	WDZ-RYY-3 × $4mm^2$	m	16.78
8	接地电缆	WDZB- RYJ 1 × $35mm^2$	m	28.11
9	接地电缆	WDZB-YJYR 1 × $16mm^2$	m	13.81
10	电力电缆	WDZB-RYJ 4 × $10mm^2$	m	42.37
11	电力电缆	WDZB- RYJ 4 × $25mm^2$	m	80.58
12	光缆	96 芯	m	26.10
13	泄漏电缆	—	m	135.24
14	7/8 射频同轴电缆	—	m	42.54
15	1/2 射频同轴电缆	—	m	28.32
16	抗振底座	—	个	400.00

主要材料、设备单价取定表

工程名称：办公自动化系统

序号	设备名称	规格型号	单位	单价 / 元
一	**控制中心**			
1	以太网交换机	—	套	250 000.00
2	运营管理服务器	—	套	65 000.00
3	网管终端	—	套	100 000.00
4	打印机	—	台	6 500.00
5	运营管理系统机柜	含底座	架	15 000.00
二	**正线**			
1	接入以太网交换机	—	套	22 000.00
2	运营管理服务器	—	套	65 000.00
3	计算机终端	—	套	10 000.00
4	综合布线柜	含 2 块 100 对 110/4 块 24 端口 EDF/ 12 芯 ODF 1 个 / 理线架、含底座	套	20 000.00
5	壁挂式综合布线箱	含 1 块 100 对 110/2 块 24 端口 EDF/ 12 芯 ODF 1 个 / 理线架	套	15 000.00
6	运营管理系统机柜	含底座	架	15 000.00
三	**车辆段及停车场**			
1	核心以太网交换机	—	套	250 000.00
2	汇聚以太网交换机	—	套	160 000.00
3	接入以太网交换机	—	套	22 000.00
4	运营管理服务器	—	套	65 000.00
5	计算机终端	—	套	10 000.00
6	安全设备	包括防火墙，漏扫，防病毒等	套	350 000.00
7	综合布线机柜	10 块 100 对 110/1 块 24 端口 EDF/12 芯 ODF 5 个 / 理线架、含底座	套	20 000.00
8	壁挂式综合配线箱	含 1 块 100 对 110/2 块 24 端口 EDF/ 12 芯 ODF 1 个 / 理线架	套	15 000.00
9	运营管理系统机柜	含底座	架	15 000.00
主要材料				
1	插座	—	个	45.00
2	光缆终端盒	8 芯	套	106.04

续表

序号	设备名称	规格型号	单位	单价 / 元
3	屏蔽双绞线	8 芯	m	8.89
4	电源线	WDZ-RYY-3 × 4mm^2	m	16.78
5	多模光缆	4 芯	m	3.88
6	市话电缆	30 × 2 × 0.5mm^2	m	12.21
7	抗振底座	—	个	400.00

主要材料、设备单价取定表

工程名称：乘客信息系统

序号	设备名称	规格型号	单位	单价 / 元
一	**控制中心**			
1	中心服务器	—	套	300 000.00
2	接口服务器	—	套	280 000.00
3	视频服务器	—	套	300 000.00
4	中心存储设备	—	套	240 000.00
5	核心以太网交换机	—	套	220 000.00
6	媒体编辑工作站	—	套	15 000.00
7	发布管理工作站	—	套	15 000.00
8	系统管理工作站	—	套	15 000.00
9	预览工作站	—	套	15 000.00
10	系统网管工作站	—	套	15 000.00
11	WLAN 控制设备	—	套	240 000.00
12	WLAN 网管工作站	—	套	15 000.00
13	安全设备	包括防火墙，漏扫，防病毒等	套	350 000.00
14	便携式维护终端	—	台	12 000.00
15	专业操作台	含座椅	套	20 000.00
16	乘客信息系统机柜	含底座	架	15 000.00
二	**正线**			
1	车站交换机	—	套	22 000.00
2	数据服务器	—	套	96 000.00
3	视频转换设备	—	套	65 000.00
4	电源时序控制器	—	套	5 200.00
5	ODF 子架	96 芯	套	4 800.00
6	简易可拆装高空检修平台	—	套	21 840.00
7	操作工作站	—	套	15 000.00
8	LCD 显示屏	43″	台	8 000.00
9	LCD 显示屏	55″	台	11 000.00
10	LED 显示屏	含控制器	台	15 000.00
11	LCD 控制器	—	套	34 000.00
12	光电转换器	—	对	2 500.00
13	AP 设备	含设备箱、光缆终端盒、尾纤等	个	12 000.00
14	区间配电箱	—	套	2 000.00

续表

序号	设备名称	规格型号	单位	单价 / 元
三	**车载**			
1	车载天线	—	套	6 000.00
2	车载无线终端	—	套	40 000.00
3	车载工业三层交换机	—	套	20 000.00
4	车载 LCD 控制器	—	套	32 000.00
5	乘客信息系统机柜	含底座	架	15 000.00
6	列车显示屏	—	套	8 600.00
主要材料				
1	光缆终端盒	8 芯	套	106.04
2	尾纤	—	根	38.94
3	电源线	WDZ-RYYP-3 × 2.5mm^2	m	11.58
4	屏蔽双绞线	—	m	8.89
5	电源线	WDZ-RYY-3 × 4mm^2	m	16.78
6	单模光缆	8 芯	m	7.88
7	光缆	24 芯	m	11.00
8	抗振底座	—	个	400.00

5 信　　号

说　　明

本章内容为信号系统的综合指标和分项指标。

一、综合指标

1. 综合指标按信号系统移动闭塞编制。

2. 综合指标的取定见表 5–1。

表 5–1　工程规模选定表

工程内容	单位	工作量	备注
正线	正线公里	29.570	—
控制中心	处	1	不含备用中心
车站	座	24	8 个集中站
车辆段	座	1	100 套室外计轴设备
停车场	座	1	50 套室外计轴设备
车载设备配置	列	32	6 辆编组
试车线	条	1	1.3km
维修中心	处	1	—
培训中心	处	1	—

3. 如采用全自动运行系统（FAO），投资估算可按照下列方式调整：

（1）需设置备用控制中心的，备用控制中心投资估算按照主控制中心的投资的 70% 估列。

（2）正线投资估算增加 5%。

（3）车辆段、停车场投资估算增加 3%。

（4）车载系统每列车投资估算增加 15%。

4. 技术条件：采用移动闭塞的列车自动控制（ATC）系统。

（1）系统方案。

1）正线 ATC 系统方案：采用基于无线通信技术的移动闭塞 ATC 系统。

2）车地无线通信方案：采用基于 LTE 架构的移动通信（TD–LTE）技术。

3）车辆段 / 停车场信号系统方案：车辆段 / 停车场纳入 ATC 监控的方案，车辆段 / 停车场自动控制区域具备基于无线通信的移动闭塞列车控制系统（CBTC）级别下列车自动防护 / 列车自动驾驶系统（ATP/ATO）控制功能。

4）车载信号系统：列车头、尾两端各设一套车载 ATC 设备，两端车载设备应自成系统，做到一端的车载系统控制不依赖于另一端的终端设备。

5）试车线信号系统：装设与正线相同的联锁、ATP/ATO 室内设备、轨旁设备以及试车线控制工作站。

6）维修中心设备，用于实时采集全线的故障报警信息，以便调度维修人员能够迅速、准确地进行快速维修。

7）培训中心系统：在控制中心设置对中心调度员进行实际仿真列车控制、调度指挥的培训系统；在车辆段培训中心设置对维护维修人员进行 ATC 设备工作原理、功能、故障识别处理培训以及对列车驾驶员进行模拟培训的模拟仿真、实物培训系统。

（2）各子系统构成方案。

1）列车自动监控系统（ATS）子系统。系统按地域划分，由控制中心设备、车站设备、车辆段/停车场设备组成。

本工程在每个设备集中站都装备有一套车站 ATS 设备，通过冗余 ATS 网络与中心 ATS 设备相连。当中心 ATS 发生故障，每个设备集中站的车站 ATS 仍可按下载的时刻表监控线路运营，实现 ATS 的车站自动控制功能，或通过现地控制工作站执行本地操作功能。在非设备集中站设置 ATS 监视工作站。在终点站司机轮乘室设置 ATS 监视工作站。

本工程在车辆段/停车场装备一套 ATS 设备，用以监督进出车辆段/停车场的车辆运行情况，管理车辆派班。

2）联锁子系统。针对本工程，在每个设备集中站、车辆段/停车场各设置一套计算机联锁设备，用以实现本管辖区内的联锁控制。联锁设备能接受值班员和 ATS 子系统的控制，并与 ATP/ATO 车站计算机接口。

3）ATP/ATO 子系统。本工程 4 个车站分别设置一套轨旁 ATP/ATO 计算机。

在每列列车的头、尾车各设一套车载 ATP/ATO 设备及无线设备。在车辆段/停车场设置一套与正线相同的 ATP/ATO 计算机设备。

4）数据通信系统（DCS）子系统。有线通信网络：ATS 子系统通信网络，为双网结构。信号核心网络为安全网络，包括联锁、ATP/ATO 及 LTE 车地无线通信网络有线网部分的通信网络，为冗余传输网络（A、B 网）。划分为联锁、ATC 及 LTE 有线部分子网；由信号自行组网。信号维护监测子系统通信网络，为单网结构，也由信号自行组网。

无线通信网络：本工程的正线、折返线、存车线、出入段/场线、车辆段/停车场咽喉区、停车列检库等区域均进行无线覆盖。采用 LTE 扁平化网络结构，由轨旁无线网子系统（eNB）、网管系统及车载终端设备组成，提供车地之间双向、可靠、安全的数据交换。eNB 设备主要包括分布式基带处理单元（BBU）+ 射频拉远单元（RRU）。LTE 无线网络采用 A、B 双网完全冗余的方式覆盖。

（3）系统设备构成。

1）控制中心设备。

调度大厅：在调度大厅设置了 2 台行车调度工作站、一台值班主任调度工作站、大屏接口计算机、黑白/彩色激光打印机等。工作站全部采用 22 英寸液晶显示器，调度员工作站采用双屏配置。

机房设置：在机房设置数据库服务器、磁盘阵列、应用服务器、工作站、交换机等设备。

2）地面设备。包括联锁设备、ATP/ATO 设备、ATS 车站设备、LTE 基站设备[基带处理单元（BBU）、射频拉远单元（RRU）]、集中监测及道岔缺口监测、辅助列车检测设备（计轴）、应答器、信号机、道岔转辙机、发车计时器、站台紧急关闭按钮、自动折返按钮、漏缆、光缆、电缆、接口设备、电源及防雷设备等。

3）设备室主要设备。在设备集中站主要设置 ATS 分机、联锁设备、ATP/ATO 设备（仅 4 个站设置）、计轴主机、LTE 设备、电源设备、接口柜、组合柜、维护工作站、防雷分线柜、网络交换机、微机监测设备、道岔缺口监测设备及防火墙等。在非设备集中站主要设置 ATS 车站接口设备、电源设备、防雷分线柜等。

4）车控室主要设备。有岔非集中配置双套 ATS 监控工作站，非设备集中站配置 ATS 车站监视工作站，单套配置，设于车站控制室。

5）轨旁设备。ATC 信号系统室外设备主要有应答器设备、信号机、计轴、漏缆、光电缆等。

6）车载设备。包括车载 ATP/ATO 主机、测速装置、车载终端及天线、应答器查询天线、人机接口（HMI）、与车辆接口设备、驾驶模式转换开关/按钮等。列车头、尾两端各设一套车载 ATC 设备，两端车载设备应自成系统。

7）车辆段/停车场设备。包括 ATS 设备、ATP/ATO 设备、联锁设备、LTE 核心网（B 网—只设在车辆段）、信号机、转辙机、计轴、光缆、电缆、接口设备、电源及防雷设备、维护监测设备、日检设备、数据通信设备等。

8）试车线设备。包括试车线控制工作站、ATP/ATO 轨旁设备、室内设备等。

9）信号维修及培训设备。包括工作站、服务器、仿真工作站等设备。

5.1 信号综合指标

工程内容：控制中心、正线、车载、车辆段、停车场、维修中心、培训中心、试车线及备品备件及仪器仪表等。

单位：正线公里

序号	指标编号		单位	5Z-001	
	项目			信号	
				—	占指标基价 /%
指标基价			元	14 807 145.00	100.00
一	建筑安装工程费		元	4 309 867.00	29.11
二	设备购置费		元	10 497 278.00	70.89
建筑安装工程费					
直接费	人工费	人工	工日	12 661.87	—
		措施费分摊	元	16 988.10	—
		人工费小计	元	802 742.62	5.42
	材料费	室内电线 ZR-RY 0.4mm^2	m	142.04	—
		电缆 WDZB-RYYSP 2×0.4mm^2	m	92.32	—
		室内电线 ZR-RY 0.75mm^2	m	71.02	—
		室内电线 ZR-RY 1.5mm^2	m	71.02	—
		电缆 WDZB RYYSP 2×2×0.5mm^2	m	287.62	—
		电缆 DWZB-RYYP 2×1.13mm^2	m	37.94	—
		室内电线 ZR-RY 1mm^2	m	71.02	—
		电缆 WDZB-RY 23×0.15mm^2	m	2 734.19	—
		电缆 DWZB-RYYSP 4 芯	m	275.96	—
		电缆 WDZB-RY 32×0.2mm^2	m	823.81	—
		屏蔽线 DWZR-RYYP 4×0.5mm^2	m	21.31	—
		电缆 DWZB-RYYP 2×1.13mm^2	m	37.94	—
		电缆 WDZB-RY 48×0.2mm^2	m	472.27	—
		超五类屏蔽网线	m	575.25	—
		超五类屏蔽网线敷设	m	820.26	—
		电缆 WDZR-PJZL23 6×0.9mm^2	m	70.71	—
		光缆 DWZB-GYTZA53 4 芯	m	355.29	—
		光缆 DWZB-GYTZA53 8 芯	m	27.60	—
		光缆 DWZR-GYTZA53 12 芯	m	3 520.16	—
		光缆 DWZB-GYTZA53 12 芯	m	110.38	—
		电缆 DWZB-PTYA23 4 芯	m	1 034.83	—
		电缆 WDZB-RYY 2×1.5mm^2	m	96.58	—
		电缆 DWZR-RYY 2×1.5mm^2	m	3.45	—
		电缆 DWZB-PTYAH23 4 芯	m	3.45	—
		电缆 DWZB-PTYAH23 4 芯	m	289.75	—
		光缆 WZB-GYTZA53 24 芯	m	244.91	—
		电缆 WDZB-RYY 2×2.5mm^2	m	420.83	—
		电缆 DWZR-RYY 2×2.5mm^2	m	6.90	—
		应答器室内电缆 WDZB-LEU.BSYYP 1×2×1.14mm^2	m	92.32	—
		电缆 DWZB-PTYA23 6 芯	m	206.97	—
		电缆 WDZR-RYY 1×16mm^2	m	37.57	—
		复合材料电缆槽	m	973.45	—
		电缆 WDZB-RYY 3×1.5mm^2	m	82.79	—

续表

序号	指标编号		单位	5Z-001	
	项目			信号	
				—	占指标基价 /%
建筑安装工程费					
直接费	材料费	电缆 DWZB-PTYA23 8 芯	m	6 898.88	—
		电缆 DWZB-PTYAH23 6 芯	m	148.33	—
		电缆 DWZB-RYY 2×4mm^2	m	34.49	—
		电缆 WDZB-RYY 2×4mm^2	m	417.38	—
		电缆 DWZR-RYY 2×4mm^2	m	6.90	—
		电缆 DWZB-PJZL23 6 芯	m	14 801.56	—
		光缆接头盒	套	9.26	—
		电缆 DWZB-PTYA23 9 芯	m	68.99	—
		电缆 DWZB-PTYAH23 8 芯	m	144.88	—
		电缆 DWZB-RYY 3×2.5mm^2	m	34.49	—
		电缆 WDZB-RYY 3×2.5mm^2	m	348.39	—
		电缆 DWZB-YJY 3×2.5mm^2	m	1 724.72	—
		电缆 DWZR-RYY 3×2.5mm^2	m	3.45	—
		光缆 48 芯	m	10 279.34	—
		电缆 DWZB-RYY 2×6mm^2	m	34.49	—
		电缆 WDZB-RYY 2×6mm^2	m	127.63	—
		电缆 DWZB-PTYAH23 9 芯	m	3.45	—
		电缆 DWZB-PTYAH23 9 芯	m	58.64	—
		电缆 DWZB-PTYA23 12 芯	m	7 588.77	—
		电缆 WDZR-YJY23 3×6mm^2	m	104.18	—
		电缆 DWZB-PTYA23 14 芯	m	68.99	—
		电缆 WDZB-RYY 3×4mm^2	m	403.58	—
		电缆 DWZB-YJY 3×4mm^2	m	827.87	—
		电缆 DWZR-RYY 3×4mm^2	m	3.45	—
		电缆 DWZB-PTYAH23 12 芯	m	3.45	—
		电缆 DWZB-PTYAH23 12 芯	m	203.52	—
		电缆 DWZB-PTYA23 16 芯	m	344.94	—
		电缆 DWZB-PTYAH23 14 芯	m	100.03	—
		电缆 DWZB-PTYA23 19 芯	m	68.99	—
		电缆 DWZB-YJY 3×6mm^2	m	2 759.55	—
		电缆 WDZB-RYY 3×16mm^2	m	6.90	—
		电缆 DWZB-PTYA23 24 芯	m	2 276.63	—
		电缆 DWZB-PTYAH23 16 芯	m	189.72	—
		电缆 DWZB-LEU. BSYL23 1×4×1.53mm^2	m	4 004.80	—
		其他材料费	元	291 462.00	—
		措施费分摊	元	184 745.61	—
		材料费小计	元	1 993 464.87	13.46
	施工机具使用费	施工机具使用费	元	92 076.18	—
		措施费分摊	元	10 617.56	—
		施工机具使用费小计	元	102 693.74	0.69
	直接费小计		元	2 898 901.23	19.58

续表

序号	指标编号		5Z-001	
	项　　目	单位	信号	
			—	占指标基价 /%
建筑安装工程费				
	综合费用	元	1 410 965.62	9.53
	建筑安装工程费合计	元	4 309 866.86	29.11
设备购置费				
设备购置费	控制中心	座	0.03	—
	正线	正线公里	1.00	—
	车载系统	列	1.05	—
	车辆段	座	0.03	—
	停车场	座	0.03	—
	维修中心	处	0.03	—
	培训中心	处	0.03	—
	试车线	处	0.03	—
	设备购置费小计	元	10 497 278.22	70.89
	合　　计	元	14 807 145.00	100.00

5.2 信号分项指标

工程内容：安装电源、蓄电池、大屏幕显示接口设备、ATS总机等设备；安装控制中心DCS网络管理服务器设备、绘图仪、打印机等。

单位：座

序号	指标编号		单位	5F-001	
	项目			控制中心	
				—	占指标基价/%
指标基价			元	19 897 065.00	100.00
一	建筑安装工程费		元	3 497 115.00	17.58
二	设备购置费		元	16 399 950.00	82.42
建筑安装工程费					
直接费	人工费	人工	工日	5 981.95	—
		措施费分摊	元	15 959.06	—
		人工费小计	元	709 258.00	3.56
	材料费	走线槽道 450×150	m	603.00	—
		光缆接头盒	套	60.60	—
		光缆终端盒	套	2.00	—
		超五类屏蔽网线	m	1 050.00	—
		电缆 WDZR-RYY 1×16mm²	m	505.00	—
		电缆 DWZB-RYY 4×25mm²	m	2 040.00	—
		电缆 DWZB-RYY 2×4mm²	m	1 020.00	—
		电缆 DWZB-RYY 2×6mm²	m	1 020.00	—
		电缆 DWZB-RYY 3×2.5mm²	m	1 020.00	—
		光缆 DWZR-GYTZA53 12芯	m	102 000.00	—
		其他材料费	元	120 487.00	—
		措施费分摊	元	173 555.00	—
		材料费小计	元	1 394 113.00	7.01
	施工机具使用费	施工机具使用费	元	143 851.00	—
		措施费分摊	元	9 974.00	—
		施工机具使用费小计	元	153 825.00	0.77
	直接费小计		元	2 257 196.00	11.34
综合费用			元	1 239 919.00	6.23
建筑安装工程费合计			元	3 497 115.00	17.58

续表

序号	指标编号		5F-001	
	项目	单位	控制中心	
			—	占指标基价/%
设备购置费				
设备购置费	ATS 系统管理服务器	套	2.00	—
	应用服务器	套	2.00	—
	数据服务器	套	2.00	—
	磁盘阵列	套	2.00	—
	通信前置机	台	2.00	—
	信息安全等级保护设备	套	1.00	—
	数据存储单元	套	2.00	—
	数据日志记录器	台	2.00	—
	数据通信设备	套	2.00	—
	调度员工作站	台	2.00	—
	调度长工作站	台	1.00	—
	以太网交换机	套	4.00	—
	大屏显示接口设备	套	1.00	—
	智能电源屏（40kV·A 以内）	套	1.00	—
	LTE 核心网设备	套	1.00	—
	LTE 网管设备	套	1.00	—
	网管设备	套	2.00	—
	时刻表 / 运行图工作站	套	1.00	—
	模拟服务器	套	1.00	—
	培训工作站	台	4.00	—
	维修工作站	台	1.00	—
	报告服务器	套	1.00	—
	激光打印机	台	5.00	—
	绘图仪	台	1.00	—
	备品备件及仪器仪表	项	1.00	—
	设备购置费小计	元	16 399 950.00	82.42
合计		元	19 897 065.00	100.00

工程内容：沿托架敷设电缆；安装信号机、道岔、计轴设备及各种盘柜等；安装值班员工作站及维修站、转辙机、电源设备、联锁设备、ATS 分机、车站轨旁发送接收设备、车站轨旁 ATP 计算机、车站数据存储及传输设备、计轴设备、打印机、光纤配线架、应答器、维修电话总机、分机、BBU 基站基带单元、BBU 基站射频单元等。

单位：正线公里

序号	指标编号		单位	5F-002	
	项目			正线	
				—	占指标基价 /%
指标基价			元	8 122 112.00	100.00
一	建筑安装工程费		元	2 962 397.00	36.47
二	设备购置费		元	5 159 715.00	63.53
建筑安装工程费					
直接费	人工费	人工	工日	4 025.78	—
		措施费分摊	元	10 165.97	—
		人工费小计	元	476 615.00	5.87
	材料费	铝合金 LED 信号机构 XSL-G3 高柱三显示	台	0.27	—
		铝合金 LED 信号机构 XSL-A2 矮型二显示	台	2.20	—
		铝合金 LED 信号机构 XSL-A3 矮型三显示	台	2.03	—
		电缆 DWZB-PTYA23 4 芯	m	1 034.83	—
		电缆 DWZB-PTYA23 6 芯	m	206.97	—
		电缆 DWZB-PTYA23 8 芯	m	6 898.88	—
		电缆 DWZB-PTYA23 9 芯	m	68.99	—
		射频同轴电缆 7/8	m	344.94	—
		射频同轴电缆 1/2	m	103.48	—
		其他材料费	元	174 301.00	—
		措施费分摊	元	110 555.00	—
		材料费小计	元	1 535 207.00	18.90
	施工机具使用费	施工机具使用费	元	60 382.00	—
		措施费分摊	元	6 354.00	—
		施工机具使用费小计	元	66 736.00	0.82
	直接费小计		元	2 078 558.00	25.59
综合费用			元	883 839.00	10.88
建筑安装工程费合计			元	2 962 397.00	36.47

续表

序号	指标编号		5F-002	
	项　目	单位	正线	
			—	占指标基价 /%
设备购置费				
设备购置费	三相交流电动转辙机	台	2.91	—
	室外计轴设备	套	8.12	—
	点式应答器 无源	台	36.79	—
	点式应答器 有源	台	3.72	—
	点式应答器 LEU	架	2.03	—
	发车计时器	个	1.49	—
	紧急关闭按钮	个	2.98	—
	自动折返按钮	个	0.07	—
	BBU 基站基带单元	台	1.08	—
	RRU 基站射频单元	台	4.06	—
	智能电源屏 50kV·A	套	0.27	—
	智能电源屏 10kV·A	套	0.27	—
	蓄电池柜 50kV·A	套	0.27	—
	蓄电池柜 10kV·A	套	0.27	—
	UPS 电源 50kV·A	套	0.27	—
	UPS 电源 10kV·A	套	0.27	—
	稳压器（APS）	台	1.01	—
	电源引入防雷箱	套	0.74	—
	计轴主机	台	0.54	—
	ATS 分机	套	0.27	—
	ATS 工作站	台	1.01	—
	计算机联锁设备	套	0.27	—
	室内 ATO/ATP 设备	套	0.17	—
	微机监测分机	套	0.27	—
	信息安全等级保护设备	套	0.27	—
	设备购置费小计	元	5 159 715.00	63.53
合　计		元	8 122 112.00	100.00

工程内容：安装车载设备、车载 ATP 设备调试及车载 ATO 设备调试。

单位：列

序号		指 标 编 号		5F-003	
		项　目	单位	车载	
				—	占指标基价 /%
指标基价			元	2 612 870.00	100.00
一		建筑安装工程费	元	379 352.00	14.52
二		设备购置费	元	2 233 518.00	85.48
建筑安装工程费					
直接费	人工费	人工	工日	915.00	—
		措施费分摊	元	2 279.10	—
		人工费小计	元	108 293.00	4.14
	材料费	ATP/ATO 车载设备配线及连接电缆（含插接件）	套	2.00	—
		司机操作显示单元设备配线及连接电缆（含插接件）	套	2.00	—
		车载测速设备配线及连接电缆（含插接件）	套	2.00	—
		车载天线设备配线及连接电缆（含插接件）	套	2.00	—
		车载测速校准设备配线及连接电缆（含插接件）	套	2.00	—
		其他材料费	元	56 662.00	—
		措施费分摊	元	24 785.00	—
		材料费小计	元	81 447.00	3.12
	施工机具使用费	施工机具使用费	元	11 632.00	—
		措施费分摊	元	1 424.00	—
		施工机具使用费小计	元	13 057.00	0.50
	直接费小计		元	202 798.00	7.76
综合费用			元	176 555.00	6.76
建筑安装工程费合计			元	379 352.00	14.52
设备购置费					
设备购置费		车载 ATP/ATO 机柜	套	2.00	—
		车载 HMI 状态显示单元	套	2.00	—
		车载 TAU	套	2.00	—
		车载天线	套	4.00	—
		应答器天线	套	2.00	—
		测速电机	套	4.00	—
		多普勒雷达	套	4.00	—
		数据通信设备	套	2.00	—
		数据存储设备	套	2.00	—
		备品备件及仪器仪表	项	0.03	—
		设备购置费小计	元	2 233 518.00	85.48
合　计			元	2 612 870.00	100.00

工程内容：挖沟、铺电缆槽、敷设电缆；安装信号机、道岔、轨道电路及各种盘柜等；安装控制台、应急控制盘、转辙机、电源设备、联锁设备、值班员工作站、ATP 设备、ATS 分机及终端、打印机、维修电话总机及分机等。

单位：座

序号		指标编号		5F-004	
序号		项目	单位	车辆段	
				—	占指标基价 /%
指标基价			元	43 578 355.00	100.00
一		建筑安装工程费	元	14 464 102.00	33.19
二		设备购置费	元	29 114 253.00	66.81
建筑安装工程费					
直接费	人工费	人工	工日	26 141.77	—
		措施费分摊	元	63 488.76	—
		人工费小计	元	3 092 391.00	7.10
	材料费	光缆 DWZB-GYTZA53 4 芯	m	10 200.00	—
		光缆 DWZB-GYTZA53 8 芯	m	510.00	—
		光缆 DWZB-GYTZA53 12 芯	m	2 040.00	—
		光缆 DWZB-GYTZA53 24 芯	m	4 590.00	—
		电缆 DWZB-PJZL23 6 芯	m	67 320.00	—
		电缆 DWZB-PTYAH23 16 芯	m	3 570.00	—
		电缆 DWZB-PTYAH23 19 芯	m	918.00	—
		电缆 DWZB-PTYAH23 21 芯	m	1 530.00	—
		电缆 DWZB-PTYAH23 24 芯	m	2 040.00	—
		电缆 DWZB-PTYAH23 28 芯	m	918.00	—
		其他材料费	元	858 117.00	—
		措施费分摊	元	690 440.00	—
		材料费小计	元	5 771 005.00	13.24
	施工机具使用费	施工机具使用费	元	219 285.00	—
		措施费分摊	元	39 680.00	—
		施工机具使用费小计	元	258 965.00	0.59
	直接费小计		元	9 122 361.00	20.93
综合费用			元	5 341 741.00	12.26
建筑安装工程费合计			元	14 464 102.00	33.19

续表

序号	指标编号		5F-004	
	项　　目	单位	车辆段	
			—	占指标基价 /%
设备购置费				
设备购置费	三相交流电动转辙机（单）	台	51.00	—
	室外计轴设备	套	90.00	—
	点式应答器　无源	台	180.00	—
	点式应答器　有源	台	7.00	—
	点式应答器 LEU	架	2.00	—
	BBU 基站基带单元	台	3.00	—
	RRU 基站射频单元	台	8.00	—
	计算机联锁设备	套	1.00	—
	微机监测分机	套	1.00	—
	室内 ATO/ATP 设备	套	1.00	—
	时钟同步服务器	套	1.00	—
	定向、全向天线	套	60.00	—
	GPS/BD 天线	个	4.00	—
	功分器、合路器	个	30.00	—
	电桥	个	5.00	—
	光电交接箱	台	5.00	—
	RRU 防雷器	个	10.00	—
	携带式电缆测试仪	台	2.00	—
	专用工具　GJ01-LX	套	1.00	—
	信息安全等级保护设备	套	1.00	—
	设备购置费小计	元	29 114 253.00	66.81
合　　计		元	43 578 355.00	100.00

工程内容： 挖沟、铺电缆槽、敷设电缆；安装信号机、道岔、轨道电路及各种盘柜等；安装控制台、应急控制盘、转辙机、电源设备、联锁设备、值班员工作站、ATP 设备、ATS 分机及终端、打印机、维修电话总机及分机等。

单位：座

序号	指标编号		单位	5F-005	
	项目			停车场	
				—	占指标基价 /%
指标基价			元	23 709 712.00	100.00
一	建筑安装工程费		元	7 748 526.00	32.68
二	设备购置费		元	15 961 187.00	67.32
建筑安装工程费					
直接费	人工费	人工	工日	14 095.40	—
		措施费分摊	元	34 269.64	—
		人工费小计	元	1 667 422.00	7.03
	材料费	光缆 DWZB-GYTZA53 4 芯	m	306.00	—
		光缆 DWZB-GYTZA53 8 芯	m	306.00	—
		光缆 DWZB-GYTZA53 12 芯	m	1 020.00	—
		光缆 DWZB-GYTZA53 24 芯	m	2 550.00	—
		电缆 DWZB-PJZL23 6 芯	m	33 660.00	—
		电缆 DWZB-PTYAH23 16 芯	m	2 040.00	—
		电缆 DWZB-PTYAH23 19 芯	m	510.00	—
		电缆 DWZB-PTYAH23 21 芯	m	816.00	—
		电缆 DWZB-PTYAH23 24 芯	m	1 020.00	—
		电缆 DWZB-PTYAH23 28 芯	m	510.00	—
		其他材料费	元	492 650.00	—
		措施费分摊	元	372 682.00	—
		材料费小计	元	3 062 712.00	12.92
	施工机具使用费	施工机具使用费	元	120 799.00	—
		措施费分摊	元	21 419.00	—
		施工机具使用费小计	元	142 217.00	0.60
	直接费小计		元	4 872 352.00	20.55
综合费用			元	2 876 173.00	12.13
建筑安装工程费合计			元	7 748 526.00	32.68

续表

序号	指标编号		5F-005	
	项　　目	单位	停车场	
			—	占指标基价 /%
设备购置费				
设备购置费	三相交流电动转辙机（单）	台	16.00	—
	室外计轴设备	套	50.00	—
	点式应答器 无源	台	100.00	—
	BBU 基站基带单元	台	2.00	—
	RRU 基站射频单元	台	6.00	—
	计算机联锁设备	套	1.00	—
	微机监测分机	套	1.00	—
	室内 ATO/ATP 设备	套	1.00	—
	定向、全向天线	套	20.00	—
	功分器、合路器	个	10.00	—
	电桥	个	3.00	—
	光电交接箱	台	3.00	—
	RRU 防雷器	个	6.00	—
	携带式电缆测试仪	台	1.00	—
	专用工具 GJ01-LX	套	1.00	—
	信息安全等级保护设备	套	1.00	—
	设备购置费小计	元	15 961 187.00	67.32
合　　计		元	23 709 712.00	100.00

工程内容：安装维修系统工作、服务器、电源设备等。

单位：座

序号	指标编号			5F-006	
	项目		单位	维修中心	
				—	占指标基价 /%
指标基价			元	6 392 673.00	100.00
一	建筑安装工程费		元	235 998.00	3.69
二	设备购置费		元	6 156 675.00	96.31
建筑安装工程费					
直接费	人工费	人工	工日	509.11	—
		措施费分摊	元	1 318.44	—
		人工费小计	元	59 866.00	0.94
	材料费	走线槽道 450×150	m	100.50	—
		光缆终端盒	套	3.00	—
		超五类屏蔽网线敷设	m	210.00	—
		电缆 WDZR-RYY 1×16mm²	m	606.00	—
		电缆 WDZB-RYY 2×2.5mm²	m	204.00	—
		电缆 WDZB-RYY 2×4mm²	m	102.00	—
		电缆 WDZB-RYY 3×2.5mm²	m	102.00	—
		电缆 WDZB-RYY 3×16mm²	m	204.00	—
		电缆 WDZB-RYY 4×16mm²	m	102.00	—
		光缆 DWZB-GYTZA53 12芯	m	204.00	—
		其他材料费	元	21 337.00	—
		措施费分摊	元	14 338.00	—
		材料费小计	元	67 366.00	1.05
	施工机具使用费	施工机具使用费	元	7 474.00	—
		措施费分摊	元	824.00	—
		施工机具使用费小计	元	8 298.00	0.13
	直接费小计		元	135 530.00	2.12
综合费用			元	100 468.00	1.57
建筑安装工程费合计			元	235 998.00	3.69

续表

序号	指标编号		5F-006	
	项　　目	单位	维修中心	
			—	占指标基价 /%
设备购置费				
设备购置费	维修监测工作站	台	1.00	—
	维护工作站	台	3.00	—
	调度监视终端	台	1.00	—
	工程师监测终端	台	1.00	—
	网管工作站	台	1.00	—
	LTE 网管工作站	台	1.00	—
	维护监测服务器	台	1.00	—
	道岔缺口监测服务器	套	1.00	—
	信息安全等级保护设备	套	1.00	—
	联锁维护终端	台	1.00	—
	电源监测终端	台	1.00	—
	通信接口设备	台	3.00	—
	激光打印机	台	5.00	—
	智能电源屏 10kV·A	套	3.00	—
	蓄电池柜 10kV·A	套	3.00	—
	UPS 电源 10kV·A	套	3.00	—
	稳压器(APS)	套	3.00	—
	电源引入防雷箱	套	3.00	—
	数据通信设备	套	3.00	—
	便携式计算机	台	7.00	—
	ATS 测试设备	套	5.00	—
	电源测试设备	套	5.00	—
	计轴测试设备	套	5.00	—
	ATP 轨旁测试设备	套	5.00	—
	车载测试设备	套	3.00	—
	交直流转辙机测试台	台	1.00	—
	继电器万能测试台	台	1.00	—
	手持式转辙机测试台	台	1.00	—
	可升降转辙机拆卸台	台	1.00	—
	网络分析仪	套	4.00	—
	网络电缆测试仪	台	4.00	—
	无线通信测试设备	套	4.00	—
	备品备件及仪器仪表	项	1.00	—
	设备购置费小计	元	6 156 675.00	96.31
合　　计		元	6 392 673.00	100.00

工程内容: 安装信号机、道岔、轨道电路及各种盘柜等；安装电源设备、工作站、服务器、转辙机、轨旁发送 / 接收设备、联锁设备、车载设备、计轴设备、ATP 设备、数据存储及传输设备、模拟设备、应答器、打印机、维修电话总机、分机等。

单位: 处

序号		指标编号		5F-007	
		项目	单位	培训中心	
				—	占指标基价 /%
指标基价			元	13 623 279.00	100.00
一		建筑安装工程费	元	1 411 474.00	10.36
二		设备购置费	元	12 211 805.00	89.64
建筑安装工程费					
直接费	人工费	人工	工日	3 517.98	—
		措施费分摊	元	8 491.67	—
		人工费小计	元	416 153.00	3.05
	材料费	走线槽道 450×150	m	100.50	—
		光缆终端盒	套	3.00	—
		超五类屏蔽网线敷设	m	210.00	—
		电缆 WDZB-RYY 4×25mm^2	m	102.00	—
		电缆 WDZB-RYY 2×1.5mm^2	m	204.00	—
		电缆 WDZB-RYY 2×6mm^2	m	306.00	—
		电缆 WDZB-RYY 2×10mm^2	m	204.00	—
		电缆 WDZB-RYY 3×1.5mm^2	m	102.00	—
		电缆 WDZB-RYY 4×6mm^2	m	102.00	—
		电缆 WDZB-RYY 2×2.5mm^2	m	510.00	—
		电缆 WDZB-RYY 2×4mm^2	m	510.00	—
		电缆 WDZB-RYY 3×2.5mm^2	m	510.00	—
		光缆 DWZB-GYTZA53 24 芯	m	102.00	—
		电缆 DWZB-PJZL23 6 芯	m	102.00	—
		电缆 DWZB-PTYAH23 4 芯	m	102.00	—
		电缆 DWZB-PTYAH23 8 芯	m	102.00	—
		电缆 DWZB-PTYAH23 9 芯	m	102.00	—
		电缆 DWZB-PTYAH23 12 芯	m	102.00	—
		电缆 DWZB-PTYAH23 14 芯	m	102.00	—
		电缆 DWZB-RYYP 2×1.13mm^2	m	102.00	—
		电缆 DWZB-LEU. BSYL23 1×4×1.53mm^2	m	102.00	—
		射频同轴电缆 7/8	m	20.40	—
		射频同轴电缆 1/2	m	20.40	—
		其他材料费	元	131 572.00	—
		措施费分摊	元	92 347.00	—
		材料费小计	元	280 069.00	2.06
	施工机具使用费	施工机具使用费	元	24 733.00	—
		措施费分摊	元	5 307.00	—
		施工机具使用费小计	元	30 040.00	0.22
	直接费小计		元	726 262.00	5.33
综合费用			元	685 212.00	5.03
建筑安装工程费合计			元	1 411 474.00	10.36

续表

序号	指标编号		5F-007	
	项目	单位	培训中心	
			—	占指标基价/%
设备购置费				
设备购置费	三相交流电动转辙机	台	2.00	—
	室外计轴设备	套	3.00	—
	点式应答器 无源	台	3.00	—
	点式应答器 有源	台	3.00	—
	点式应答器 LEU	架	3.00	—
	紧急关闭按钮	个	1.00	—
	自动折返按钮	个	1.00	—
	LTE 核心网设备	套	1.00	—
	GPS/BD 天线	套	1.00	—
	BBU 基站基带单元	台	1.00	—
	RRU 基站射频单元	台	1.00	—
	智能电源屏 20kV·A	套	1.00	—
	蓄电池柜 20kV·A	套	1.00	—
	UPS 电源 20kV·A	套	1.00	—
	稳压器（APS）	台	1.00	—
	电源引入防雷箱	套	1.00	—
	计轴主机	台	1.00	—
	ATS 分机	套	1.00	—
	ATS 工作站	台	1.00	—
	计算机联锁设备	套	1.00	—
	室内 ATO/ATP 设备	套	1.00	—
	道岔缺口监测终端设备	套	2.00	—
	道岔缺口监测主机	套	1.00	—
	数据通信设备	套	1.00	—
	网管工作站	台	1.00	—
	LTE 网管工作站	台	1.00	—
	激光打印机	台	5.00	—
	功分器、合路器	个	1.00	—
	电桥	个	1.00	—
	光电交接箱	台	1.00	—
	RRU 防雷器	个	1.00	—
	信号机防雷单元	台	3.00	—
	计轴防雷单元	台	6.00	—
	防雷模块	套	100.00	—
	防雷分线柜 WAGO 端子	台	1.00	—
	计算机联锁接口柜	台	1.00	—
	设备购置费小计	元	12 211 805.00	89.64
合计		元	13 623 279.00	100.00

工程内容: 挖沟、敷设电缆；安装分界及停车标、轨旁发送接收及各种盘柜等；安装控制台、值班员工作站、转辙机、电源设备、联锁设备、计轴设备、ATP 设备、数据传输设备、LTE 设备、打印机、应答器、维修电话总机、分机等。

单位: 处

序号	指标编号			5F-008	
	项　　目		单位	试车线	
				—	占指标基价 /%
指标基价			元	10 760 705.00	100.00
一	建筑安装工程费		元	2 011 885.00	18.70
二	设备购置费		元	8 748 820.00	81.30
建筑安装工程费					
直接费	人工费	人工	工日	2 875.81	—
		措施费分摊	元	7 550.72	—
		人工费小计	元	340 870.00	3.17
	材料费	分界标志牌	块	15.00	—
		走线槽道 450×150	m	45.23	—
		走线槽道 150×100	m	45.23	—
		光缆接头盒	套	1.24	—
		室内电线 ZR-RY $1mm^2$	m	2 100.00	—
		室内电线 ZR-RY $0.4mm^2$	m	4 200.00	—
		室内电线 ZR-RY $0.75mm^2$	m	2 100.00	—
		室内电线 ZR-RY $1.5mm^2$	m	2 100.00	—
		超五类屏蔽网线	m	210.00	—
		屏蔽线 DWZR-RYYP $4\times0.5mm^2$	m	630.00	—
		电缆 DWZR-PTYA23 $8\times1.0mm^2$	m	2 295.00	—
		电缆 WDZR-YJY23 $3\times6mm^2$	m	3 080.50	—
		电缆 DWZR-RYY $2\times4mm^2$	m	204.00	—
		电缆 DWZR-RYY $2\times1.5mm^2$	m	102.00	—
		电缆 DWZR-RYY $3\times2.5mm^2$	m	102.00	—
		电缆 DWZR-RYY $3\times4mm^2$	m	102.00	—
		电缆 DWZR-RYY $2\times2.5mm^2$	m	204.00	—
		光缆 DWZR-GYTZA53 12 芯	m	2 091.00	—
		电缆 WDZR-PJZL23 $6\times0.9mm^2$	m	2 091.00	—
		其他材料费	元	83 768.00	—
		措施费分摊	元	82 114.00	—
		材料费小计	元	323 103.00	3.00
	施工机具使用费	施工机具使用费	元	60 450.00	—
		措施费分摊	元	4 719.00	—
		施工机具使用费小计	元	65 169.00	0.61
	直接费小计		元	729 142.00	6.78
综合费用			元	1 282 744.00	11.92
建筑安装工程费合计			元	2 011 885.00	18.70

续表

序号	指标编号		5F-008	
	项目	单位	试车线	
			—	占指标基价/%
设备购置费				
设备购置费	信号电源屏 45kV·A	台	2.00	—
	信号 UPS 电源 45kV·A	台	1.00	—
	信号 APS 稳压器 45kV·A	台	1.00	—
	信号电池柜	套	1.00	—
	联锁设备（含软件）	套	1.00	—
	轨旁 ATP/ATO 计算机（含软件）	套	1.00	—
	计轴机柜	台	1.00	—
	计轴主机（8 个点）	套	2.00	—
	DCS 通信机柜	台	1.00	—
	光 / 电交换机	台	4.00	—
	联锁维护工作站	套	1.00	—
	打印机	台	1.00	—
	工作台	套	2.00	—
	灯丝报警仪	台	1.00	—
	计轴磁头	套	5.00	—
	无源应答器	套	20.00	—
	备品备件及仪器仪表	项	1.00	—
	设备购置费小计	元	8 748 820.00	81.30
合　计		元	10 760 705.00	100.00

主要材料、设备单价取定表

工程名称: 信号

序号	设备名称	规格型号	单位	单价 / 元
一	控制中心	—	套	16 399 950.00
二	正线	—	站	6 357 199.00
三	车载系统	—	列	2 233 518.00
四	车辆段	—	套	34 348 293.00
五	停车场	—	套	15 961 187.00
六	维修中心	—	套	6 156 675.00
七	培训中心	—	套	12 211 805.00
八	试车线	—	处	8 748 820.00
主要材料				
1	电缆	ZR-RY 0.4mm^2	m	0.70
2	电缆	ZR-RY 0.75mm^2	m	1.10
3	电缆	ZR-RY 1mm^2	m	1.20
4	电缆	ZR-RY 1.5mm^2	m	1.15
5	电缆	WDZB-RYYSP 2×0.4mm^2	m	1.10
6	电缆	WDZB RYYSP 2×2×0.5mm^2	m	1.15
7	电缆	WDZB-RYYP 2×1.13mm^2	m	1.18
8	电缆	DWZB-PTYAH23 16 芯	m	21.22
9	电缆	DWZB-PTYAH23 19 芯	m	23.30
10	电缆	DWZB-PTYAH23 21 芯	m	26.22
11	电缆	DWZB-PTYAH23 24 芯	m	27.64
12	电缆	DWZB-PTYAH23 28 芯	m	31.17
13	电缆	DWZB-PTYAH23 30 芯	m	32.47
14	电缆	DWZB-PTYAH23 33 芯	m	34.42
15	电缆	DWZB-PTYAH23 37 芯	m	38.12
16	电缆	DWZB-PTYA23 42 芯	m	40.33
17	电缆	DWZB-PTYAH23 44 芯	m	43.17
18	电缆	DWZB-PTYAH23 48 芯	m	51.92
19	电缆	WDZB-RYY 4×16mm^2	m	65.42
20	电缆	DWZB-RYY 4×25mm^2	m	90.65
21	走线槽道	150×100	m	58.56

续表

序号	设备名称	规格型号	单位	单价 / 元
22	走线槽道	450 × 150	m	50.59
23	光缆	DWZB-GYTZA53 4 芯	m	7.80
24	光缆	DWZB-GYTZA53 8 芯	m	8.00
25	光缆	DWZB-GYTZA53 12 芯	m	8.15
26	光缆	DWZB-GYTZA53 24 芯	m	9.58

6 供　　电

说　明

本章内容为供电系统的综合指标。

一、综合指标的项目划分

综合指标分为变电所、环网电缆、接触网（轨）、电力监控、电能质量监测、杂散电流防护、UPS 电源整合、可视化接地系统、中压能馈系统、综合接地系统及动力照明。

二、综合指标的取定

1. 10kV 分散供电方式下供电系统构成和变电所。

（1）供电系统采用 10kV 分散供电方式，开闭所与车站变电所合建，共用 10kV 母线。

（2）为保证供电可靠性，各牵引降压混合变电所与降压变电所由两回互为备用的电源供电。

（3）正常运行方式时，正线牵引网由相邻牵引变电所双边供电，当一座牵引变电所解列时，由相邻牵引变电所实行越区供电。

（4）供电电压采用直流 750V 或 1 500V。

（5）降压变电所按设置两台配电变压器考虑。

（6）变电所 10kV 侧采用单母线分段接线，两套整流机组挂接在同一段 10kV 母线上，两台配电变压器分别挂接在两段母线上。牵引变电所 DV750V/1 500V 侧母线采用单母线接线方式，正线每座牵引变电所馈出 4 回 DC750V/1 500V 电源向上、下行接触轨供电。

2. 35kV 集中供电方式下供电系统构成和变电所。

（1）供电系统采用集中 35～110kV 两级供电方式，由 110kV 主变电所向地铁 AC35kV 牵引变电所及 35kV 降压变电所供电。

（2）地铁电动车组受电方式为通过 DC1 500V 架空接触网或接触轨受电方式。

（3）牵引降压混合变电所 35kV 侧为单母线分段设母联断路器，两台整流机组同时挂接在同一段 35kV 母线上，两台整流机组并列运行；两台 35/0.4kV 动力变压器分别挂接在两段 35kV 母线上，两台变压器分列运行。

（4）降压变电所 35kV 侧为单母线分段设母联断路器，两台 35/0.4kV 动力变压器分别挂接在两段 35kV 母线上，两台变压器分列运行。

（5）车站跟随式降压变电所设两台 35/0.4kV 动力变压器，两台变压器直接从该站牵引降压混合变电所或降压变电所的两段 35kV 母线上各引入一回 35kV 电源，两台变压器分列运行。

（6）各降压变电所 0.4kV 侧单母线分段设母联断路器，通过低压馈线开关向车站各动力照明负荷供电。各降压变电所设置三级负荷总开关，以方便对三级负荷必要的切除操作。

3. DC750V/1 500V 接触轨。

（1）接触轨系统采用 DC750V/1 500V 钢铝复合轨上部或下部授电方式。

（2）接触轨由整体绝缘支架、铝复合导电轨和玻璃钢防护罩共同组成。

4. DC1 500V 接触网。

（1）隧道内采用刚性悬挂方式。

（2）地面线采用柔性架空接触网形式。地面线区段采用全补偿简单链形悬挂，支持装置采用旋转绝缘腕臂形式，钢支柱支柱位于线路两侧。

（3）高架桥上接触网采用柔性全补偿简单链形悬挂方式。支持装置采用旋转绝缘腕臂形式，对于高架段多线并行区则采用门型架定位索形式。

（4）车辆段采用带弹性补偿简单悬挂方式。

5. 杂散电流防护。

（1）利用整体道床内结构钢筋的可靠电气连接，形成主要的杂散电流收集网。

（2）牵引变电所设排流装置。

6. 电力监控。

本指标为设置综合监控系统下的电力监控。变电所内主要电气设备采用全所综合自动化控制，并设置全线电力监控（SCADA）系统，实现全线在运营控制中心（OCC）集中调度。

7. 动力照明。

（1）本估算选用380/220V三相四线制配电，TN-S接地系统。

（2）动力照明系统电压等级：1）动力、照明交流电压等级为380/220V；2）带逆变器交流电压等级为220V；3）安全照明交流电压等级为36V。

（3）动力设备配电主要采用放射式，照明配电采用放射式和树干式相结合的方式。

（4）车站及区间用电负荷等级分为三级。

（5）地下车站动力照明指标选用标准地下双层岛式车站，车站建筑面积为18 784.00m^2。

（6）地上车站动力照明指标以建筑面积为5 552.30m^{2}的车站为基础编制。

三、综合指标的计算规则

1. 变电所以“座”为单位计算。

2. 环网电缆以“电缆敷设公里”为单位计算。

3. 接触轨及接触网指标的单位均用“条公里”表示，指标单位条公里的概念定义为：单线敷设接触网（轨）的长度。

4. 车站动力照明以“建筑面积”为单位计算，区间动力照明以“正线公里”为单位计算。

5. 电力监控、电能质量监测以“所”为单位计算。

6. 杂散电流防护以“正线公里”为单位计算。

7. UPS电源整合以“套”为单位计算。

8. 可视化接地系统以“套”为单位计算。

9. 中压能馈系统以“套”为单位计算。

10. 综合接地系统以“处”为单位计算。

四、其他有关问题的说明

1. 主变电所。主变电所本次未纳入投资估算指标表，根据实际发生的情况可参照以下指标来计算。

（1）主变电所指标按设置2台110kV、31.5kV·A变压器、110kV进线2回、35kV出线8回考虑，且110kV电力进线按电缆沿沟槽埋设计算。

（2）主变电所建筑规模按3 000m^{2}考虑。

主变电所可参考表6-1数据结合实际情况取定。

表6-1　主变电所取定表

序号	主变电所	单位	指标
1	地面主变电所	元/m^2	4 000
2	主变电所设备（含安装）	万元/座	3 837.2
2.1	主变压器系统	万元/座	760.5
2.2	110kV配电装置	万元/座	812.6
2.3	35kV配电装置	万元/座	947.4
2.4	电容补偿装置	万元/座	597.4
2.5	站用系统变压器	万元/座	241.1
2.6	全所电缆及接地系统	万元/座	149.4

续表 6–1

序号	主变电所	单位	指标
2.7	二次部分设备	万元 / 座	56.80
2.8	控制及直流系统	万元 / 座	272.00
3	110kV 电力进线	万元 /km	752.56
3.1	电缆沟槽	万元 /km	261.57
3.2	电缆敷设	万元 /km	490.99

注：地下主变电所的变电设备可参考以上设备指标估算，其他的建筑工程、设备及安装工程（除变电设备以外）需自行测算；电力线路的电缆沟槽根据实施方案测算。

2. UPS 电源整合系统每站一般设置两套，控制中心容量加大，费用适当增加。
3. 变电所指标中均不含变电所土建费用。
4. 使用动力照明指标计算时，建筑面积应扣除车站配线及上方物业开发区域。
5. 动力照明指标不含供暖内容。当考虑供暖内容时，各地区可根据实际情况自行调整指标。

6.1 变 电 所

工程内容：供电设备基础预埋件制安，供电设备安装，所内一、二次电缆敷设，设备接地系统的安装，设备单体和系统调试以及送电开通工作等。

单位：座

序号		指标编号		6Z-001	
		项目	单位	牵引降压混合变电所	
				正线 10kV	占指标基价 /%
指标基价			元	15 436 187.00	100.00
一		建筑安装工程费	元	4 876 187.00	31.59
二		设备购置费	元	10 560 000.00	68.41
建筑安装工程费					
直接费	人工费	人工	工日	4 791.69	—
		措施费分摊	元	8 032.12	—
		人工费小计	元	559 076.00	3.62
	材料费	电缆终端头 WDZA-YJY-10kV-3 × 120mm^2	个	30.60	—
		电缆终端头 WDZA-YJY-3kV-1 × 400mm^2	个	48.96	—
		电缆终端头 EPR-1kV-1 × 400mm^2	个	73.44	—
		电缆终端头 EPR-1.8kV-1 × 240mm^2	个	73.44	—
		电缆终端头 1kV-1 × 240mm^2	个	30.60	—
		电缆终端头 1kV-1 × 95mm^2	个	20.40	—
		电缆终端头 0.6/1kV-4 × 35+1 × 16mm^2	个	10.20	—
		电缆终端头 WDZA-YJY-1kV-3 × 4mm^2	个	51.00	—
		电缆终端头 WDZA-YJY-1kV-2 × 4mm^2	个	61.20	—
		电缆支架 6 层托板	套	353.50	—
		接地编织铜线	m	552.00	—
		电缆 WDZA-YJY-10kV-3 × 120mm^2	m	505.00	—
		电力电缆 WDZA-YJY-3kV-1 × 400mm^2	m	1 616.00	—
		直流电缆 WDZA-EPR-1.8kV-1 × 400mm^2	m	5 050.00	—
		直流电缆 WDZA-EPR-1.8kV-1 × 240mm^2	m	1 010.00	—
		低压电力电缆 0.6/1kV-4 × 35+1 × 16mm^2	m	101.00	—
		接地导线 1kV-1 × 240mm^2	m	505.00	—
		接地导线 1kV-1 × 95mm^2	m	505.00	—
		控制电缆 WDZR-KYJYP2/23-0.5kV-4 × 2.5mm^2	m	304.50	—
		控制电缆 WDZR-KYJYP2/23-0.5kV-7 × 2.5mm^2	m	1 522.50	—
		控制电缆 WDZR-KYJYP2/23-0.5kV-14 × 2.5mm^2	m	406.00	—
		二次电源电缆 WDZR-YJY-1kV-3 × 2.5mm^2	m	202.00	—
		二次电源电缆 WDZR-YJY-1kV-2 × 2.5mm^2	m	303.00	—
		控制电缆 WDZR-KYJYP2/23-0.5kV-19 × 2.5mm^2	m	203.00	—
		铜母排 1 600 × 100 × 10 TMY 100 × 10 × 1 020	m	2.08	—

续表

序号	指标编号		单位	6Z-001	
	项目			牵引降压混合变电所	
				正线 10kV	占指标基价 /%
建筑安装工程费					
直接费	材料费	其他材料费	元	233 841.16	—
		措施费分摊	元	87 349.31	—
		材料费小计	元	2 885 998.00	18.70
	施工机具使用费	施工机具使用费	元	129 279.27	—
		措施费分摊	元	5 020.08	—
		施工机具使用费小计	元	134 299.35	0.87
	直接费小计		元	3 579 373.70	23.19
综合费用			元	1 296 812.97	8.40
建筑安装工程费合计			元	4 876 186.67	31.59
设备购置费					
设备购置费		10kV 进线隔离柜	台	2.00	—
		10kV 进线柜	台	2.00	—
		10kV 进线提升（PT）柜	台	2.00	—
		10kV 出线柜	台	4.00	—
		10kV 配电变压器柜	台	2.00	—
		10kV 牵引变压器柜	台	2.00	—
		10kV 能馈装置馈线柜	台	1.00	—
		10kV 母线分段柜	台	2.00	—
		直流 1 500V 正极柜	台	7.00	—
		直流 1 500V 负极柜	台	1.00	—
		钢轨电位限制装置	台	1.00	—
		0.4kV 开关柜	台	21.00	—
		0.4kV 有源滤波柜	台	2.00	—
		电气火灾主机	台	1.00	—
		10kV 开关综保装置（纵联差动保护）	台	4.00	—
		10kV 开关综保装置（过流保护）	台	13.00	—
		10kV 开关综保装置（备自投）	台	1.00	—
		牵引变压器 3 300kV·A	台	2.00	—
		整流器 3 000kW	台	2.00	—
		所用电源屏 120A·h	套	1.00	—
		配电变压器 1 250kV·A	台	2.00	—
		设备购置费小计	元	10 560 000.00	68.41
合　计			元	15 436 187.00	100.00

工程内容：供电设备基础预埋件制安，供电设备安装，所内一、二次电缆敷设，设备接地系统的安装，设备单体和系统调试以及送电开通工作等。

单位：座

序号	指标编号		单位	6Z-002	
	项目			牵引降压混合变电所	
				正线 35kV	占指标基价 /%
指标基价			元	16 497 423.00	100.00
一	建筑安装工程费		元	4 457 423.00	27.02
二	设备购置费		元	12 040 000.00	72.98
建筑安装工程费					
直接费	人工费	人工	工日	4 512.35	—
		措施费分摊	元	7 563.89	—
		人工费小计	元	526 483.80	3.19
	材料费	电缆终端头 WDZA-YJY-35kV-3×（1×95）mm^2	个	24.48	—
		电缆终端头 WDZA-YJY-3kV-1×400mm^2	个	48.96	—
		电缆终端头 EPR-1kV-1×400mm^2	个	73.44	—
		电缆终端头 EPR-1.8kV-1×240mm^2	个	73.44	—
		电缆终端头 WDZA-YJY-1kV-3×4mm^2	个	51.00	—
		电缆终端头 WDZA-YJY-1kV-2×4mm^2	个	61.20	—
		电缆支架 6 层托板	套	353.50	—
		接地编织铜线	m	486.00	—
		电力电缆 WDZA-YJY-3kV-1×400mm^2	m	1 616.00	—
		直流电缆 WDZA-EPR-1.8kV-1×400mm^2	m	5 050.00	—
		直流电缆 WDZA-EPR-1.8kV-1×240mm^2	m	1 010.00	—
		控制电缆 WDZR-KYJYP2/23-0.5kV-4×2.5mm^2	m	304.50	—
		控制电缆 WDZR-KYJYP2/23-0.5kV-7×2.5mm^2	m	1 522.50	—
		控制电缆 WDZR-KYJYP2/23-0.5kV-14×2.5mm^2	m	406.00	—
		二次电源电缆 WDZR-YJY-1kV-3×2.5mm^2	m	202.00	—
		二次电源电缆 WDZR-YJY-1kV-2×2.5mm^2	m	303.00	—
		控制电缆 WDZR-KYJYP2/23-0.5kV-19×2.5mm^2	m	203.00	—
		电缆 WDZA-YJY-26/35kV-1×95mm^2	m	505.00	—
		铜母排 1 600×100×10 TMY 100×10×1 020	m	2.08	—

续表

序号		指标编号	单位	6Z-002	
		项目		牵引降压混合变电所	
				正线 35kV	占指标基价 /%
建筑安装工程费					
直接费	材料费	其他材料费	元	217 811.57	—
		措施费分摊	元	82 257.33	—
		材料费小计	元	2 593 558.82	15.72
	施工机具使用费	施工机具使用费	元	126 138.38	—
		措施费分摊	元	4 727.43	—
		施工机具使用费小计	元	130 865.81	0.79
	直接费小计		元	3 250 908.43	19.71
综合费用			元	1 206 514.78	7.31
建筑安装工程费合计			元	4 457 423.21	27.02
设备购置费					
设备购置费		直流 1 500V 正极柜	台	7.00	—
		直流 1 500V 负极柜	台	1.00	—
		钢轨电位限制装置	台	1.00	—
		0.4kV 开关柜	台	21.00	—
		0.4kV 有源滤波柜	台	2.00	—
		电气火灾主机	台	1.00	—
		35kV 开关综保装置（纵联差动保护）	台	4.00	—
		35kV 开关综保装置（过流保护）	台	9.00	—
		35kV 开关综保装置（备自投）	台	1.00	—
		牵引变压器 3 300kV·A	台	2.00	—
		整流器 3 000kW	台	2.00	—
		所用电源屏 160A·h	套	1.00	—
		配电变压器 1 250kV·A	台	2.00	—
		35kV-GIS 进线隔离柜	台	2.00	—
		35kV-GIS 进线柜	台	2.00	—
		35kV-PT 柜	台	2.00	—
		35kV-GIS 出线柜	台	2.00	—
		35kV-GIS 配电变压器柜	台	2.00	—
		35kV-GIS 牵引变压器柜	台	2.00	—
		35kV-GIS 能馈装置馈线柜	台	1.00	—
		35kV-GIS 母线分段柜	台	2.00	—
		设备购置费小计	元	12 040 000.00	72.98
合计			元	16 497 423.00	100.00

工程内容：供电设备基础预埋件制安，供电设备安装，所内一、二次电缆敷设，设备接地系统的安装，设备单体和系统调试以及送电开通工作等。

单位：座

序号	指标编号		单位	6Z-003	
	项目			牵引降压混合变电所	
				车辆段 10kV	占指标基价 /%
指标基价			元	18 944 096.00	100.00
一	建筑安装工程费		元	7 404 096.00	39.08
二	设备购置费		元	11 540 000.00	60.92
建筑安装工程费					
直接费	人工费	人工	工日	6 488.39	—
		措施费分摊	元	10 876.09	—
		人工费小计	元	757 040.83	4.00
	材料费	电缆终端头 WDZA-YJY-10kV-3×120mm²	个	24.48	—
		电缆终端头 WDZA-YJY-3kV-1×400mm²	个	48.96	—
		电缆终端头 EPR-1kV-1×400mm²	个	73.44	—
		电缆终端头 EPR-1.8kV-1×240mm²	个	73.44	—
		电缆终端头 1kV-1×240mm²	个	30.60	—
		电缆终端头 1kV-1×95mm²	个	20.40	—
		电缆终端头 0.6/1kV-4×35+1×16mm²	个	10.20	—
		电缆终端头 WDZA-YJY-1kV-3×4mm²	个	51.00	—
		电缆终端头 WDZA-YJY-1kV-2×4mm²	个	61.20	—
		电缆支架 6 层托板	套	353.50	—
		接地编织铜线	m	546.00	—
		电缆 WDZA-YJY-10kV-3×120mm²	m	505.00	—
		电力电缆 WDZA-YJY-3kV-1×400mm²	m	1 515.00	—
		直流电缆 WDZA-EPR-1.8kV-1×400mm²	m	10 100.00	—
		直流电缆 WDZA-EPR-1.8kV-1×240mm²	m	3 030.00	—
		低压电力电缆 0.6/1kV-4×35+1×16mm²	m	101.00	—
		接地导线 1kV-1×240mm²	m	505.00	—
		接地导线 1kV-1×95mm²	m	505.00	—
		控制电缆 WDZR-KYJYP2/23-0.5kV-4×2.5mm²	m	304.50	—
		控制电缆 WDZR-KYJYP2/23-0.5kV-7×2.5mm²	m	1 522.50	—
		控制电缆 WDZR-KYJYP2/23-0.5kV-14×2.5mm²	m	406.00	—
		二次电源电缆 WDZR-YJY-1kV-3×2.5mm²	m	202.00	—
		二次电源电缆 WDZR-YJY-1kV-2×2.5mm²	m	303.00	—
		控制电缆 WDZR-KYJYP2/23-0.5kV-19×2.5mm²	m	203.00	—
		铜母排 1 600×100×10 TMY 100×10×1 020	m	2.08	—

续表

序号		指标编号		6Z-003	
		项目	单位	牵引降压混合变电所	
				车辆段 10kV	占指标基价 /%
建筑安装工程费					
直接费	材料费	其他材料费	元	279 023.72	—
		措施费分摊	元	118 277.46	—
		材料费小计	元	4 645 985.63	24.52
	施工机具使用费	施工机具使用费	元	150 710.71	—
		措施费分摊	元	6 797.56	—
		施工机具使用费小计	元	157 508.27	0.83
	直接费小计		元	5 560 534.72	29.35
综合费用			元	1 843 560.98	9.73
建筑安装工程费合计			元	7 404 095.70	39.08
设备购置费					
设备购置费		10kV 进线隔离柜	台	2.00	—
		10kV 进线柜	台	2.00	—
		10kV 进线提升（PT）柜	台	2.00	—
		10kV 出线柜	台	4.00	—
		10kV 配电变压器柜	台	2.00	—
		10kV 牵引变压器柜	台	2.00	—
		10kV 母线分段柜	台	2.00	—
		直流 1 500V 正极柜	台	10.00	—
		直流 1 500V 负极柜	台	1.00	—
		钢轨电位限制装置	台	2.00	—
		0.4kV 开关柜	台	21.00	—
		0.4kV 有源滤波柜	台	2.00	—
		电气火灾主机	台	1.00	—
		10kV 开关综保装置（纵联差动保护）	台	2.00	—
		10kV 开关综保装置（过流保护）	台	11.00	—
		10kV 开关综保装置（备自投）	台	1.00	—
		牵引变压器 3 300kV·A	台	2.00	—
		整流器 3 000kW	台	2.00	—
		所用电源屏 120A·h	套	1.00	—
		配电变压器 1 250kV·A	台	2.00	—
		设备购置费小计	元	11 540 000.00	60.92
合　计			元	18 944 096.00	100.00

工程内容：供电设备基础预埋件制安，供电设备安装，所内一、二次电缆敷设，设备接地系统的安装，设备单体和系统调试以及送电开通工作等。

单位：座

序号	指标编号		单位	6Z-004	
	项目			牵引降压混合变电所	
				车辆段 35kV	占指标基价 /%
指标基价			元	20 253 153.00	100.00
一	建筑安装工程费		元	7 023 153.00	34.68
二	设备购置费		元	13 230 000.00	65.32
建筑安装工程费					
直接费	人工费	人工	工日	6 241.64	—
		措施费分摊	元	10 462.50	—
		人工费小计	元	728 251.56	3.60
	材料费	电缆终端头 WDZA-YJY-35kV-3×（1×95）mm^2	个	24.48	—
		电缆终端头 WDZA-YJY-3kV-1×400mm^2	个	48.96	—
		电缆终端头 EPR-1kV-1×400mm^2	个	73.44	—
		电缆终端头 EPR-1.8kV-1×240mm^2	个	73.44	—
		电缆终端头 WDZA-YJY-1kV-3×4mm^2	个	51.00	—
		电缆终端头 WDZA-YJY-1kV-2×4mm^2	个	61.20	—
		电缆支架 6 层托板	套	353.50	—
		接地编织铜线	m	486.00	—
		电力电缆 WDZA-YJY-3kV-1×400mm^2	m	1 515.00	—
		直流电缆 WDZA-EPR-1.8kV-1×400mm^2	m	10 100.00	—
		直流电缆 WDZA-EPR-1.8kV-1×240mm^2	m	3 030.00	—
		控制电缆 WDZR-KYJYP2/23-0.5kV-4×2.5mm^2	m	304.50	—
		控制电缆 WDZR-KYJYP2/23-0.5kV-7×2.5mm^2	m	1 522.50	—
		控制电缆 WDZR-KYJYP2/23-0.5kV-14×2.5mm^2	m	406.00	—
		二次电源电缆 WDZR-YJY-1kV-3×2.5mm^2	m	202.00	—
		二次电源电缆 WDZR-YJY-1kV-2×2.5mm^2	m	303.00	—
		控制电缆 WDZR-KYJYP2/23-0.5kV-19×2.5mm^2	m	203.00	—
		电缆 WDZA-YJY-26/35kV-1×95mm^2	m	505.00	—
		铜母排 1 600×100×10 TMY 100×10×1 020	m	2.08	—

续表

序号		指标编号		6Z-004	
		项目	单位	牵引降压混合变电所	
				车辆段 35kV	占指标基价（%）
建筑安装工程费					
直接费	材料费	其他材料费	元	265 203.52	—
		措施费分摊	元	113 779.70	—
		材料费小计	元	4 377 858.14	21.62
	施工机具使用费	施工机具使用费	元	147 911.43	—
		措施费分摊	元	6 539.06	—
		施工机具使用费小计	元	154 450.49	0.76
	直接费小计		元	5 260 560.20	25.97
综合费用			元	1 762 592.83	8.70
建筑安装工程费合计			元	7 023 153.03	34.68
设备购置费					
设备购置费		直流 1 500V 正极柜	台	10.00	—
		直流 1 500V 负极柜	台	1.00	—
		钢轨电位限制装置	台	2.00	—
		0.4kV 开关柜	台	21.00	—
		0.4kV 有源滤波柜	台	2.00	—
		电气火灾主机	台	1.00	—
		35kV 开关综保装置（纵联差动保护）	台	2.00	—
		35kV 开关综保装置（过流保护）	台	9.00	—
		35kV 开关综保装置（备自投）	台	1.00	—
		牵引变压器 3 300kV·A	台	2.00	—
		整流器 3 000kW	台	2.00	—
		所用电源屏 160A·h	套	1.00	—
		配电变压器 1 250kV·A	台	2.00	—
		35kV-GIS 进线隔离柜	台	2.00	—
		35kV-GIS 进线柜	台	2.00	—
		35kV-PT 柜	台	2.00	—
		35kV-GIS 配电变压器柜	台	4.00	—
		35kV-GIS 牵引变压器柜	台	2.00	—
		35kV-GIS 能馈装置馈线柜	台	1.00	—
		35kV-GIS 母线分段柜	台	2.00	—
		设备购置费小计	元	13 230 000.00	65.32
合计			元	20 253 153.00	100.00

工程内容: 供电设备基础预埋件制安,供电设备安装,所内一、二次电缆敷设,设备接地系统的安装,设备单体和系统调试以及送电开通工作等。

单位: 座

序号	指标编号		单位	6Z-005	
	项目			降压变电所	
				正线 10kV	占指标基价 /%
指标基价			元	6 846 501.00	100.00
一	建筑安装工程费		元	1 736 501.00	25.36
二	设备购置费		元	5 110 000.00	74.64
建筑安装工程费					
直接费	人工费	人工	工日	2 215.21	—
		措施费分摊	元	3 713.38	—
		人工费小计	元	258 462.19	3.78
	材料费	电缆终端头 WDZA-YJY-10kV-3 × 120mm^2	个	12.24	—
		电缆终端头 WDZA-YJY-3kV-1 × 400mm^2	个	24.48	—
		电缆终端头 1kV-1 × 240mm^2	个	10.20	—
		电缆终端头 1kV-1 × 95mm^2	个	20.40	—
		电缆终端头 0.6/1kV-4 × 35+1 × 16mm^2	个	5.10	—
		电缆终端头 WDZA-YJY-1kV-3 × 4mm^2	个	51.00	—
		电缆终端头 WDZA-YJY-1kV-2 × 4mm^2	个	61.20	—
		电缆支架 6 层托板	套	252.50	—
		接地编织铜线	m	341.00	—
		电缆 WDZA-YJY-10kV-3 × 120mm^2	m	505.00	—
		电力电缆 WDZA-YJY-3kV-1 × 400mm^2	m	1 010.00	—
		低压电力电缆 0.6/1kV-4x35+1 × 16mm^2	m	50.50	—
		接地导线 1kV-1 × 240mm^2	m	404.00	—
		接地导线 1kV-1 × 95mm^2	m	303.00	—
		控制电缆 WDZR-KYJYP2/23-0.5kV-4 × 2.5mm^2	m	304.50	—
		控制电缆 WDZR-KYJYP2/23-0.5kV-7 × 2.5mm^2	m	1 522.50	—
		控制电缆 WDZR-KYJYP2/23-0.5kV-14 × 2.5mm^2	m	406.00	—
		二次电源电缆 WDZR-YJY-1kV-3 × 2.5mm^2	m	202.00	—
		二次电源电缆 WDZR-YJY-1kV-2 × 2.5mm^2	m	303.00	—
		控制电缆 WDZR-KYJYP2/23-0.5kV-19 × 2.5mm^2	m	203.00	—
		铜母排 1 600 × 100 × 10 TMY 100 × 10 × 1 020	m	2.08	—

续表

<table>
<tr><td rowspan="3">序号</td><td colspan="2">指 标 编 号</td><td></td><td colspan="2">6Z-005</td></tr>
<tr><td colspan="2" rowspan="2">项 目</td><td rowspan="2">单位</td><td colspan="2">降压变电所</td></tr>
<tr><td>正线 10kV</td><td>占指标基价 /%</td></tr>
<tr><td colspan="6">建筑安装工程费</td></tr>
<tr><td rowspan="7">直接费</td><td rowspan="3">材料费</td><td>其他材料费</td><td>元</td><td>115 550.05</td><td>—</td></tr>
<tr><td>措施费分摊</td><td>元</td><td>40 382.96</td><td>—</td></tr>
<tr><td>材料费小计</td><td>元</td><td>856 735.74</td><td>12.51</td></tr>
<tr><td rowspan="3">施工机具使用费</td><td>施工机具使用费</td><td>元</td><td>76 036.51</td><td>—</td></tr>
<tr><td>措施费分摊</td><td>元</td><td>2 320.86</td><td>—</td></tr>
<tr><td>施工机具使用费小计</td><td>元</td><td>78 357.37</td><td>1.14</td></tr>
<tr><td colspan="2">直接费小计</td><td>元</td><td>1 193 555.30</td><td>17.43</td></tr>
<tr><td colspan="3">综合费用</td><td>元</td><td>542 945.47</td><td>7.93</td></tr>
<tr><td colspan="3">建筑安装工程费合计</td><td>元</td><td>1 736 500.77</td><td>25.36</td></tr>
<tr><td colspan="6">设备购置费</td></tr>
<tr><td rowspan="15">设备购置费</td><td colspan="2">10kV 进线隔离柜</td><td>台</td><td>2.00</td><td>—</td></tr>
<tr><td colspan="2">10kV 进线柜</td><td>台</td><td>2.00</td><td>—</td></tr>
<tr><td colspan="2">10kV 出线柜</td><td>台</td><td>2.00</td><td>—</td></tr>
<tr><td colspan="2">10kV 配电变压器柜</td><td>台</td><td>2.00</td><td>—</td></tr>
<tr><td colspan="2">10kV 母线分段柜</td><td>台</td><td>2.00</td><td>—</td></tr>
<tr><td colspan="2">钢轨电位限制装置</td><td>台</td><td>1.00</td><td>—</td></tr>
<tr><td colspan="2">0.4kV 开关柜</td><td>台</td><td>21.00</td><td>—</td></tr>
<tr><td colspan="2">0.4kV 有源滤波柜</td><td>台</td><td>2.00</td><td>—</td></tr>
<tr><td colspan="2">电气火灾主机</td><td>台</td><td>1.00</td><td>—</td></tr>
<tr><td colspan="2">10kV 开关综保装置（纵联差动保护）</td><td>台</td><td>1.00</td><td>—</td></tr>
<tr><td colspan="2">10kV 开关综保装置（过流保护）</td><td>台</td><td>4.00</td><td>—</td></tr>
<tr><td colspan="2">10kV 开关综保装置（备自投）</td><td>台</td><td>7.00</td><td>—</td></tr>
<tr><td colspan="2">所用电源屏 90A·h</td><td>套</td><td>1.00</td><td>—</td></tr>
<tr><td colspan="2">配电变压器 1 250kV·A</td><td>台</td><td>2.00</td><td>—</td></tr>
<tr><td colspan="2">设备购置费小计</td><td>元</td><td>5 110 000.00</td><td>74.64</td></tr>
<tr><td colspan="3">合 计</td><td>元</td><td>6 846 501.00</td><td>100.00</td></tr>
</table>

工程内容: 供电设备基础预埋件制安,供电设备安装,所内一、二次电缆敷设,设备接地系统的安装,设备单体和系统调试以及送电开通工作等。

单位: 座

序号	指标编号		单位	6Z-006	
	项目			降压变电所	
				正线 35kV	占指标基价 /%
指标基价			元	7 606 132.00	100.00
一	建筑安装工程费		元	1 456 132.00	19.14
二	设备购置费		元	6 150 000.00	80.86
建筑安装工程费					
直接费	人工费	人工	工日	2 054.81	—
		措施费分摊	元	3 444.53	—
		人工费小计	元	239 747.22	3.15
	材料费	电缆终端头 WDZA-YJY-35kV-3×(1×95)mm^2	个	12.24	—
		电缆终端头 WDZA-YJY-3kV-1×400mm^2	个	24.48	—
		电缆终端头 WDZA-YJY-1kV-3×4mm^2	个	51.00	—
		电缆终端头 WDZA-YJY-1kV-2×4mm^2	个	61.20	—
		电缆支架 6 层托板	套	252.50	—
		接地编织铜线	m	306.00	—
		电力电缆 WDZA-YJY-3kV-1×400mm^2	m	1 010.00	—
		控制电缆 WDZR-KYJYP2/23-0.5kV-4×2.5mm^2	m	304.50	—
		控制电缆 WDZR-KYJYP2/23-0.5kV-7×2.5mm^2	m	1 522.50	—
		控制电缆 WDZR-KYJYP2/23-0.5kV-14×2.5mm^2	m	406.00	—
		二次电源电缆 WDZR-YJY-1kV-3×2.5mm^2	m	202.00	—
		二次电源电缆 WDZR-YJY-1kV-2×2.5mm^2	m	303.00	—
		控制电缆 WDZR-KYJYP2/23-0.5kV-19×2.5mm^2	m	203.00	—
		电缆 WDZA-YJY-26/35kV-1×95	m	505.00	—
		铜母排 1 600×100×10 TMY 100×10×1 020	m	2.08	—

续表

序号		指标编号		6Z-006	
		项目	单位	降压变电所	
				正线 35kV	占指标基价 /%
建筑安装工程费					
直接费	材料费	其他材料费	元	107 875.39	—
		措施费分摊	元	37 459.28	—
		材料费小计	元	653 300.19	8.59
	施工机具使用费	施工机具使用费	元	74 196.70	—
		措施费分摊	元	2 152.83	—
		施工机具使用费小计	元	76 349.53	1.00
	直接费小计		元	969 396.94	12.74
综合费用			元	486 735.14	6.40
建筑安装工程费合计			元	1 456 132.08	19.14
设备购置费					
设备购置费		0.4kV 开关柜	台	21.00	—
		0.4kV 有源滤波柜	台	2.00	—
		电气火灾主机	台	1.00	—
		35kV 开关综保装置（纵联差动保护）	台	4.00	—
		35kV 开关综保装置（过流保护）	台	7.00	—
		35kV 开关综保装置（备自投）	台	1.00	—
		所用电源屏 120A·h	套	1.00	—
		配电变压器 1 250kV·A	台	2.00	—
		35kV-GIS 进线柜	台	2.00	—
		35kV-PT 柜	台	2.00	—
		35kV-GIS 出线柜	台	2.00	—
		35kV-GIS 配电变压器柜	台	2.00	—
		35kV-GIS 母线分段柜	台	2.00	—
		设备购置费小计	元	6 150 000.00	80.86
合计			元	7 606 132.00	100.00

工程内容：供电设备基础预埋件制安，供电设备安装，所内一、二次电缆敷设，设备接地系统的安装，设备单体和系统调试以及送电开通工作等。

单位：座

序号	指标编号		单位	6Z-007	
	项目			跟随式降压变电所	
				正线 10kV	占指标基价 /%
指标基价			元	2 934 474.00	100.00
一	建筑安装工程费		元	1 324 474.00	45.13
二	设备购置费		元	1 610 000.00	54.87
建筑安装工程费					
直接费	人工费	人工	工日	1 301.64	—
		措施费分摊	元	2 182.00	—
		人工费小计	元	151 870.37	5.18
	材料费	电缆终端头 WDZA-YJY-10kV-3 × 120mm^2	个	24.48	—
		电缆终端头 WDZA-YJY-1kV-3 × 4mm^2	个	20.40	—
		电缆支架 6 层托板	套	101.00	—
		接地编织铜线	m	94.00	—
		电缆 WDZA-YJY-10kV-3 × 120mm^2	m	2 020.00	—
		控制电缆 WDZR-KYJYP2/23-0.5kV-4 × 2.5mm^2	m	304.50	—
		控制电缆 WDZR-KYJYP2/23-0.5kV-7 × 2.5mm^2	m	1 522.50	—
		控制电缆 WDZR-KYJYP2/23-0.5kV-14 × 2.5mm^2	m	203.00	—
		二次电源电缆 WDZR-YJY-1kV-3 × 2.5mm^2	m	2 020.00	—
		铜母排 1 600 × 100 × 10 TMY 100 × 10 × 1 020	m	2.08	—

续表

序号	指标编号			6Z-007	
	项目		单位	跟随式降压变电所	
				正线 10kV	占指标基价 /%
建筑安装工程费					
直接费	材料费	其他材料费	元	62 472.44	—
		措施费分摊	元	23 729.26	—
		材料费小计	元	769 736.44	26.23
	施工机具使用费	施工机具使用费	元	49 228.88	—
		措施费分摊	元	1 363.75	—
		施工机具使用费小计	元	50 592.63	1.72
	直接费小计		元	972 199.44	33.13
综合费用			元	352 274.65	12.00
建筑安装工程费合计			元	1 324 474.09	45.13
设备购置费					
设备购置费	10kV 负荷开关柜		台	4.00	—
	0.4kV 开关柜		台	7.00	—
	电气火灾主机		台	1.00	—
	配电变压器 315kV·A		台	2.00	—
	设备购置费小计		元	1 610 000.00	54.87
合计			元	2 934 474.00	100.00

工程内容：供电设备基础预埋件制安，供电设备安装，所内一、二次电缆敷设，设备接地系统的安装，设备单体和系统调试以及送电开通工作等。

单位：座

序号	指标编号			6Z-008	
	项目		单位	跟随式降压变电所	
				正线 35kV	占指标基价 /%
指标基价			元	4 050 484.00	100.00
一	建筑安装工程费		元	1 660 484.00	40.99
二	设备购置费		元	2 390 000.00	59.01
建筑安装工程费					
直接费	人工费	人工	工日	1 634.30	—
		措施费分摊	元	2 739.96	—
		人工费小计	元	190 684.00	4.71
	材料费	电缆终端头 WDZA-YJY-35kV-3×（1×95）mm^2	个	12.24	—
		电缆终端头 WDZA-YJY-1kV-3×4mm^2	个	20.40	—
		电缆支架 6 层托板	套	101.00	—
		接地编织铜线	m	82.00	—
		控制电缆 WDZR-KYJYP2/23-0.5kV-4×2.5mm^2	m	304.50	—
		控制电缆 WDZR-KYJYP2/23-0.5kV-7×2.5mm^2	m	1 522.50	—
		控制电缆 WDZR-KYJYP2/23-0.5kV-14×2.5mm^2	m	203.00	—
		二次电源电缆 WDZR-YJY-1kV-3×2.5mm^2	m	2 020.00	—
		电缆 WDZA-YJY-26/35kV-1×95mm^2	m	6 060.00	—
建筑安装工程费					
直接费	材料费	其他材料费	元	80 659.82	—
		措施费分摊	元	29 797.12	—
		材料费小计	元	958 271.14	23.66
	施工机具使用费	施工机具使用费	元	67 748.21	—
		措施费分摊	元	1 712.48	—
		施工机具使用费小计	元	69 460.69	1.71
	直接费小计		元	1 218 415.83	30.08
综合费用			元	442 068.51	10.91
建筑安装工程费合计			元	1 660 484.34	40.99
设备购置费					
设备购置费		0.4kV 开关柜	台	15.00	—
		电气火灾主机	台	1.00	—
		配电变压器 1 000kV·A	台	2.00	—
		35kV 负荷开关柜	台	2.00	—
		设备购置费小计	元	2 390 000.00	59.01
合　计			元	4 050 484.00	100.00

工程内容：供电设备基础预埋件制安，供电设备安装，所内一、二次电缆敷设，设备接地系统的安装，设备单体和系统调试以及送电开通工作等。

单位：座

序号	指标编号			6Z-009	
	项目		单位	跟随式降压变电所	
				车辆段 10kV	占指标基价 /%
指标基价			元	5 897 755.00	100.00
一	建筑安装工程费		元	2 907 755.00	49.30
二	设备购置费		元	2 990 000.00	50.70
建筑安装工程费					
直接费	人工费	人工	工日	2 255.19	—
		措施费分摊	元	3 780.41	—
		人工费小计	元	263 127.72	4.46
	材料费	电缆终端头 WDZA-YJY-10kV-3×120mm²	个	24.48	—
		电缆终端头 WDZA-YJY-1kV-3×4mm²	个	51.00	—
		电缆终端头 WDZA-YJY-1kV-2×4mm²	个	61.20	—
		电缆支架 6 层托板	套	252.50	—
		接地编织铜线	m	294.00	
		电缆 WDZA-YJY-10kV-3×120mm²	m	6 060.00	—
		控制电缆 WDZR-KYJYP2/23-0.5kV-4×2.5mm²	m	304.50	—
		控制电缆 WDZR-KYJYP2/23-0.5kV-7×2.5mm²	m	1 522.50	—
		控制电缆 WDZR-KYJYP2/23-0.5kV-14×2.5mm²	m	406.00	—
		二次电源电缆 WDZR-YJY-1kV-3×2.5mm²	m	202.00	—
		二次电源电缆 WDZR-YJY-1kV-2×2.5mm²	m	303.00	—
		控制电缆 WDZR-KYJYP2/23-0.5kV-19×2.5mm²	m	203.00	—
		铜母排 1 600×100×10 TMY 100×10×1 020	m	2.08	—
		其他材料费	元	107 759.55	—
		措施费分摊	元	41 111.93	—
		材料费小计	元	1 894 243.98	32.12
	施工机具使用费	施工机具使用费	元	70 690.84	—
		措施费分摊	元	2 362.75	—
		施工机具使用费小计	元	73 053.59	1.24
	直接费小计		元	2 230 425.29	37.82
综合费用			元	677 329.70	11.48
建筑安装工程费合计			元	2 907 754.99	49.30
设备购置费					
设备购置费		10kV 负荷开关柜	台	2.00	—
		0.4kV 开关柜	台	16.00	—
		0.4kV 有源滤波柜	台	2.00	—
		电气火灾主机	台	1.00	—
		所用电源屏 90A·h	套	1.00	—
		配电变压器 1 250kV·A	台	2.00	—
		设备购置费小计	元	2 990 000.00	50.70
合计			元	5 897 755.00	100.00

工程内容：供电设备基础预埋件制安，供电设备安装，所内一、二次电缆敷设，设备接地系统的安装，设备单体和系统调试以及送电开通工作等。

单位：座

序号		指标编号		6Z-010	
		项目	单位	跟随式降压变电所	
				车辆段 35kV	占指标基价 /%
指标基价			元	7 048 512.00	100.00
一		建筑安装工程费	元	3 908 512.00	55.45
二		设备购置费	元	3 140 000.00	44.55
建筑安装工程费					
直接费	人工费	人工	工日	3 013.25	—
		措施费分摊	元	5 052.14	—
		人工费小计	元	351 575.66	4.99
	材料费	电缆终端头 WDZA-YJY-35kV-3×(1×95)mm^2	个	12.24	—
		电缆终端头 WDZA-YJY-1kV-3×4mm^2	个	51.00	—
		电缆终端头 WDZA-YJY-1kV-2×4mm^2	个	61.20	—
		电缆支架 6 层托板	套	252.50	—
		接地编织铜线	m	282.00	—
		控制电缆 WDZR-KYJYP2/23-0.5kV-4×2.5mm^2	m	304.50	—
		控制电缆 WDZR-KYJYP2/23-0.5kV-7×2.5mm^2	m	1 522.50	—
		控制电缆 WDZR-KYJYP2/23-0.5kV-14×2.5mm^2	m	406.00	—
		二次电源电缆 WDZR-YJY-1kV-3×2.5mm^2	m	202.00	—
		二次电源电缆 WDZR-YJY-1kV-2×2.5mm^2	m	303.00	—
		控制电缆 WDZR-KYJYP2/23-0.5kV-19×2.5mm^2	m	203.00	—
		电缆 WDZA-YJY-26/35kV-1×95mm^2	m	18 180.00	—
		铜母排 1 600×100×10 TMY 100×10×1 020	m	2.08	—
		其他材料费	元	152 796.00	—
		措施费分摊	元	54 941.99	—
		材料费小计	元	2 556 461.19	36.27
	施工机具使用费	施工机具使用费	元	89 649.40	—
		措施费分摊	元	3 157.59	—
		施工机具使用费小计	元	92 806.99	1.32
	直接费小计		元	3 000 843.83	42.57
综合费用			元	907 668.21	12.88
建筑安装工程费合计			元	3 908 512.04	55.45
设备购置费					
设备购置费		0.4kV 开关柜	台	16.00	—
		0.4kV 有源滤波柜	台	2.00	—
		电气火灾主机	台	1.00	—
		所用电源屏 100A·h	套	1.00	—
		配电变压器 1 000kV·A	台	2.00	—
		35kV 负荷开关柜	台	2.00	—
		设备购置费小计	元	3 140 000.00	44.55
合计			元	7 048 512.00	100.00

6.2 环 网 电 缆

工程内容: 电缆敷设前的施工测量,电缆支架制安,接地扁钢的安装,电缆敷设,联跳电缆终端头及中间头制安,高压电缆终端头及中间头制安,高低压电缆的固定及绑扎,电缆试验及终端安装等。

单位: km

序号	指标编号			6Z-011	
	项目		单位	环网电缆	
				10kV	占指标基价 /%
指标基价			元	1 634 555.00	100.00
一	建筑安装工程费		元	1 634 555.00	100.00
二	设备购置费		元	—	—
建筑安装工程费					
直接费	人工费	人工	工日	1 069.12	—
		措施费分摊	元	1 792.25	—
		人工费小计	元	124 740.80	7.63
	材料费	镀锌扁钢 40×4	m	1 060.00	—
		电缆终端头 WDZR－YJY-3×240mm²	个	2.04	—
		电缆中间头 WDZR－YJY-3×240mm²	个	3.06	—
		电缆支架 4 层	套	858.50	—
		接地编织铜线	m	10.40	—
		电缆 WDZR-YJY-3×240mm² 钢带铠装	m	1 010.00	—
		电缆 WDZR-KYJYP2/23-0.5kV-10×2.5mm²	m	981.17	—
		铠装光缆 单模 4 芯	m	1 054.00	—
		防火封堵材料	m³	28.33	—
		其他材料费	元	47 603.97	—
		措施费分摊	元	19 490.67	—
		材料费小计	元	1 119 143.42	68.47
	施工机具使用费	施工机具使用费	元	40 456.89	—
		措施费分摊	元	1 120.15	—
		施工机具使用费小计	元	41 577.04	2.54
	直接费小计		元	1 285 461.26	78.64
综合费用			元	349 093.86	21.36
建筑安装工程费合计			元	1 634 555.12	100.00
设备购置费					
设备购置费	—		—	—	—
	设备购置费小计		元	0.00	0.00
合　计			元	1 634 555.00	100.00

工程内容：电缆敷设前的施工测量，电缆支架制安，接地扁钢的安装，电缆敷设，联跳电缆终端头及中间头制安，高压电缆终端头及中间头制安，高低压电缆的固定及绑扎，电缆试验及终端安装等。

单位：km

序号		指标编号		6Z-012	
		项目	单位	环网电缆	
				35kV	占指标基价 /%
指标基价			元	578 675.00	100.00
一		建筑安装工程费	元	578 675.00	100.00
二		设备购置费	元	—	—
建筑安装工程费					
直接费	人工费	人工	工日	450.77	—
		措施费分摊	元	755.62	—
		人工费小计	元	52 594.10	9.09
	材料费	镀锌扁钢 40×4	m	353.33	—
		电缆终端头 35kV 1×240mm² XLPE	个	6.12	—
		电缆中间头 35kV 1×240mm² XLPE	个	3.06	—
		电缆支架 4 层	套	285.83	—
		接地编织铜线	m	14.40	—
		电缆 WDZR-KYJYP2/23-0.5kV-10×2.5mm²	m	327.05	—
		电缆 35kV 1×240mm² XLPE 双非磁性金属带铠装	m	1 010.00	—
		铠装光缆 单模 4 芯	m	351.33	—
		防火封堵材料	m³	9.44	—
		其他材料费	元	17 549.92	—
		措施费分摊	元	8 217.39	—
		材料费小计	元	375 014.65	64.81
	施工机具使用费	施工机具使用费	元	15 486.70	—
		措施费分摊	元	472.26	—
		施工机具使用费小计	元	15 958.96	2.76
	直接费小计		元	443 567.72	76.65
综合费用			元	135 107.77	23.35
建筑安装工程费合计			元	578 675.49	100.00
设备购置费					
设备购置费		—	—	—	—
		设备购置费小计	元	0.00	0.00
合　计			元	578 675.00	100.00

6.3　接触网（轨）

工程内容：接触网设备及零部件的安装及调试等。

单位：条公里

序号		指标编号		6Z-013	
	项目		单位	接触网	
				正线 刚性	占指标基价 /%
指标基价			元	1 670 210.00	100.00
一	建筑安装工程费		元	1 610 210.00	96.41
二	设备购置费		元	60 000.00	3.59
建筑安装工程费					
直接费	人工费	人工	工日	1 043.76	—
		措施费分摊	元	1 749.68	—
		人工费小计	元	121 781.60	7.29
	材料费	电缆 DC-WDZA-EPR-1×240	m	199.52	—
		电缆 150mm²	m	351.72	—
		接触线	m	1 071.00	—
		汇流排 12m	根	89.76	—
		吊柱	组	9.00	—
		M16 定型化学锚栓	套	160.00	—
		M20 定型化学锚栓	套	661.00	—
		M8 锚栓	套	558.00	—
		汇流排防护罩	米	15.14	—
		绝缘子防护罩	套	3.00	—
		软电缆 240mm² 终端头制作	套	12.00	—
		软电缆 150mm² 终端头制作	套	133.00	—
		其他材料费	元	528 500.33	—
		措施费分摊	元	19 027.78	—
		材料费小计	元	1 008 456.72	60.38
	施工机具使用费	施工机具使用费	元	136 493.54	—
		措施费分摊	元	1 093.55	—
		施工机具使用费小计	元	137 587.09	8.24
	直接费小计		元	1 267 825.41	75.91
综合费用			元	342 384.86	20.50
建筑安装工程费合计			元	1 610 210.27	96.41
设备购置费					
设备购置费	刚性接触网设备安装 电动隔离开关		台	1.00	—
	设备购置费小计		元	60 000.00	3.59
合　计			元	1 670 210.00	100.00

工程内容：接触网设备及零部件的安装及调试等。

单位：条公里

序号	指标编号			6Z-014	
	项目		单位	接触网	
				正线 柔性	占指标基价 /%
指标基价			元	1 651 902.00	100.00
一	建筑安装工程费		元	1 633 902.00	98.91
二	设备购置费		元	18 000.00	1.09
建筑安装工程费					
直接费	人工费	人工	工日	756.43	—
		措施费分摊	元	1 267.96	—
		人工费小计	元	88 257.34	5.34
	材料费	焊药 185mm² 专用	筒	6.12	—
		电缆 150mm²	m	1 439.54	—
		电缆	m	1.01	—
		银铜导线 CTA120	m	1 050.00	—
		地线 JT120mm²	m	483.00	—
		馈线 JT150mm²	m	1 050.00	—
		钢柱	根	18.00	—
		门型架（跨 4 股道）	组	1.00	—
		车站吊柱	组	2.00	—
		M20 化学锚栓	套	2.00	—
		其他材料费	元	410 564.78	—
		措施费分摊	元	13 789.10	—
		材料费小计	元	1 201 433.32	72.73
	施工机具使用费	施工机具使用费	元	44 258.76	—
		措施费分摊	元	792.48	—
		施工机具使用费小计	元	45 051.24	2.73
	直接费小计		元	1 334 741.90	80.80
综合费用			元	299 160.49	18.11
建筑安装工程费合计			元	1 633 902.39	98.91
设备购置费					
设备购置费	柔性接触网设备安装 避雷器		台	3.00	—
	电压均衡器		台	3.00	—
	设备购置费小计		元	18 000.00	1.09
合　计			元	1 651 902.00	100.00

工程内容：接触网设备及零部件的安装及调试等。

单位：条公里

序号	指标编号			6Z-015	
	项目		单位	接触网	
				车辆基地 柔性	占指标基价 /%
指标基价			元	1 729 383.00	100.00
一	建筑安装工程费		元	1 401 383.00	81.03
二	设备购置费		元	328 000.00	18.97
建筑安装工程费					
直接费	人工费	人工	工日	817.35	—
		措施费分摊	元	1 370.09	—
		人工费小计	元	95 365.59	5.51
	材料费	焊药 185mm² 专用	筒	18.36	—
		电缆 DC-WDZA-EPR-1×240	m	285.85	—
		电缆 150mm²	m	343.02	—
		电缆	m	3.03	—
		银铜导线 CTA120	m	1 501.50	—
		地线 JT120mm²	m	388.50	—
		馈线 JT150mm²	m	493.50	—
		钢柱	根	11.00	—
		门型架（跨 4 股道）	组	1.00	—
		门型架（跨 5 股道）	组	1.00	—
		金属底座接地跳线安装	处	14.00	—
		M10 化学锚栓	套	83.00	—
		M16 化学锚栓	套	15.00	—
		M20 化学锚栓	套	4.00	—
		其他材料费	元	318 140.34	—
		措施费分摊	元	14 899.72	—
		材料费小计	元	978 328.49	56.57
	施工机具使用费	施工机具使用费	元	43 372.17	—
		措施费分摊	元	856.31	—
		施工机具使用费小计	元	44 228.48	2.56
	直接费小计		元	1 117 922.56	64.64
综合费用			元	283 460.82	16.39
建筑安装工程费合计			元	1 401 383.38	81.03
设备购置费					
设备购置费	电动隔离开关		台	2.00	—
	带接地刀闸的电动隔离开关		台	2.00	—
	分段绝缘器（简单悬挂）		套	2.00	—
	柔性接触网设备安装 避雷器		台	1.00	—
	电压均衡器		台	2.00	—
	带电显示		台	1.00	—
	设备购置费小计		元	328 000.00	18.97
合　计			元	1 729 383.00	100.00

工程内容：接触网设备及零部件的安装及调试等。

单位：条公里

序号	指标编号			6Z-016	
	项目		单位	接触轨	
				正线	占指标基价 /%
指标基价			元	2 258 995.00	100.00
一	建筑安装工程费		元	1 988 995.00	88.05
二	设备购置费		元	270 000.00	11.95
建筑安装工程费					
直接费	人工费	人工	工日	1 184.58	—
		措施费分摊	元	1 985.73	—
		人工费小计	元	138 212.32	6.12
	材料费	电缆 DC-WDZA-EPR-1×240	m	1 292.80	—
		绝缘支架	套	221.19	—
		接触轨 15m	条公里	1.02	—
		中间接头	套	93.00	—
		端部弯头接触轨 5.2m	个	2.00	—
		膨胀接头	个	7.00	—
		中心锚结（含附件）	套	16.00	—
		电连接板（含附件）	套	2.00	—
		普通防护罩	m	1 109.61	—
		搭接防护罩	个	4.08	—
		支架处防护罩	个	223.38	—
		其他材料费	元	42 933.62	—
		措施费分摊	元	21 594.82	—
		材料费小计	元	1 417 974.00	62.77
	施工机具使用费	施工机具使用费	元	25 335.64	—
		措施费分摊	元	1 241.08	—
		施工机具使用费小计	元	26 576.72	1.18
	直接费小计		元	1 582 763.04	70.06
综合费用			元	406 232.21	17.98
建筑安装工程费合计			元	1 988 995.25	88.05
设备购置费					
设备购置费		电动隔离开关柜	台	2.00	—
		纵联电动隔离开关柜	台	1.00	—
		设备购置费小计	元	270 000.00	11.95
合　计			元	2 258 995.00	100.00

工程内容: 接触网设备及零部件的安装及调试等。

单位: 条公里

<table>
<tr><td rowspan="3">序号</td><td colspan="3">指 标 编 号</td><td colspan="2">6Z-017</td></tr>
<tr><td colspan="2" rowspan="2">项　目</td><td rowspan="2">单位</td><td colspan="2">接触轨</td></tr>
<tr><td>车辆基地</td><td>占指标基价 /%</td></tr>
<tr><td colspan="3">指标基价</td><td>元</td><td>2 704 125.00</td><td>100.00</td></tr>
<tr><td>一</td><td colspan="2">建筑安装工程费</td><td>元</td><td>2 504 125.00</td><td>92.60</td></tr>
<tr><td>二</td><td colspan="2">设备购置费</td><td>元</td><td>200 000.00</td><td>7.40</td></tr>
<tr><td colspan="6">建筑安装工程费</td></tr>
<tr><td rowspan="23">直接费</td><td rowspan="3">人工费</td><td>人工</td><td>工日</td><td>1 538.45</td><td>—</td></tr>
<tr><td>措施费分摊</td><td>元</td><td>2 578.91</td><td>—</td></tr>
<tr><td>人工费小计</td><td>元</td><td>179 500.20</td><td>6.64</td></tr>
<tr><td rowspan="14">材料费</td><td>电缆 DC-WDZA-EPR-1×240</td><td>m</td><td>1 818.00</td><td>—</td></tr>
<tr><td>绝缘支架</td><td>套</td><td>276.74</td><td>—</td></tr>
<tr><td>接触轨 15m</td><td>条公里</td><td>1.02</td><td>—</td></tr>
<tr><td>中间接头</td><td>套</td><td>121.00</td><td>—</td></tr>
<tr><td>端部弯头接触轨 3.4m</td><td>个</td><td>16.00</td><td>—</td></tr>
<tr><td>膨胀接头</td><td>个</td><td>14.00</td><td>—</td></tr>
<tr><td>中心锚结(含附件)</td><td>套</td><td>30.00</td><td>—</td></tr>
<tr><td>电连接板(含附件)</td><td>套</td><td>16.00</td><td>—</td></tr>
<tr><td>普通防护罩</td><td>m</td><td>1 162.29</td><td>—</td></tr>
<tr><td>搭接防护罩</td><td>个</td><td>53.04</td><td>—</td></tr>
<tr><td>支架处防护罩</td><td>个</td><td>255.00</td><td>—</td></tr>
<tr><td>其他材料费</td><td>元</td><td>53 918.40</td><td>—</td></tr>
<tr><td>措施费分摊</td><td>元</td><td>28 045.62</td><td>—</td></tr>
<tr><td>材料费小计</td><td>元</td><td>1 773 521.70</td><td>65.59</td></tr>
<tr><td rowspan="3">施工机具使用费</td><td>施工机具使用费</td><td>元</td><td>30 545.76</td><td>—</td></tr>
<tr><td>措施费分摊</td><td>元</td><td>1 611.82</td><td>—</td></tr>
<tr><td>施工机具使用费小计</td><td>元</td><td>32 157.58</td><td>1.19</td></tr>
<tr><td colspan="2">直接费小计</td><td>元</td><td>1 985 179.48</td><td>73.41</td></tr>
<tr><td colspan="3">综合费用</td><td>元</td><td>518 945.51</td><td>19.19</td></tr>
<tr><td colspan="3">建筑安装工程费合计</td><td>元</td><td>2 504 124.99</td><td>92.60</td></tr>
<tr><td colspan="6">设备购置费</td></tr>
<tr><td colspan="2" rowspan="3">设备购置费</td><td>手动隔离开关柜</td><td>台</td><td>2.00</td><td>—</td></tr>
<tr><td>电动隔离开关柜</td><td>台</td><td>2.00</td><td>—</td></tr>
<tr><td>设备购置费小计</td><td>元</td><td>200 000.00</td><td>7.40</td></tr>
<tr><td colspan="3">合　计</td><td>元</td><td>2 704 125.00</td><td>100.00</td></tr>
</table>

6.4 电力监控

工程内容: 电力监控设备的安装及调试等。

单位: 所

序号	指标编号			6Z-018	
	项目		单位	电力监控	
				—	占指标基价/%
指标基价			元	658 091.00	100.00
一	建筑安装工程费		元	144 091.00	21.90
二	设备购置费		元	514 000.00	78.10
建筑安装工程费					
直接费	人工费	人工	工日	281.65	—
		措施费分摊	元	472.18	—
		人工费小计	元	32 861.82	4.99
	材料费	屏蔽双绞线 8芯	m	945.00	—
		通信电缆 ZR-KYJY23-4×2.5mm^2 8芯	m	408.00	—
		铠装光缆 单模4芯	m	918.00	—
		光缆/电缆连接附件	套	1.00	—
		其他材料费	元	3 061.76	—
		措施费分摊	元	5 134.92	—
		材料费小计	元	23 765.56	3.61
	施工机具使用费	施工机具使用费	元	26 513.31	—
		措施费分摊	元	295.11	—
		施工机具使用费小计	元	26 808.42	4.07
	直接费小计		元	83 435.80	12.68
综合费用			元	60 655.15	9.22
建筑安装工程费合计			元	144 090.95	21.90
设备购置费					
设备购置费		综控屏	面	2.00	—
		监视工作站	台	1.00	—
		监控单元	套	3.00	—
		智能测控单元(PLC)	套	1.00	—
		交换机	套	1.00	—
		光电转换器	个	17.00	—
		便携式维护计算机	套	1.00	—
		变电所自动化软件	套	1.00	—
		通信软件	套	1.00	—
		工具软件	套	1.00	—
		设备购置费小计	元	514 000.00	78.10
合计			元	658 091.00	100.00

6.5 电能质量监测系统

工程内容：电能质量监测系统设备的安装及调试等。

单位：所

序号		指 标 编 号		6Z-019	
序号		项　目	单位	电能质量监测系统	
				—	占指标基价 /%
指标基价			元	268 963.00	100.00
一		建筑安装工程费	元	101 963.00	37.91
二		设备购置费	元	167 000.00	62.09
建筑安装工程费					
直接费	人工费	人工	工日	186.25	—
		措施费分摊	元	312.24	—
		人工费小计	元	21 731.11	8.08
	材料费	屏蔽双绞线 8芯	m	525.00	—
		铠装光缆 单模4芯	m	612.00	—
		光缆 / 电缆连接附件	套	1.00	—
		其他材料费	元	2 396.00	—
		措施费分摊	元	3 396.00	—
		材料费小计	元	13 389.84	4.98
	施工机具使用费	施工机具使用费	元	25 807.47	—
		措施费分摊	元	195.15	—
		施工机具使用费小计	元	26 002.62	9.67
	直接费小计		元	61 123.57	22.73
综合费用			元	40 839.32	15.18
建筑安装工程费合计			元	101 962.89	37.91
设备购置费					
设备购置费		电能屏	面	1.00	—
		一体机	套	1.00	—
		监控单元	套	1.00	—
		光电转换器	个	6.00	—
		电能监测软件	套	1.00	—
		设备购置费小计	元	167 000.00	62.09
合　计			元	268 963.00	100.00

6.6 杂散电流防护

工程内容：杂散电流收集网和牵引变电所内排流装置、监测系统的安装，排流装置和监测系统调试等。

单位：正线公里

序号		指标编号		6Z-020	
		项目	单位	杂散电流防护	占指标基价/%
指标基价			元	942 459.00	100.00
一		建筑安装工程费	元	686 459.00	72.84
二		设备购置费	元	256 000.00	27.16
建筑安装工程费					
直接费	人工费	人工	工日	635.25	—
		措施费分摊	元	1 064.91	—
		人工费小计	元	74 118.95	7.86
	材料费	玻璃钢管夹砂 直径 50	m	272.73	—
		电缆 WDZA-YJY-1kV-4×2.5mm²	m	1 678.96	—
		电缆 YJY-3×2.5mm²	m	734.54	—
		排流柜连接电缆 1×400mm²	m	629.61	—
		连接电缆 1×95mm²	m	739.79	—
		排流柜连接电缆 1×185mm²	m	183.64	—
		测量线 2×2.5mm² 及外套 PVC 管	m	169.09	—
		连接电缆端子 1×95mm²	个	1 766.00	—
		排流电缆接线端子 1×185mm²	个	2.00	—
		排流电缆接线端子 1×400mm²	个	1.00	—
		埋入型连接端子	套	1 558.00	—
		其他材料费	元	19 056.20	—
		措施费分摊	元	11 580.93	—
		材料费小计	元	425 313.18	45.13
	施工机具使用费	施工机具使用费	元	10 057.18	—
		措施费分摊	元	665.57	—
		施工机具使用费小计	元	10 722.75	1.14
	直接费小计		元	510 154.88	54.13
综合费用			元	176 303.97	18.71
建筑安装工程费合计			元	686 458.85	72.84
设备购置费					
设备购置费		杂散电流设备安装 排流柜	台	1.00	—
		传感器	个	13.00	—
		信号转接器	个	3.00	—
		参比电极	个	13.00	—
		设备购置费小计	元	256 000.00	27.16
合　计			元	942 459.00	100.00

6.7 UPS 电源整合

工程内容：UPS 电源整合设备的安装及调试等。

单位：套

序号	指标编号		单位	6Z-021	
	项目		单位	UPS 电源整合	占指标基价 /%
指标基价			元	2 024 152.00	100.00
一	建筑安装工程费		元	324 152.00	16.01
二	设备购置费		元	1 700 000.00	83.99
建筑安装工程费					
直接费	人工费	人工	工日	267.78	—
		措施费分摊	元	448.86	—
		人工费小计	元	31 243.22	1.54
	材料费	电缆 WDZAN-RYJY-1kV-2×150mm^2	m	25.25	—
		电缆 WDZAN-YJY23-1kV-4×240+1×120mm^2	m	213.36	—
		电缆 WDZB-BYJ-1kV-1×50mm^2	m	90.90	—
		电缆 WDZAN-YJY23-1kV-3×150+1×70mm^2	m	56.81	—
		电缆 WDZAN-YJY23-1kV-4×150mm^2	m	25.25	—
		电缆 WDZAN-YJY23-1kV-4×150+1×70mm^2	m	25.25	—
		其他材料费	元	2 930.00	—
		措施费分摊	元	4 881.00	—
		材料费小计	元	210 769.21	10.41
	施工机具使用费	施工机具使用费	元	3 743.28	—
		措施费分摊	元	280.54	—
		施工机具使用费小计	元	4 023.82	0.20
	直接费小计		元	246 036.26	12.16
综合费用			元	78 116.16	3.86
建筑安装工程费合计			元	324 152.42	16.01
设备购置费					
设备购置费		400V 进线柜	台	1.00	—
		UPS 主机单元 80kV·A	台	2.00	—
		UPS 输入 / 输出隔离变压器	台	4.00	—
		UPS 旁路稳压柜	台	1.00	—
		400V 馈线柜	台	2.00	—
		蓄电池（UPS）200A·h 以内	组	2.00	—
		设备购置费小计	元	1 700 000.00	83.99
合　计			元	2 024 152.00	100.00

6.8 可视化接地系统

工程内容：可视化接地系统设备的安装及调试等。

单位：套

<table>
<tr><td rowspan="2">序号</td><td colspan="3">指 标 编 号</td><td colspan="2">6Z-022</td></tr>
<tr><td colspan="2">项 目</td><td>单位</td><td>可视化
接地系统</td><td>占指标基价 /%</td></tr>
<tr><td colspan="3">指标基价</td><td>元</td><td>91 669.00</td><td>100.00</td></tr>
<tr><td>一</td><td colspan="2">建筑安装工程费</td><td>元</td><td>1 669.00</td><td>1.82</td></tr>
<tr><td>二</td><td colspan="2">设备购置费</td><td>元</td><td>90 000.00</td><td>98.18</td></tr>
<tr><td colspan="6">建筑安装工程费</td></tr>
<tr><td rowspan="10">直接费</td><td rowspan="3">人工费</td><td>人工</td><td>工日</td><td>4.98</td><td>—</td></tr>
<tr><td>措施费分摊</td><td>元</td><td>8.35</td><td>—</td></tr>
<tr><td>人工费小计</td><td>元</td><td>581.05</td><td>0.63</td></tr>
<tr><td rowspan="3">材料费</td><td>其他材料费</td><td>元</td><td>9.12</td><td>—</td></tr>
<tr><td>措施费分摊</td><td>元</td><td>90.78</td><td>—</td></tr>
<tr><td>材料费小计</td><td>元</td><td>99.90</td><td>0.11</td></tr>
<tr><td rowspan="3">施工机具使用费</td><td>施工机具使用费</td><td>元</td><td>6.82</td><td>—</td></tr>
<tr><td>措施费分摊</td><td>元</td><td>5.22</td><td>—</td></tr>
<tr><td>施工机具使用费小计</td><td>元</td><td>12.04</td><td>0.01</td></tr>
<tr><td colspan="2">直接费小计</td><td>元</td><td>692.99</td><td>0.76</td></tr>
<tr><td colspan="3">综合费用</td><td>元</td><td>976.36</td><td>1.07</td></tr>
<tr><td colspan="3">建筑安装工程费合计</td><td>元</td><td>1 669.35</td><td>1.82</td></tr>
<tr><td colspan="6">设备购置费</td></tr>
<tr><td colspan="2" rowspan="2">设备购置费</td><td>可视化接地装置（包含连接线缆）</td><td>台</td><td>1.00</td><td>—</td></tr>
<tr><td>设备购置费小计</td><td>元</td><td>90 000.00</td><td>98.18</td></tr>
<tr><td colspan="3">合 计</td><td>元</td><td>91 669.00</td><td>100.00</td></tr>
</table>

6.9 中压能馈系统

工程内容：中压能馈系统设备的安装及调试等。

单位：套

序号		指标编号		6Z-023	
		项目	单位	中压能馈系统	占指标基价 /%
指标基价			元	2 644 418.00	100.00
一		建筑安装工程费	元	44 418.00	1.68
二		设备购置费	元	2 600 000.00	98.32
建筑安装工程费					
直接费	人工费	人工	工日	87.35	—
		措施费分摊	元	146.43	—
		人工费小计	元	10 192.14	0.39
	材料费	其他材料费	元	5 761.01	—
		措施费分摊	元	1 592.38	—
		材料费小计	元	7 353.39	0.28
	施工机具使用费	施工机具使用费	元	8 000.49	—
		措施费分摊	元	91.52	—
		施工机具使用费小计	元	8 092.01	0.31
	直接费小计		元	25 637.53	0.97
综合费用			元	18 780.42	0.71
建筑安装工程费合计			元	44 417.95	1.68
设备购置费					
设备购置费		能馈低压柜	台	1.00	—
		能馈变压器	台	1.00	—
		能馈双向变流器	台	1.00	—
		设备购置费小计	元	2 600 000.00	98.32
合　计			元	2 644 418.00	100.00

6.10 综合接地系统

工程内容：综合接地系统主要材料的安装及测试等。

单位：处

序号		指标编号		6Z-024	
		项目	单位	综合接地系统	占指标基价 /%
指标基价			元	642 303.00	100.00
一	建筑安装工程费		元	642 303.00	100.00
二	设备购置费		元	—	—
建筑安装工程费					
直接费	人工费	人工	工日	845.81	—
		措施费分摊	元	1 417.91	—
		人工费小计	元	98 686.30	15.36
	材料费	紫铜排 -50×5	m	1 480.66	—
		紫铜管 ϕ50 δ4	根	57.00	—
		焊接模具	套	9.65	—
		其他材料费	元	75 148.90	—
		措施费分摊	元	15 419.78	—
		材料费小计	元	327 800.17	51.04
	施工机具使用费	施工机具使用费	元	9 879.77	—
		措施费分摊	元	886.19	—
		施工机具使用费小计	元	10 765.96	1.68
	直接费小计		元	437 252.44	68.08
综合费用			元	205 050.08	31.92
建筑安装工程费合计			元	642 302.52	100.00
设备购置费					
设备购置费		—	—	—	—
		设备购置费小计	元	0.00	0.00
合计			元	642 303.00	100.00

6.11 动力照明

工程内容：车站内电缆敷设、电缆中间头、终端头、电缆支架等的制安，动力照明设备及材料制安、调试等。

单位：m²

序号	指标编号			6Z-025	
	项目		单位	地下车站	
				不含配线及物业开发区域	占指标基价/%
指标基价			元	977.00	100.00
一	建筑安装工程费		元	832.00	85.16
二	设备购置费		元	145.00	14.84
建筑安装工程费					
直接费	人工费	人工	工日	0.57	—
		措施费分摊	元	1.12	—
		人工费小计	元	60.27	6.17
	材料费	圆钢 ϕ10 以内	kg	0.04	—
		角钢 63 以内	kg	0.05	—
		扁钢 60 以内	kg	0.01	—
		镀锌扁钢	kg	0.02	—
		镀锌扁钢	kg	0.16	—
		镀锌钢管 20	m	0.38	—
		镀锌钢管 25	m	0.16	—
		镀锌钢管 50	m	0.03	—
		镀锌钢管 80	m	0.03	—
		镀锌钢管 100	m	0.04	—
		水泥（综合）	kg	0.01	—
		柴油	kg	0.87	—
		汽油	kg	0.18	—
		电	kW·h	0.09	—
		绝缘导线 BV-2.5mm²	m	0.12	—
		绝缘导线 BVR-4mm²	m	0.05	—
		接地编织铜线	m	0.07	—
		二三孔插座 220V，16A	个	0.01	—
		单联单控开关	个	0.01	—
		LED 灯 220V，56W	套	0.03	—
		安全照明灯 36V，60W	套	0.01	—
		密闭式金属电缆桥架 400×200	m	0.09	—
		密闭式金属电缆桥架 600×200	m	0.06	—
		密闭式金属电缆桥架 300×150	m	0.10	—
		电缆 WDZAN-BYJ-6	m	0.11	—
		电缆 WDZAN-BYJ-4	m	0.27	—
		电缆 WDZAN-BYJ-2.5	m	0.80	—
		电缆 WDZA-BYJ-6	m	0.17	—
		电缆 WDZA-BYJ-4	m	0.34	—
		电缆 WDZA-BYJ-2.5	m	0.80	—
		电缆 WDZAN-KYJY23-7×1.5mm²	m	0.08	—
		电缆 WDZA-KYJY23-14×1.5mm²	m	0.08	—
		电缆 WDZA-KYJY23-7×1.5mm²	m	0.04	—
		电缆 WDZAN-KYJY23-14×1.5mm²	m	0.06	—
		其他材料费	元	4.07	—
		措施费分摊	元	12.23	—
		材料费小计	元	574.55	58.78

续表

序号		指标编号		6Z-025	
		项目	单位	地下车站	
				不含配线及物业开发区域	占指标基价 /%
建筑安装工程费					
直接费	施工机具使用费	施工机具使用费	元	8.04	—
		措施费分摊	元	0.70	—
		施工机具使用费小计	元	8.74	0.89
	直接费小计		元	643.56	65.85
综合费用			元	188.80	19.32
建筑安装工程费合计			元	832.36	85.16
设备购置费					
设备购置费		环控电控柜 1 000×1 000×2 200	台	0.000 5	—
		接地端子箱 400×500×200	台	0.001 6	—
		双电源切换箱 400×600×200	台	0.002 4	—
		照明配电箱 400×600×200	台	0.000 8	—
		动力配电箱 400×600×200	台	0.000 8	—
		动力控制箱 600×800×300	台	0.001 1	—
		24V 安全照明配电箱 400×600×200	台	0.000 3	—
		污水泵电控箱 600×800×300	台	0.000 1	—
		应急照明配电柜 15kW	台	0.000 2	—
		应急照明配电柜 25kW	台	0.000 1	—
		配电柜 800×800×2 100	台	0.001 0	—
		废水泵电控箱 600×800×300	台	0.000 1	—
		风机就地按钮箱 400×500×200	台	0.001 6	—
		风机负荷开关箱 600×800×300	台	0.000 5	—
		阀门电源箱 400×500×200	台	0.000 7	—
		设备购置费小计	元	145.02	14.84
合　计			元	977.00	100.00

工程内容：车站内电缆敷设、电缆中间头、终端头、电缆支架等的制安，动力照明设备及材料制安、调试等。

单位：m^2

序号		指标编号		6Z-026	
		项目	单位	地上车站	
				—	占指标基价 /%
指标基价			元	804.00	100.00
一		建筑安装工程费	元	679.00	84.41
二		设备购置费	元	125.00	15.59
建筑安装工程费					
直接费	人工费	人工	工日	0.90	—
		措施费分摊	元	1.66	—
		人工费小计	元	94.26	11.72
	材料费	圆钢 ϕ10 以内	kg	0.24	—
		角钢 63 以内	kg	0.38	—
		扁钢 60 以内	kg	0.17	—
		槽钢 16 以内	kg	0.23	—
		镀锌扁钢	kg	0.03	—
		镀锌钢管 20	m	0.79	—
		镀锌钢管 25	m	0.23	—
		镀锌钢管 32	m	0.09	—
		镀锌钢管 40	m	0.32	—
		镀锌钢管 50	m	0.09	—
		镀锌钢管 80	m	0.02	—
		镀锌钢管 100	m	0.01	—
		焊接钢管 20	m	0.09	—
		焊接钢管 150	m	0.08	—
		镀锌圆钢 ϕ10 以外	kg	0.01	—
		柴油	kg	0.03	—
		绝缘导线 BV-2.5	m	0.35	—
		绝缘导线 BV105-2.5	m	0.01	—
		绝缘导线 BVR-4	m	0.08	—
		ZR-BV 铜芯聚氯乙烯绝缘电线 2.5	m	0.29	—
		ZR-BV 铜芯聚氯乙烯绝缘电线 4	m	0.08	—
		电缆桥架 800×200	m	0.03	—
		电缆桥架 400×200	m	0.01	—
		电缆 WDZBN-BYJ-0.5kV-2.5	m	1.48	—
		电缆 WDZB-BYJ-0.5kV-10	m	0.27	—
		电缆 WDZB-BYJ-0.5kV-4	m	0.84	—
		电缆 WDZB-BYJ-0.5kV-2.5	m	1.13	—
		电缆 WDZB-BYJ-0.5kV-6	m	0.68	—
		电缆 WDZBN-BYJ-0.5kV-6	m	0.16	—
		电缆 WDZBN-YJY23-3×120+2×70mm^2	m	0.02	—
		电缆 WDZBN-YJY23-4×4mm^2	m	0.04	—
		电缆 WDZB-YJY23-3×35+2×16mm^2	m	0.07	—
		电缆 WDZB-YJY23-5×16mm^2	m	0.20	—
		电缆 WDZB-YJY23-4×50+1×25mm^2	m	0.08	—
		电缆 WDZB-YJY23-4×25+1×16mm^2	m	0.45	—
		电缆 WDZB-YJY23-3×25+1×16mm^2	m	0.08	—
		电缆 WDZB-YJY-1×95mm^2	m	0.51	—
		电缆 WDZB-YJY-4×4mm^2	m	0.05	—

续表

序号		指标编号		6Z-026	
		项目	单位	动力照明	
				地上车站	占指标基价/%
建筑安装工程费					
直接费	材料费	电缆 WDZBN-KYJY23-4×1.5mm²	m	0.04	—
		电缆 WDZB-KYJY23-10×1.5mm²	m	0.04	—
		电缆 WDZBN-YJY23-3×70+2×35mm²	m	0.05	—
		电缆 WDZB-KYJY23-4×1.5mm²	m	0.09	—
		电缆 WDZB-KYJY23-10×1.5mm²	m	0.09	—
		电缆 WDZBN-YJY23-3×35+2×16mm²	m	0.02	—
		电缆 WDZBN-YJY23-4×50+1×25mm²	m	0.02	—
		电缆 WDZBN-YJY23-4×25+1×16mm²	m	0.09	—
		电缆 WDZBN-YJY23-5×16mm²	m	0.22	—
		电缆 WDZBN-YJY23-5×6mm²	m	0.02	—
		电缆 WDZBN-YJY23-4×16mm²	m	0.02	—
		电缆 WDZBN-YJY23-4×10mm²	m	0.02	—
		其他材料费	元	36.99	—
		措施费分摊	元	18.04	—
		材料费小计	元	361.50	44.96
	施工机具使用费	施工机具使用费	元	5.73	—
		措施费分摊	元	1.04	—
		施工机具使用费小计	元	6.76	0.84
	直接费小计		元	462.52	57.52
综合费用			元	216.23	26.89
建筑安装工程费合计			元	678.75	84.41
设备购置费					
设备购置费		ESP-10	台	0.000 5	—
		应急照明配电箱	台	0.001 3	—
		一般照明分箱	台	0.002 2	—
		照明控制柜	台	0.001 1	—
		区间检修总箱	台	0.000 4	—
		区间工作照明配电箱	台	0.000 4	—
		安全照明配电箱	台	0.000 5	—
		变电所检修配电箱	台	0.000 2	—
		动力配电箱	台	0.003 6	—
		双电源箱	台	0.001 8	—
		弱电等电位端子箱	台	0.002 2	—
		局部等电位端子箱	台	0.001 8	—
		风阀控制箱	台	0.000 4	—
		排风/烟风机电控箱	台	0.001 8	—
		设备购置费小计	元	125.38	15.59
合计			元	804.00	100.00

工程内容：区间动力照明设备及线缆制安等。

单位：正线公里

序号		指标编号		6Z-027	
		项目	单位	地下区间	
				—	占指标基价 /%
指标基价			元	3 567 057.00	100.00
一		建筑安装工程费	元	3 272 991.00	91.76
二		设备购置费	元	294 066.00	8.24
建筑安装工程费					
直接费	人工费	人工	工日	3 011.35	—
		措施费分摊	元	5 882.79	—
		人工费小计	元	304 006.90	8.52
	材料费	柴油	kg	6 719.63	—
		镀锌钢管 25	m	2 916.27	—
		角钢	kg	10 901.20	—
		其他材料费	元	20 573.66	—
		防水防尘荧光灯 1×36W	套	132.03	—
		镀锌扁钢	kg	1 857.05	—
		镀锌钢管 50	m	328.86	—
		镀锌钢管 100	m	155.12	—
		汽油	kg	761.14	—
		接地编织铜线	m	358.95	—
		区间指示牌 300×400	个	27.11	—
		绝缘导线 BVR-4	m	198.80	—
		电	kW·h	440.44	—
		圆钢 ϕ10 以内	kg	70.23	—
		绝缘导线 BV-2.5	m	266.15	—
		扁钢 60 以内	kg	39.82	—
		水泥（综合）	kg	261.45	—
		角钢 63 以内	kg	23.66	—
		绝缘软线 BVR-6	m	11.51	—
		塑料软管 ϕ7	m	70.43	—
		双向可控疏散指示灯 220V，8W	套	200.78	—
		区间三防灯	个	200.78	—
		电缆托架 63×63×5	m	1 319.82	—
		耐火铜导线 WDZAN-BYJ-2×4mm^2	m	1 639.52	—
		矿物绝缘电缆 BTTYZ-3（1×150）+1（1×70）mm^2	m	340.72	—
		阻燃型铠装预分支电缆 WDZAYJY23-3×35+2×16mm^2	m	4 563.25	—
		阻燃型铠装电缆 WDZAYJY23-3×70+2×35mm^2	m	304.22	—

续表

序号		指标编号		6Z-027	
		项目	单位	地下区间	
				—	占指标基价 /%
建筑安装工程费					
直接费	材料费	耐火型铠装预分支电缆 WDZANYJY23-5×10mm²	m	3 893.98	—
		耐火型铠装预分支电缆 WDZANYJY23-5×16mm²	m	1 460.24	—
		耐火型铠装预分支电缆 WDZANYJY23-3×2.5mm²	m	2 737.95	—
		耐火型铠装电缆 WDZANYJY23-3×150+2×70mm²	m	243.37	—
		耐火型铠装电缆 WDZANYJY23-3×120+2×70mm²	m	243.37	—
		耐火型铠装电缆 WDZANYJY23-3×240+2×120mm²	m	730.12	—
		耐火型铠装电缆 WDZANYJY23-3×95+2×35mm²	m	547.59	—
		耐火型铠装电缆 WDZANYJY23-3×50+2×25mm²	m	1 606.27	—
		耐火型弱电电缆 WDZAN-RYJS-2×2.5mm²	m	1 314.22	—
		阻燃型铠装预分支电缆 WDZAYJY23-3×50+2×25mm²	m	456.33	—
		其他材料费	元	20 573.66	—
		措施费分摊	元	63 975.33	—
		材料费小计	元	2 114 059.59	59.27
	施工机具使用费	施工机具使用费	元	47 965.53	—
		措施费分摊	元	3 676.74	—
		施工机具使用费小计	元	51 642.27	1.45
	直接费小计		元	2 469 708.76	69.24
综合费用			元	803 282.05	22.52
建筑安装工程费合计			元	3 272 990.81	91.76
设备购置费					
设备购置费		环控电控柜 1 000×1 000×2 200	台	0.60	—
		接地端子箱 400×500×200	台	0.54	—
		照明配电箱 400×600×200	台	11.93	—
		应急照明配电箱 400×600×200	台	11.33	—
		检修箱 400×600×200	台	21.45	—
		废水泵电控箱 600×800×300	台	0.54	—
		区间疏散分箱 600×800×300	台	1.08	—
		消防阀双切电源箱 600×800×300	台	1.08	—
		射流风机电控箱 600×800×300	台	1.08	—
		设备购置费小计	元	294 066.27	8.24
合计			元	3 567 057.00	100.00

主要材料、设备单价取定表

工程名称:供电

序号	设备名称	规格型号	单位	单价 / 元
1	10kV 进线隔离柜	—	台	150 000.00
2	10kV 进线柜	—	台	150 000.00
3	10kV 进线提升(PT)柜	—	台	100 000.00
4	10kV 出线柜	—	台	150 000.00
5	10kV 配电变压器柜	—	台	150 000.00
6	10kV 牵引变压器柜	—	台	150 000.00
7	10kV 能馈装置馈线柜	—	台	150 000.00
8	10kV 母线分段柜	—	台	100 000.00
9	直流 1 500V 正极柜	—	台	350 000.00
10	直流 1 500V 负极柜	—	台	250 000.00
11	钢轨电位限制装置	—	台	200 000.00
12	0.4kV 开关柜	—	台	80 000.00
13	0.4kV 有源滤波柜	—	台	250 000.00
14	电气火灾主机	—	台	250 000.00
15	10kV 开关综保装置(纵联差动保护)	—	台	30 000.00
16	10kV 开关综保装置(过流保护)	—	台	30 000.00
17	10kV 开关综保装置(备自投)	—	台	30 000.00
18	牵引变压器 3 300kV·A	—	台	550 000.00
19	整流器 3 000kW	—	台	250 000.00
20	所用电源屏 120A·h	—	套	180 000.00
21	配电变压器 1 250kV·A	—	台	280 000.00
22	所用电源屏 90A·h	—	套	160 000.00
23	10kV 负荷开关柜	—	台	120 000.00
24	配电变压器 315 kV·A	—	台	160 000.00
25	配电变压器 1 000 kV·A	—	台	250 000.00
26	35kV 负荷开关柜	—	台	220 000.00
27	35kV 开关综保装置(纵联差动保护)	—	台	30 000.00
28	35kV 开关综保装置(过流保护)	—	台	30 000.00
29	35kV 开关综保装置(备自投)	—	台	30 000.00
30	所用电源屏 160A·h	—	套	210 000.00
31	35kV-GIS 进线隔离柜	—	台	260 000.00
32	35kV-GIS 进线柜	—	台	260 000.00
33	35kV-PT 柜	—	台	250 000.00

续表

序号	设备名称	规格型号	单位	单价 / 元
34	35kV-GIS 配电变压器柜	—	台	260 000.00
35	35kV-GIS 牵引变压器柜	—	台	260 000.00
36	35kV-GIS 能馈装置馈线柜	—	台	260 000.00
37	35kV-GIS 母线分段柜	—	台	280 000.00
38	35kV-GIS 出线柜	—	台	260 000.00
39	柔性接触网设备安装 避雷器	—	台	3 000.00
40	电压均衡器	—	台	3 000.00
41	电动隔离开关	—	台	60 000.00
42	带接地刀闸的电动隔离开关	—	台	65 000.00
43	分段绝缘器（简单悬挂）	—	套	33 000.00
44	带电显示	—	台	3 000.00
45	综控屏	—	面	30 000.00
46	监视工作站	—	台	15 000.00
47	监控单元	—	套	60 000.00
48	智能测控单元（PLC）	—	套	50 000.00
49	交换机	—	套	35 000.00
50	光电转换器	—	个	2 000.00
51	便携式维护计算机	—	套	20 000.00
52	变电所自动化软件	—	套	100 000.00
53	通信软件	—	套	10 000.00
54	工具软件	—	套	10 000.00
55	杂散电流设备安装 排流柜	—	台	150 000.00
56	传感器	—	个	4 000.00
57	信号转接器	—	个	5 000.00
58	参比电极	—	个	3 000.00
59	400V 进线柜	—	台	80 000.00
60	UPS 主机单元 80kV·A	—	台	240 000.00
61	UPS 输入 / 输出隔离变压器	—	台	100 000.00
62	UPS 旁路稳压柜	—	台	120 000.00
63	400V 馈线柜	—	台	80 000.00
64	蓄电池 200A·h（UPS）以内	—	组	230 000.00
65	能馈低压柜	—	台	200 000.00
66	能馈变压器	—	台	300 000.00
67	能馈双向变流器	—	台	2 100 000.00
68	可视化接地装置（包含连接线缆）	—	台	90 000.00
69	电能屏	—	面	30 000.00
70	一体机	—	套	40 000.00
71	电能监测软件	—	套	50 000.00

7 综合监控

说　明

本章内容为综合监控系统的综合指标。

一、综合指标的项目划分

综合监控系统指标分为车站综合监控系统、控制中心综合监控系统和车辆段综合监控系统。

二、综合指标的取定

1. 指标中综合监控系统的集成方案详见表 7-1：

表 7-1　综合监控系统的集成方案表

接入系统	车站		段场		控制中心	
	集成	互联	集成	互联	集成	互联
变电所综合自动化系统（PSCADA）	★		★		☆	
环境与设备监控系统（BAS）	★		★		☆	
火灾自动报警系统（FAS）	★		★		☆	
站台门系统（PSD）	★				☆	
防淹门系统（FG）	★				☆	
车辆段安防系统（AF）			★		☆	
车站一键报警系统（YJBJ）	★				☆	
乘客求助系统（CKQZ）	★				☆	
电气火灾监控系统（DQHZ）	★		★		☆	
感温光纤系统（GWGX）	★				☆	
智能照明系统（ZNZM）	★		★		☆	
区间智能疏散系统（ZNSS）	★				☆	
安检系统（AJ）		★				☆
能源管理系统（EMS）	★		★		☆	
集中不间断电源系统（UPS）	★				★	
列车自动监控系统（ATS）						★
门禁系统（ACS）		★		★		★
自动售检票系统（AFC）		★				
广播系统（PA）		★		★		★
闭路电视系统（CCTV）		★				★
乘客信息系统（PIDS）		★				★

续表 7-1

接入系统	车站		段场		控制中心	
	集成	互联	集成	互联	集成	互联
时钟系统（CLK）						★
列车综合管理系统（TIMS）						★
智能监测管理平台（TEL/ALM）						★
供电运行安全管理系统（WF）		★		★		★

注：1. ★表示有物理接口；☆表示无物理接口。

2. 主变电站的集成系统为变电所综合自动化系统（PSCADA）和火灾自动报警系统（FAS），接入就近车站的综合监控系统，无互联系统。

2. 指标中综合监控系统采用二级管理、三级控制的分层分布式结构，两级管理分别是中央级和车站级，三级控制分别是中央级、车站级和现场级。

3. 控制中心综合监控系统包括中心级综合监控系统、仿真测试系统、网络管理系统和线网指挥平台接口，综合指标以车站数量为 10～20 站为标准进行编制。

三、综合指标的计算规则

1. 车站综合监控系统按车站数量以“站”为单位计算。

2. 控制中心综合监控系统按控制中心数量以“座”为单位计算。

3. 车辆段综合监控系统按车辆段数量以“座”为单位计算。

四、其他有关问题的说明

指标中建筑安装工程费按设备购置费的 10% 计取。

7.1　车站综合监控系统

工程内容：设备及设备安装、电缆、光缆、线槽、管道及其他材料安装等。

单位：站

序号	指标编号		7Z-001	
	项　目	单位	车站	
			—	占指标基价 /%
指标基价		元	2 905 100.00	100.00
一	建筑安装工程费	元	264 100.00	9.09
二	设备购置费	元	2 641 000.00	90.91
建筑安装工程费				
建筑安装工程费合计		元	264 100.00	9.09
设备购置费				
设备购置费	车站交换机	套	2.00	—
	车站服务器	套	1.00	—
	车站工作站	套	1.00	—
	车站黑白激光打印机	套	1.00	—
	车站前端处理器（FEP）	套	4.00	—
	基于云平台的车站综合监控系统软件平台	套	1.00	—
	基于云平台的车站综合监控系统应用软件	套	1.00	—
	车站级综合监控系统全自动运行行车及乘客应急处置应用软件	套	1.00	—
	数据库	套	1.00	—
	设备机柜（含柜内配线、变压器、端子排、配线架、机柜支架等）	套	2.00	—
	配电箱	套	1.00	—
	车站综合后备盘（IBP）盘台	套	1.00	—
	车站控制室操作台椅	套	1.00	—
	车控室一体化柜体及隔断墙（含至少 12 组柜、门及附件）	站	1.00	—
	维修工区工作站	套	1.00	—
	维修工区操作台椅	套	1.00	—
	CCTV 监视器	套	2.00	—
	三维辅助监视软件	套	1.00	—
	车站入侵防护设备	套	1.00	—
	车站审计设备	套	1.00	—
	车站主机防护软件	套	1.00	—
	非同期建设换乘站复示工作站	套	1.00	—
	非同期建设换乘站复示光电转换器	台	1.00	—
	同期建设换乘站复示工作站	套	1.00	—
	同期建设换乘站复示光电转换器站	台	1.00	—
	设备购置费小计	元	2 641 000.00	90.91
合　计		元	2 905 100.00	100.00

7.2 控制中心综合监控系统

工程内容：设备及设备安装、电缆、光缆、线槽、管道及其他材料安装等。

单位：座

序号	指标编号		单位	7Z-002	
	项目			控制中心	
				—	占指标基价 /%
指标基价			元	25 313 200.00	100.00
一	建筑安装工程费		元	2 301 200.00	9.09
二	设备购置费		元	23 012 000.00	90.91
建筑安装工程费					
建筑安装工程费合计			元	2 301 200.00	9.09
设备购置费					
设备购置费	控制中心综合监控系统	中心机房交换机	套	2.00	—
		中央调度终端交换机	套	2.00	—
		中央历史服务器	套	1.00	—
		中央实时服务器	套	1.00	—
		基于云平台的中央级综合监控系统控制中心主资源池软件平台	套	1.00	—
		基于云平台的中央级综合监控系统控制中心主资源池应用软件	套	1.00	—
		中央级综合监控系统全自动运行行车及乘客应急处置主资源池应用软件	套	1.00	—
		基于云平台的中央级综合监控系统控制中心备资源池软件平台	套	1.00	—
		基于云平台的中央级综合监控系统控制中心备资源池应用软件	套	1.00	—
		中央级综合监控系统全自动运行行车及乘客应急处置备资源池应用软件	套	1.00	—
		中央 FEP	套	4.00	—
		调度员工作站	套	8.00	—
		中央黑白激光打印机	套	1.00	—
		中央彩色图形打印机	套	1.00	—
		数据库	套	1.00	—
		综合显示屏（含支架）	套	72.00	—
		综合显示屏控制器	套	8.00	—
		综合显示屏工作站	套	2.00	—
		机柜（含柜内配线、变压器、端子排、配线架、机柜支架等）	套	7.00	—

续表

序号	指标编号		单位	7Z-002	
	项目			控制中心	
				—	占指标基价 /%
设备购置费					
设备购置费	控制中心综合监控系统	配电柜	套	2.00	—
		备份 / 恢复软件	套	1.00	—
		中央级入侵防护设备	套	1.00	—
		中央级审计设备	套	1.00	—
		中央级主机防护软件	套	1.00	—
		安全监管平台	套	1.00	—
	仿真测试系统	仿真测试交换机	套	1.00	—
		仿真测试系统服务器	套	1.00	—
		仿真测试工作站	套	1.00	—
		仿真测试黑白激光打印机	套	1.00	—
		仿真测试专用 FEP	套	1.00	—
		仿真测试模拟器	套	1.00	—
		基于云平台的仿真测试系统软件平台	套	1.00	—
		基于云平台的仿真测试系统应用软件	套	1.00	—
		机柜（含柜内配线、变压器、端子排、配线架、机柜支架等）	套	1.00	—
		仿真测试操作台椅	套	1.00	—
	网络管理系统	网络管理系统服务器	套	1.00	—
		网络管理系统工作站	套	1.00	—
		网络管理系统交换机	套	1.00	—
		便携式网管计算机	套	8.00	—
		黑白激光打印机	套	1.00	—
		网络管理操作台椅	套	1.00	—
		机柜（含柜内配线、变压器、端子排、配线架、机柜支架等）	套	1.00	—
		基于云平台的网络管理系统软件平台	套	1.00	—
		基于云平台的网络管理系统应用软件	套	1.00	—
	线网指挥平台接口	线网指挥平台接口服务器	套	1.00	—
		线网指挥平台接口软件	套	1.00	—
		与线网指挥平台接口大屏接口转换设备	套	1.00	—
	设备购置费小计		元	23 012 000.00	90.91
合计			元	25 313 200.00	100.00

7.3 车辆段综合监控系统

工程内容:服务器、工作站、交换机等设备及材料安装。

单位:座

<table>
<tr><td rowspan="3">序号</td><td colspan="3">指 标 编 号</td><td colspan="2">7Z-003</td></tr>
<tr><td colspan="2" rowspan="2">项　　目</td><td rowspan="2">单位</td><td colspan="2">车辆段</td></tr>
<tr><td>—</td><td>占指标基价 /%</td></tr>
<tr><td colspan="3">指标基价</td><td>元</td><td>6 740 800.00</td><td>100.00</td></tr>
<tr><td>一</td><td colspan="2">建筑安装工程费</td><td>元</td><td>612 800.00</td><td>9.09</td></tr>
<tr><td>二</td><td colspan="2">设备购置费</td><td>元</td><td>6 128 000.00</td><td>90.91</td></tr>
<tr><td colspan="6">建筑安装工程费</td></tr>
<tr><td colspan="3">建筑安装工程费合计</td><td>元</td><td>612 800.00</td><td>9.09</td></tr>
<tr><td colspan="6">设备购置费</td></tr>
<tr><td rowspan="19">设备购置费</td><td rowspan="19">车辆段综合监控系统</td><td>车辆段交换机</td><td>套</td><td>2.00</td><td>—</td></tr>
<tr><td>车辆段服务器</td><td>套</td><td>1.00</td><td>—</td></tr>
<tr><td>车辆段调度终端交换机</td><td>套</td><td>2.00</td><td>—</td></tr>
<tr><td>车辆段灾备中心历史服务器</td><td>套</td><td>1.00</td><td>—</td></tr>
<tr><td>车辆段灾备中心实时服务器</td><td>套</td><td>1.00</td><td>—</td></tr>
<tr><td>车辆段灾备调度员工作站</td><td>套</td><td>8.00</td><td>—</td></tr>
<tr><td>车辆段工作站</td><td>套</td><td>1.00</td><td>—</td></tr>
<tr><td>车辆段黑白激光打印机</td><td>套</td><td>1.00</td><td>—</td></tr>
<tr><td>车辆段 FEP</td><td>套</td><td>4.00</td><td>—</td></tr>
<tr><td>基于云平台的车辆段综合监控系统软件平台</td><td>套</td><td>1.00</td><td>—</td></tr>
<tr><td>基于云平台的车辆段综合监控系统应用软件</td><td>套</td><td>1.00</td><td>—</td></tr>
<tr><td>车辆段综合监控系统全自动运行行车应急处置应用软件</td><td>套</td><td>1.00</td><td>—</td></tr>
<tr><td>数据库</td><td>套</td><td>1.00</td><td>—</td></tr>
<tr><td>设备机柜(含柜内配线、变压器、端子排、配线架、机柜支架等)</td><td>套</td><td>2.00</td><td>—</td></tr>
<tr><td>配电箱</td><td>套</td><td>1.00</td><td>—</td></tr>
<tr><td>车辆段操作台椅</td><td>套</td><td>1.00</td><td>—</td></tr>
<tr><td>车辆段入侵防护设备</td><td>套</td><td>1.00</td><td>—</td></tr>
<tr><td>车辆段审计设备</td><td>套</td><td>1.00</td><td>—</td></tr>
<tr><td>车辆段主机防护软件</td><td>套</td><td>1.00</td><td>—</td></tr>
</table>

续表

序号	指标编号			7Z-003	
	项目		单位	车辆段	
				—	占指标基价 /%
设备购置费					
设备购置费	集中告警系统	集中告警系统服务器	套	1.00	—
		集中告警网络交换机	套	2.00	—
		集中告警工作站	套	4.00	—
		黑白激光打印机	套	4.00	—
		集中告警终端室操作台椅	套	1.00	—
		机柜及配件（含柜内配线、变压器、端子排、配线架、机柜支架等）	套	1.00	—
		集中告警系统软件平台	套	1.00	—
		集中告警系统应用软件	套	1.00	—
		集中告警数据库	套	1.00	—
	培训管理系统	培训系统服务器	套	1.00	—
		培训工作站	套	6.00	—
		网络交换机	套	1.00	—
		培训 FEP	套	1.00	—
		培训及集中告警 UPS 及蓄电池（15kV·A）	套	1.00	—
		模拟 IBP 盘	套	1.00	—
		模拟 IBP 盘 PLC	套	1.00	—
		高清投影设备	套	1.00	—
		黑白激光打印机	套	1.00	—
		培训管理工作台椅	套	1.00	—
		机柜及配件（含柜内配线、变压器、端子排、配线架、机柜支架等）	套	3.00	—
		培训系统软件平台	套	1.00	—
		培训系统应用软件	套	1.00	—
		数据库	套	1.00	—
	设备购置费小计		元	6 128 000.00	90.91
合计			元	6 740 800.00	100.00

主要材料、设备单价取定表

工程名称：综合监控

序号	设备名称	单位	单价 / 元
一	**车站综合监控系统设备**		
1	车站交换机	套	142 000.00
2	车站服务器	套	250 000.00
3	车站工作站	套	15 000.00
4	车站黑白激光打印机	套	5 000.00
5	车站 FEP	套	150 000.00
6	基于云平台的车站综合监控系统软件平台	套	120 000.00
7	基于云平台的车站综合监控系统应用软件	套	160 000.00
8	车站级综合监控系统全自动运行行车及乘客应急处置应用软件	套	100 000.00
9	数据库	套	160 000.00
10	设备机柜（含柜内配线、变压器、端子排、配线架、机柜支架等）	套	15 000.00
11	配电箱	套	5 000.00
12	车站 IBP 盘台	套	132 000.00
13	车站控制室操作台椅	套	20 000.00
14	车控室一体化柜体及隔断墙（含至少 12 组柜、门及附件）	站	170 000.00
15	维修工区工作站	套	15 000.00
16	维修工区操作台椅	套	20 000.00
17	CCTV 监视器	套	5 000.00
18	三维辅助监视软件	套	140 000.00
19	车站入侵防护设备	套	200 000.00
20	车站审计设备	套	150 000.00
21	车站主机防护软件	套	20 000.00
22	非同期建设换乘站复示工作站	套	15 000.00
23	非同期建设换乘站复示光电转换器	台	2 500.00
24	同期建设换乘站复示工作站	套	15 000.00
25	同期建设换乘站复示光电转换器站	台	2 500.00
二	**控制中心**		
（一）	控制中心综合监控系统	—	—
1	中心机房交换机	套	300 000.00
2	中央调度终端交换机	套	120 000.00
3	中央历史服务器	套	600 000.00
4	中央实时服务器	套	600 000.00
5	基于云平台的中央级综合监控系统控制中心主资源池软件平台	套	800 000.00

续表

序号	设备名称	单位	单价 / 元
6	基于云平台的中央级综合监控系统控制中心主资源池应用软件	套	800 000.00
7	中央级综合监控系统全自动运行行车及乘客应急处置主资源池应用软件	套	500 000.00
8	基于云平台的中央级综合监控系统控制中心备资源池软件平台	套	800 000.00
9	基于云平台的中央级综合监控系统控制中心备资源池应用软件	套	800 000.00
10	中央级综合监控系统全自动运行行车及乘客应急处置备资源池应用软件	套	500 000.00
11	中央 FEP	套	150 000.00
12	调度员工作站	套	15 000.00
13	中央黑白激光打印机	套	5 000.00
14	中央彩色图形打印机	套	10 000.00
15	数据库	套	800 000.00
16	综合显示屏（含支架）	套	120 000.00
17	综合显示屏控制器	套	300 000.00
18	综合显示屏工作站	套	15 000.00
19	机柜（含柜内配线、变压器、端子排、配线架、机柜支架等）	套	15 000.00
20	配电柜	套	20 000.00
21	备份 / 恢复软件	套	800 000.00
22	中央级入侵防护设备	套	450 000.00
23	中央级审计设备	套	200 000.00
24	中央级主机防护软件	套	100 000.00
25	安全监管平台	套	300 000.00
（二）	仿真测试系统	—	—
1	仿真测试交换机	套	142 000.00
2	仿真测试系统服务器	套	200 000.00
3	仿真测试工作站	套	15 000.00
4	仿真测试黑白激光打印机	套	3 000.00
5	仿真测试专用 FEP	套	150 000.00
6	仿真测试模拟器	套	80 000.00
7	基于云平台的仿真测试系统软件平台	套	150 000.00
8	基于云平台的仿真测试系统应用软件	套	200 000.00
9	机柜（含柜内配线、变压器、端子排、配线架、机柜支架等）	套	15 000.00
10	仿真测试操作台椅	套	20 000.00
（三）	网络管理系统	—	—
1	网络管理系统服务器	套	200 000.00
2	网络管理系统工作站	套	15 000.00
3	网络管理系统交换机	套	142 000.00

续表

序号	设备名称	单位	单价 / 元
4	便携式网管计算机	套	10 000.00
5	黑白激光打印机	套	5 000.00
6	网络管理操作台椅	套	20 000.00
7	机柜（含柜内配线、变压器、端子排、配线架、机柜支架等）	套	15 000.00
8	基于云平台的网络管理系统软件平台	套	150 000.00
9	基于云平台的网络管理系统应用软件	套	100 000.00
（四）	线网指挥平台接口	—	—
1	线网指挥平台接口服务器	套	150 000.00
2	线网指挥平台接口软件	套	200 000.00
3	与线网指挥平台接口大屏接口转换设备	套	120 000.00
三	**停车场**		
（一）	车辆段综合监控系统	—	—
1	车辆段交换机	套	142 000.00
2	车辆段服务器	套	250 000.00
3	车辆段调度终端交换机	套	120 000.00
4	车辆段灾备中心历史服务器	套	700 000.00
5	车辆段灾备中心实时服务器	套	700 000.00
6	车辆段灾备调度员工作站	套	15 000.00
7	车辆段工作站	套	15 000.00
8	车辆段黑白激光打印机	套	3 000.00
9	车辆段 FEP	套	150 000.00
10	基于云平台的车辆段综合监控系统软件平台	套	100 000.00
11	基于云平台的车辆段综合监控系统应用软件	套	160 000.00
12	车辆段综合监控系统全自动运行行车应急处置应用软件	套	100 000.00
13	数据库	套	160 000.00
14	设备机柜（含柜内配线、变压器、端子排、配线架、机柜支架等）	套	15 000.00
15	配电箱	套	5 000.00
16	车辆段操作台椅	套	20 000.00
17	车辆段入侵防护设备	套	200 000.00
18	车辆段审计设备	套	150 000.00
19	车辆段主机防护软件	套	20 000.00
（二）	集中告警系统	—	—
1	集中告警系统服务器	套	250 000.00
2	集中告警网络交换机	套	142 000.00
3	集中告警工作站	套	15 000.00
4	黑白激光打印机	套	5 000.00
5	集中告警终端室操作台椅	套	20 000.00

续表

序号	设备名称	单位	单价 / 元
6	机柜及配件（含柜内配线、变压器、端子排、配线架、机柜支架等）	套	15 000.00
7	集中告警系统软件平台	套	50 000.00
8	集中告警系统应用软件	套	200 000.00
9	集中告警数据库	套	100 000.00
（三）	培训管理系统	—	—
1	培训系统服务器	套	200 000.00
2	培训工作站	套	15 000.00
3	网络交换机	套	150 000.00
4	培训 FEP	套	150 000.00
5	培训及集中告警 UPS 及蓄电池（15kV·A）	套	100 000.00
6	模拟 IBP 盘	套	132 000.00
7	模拟 IBP 盘 PLC	套	50 000.00
8	高清投影设备	套	30 000.00
9	黑白激光打印机	套	5 000.00
10	培训管理工作台椅	套	20 000.00
11	机柜及配件（含柜内配线、变压器、端子排、配线架、机柜支架等）	套	15 000.00
12	培训系统软件平台	套	50 000.00
13	培训系统应用软件	套	150 000.00
14	数据库	套	100 000.00

8 火灾自动报警、环境与设备监控

说　明

本章内容为火灾自动报警系统（FAS）、环境与设备监控系统（BAS）的综合指标。

一、火灾自动报警系统

1. 综合指标的项目划分。为地下车站火灾自动报警系统、地上车站火灾自动报警系统、控制中心火灾自动报警系统和地下区间火灾自动报警系统等。

2. 综合指标的取定。

（1）地下车站指标以车站主体建筑面积在 7 000 ~ 9 000m^2 为基准编制。

（2）地上车站指标以车站主体建筑面积在 4 000 ~ 5 000m^2 为基准编制。

（3）控制中心指标以地铁地下车站数量在 15 ~ 20 个为基准编制。

（4）如果车站及控制中心的规模与取定基准不符，可相应调整。

（5）车辆段指标因规模及功能要求的不同差别较大，可根据工程实际情况确定。

3. 综合指标的计算规则。

（1）地下车站火灾自动报警系统以“站”为单位计算。

（2）地上车站火灾自动报警系统以“站”为单位计算。

（3）控制中心火灾自动报警系统以“座”为单位计算。

（4）地下区间火灾自动报警系统以“正线公里”为单位计算。

二、环境与设备监控系统

1. 综合指标的项目划分。分为地下车站设备与环境监控系统、地上车站设备与环境监控系统、地下区间设备与环境监控系统等共 3 个子目。

2. 综合指标的取定。

（1）指标是按照设置综合监控系统的情况考虑，如果不设置综合监控系统，则需要设置控制中心系统，车站环境与设备监控系统需要增设车站级的服务器及软件系统。

（2）地下车站指标以车站主体建筑面积在 7 000 ~ 9 000m^2 为基准编制。

（3）地上车站指标以车站主体建筑面积在 4 000 ~ 5 000m^2 为基准编制。

（4）如果车站及控制中心的规模与取定基准不符，可相应调整。

（5）车辆段环境与设备监控系统如需设置，可根据车辆段规模及功能要求等工程实际情况确定。

3. 综合指标的计算规则。

（1）地下车站环境与设备监控系统综合指标以“站”为单位计算。

（2）地上车站环境与设备监控系统综合指标以“站”为单位计算。

（3）地下区间系统环境与设备监控系统综合指标以地下区间的“正线公里”为单位计算。

8.1 火灾自动报警系统（FAS）

工程内容：火灾自动报警主机、探测器、报警、控制模块等设备及设备安装，电缆、光缆、线槽、管道等材料安装。

单位：站

序号		指标编号		8Z-001	
		项目	单位	地下车站	占指标基价 /%
指标基价			元	3 069 404.00	100.00
一	建筑安装工程费		元	1 764 104.00	57.47
二	设备购置费		元	1 305 300.00	42.53
建筑安装工程费					
直接费	人工费	人工	工日	3 705.69	—
		措施费分摊	元	7 249.42	—
		人工费小计	元	433 404.23	14.12
	材料费	圆钢 ϕ10 以内	kg	880.10	—
		角钢 63 以内	kg	1 526.45	—
		扁钢 60 以内	kg	852.11	—
		镀锌钢管 15	m	3 090.00	—
		镀锌钢管 25	m	2 575.00	—
		镀锌钢管 32	m	1 030.00	—
		焊接钢管 100	m	288.40	—
		采样管 25	m	1 680.00	—
		控制电缆终端头	个	213.50	—
		电缆槽架（MR200×100）	m	1 005.00	—
		耐火铜芯平行绞线 NH-RYYP-2×1.5	m	1 260.00	—
		耐火铜芯电缆 NH-BY-2×2.5	m	1 260.00	—
		耐火铜芯双绞线 NH-RYS-2×1.5	m	3 780.00	—
		控制电缆 WDN-KYJY-3×1.5	m	2 030.00	—
		控制电缆 WDN-KYJY-5×1.5	m	3 045.00	—
		控制电缆 WDN-KYJY-8×1.5	m	507.50	—
		控制电缆 WDN-KYJY-10×1.5	m	1 015.00	—
		控制电缆 WDN-KYJY-16×1.5	m	507.50	—
		光缆	m	204.00	—
		其他材料费	元	106 269.34	—
		措施费分摊	元	78 837.48	—
		材料费小计	元	539 033.35	17.56
	施工机具使用费	施工机具使用费	元	26 706.23	—
		措施费分摊	元	4 530.89	—
		施工机具使用费小计	元	31 237.12	1.02
	直接费小计		元	1 003 674.70	32.70
综合费率			元	760 429.45	24.77
建筑安装工程费合计			元	1 764 104.15	57.47

续表

序号	指 标 编 号		8Z–001	
	项　　目	单位	地下车站	占指标基价 /%
设备购置费				
设备购置费	火灾报警控制器（联动型，2 000 点）	套	1.00	—
	图形工作站（含液晶显示器、相关软件等）	套	1.00	—
	消防电话主机	套	1.00	—
	消防对讲电话分机	个	20.00	—
	便携式对讲电话	个	5.00	—
	点型感烟探测器（含底座）	个	300.00	—
	点型感温探测器（含底座）	个	45.00	—
	模块箱 600×260×800	套	33.00	—
	监视模块（单输入）	个	250.00	—
	控制模块（单输出）	个	200.00	—
	隔离模块	个	20.00	—
	双电源切换箱	套	1.00	—
	手动火灾报警按钮（带电话插孔、底座）	个	45.00	—
	消火栓启动按钮（带报警模块）	个	45.00	—
	声光报警器	个	16.00	—
	消防电源箱	套	2.00	—
	IBP 盘消防部件	套	1.00	—
	与气体灭火控制器接口模块	个	2.00	—
	与环境与设备监控系统接口模块	个	2.00	—
	与综合监控系统接口模块	个	2.00	—
	吸气式极早期烟雾探测器	个	10.00	—
	缆式线型定温探测器（含模块）	个	2.00	—
	设备购置费小计	元	1 305 300.00	42.53
合　　计		元	3 069 404.00	100.00

工程内容：火灾自动报警主机、探测器、报警、控制模块等设备及设备安装，电缆、光缆、线槽、管道等材料安装。

单位：站

序号	指标编号			8Z-002	
	项目		单位	地上车站	占指标基价/%
指标基价			元	2 010 715.00	100.00
一	建筑安装工程费		元	946 415.00	47.07
二	设备购置费		元	1 064 300.00	52.93
建筑安装工程费					
直接费	人工费	人工	工日	2 076.27	—
		措施费分摊	元	4 113.55	—
		人工费小计	元	242 884.72	12.08
	材料费	圆钢 ϕ10 以内	kg	362.11	—
		角钢 63 以内	kg	630.60	—
		扁钢 60 以内	kg	352.25	—
		镀锌钢管 15	m	618.00	—
		镀锌钢管 25	m	2 060.00	—
		镀锌钢管 32	m	309.00	—
		焊接钢管 100	m	86.52	—
		采样管 25	m	1 680.00	—
		控制电缆终端头	个	64.05	—
		电缆槽架 MR200×100	m	502.50	—
		耐火铜芯平行绞线 NH-RYYP-2×1.5	m	2 520.00	—
		耐火铜芯电缆 NH-BY-2×2.5	m	630.00	—
		耐火铜芯双绞线 NH-RYS-2×1.5	m	1 638.00	—
		控制电缆 WDN-KYJY-3×1.5	m	913.50	—
		控制电缆 WDN-KYJY-5×1.5	m	710.50	—
		控制电缆 WDN-KYJY-8×1.5	m	203.00	—
		控制电缆 WDN-KYJY-10×1.5	m	203.00	—
		控制电缆 WDN-KYJY-16×1.5	m	101.50	—
		光缆	m	204.00	—
		其他材料费	元	61 785.61	—
		措施费分摊	元	44 734.83	—
		材料费小计	元	260 971.92	12.98
	施工机具使用费	施工机具使用费	元	18 499.52	—
		措施费分摊	元	2 570.97	—
		施工机具使用费小计	元	21 070.49	1.05
	直接费小计		元	524 927.13	26.11
综合费率			元	421 487.53	20.96
建筑安装工程费合计			元	946 414.66	47.07

续表

序号	指标编号		8Z-002	
	项　　目	单位	地上车站	占指标基价 /%
设备购置费				
设备购置费	火灾报警控制器（联动型，2 000 点）	套	1.00	—
	图形工作站（含液晶显示器、相关软件等）	套	1.00	—
	消防电话主机	套	1.00	—
	消防对讲电话分机	个	20.00	—
	便携式对讲电话	个	5.00	—
	点型感烟探测器（含底座）	个	300.00	—
	点型感温探测器（含底座）	个	45.00	—
	模块箱 600×260×800	套	33.00	—
	监视模块（单输入）	个	250.00	—
	控制模块（单输出）	个	200.00	—
	隔离模块	个	20.00	—
	双电源切换箱	套	1.00	—
	手动火灾报警按钮（带电话插孔、底座）	个	45.00	—
	消火栓启动按钮（带报警模块）	个	45.00	—
	声光报警器	个	16.00	—
	消防电源箱	套	1.00	—
	IBP 盘消防部件	套	1.00	—
	与环境与设备监控系统接口模块	个	2.00	—
	与综合监控系统接口模块	个	2.00	—
	吸气式极早期烟雾探测器	个	3.00	—
	缆式线型定温探测器（含模块）	个	2.00	—
	设备购置费小计	元	1 064 300.00	52.93
合　　计		元	2 010 715.00	100.00

工程内容: 火灾自动报警主机、探测器、报警、控制模块等设备及设备安装,电缆、光缆、线槽、管道等材料安装。

单位: 座

序号		指标编号		8Z-003	
		项目	单位	控制中心	占指标基价 /%
指标基价			元	785 414.00	100.00
一		建筑安装工程费	元	320 414.00	40.80
二		设备购置费	元	465 000.00	59.20
建筑安装工程费					
直接费	人工费	人工	工日	801.70	—
		措施费分摊	元	1 677.30	—
		人工费小计	元	93 872.80	11.95
	材料费	镀锌钢管 32	m	515.00	—
		干电池 1#	节	768.00	—
		电缆槽架 MR200 × 100	m	100.50	—
		耐火铜芯电缆 NH-BY-2 × 2.5mm^2	m	630.00	—
		通信电缆 8 芯	m	525.00	—
		其他材料费	元	11 619.20	—
		措施费分摊	元	18 240.61	—
		材料费小计	元	54 424.20	6.93
	施工机具使用费	施工机具使用费	元	13 257.81	—
		措施费分摊	元	1 048.31	—
		施工机具使用费小计	元	14 306.12	1.82
	直接费小计		元	162 603.12	20.70
综合费率			元	157 811.11	20.09
建筑安装工程费合计			元	320 414.23	40.80
设备购置费					
设备购置费		FAS 中央监控工作站	台	2.00	—
		中心级火灾报警控制器(网络型)	套	1.00	—
		与环境与设备监控系统接口	只	2.00	—
		与综合监控系统接口	只	2.00	—
		与时钟系统接口	只	1.00	—
		设备购置费小计	元	465 000.00	59.20
合 计			元	785 414.00	100.00

工程内容：火灾自动报警主机、探测器、报警、控制模块等设备及设备安装，电缆、光缆、线槽、管道等材料安装。

单位：正线公里

序号		指标编号		8Z-004	
		项目	单位	地下区间	占指标基价/%
指标基价			元	667 634.00	100.00
一	建筑安装工程费		元	549 434.00	82.30
二	设备购置费		元	118 200.00	17.70
建筑安装工程费					
直接费	人工费	人工	工日	1 107.40	—
		措施费分摊	元	2 370.46	—
		人工费小计	元	129 721.69	19.43
	材料费	圆钢 ϕ10 以内	kg	373.89	—
		角钢 63 以内	kg	612.38	—
		扁钢 60 以内	kg	341.80	—
		镀锌钢管 25	m	2 060.00	—
		镀锌钢管 32	m	2 060.00	—
		控制电缆终端头	个	4.58	—
		电缆槽架 MR200×100	m	100.50	—
		耐火铜芯平行绞线 NH-RYYP-2×1.5mm^2	m	2 520.00	—
		耐火铜芯电缆 NH-BY-2×2.5mm^2	m	1 890.00	—
		耐火铜芯双绞线 NH-RYS-2×1.5mm^2	m	5 040.00	—
		控制电缆 WDN-KYJY-5×1.5mm^2	m	101.50	—
		控制电缆 WDN-KYJY-16×1.5mm^2	m	50.75	—
		其他材料费	元	39 434.04	—
		措施费分摊	元	25 778.71	—
		材料费小计	元	182 620.57	27.35
	施工机具使用费	施工机具使用费	元	5 873.64	—
		措施费分摊	元	1 481.54	—
		施工机具使用费小计	元	7 355.18	1.10
	直接费小计		元	319 697.43	47.89
综合费用			元	229 737.05	34.41
建筑安装工程费合计			元	549 434.48	82.30
设备购置费					
设备购置费		模块箱 600×260×800	套	2.00	—
		监视模块（单输入）	个	18.00	—
		控制模块（单输出）	个	12.00	—
		隔离模块	个	15.00	—
		手动火灾报警按钮（带电话插孔、底座）	个	120.00	—
		消火栓启动按钮（带报警模块）	个	120.00	—
		消防对讲电话分机	台	4.00	—
		设备购置费小计	元	118 200.00	17.70
合计			元	667 634.00	100.00

8.2 环境与设备监控系统(BAS)

工程内容: 环境与设备监控系统的控制器、测量元件、输入输出模块、软件等设备及设备安装,电缆、光缆、线槽、管道及其他材料安装。

单位:站

序号	指标编号			8Z-005	
	项目		单位	地下车站	占指标基价/%
指标基价			元	3 477 436.00	100.00
一	建筑安装工程费		元	2 130 736.00	61.27
二	设备购置费		元	1 346 700.00	38.73
建筑安装工程费					
直接费	人工费	人工	工日	4 019.90	—
		措施费分摊	元	7 898.28	—
		人工费小计	元	470 186.90	13.52
	材料费	圆钢 ϕ10 以内	kg	1 161.94	—
		角钢 63 以内	kg	1 977.08	—
		扁钢 60 以内	kg	1 103.25	—
		镀锌钢管 25	m	6 180.00	—
		镀锌钢管 32	m	3 090.00	—
		焊接钢管 100	m	589.16	—
		电缆槽架 MR200×100	m	1 005.00	—
		接地电缆 NH-BV-1×6mm^2	m	3 150.00	—
		供电电源线缆 NH-BV-3×4mm^2	m	3 150.00	—
		控制电缆 WDZ-KYJYP-16×1.5mm^2	m	304.50	—
		控制电缆 WDZ-KYJYP-12×1.5mm^2	m	1 522.50	—
		控制电缆 WDZ-KYJYP-10×1.5mm^2	m	2 030.00	—
		控制电缆 WDZ-KYJYP-8×1.5mm^2	m	3 045.00	—
		控制电缆 WDZ-KYJYP-5×1.5mm^2	m	4 060.00	—
		控制电缆 WDZ-KYJYP-3×1.5mm^2	m	3 552.50	—
		现场总线电缆	m	2 625.00	—
		屏蔽双绞线 8 芯	m	1 050.00	—
		光缆	m	3 570.00	—
		其他材料费	元	133 744.74	—
		措施费分摊	元	85 893.82	—
		材料费小计	元	775 668.15	22.31
	施工机具使用费	施工机具使用费	元	31 290.70	—
		措施费分摊	元	4 936.43	—
		施工机具使用费小计	元	36 227.13	1.04
	直接费小计		元	1 282 082.18	36.87
综合费用			元	848 653.54	24.40
建筑安装工程费合计			元	2 130 735.72	61.27

续表

序号	指标编号		8Z-005	
	项　目	单位	地下车站	占指标基价 /%
设备购置费				
设备购置费	A 端冗余 PLC	套	1.00	—
	B 端冗余 PLC	套	1.00	—
	IBP 盘远程 I/O	套	1.00	—
	PLC 控制柜	台	2.00	—
	模块箱	台	25.00	—
	电源箱	台	2.00	—
	温 / 湿度传感器（室内）	个	15.00	—
	温 / 湿度传感器（室外）	个	5.00	—
	温 / 湿度传感器（风管）	个	15.00	—
	二氧化碳浓度传感器（公共区）	个	6.00	—
	光电转换器（串口转光口）	个	8.00	—
	软件包	套	1.00	—
	设备购置费小计	元	1 346 700.00	38.73
合　计		元	3 477 436.00	100.00

工程内容：环境与设备监控系统的控制器、软件等设备及设备安装，电缆、光缆、线槽、管道及其他材料安装。

单位：站

序号	指标编号			8Z-006	
	项目		单位	地上车站	占指标基价 /%
指标基价			元	2 001 619.00	100.00
一	建筑安装工程费		元	963 219.00	48.12
二	设备购置费		元	1 038 400.00	51.88
建筑安装工程费					
直接费	人工费	人工	工日	1 734.25	—
		措施费分摊	元	3 419.65	—
		人工费小计	元	202 858.86	10.13
	材料费	圆钢 ϕ10 以内	kg	463.57	—
		角钢 63 以内	kg	793.34	—
		扁钢 60 以内	kg	442.65	—
		镀锌钢管 25	m	2 060.00	—
		镀锌钢管 32	m	1 030.00	—
		焊接钢管 100	m	325.48	—
		电缆槽架 MR200×100	m	502.50	—
		接地电缆 NH-BV-1×6mm^2	m	1 890.00	—
		供电电源线缆 NH-BV-3×4mm^2	m	1 890.00	—
		控制电缆 WDZ-KYJYP-16×1.5mm^2	m	203.00	—
		控制电缆 WDZ-KYJYP-12×1.5mm^2	m	3 045.00	—
		控制电缆 WDZ-KYJYP-10×1.5mm^2	m	507.50	—
		控制电缆 WDZ-KYJYP-8×1.5mm^2	m	1 218.00	—
		控制电缆 WDZ-KYJYP-5×1.5mm^2	m	1 015.00	—
		控制电缆 WDZ-KYJYP-3×1.5mm^2	m	2 030.00	—
		光缆	m	204.00	—
		其他材料费	元	63 350.92	—
		措施费分摊	元	37 188.72	—
		材料费小计	元	372 956.21	18.63
	施工机具使用费	施工机具使用费	元	14 353.69	—
		措施费分摊	元	2 137.28	—
		施工机具使用费小计	元	16 490.97	0.82
	直接费小计		元	592 306.05	29.59
综合费用			元	370 912.54	18.53
建筑安装工程费合计			元	963 218.59	48.12

续表

序号	指标编号		8Z-006	
	项目	单位	地上车站	占指标基价 /%
设备购置费				
设备购置费	冗余 PLC	套	1.00	—
	IBP 盘远程 I/O	套	1.00	—
	PLC 控制柜	台	2.00	—
	模块箱	个	20.00	—
	电源箱	个	2.00	—
	温 / 湿度传感器（室内）	个	10.00	—
	温 / 湿度传感器（室外）	个	8.00	—
	二氧化碳浓度传感器（公共区）	个	15.00	—
	光电转换器（串口转光口）	个	12.00	—
	软件包	套	1.00	—
	设备购置费小计	元	1 038 400.00	51.88
合　计		元	2 001 619.00	100.00

工程内容：环境与设备监控系统的控制器、测量元件、输入输出模块、软件等设备及设备安装，电缆、光缆、线槽、管道及其他材料安装。

单位：正线公里

序号	指标编号			8Z-007	
	项　目		单位	地下区间	占指标基价 /%
指标基价			元	254 066.00	100.00
一	建筑安装工程费		元	158 066.00	62.21
二	设备购置费		元	96 000.00	37.79
建筑安装工程费					
直接费	人工费	人工	工日	265.15	—
		措施费分摊	元	538.50	—
		人工费小计	元	31 030.75	12.21
	材料费	圆钢 ϕ10 以内	kg	48.31	—
		角钢 63 以内	kg	82.75	—
		扁钢 60 以内	kg	46.19	—
		镀锌钢管 25	m	309.00	—
		镀锌钢管 32	m	103.00	—
		电缆槽架 MR200 × 100	m	100.50	—
		接地电缆 NH-BV-1 × 6mm^2	m	126.00	—
		现场总线电缆	m	157.50	—
		光缆	m	4 080.00	—
		其他材料费	元	7 510.36	—
		措施费分摊	元	5 856.20	—
		材料费小计	元	65 541.90	25.80
	施工机具使用费	施工机具使用费	元	3 240.43	—
		措施费分摊	元	336.56	—
		施工机具使用费小计	元	3 576.99	1.41
	直接费小计		元	100 149.64	39.42
综合费率			元	57 915.91	22.80
建筑安装工程费合计			元	158 065.55	62.21
设备购置费					
设备购置费		模块箱	台	3.00	—
		光电转换器（串口转光口）	个	4.00	—
		设备购置费小计	元	96 000.00	37.79
合　计			元	254 066.00	100.00

主要材料、设备单价取定表

工程名称：火灾自动报警、环境与设备监控系统

序号	设备名称	单位	单价 / 元
一	**火灾自动报警系统（FAS）**		
（一）	车站	—	—
1	火灾报警控制器（联动型，2 000 点）	套	180 000.00
2	图形工作站（含液晶显示器、相关软件等）	套	50 000.00
3	消防电话主机	套	10 000.00
4	消防对讲电话分机	个	350.00
5	便携式对讲电话	个	200.00
6	点型感烟探测器（含底座）	个	450.00
7	点型感温探测器（含底座）	个	500.00
8	模块箱 600×260×800	套	5 000.00
9	监视模块（单输入）	个	500.00
10	控制模块（单输出）	个	700.00
11	隔离模块	个	600.00
12	双电源切换箱	套	10 000.00
13	手动火灾报警按钮（带电话插孔、底座）	个	320.00
14	消火栓启动按钮（带报警模块）	个	320.00
15	声光报警器	个	500.00
16	消防电源箱	套	5 000.00
17	IBP 盘消防部件	套	3 000.00
18	与气体灭火控制器接口模块	个	3 000.00
19	与环境与设备监控系统接口模块	个	3 000.00
20	与综合监控系统接口模块	个	3 000.00
21	吸气式极早期烟雾探测器	个	30 000.00
22	缆式线型定温探测器（含模块）	个	40 000.00
（二）	控制中心	—	—
1	FAS 中央监控工作站	台	150 000.00
2	中心级火灾报警控制器（网络型）	套	150 000.00
3	与环境与设备监控系统接口	只	3 000.00
4	与综合监控系统接口	只	3 000.00
5	与时钟系统接口	只	3 000.00
（三）	区间	—	—
1	模块箱 600×260×800	套	5 000.00
2	监视模块（单输入）	个	500.00

续表

序号	设备名称	单位	单价 / 元
3	控制模块（单输出）	个	700.00
4	隔离模块	个	600.00
5	手动火灾报警按钮（带电话插孔、底座）	个	320.00
6	消火栓启动按钮（带报警模块）	个	320.00
7	消防对讲电话分机	台	350.00
二	**环境与设备监控系统（BAS）**		
（一）	车站	—	—
1	A 端冗余 PLC	套	200 000.00
2	B 端冗余 PLC	套	180 000.00
3	IBP 盘远程 I/O	套	60 000.00
4	PLC 控制柜	台	20 000.00
5	模块箱	台	28 000.00
6	电源箱	台	1 500.00
7	温 / 湿度传感器（室内）	个	1 200.00
8	温 / 湿度传感器（室外）	个	1 800.00
9	温 / 湿度传感器（风管）	个	1 300.00
10	二氧化碳浓度传感器（公共区）	个	2 200.00
11	光电转换器（串口转光口）	个	3 000.00
12	软件包	套	80 000.00
（二）	区间	—	—
1	模块箱	台	28 000.00
2	光电转换器（串口转光口）	个	3 000.00

9　安防与门禁

说　　明

本章内容为安防系统及门禁系统的综合指标。

一、安防系统

1. 综合指标的项目划分。分为车辆段安防系统、车站安检系统。

2. 综合指标的计算规则。

(1)车辆段安防系统以“座”为单位计算。

(2)车站安检系统以“站”为单位计算。

3. 其他有关问题的说明。

车站安检系统建筑安装工程费按设备购置费的5%计取。

二、门禁系统

1. 综合指标的项目划分。

分为车站门禁系统和控制中心门禁系统。

2. 综合指标的计算规则。

(1)车站门禁系统以“站”为单位计算。

(2)控制中心门禁系统以“座”为单位计算,仅为门禁中心级系统综合指标,不包括其楼宇本身的子系统。

9.1 安 防 系 统

工程内容：设备及设备安装、电缆、光缆、线槽、管道及其他材料安装等。

单位：座

序号		指标编号		9Z-001	
		项目	单位	车辆基地	占指标基价/%
指标基价			元	9 143 955.00	100.00
一		建筑安装工程费	元	2 744 955.00	30.02
二		设备购置费	元	6 399 000.00	69.98
建筑安装工程费					
直接费	人工费	人工	工日	4 692.97	—
		措施费分摊	元	9 377.20	—
		人工费小计	元	549 068.98	6.00
	材料费	圆钢 ϕ10 以内	kg	796.76	—
		角钢 63 以内	kg	1 337.78	—
		扁钢 60 以内	kg	765.49	—
		镀锌钢管 25	m	4 120.00	—
		通信电缆	m	6 300.00	—
		电缆槽架 MR100×100	m	2 663.25	—
		耐火铜芯电缆 NH-BY-2×2.5mm^2	m	44 100.00	—
		接地电缆 NH-BV-1×6mm^2	m	4 410.00	—
		控制电缆敷设 DWZR-BYY-2×1.0mm^2	m	2 030.00	—
		六类屏蔽双绞线	m	9 450.00	—
		光缆	m	53 040.00	—
		其他材料费	元	163 498.24	—
		措施费分摊	元	101 977.08	—
		材料费小计	元	1 123 852.33	12.29
	施工机具使用费	施工机具使用费	元	46 726.89	—
		措施费分摊	元	5 860.75	—
		施工机具使用费小计	元	52 587.64	0.58
	直接费小计		元	1 725 508.95	18.87
综合费用			元	1 019 446.08	11.15
建筑安装工程费合计			元	2 744 955.03	30.02

续表

序号	指标编号		9Z-001	
	项目	单位	车辆基地	占指标基价 /%
设备购置费				
设备购置费	系统服务器	套	5.00	—
	数字硬盘录像机	套	1.00	—
	液晶拼接屏	台	12.00	—
	磁盘阵列	套	1.00	—
	安防系统工作站（含操作系统软件）	套	3.00	—
	报警主机（含声光报警器、报警键盘）	套	1.00	—
	网络交换机	台	6.00	—
	设备机柜	套	4.00	—
	网状屏幕墙	套	1.00	—
	操作台桌椅	套	3.00	—
	打印机	台	1.00	—
	配电箱	套	90.00	—
	消防广播控制柜	套	1.00	—
	广播控制台	套	1.00	—
	全方位摄像机	套	100.00	—
	室内摄像机	套	100.00	—
	周界报警系统	套	40.00	—
	电子巡更点信息钮	个	100.00	—
	光端机	对	100.00	—
	光电转换器	个	40.00	—
	扬声器	个	80.00	—
	软件包	套	2.00	—
	设备购置费小计	元	6 399 000.00	69.98
合　计		元	9 143 955.00	100.00

工程内容：X 光行李检查机、金属探测门、液体探测仪、手持金属探测器等设备。

单位：处

序号	指标编号			9Z-002	
	项　　目		单位	车站安检	占指标基价 /%
指标基价			元	798 374.00	100.00
一	建筑安装工程费		元	23 254.00	2.91
二	设备购置费		元	775 120.00	97.09
建筑安装工程费					
建筑安装工程费合计			元	23 253.60	2.91
设备购置费					
设备购置费		普通型 X 光行李检查机	套	1.00	—
		通过式金属式探测门	套	2.00	—
		台式液体探测仪	套	1.00	—
		便携式爆炸物探测仪	套	2.00	—
		手持式金属探测器	套	2.00	—
		现场取证记录仪	套	1.00	—
		对讲机	套	2.00	—
		违禁、危险品储存器	套	1.00	—
		安检设备柜	套	1.00	—
		办公桌椅	套	1.00	—
		防毒面具	套	1.00	—
		呼吸器	套	1.00	—
		自卫专用装备	套	1.00	—
		防爆球	套	1.00	—
		防爆毯	套	1.00	—
		排爆服	套	1.00	—
		排爆工具	套	1.00	—
		便携式有害气体探测仪	套	1.00	—
		专用检修工具	套	1.00	—
		设备购置费小计	元	775 120.00	97.09
合　　计			元	798 374.00	100.00

9.2 门 禁 系 统

工程内容：设备及设备安装，电缆、光缆、线槽、管道及其他材料安装等。

单位：站

序号	指标编号			9Z-003	
	项目		单位	车站	占指标基价/%
指标基价			元	892 542.00	100.00
一	建筑安装工程费		元	376 942.00	42.23
二	设备购置费		元	515 600.00	57.77
建筑安装工程费					
直接费	人工费	人工	工日	836.23	—
		措施费分摊	元	1 613.76	—
		人工费小计	元	97 780.56	10.96
	材料费	镀锌钢管 25	m	515.00	—
		电缆槽架 MR100×100	m	522.60	—
		耐火铜芯电缆 NH-BY-2×2.5mm^2	m	2 520.00	—
		接地电缆 NH-BV-1×6mm^2	m	787.50	—
		控制电缆敷设 DWZR-BYY-2×1.0mm^2	m	1 903.13	—
		通信电缆	m	2 100.00	—
		其他材料费	元	26 144.95	—
		措施费分摊	元	17 549.69	—
		材料费小计	元	104 356.81	11.69
	施工机具使用费	施工机具使用费	元	4 507.48	—
		措施费分摊	元	1 008.60	—
		施工机具使用费小计	元	5 516.08	0.62
	直接费小计		元	207 653.46	23.27
综合费用			元	169 289.01	18.97
建筑安装工程费合计			元	376 942.47	42.23
设备购置费					
设备购置费		门禁主控制器	套	1.00	—
		就地控制器	套	45.00	—
		读卡器	套	48.00	—
		门磁	套	45.00	—
		开门按钮	套	45.00	—
		紧急开门按钮	套	45.00	—
		密码键盘读卡器	套	2.00	—
		门禁管理软件	套	1.00	—
		可视对讲装置	套	1.00	—
		电锁（单门）	套	25.00	—
		电锁（双门）	套	20.00	—
		配电箱	套	2.00	—
		设备购置费小计	元	515 600.00	57.77
合　计			元	892 542.00	100.00

工程内容：设备及设备安装，电缆、光缆、线槽、管道及其他材料安装等。

单位：座

<table>
<tr><td rowspan="2">序号</td><td colspan="3">指 标 编 号</td><td colspan="2">9Z-004</td></tr>
<tr><td colspan="2">项　目</td><td>单位</td><td>控制中心</td><td>占指标基价 /%</td></tr>
<tr><td colspan="3">指标基价</td><td>元</td><td>1 777 741.00</td><td>100.00</td></tr>
<tr><td>一</td><td colspan="2">建筑安装工程费</td><td>元</td><td>322 241.00</td><td>18.13</td></tr>
<tr><td>二</td><td colspan="2">设备购置费</td><td>元</td><td>1 455 500.00</td><td>81.87</td></tr>
<tr><td colspan="6">建筑安装工程费</td></tr>
<tr><td rowspan="15">直接费</td><td rowspan="3">人工费</td><td>人工</td><td>工日</td><td>584.85</td><td>—</td></tr>
<tr><td>措施费分摊</td><td>元</td><td>1 152.08</td><td>—</td></tr>
<tr><td>人工费小计</td><td>元</td><td>68 410.29</td><td>3.85</td></tr>
<tr><td rowspan="8">材料费</td><td>镀锌钢管 25</td><td>m</td><td>412.00</td><td>—</td></tr>
<tr><td>电缆槽架 MR100 × 100</td><td>m</td><td>402.00</td><td>—</td></tr>
<tr><td>耐火铜芯电缆 NH-BY-2 × 2.5mm²</td><td>m</td><td>5 040.00</td><td>—</td></tr>
<tr><td>控制电缆敷设 DWZR-BYY-2 × 1.0mm²</td><td>m</td><td>4 060.00</td><td>—</td></tr>
<tr><td>通信电缆</td><td>m</td><td>4 200.00</td><td>—</td></tr>
<tr><td>其他材料费</td><td>元</td><td>30 263.44</td><td>—</td></tr>
<tr><td>措施费分摊</td><td>元</td><td>12 528.90</td><td>—</td></tr>
<tr><td>材料费小计</td><td>元</td><td>123 539.92</td><td>6.95</td></tr>
<tr><td rowspan="3">施工机具使用费</td><td>施工机具使用费</td><td>元</td><td>4 747.59</td><td>—</td></tr>
<tr><td>措施费分摊</td><td>元</td><td>720.05</td><td>—</td></tr>
<tr><td>施工机具使用费小计</td><td>元</td><td>5 467.64</td><td>0.31</td></tr>
<tr><td colspan="2">直接费小计</td><td>元</td><td>197 417.86</td><td>11.10</td></tr>
<tr><td colspan="3">综合费用</td><td>元</td><td>124 822.84</td><td>7.02</td></tr>
<tr><td colspan="3">建筑安装工程费合计</td><td>元</td><td>322 240.70</td><td>18.13</td></tr>
<tr><td colspan="6">设备购置费</td></tr>
<tr><td colspan="2" rowspan="13">设备购置费</td><td>中央数据服务器</td><td>台</td><td>2.00</td><td>—</td></tr>
<tr><td>授权工作站（含操作系统软件）</td><td>台</td><td>1.00</td><td>—</td></tr>
<tr><td>维护工作站（含操作系统软件）</td><td>台</td><td>1.00</td><td>—</td></tr>
<tr><td>交换机</td><td>台</td><td>2.00</td><td>—</td></tr>
<tr><td>门禁机柜</td><td>台</td><td>1.00</td><td>—</td></tr>
<tr><td>工作台</td><td>台</td><td>1.00</td><td>—</td></tr>
<tr><td>打印机</td><td>台</td><td>1.00</td><td>—</td></tr>
<tr><td>配电箱</td><td>台</td><td>1.00</td><td>—</td></tr>
<tr><td>系统及管理软件</td><td>套</td><td>1.00</td><td>—</td></tr>
<tr><td>智能测试卡</td><td>张</td><td>50.00</td><td>—</td></tr>
<tr><td>授权工作台桌椅</td><td>套</td><td>1.00</td><td>—</td></tr>
<tr><td>接入线网授权系统费用</td><td>套</td><td>1.00</td><td>—</td></tr>
<tr><td>设备购置费小计</td><td>元</td><td>1 455 500.00</td><td>81.87</td></tr>
<tr><td colspan="3">合　计</td><td>元</td><td>1 777 741.00</td><td>100.00</td></tr>
</table>

主要材料、设备单价取定表

工程名称：安防及门禁系统

序号	设备名称	规格型号	单位	单价 / 元
一	**安防系统**			
1	通信电缆	—	m	8.62
2	电缆槽架	100 × 100	m	43.11
3	耐火铜芯电缆	NH–BY–2 × 2.5	m	1.94
4	接地电缆	NH–BV–1 × 6	m	4.28
5	控制电缆敷设	DWZR–BYY–2 × 1.0	m	3.16
6	六类屏蔽双绞线	—	m	6.92
7	光缆	—	m	8.60
8	系统服务器	—	套	100 000.00
9	数字硬盘录像机	—	套	50 000.00
10	液晶拼接屏	—	台	20 000.00
11	磁盘阵列	—	套	200 000.00
12	安防系统工作站（含操作系统软件）	—	套	30 000.00
13	报警主机（含声光报警器、报警键盘）	—	套	30 000.00
14	网络交换机	—	台	30 000.00
15	设备机柜	—	套	10 000.00
16	网状屏幕墙	—	套	20 000.00
17	操作台桌椅	—	套	10 000.00
18	打印机	—	台	20 000.00
19	配电箱	—	套	6 000.00
20	消防广播控制柜	—	套	8 000.00
21	广播控制台	—	套	5 000.00
22	全方位摄像机	—	套	18 000.00
23	室内摄像机	—	套	6 000.00
24	周界报警系统	—	套	20 000.00
25	电子巡更点信息钮	—	个	100.00
26	光端机	—	对	2 000.00
27	光电转换器	—	个	3 000.00
28	扬声器	—	个	200.00
29	软件包	—	套	450 000.00

续表

序号	设备名称	规格型号	单位	单价 / 元
二	门禁系统			
—	车站	—	—	—
1	门禁主控制器	—	套	12 000.00
2	就地控制器	—	套	5 500.00
3	读卡器	—	套	1 800.00
4	门磁	—	套	350.00
5	开门按钮	—	套	100.00
6	紧急开门按钮	—	套	150.00
7	密码键盘读卡器	—	套	2 600.00
8	门禁管理软件	—	套	40 000.00
9	可视对讲装置	—	套	6 000.00
10	电锁	单门	套	1 500.00
11	电锁	双门	套	2 200.00
12	配电箱	—	套	5 000.00
13	控制中心	—	—	—
14	中央数据服务器	—	台	200 000.00
15	授权工作站（含操作系统软件）	—	台	30 000.00
16	维护工作站（含操作系统软件）	—	台	30 000.00
17	交换机	—	台	50 000.00
18	门禁机柜	—	台	12 000.00
19	工作台	—	台	6 000.00
20	打印机	—	台	20 000.00
21	配电箱	—	台	5 000.00
22	系统及管理软件	—	套	350 000.00
23	智能测试卡	—	张	50.00
24	授权工作台桌椅	—	套	20 000.00
25	接入线网授权系统费用	—	套	480 000.00

10 通风、空调与供暖

说　明

本章内容为通风、空调与供暖系统的综合指标。

一、综合指标的项目划分

1. 分为车站通风空调、区间通风等。

2. 车站综合指标根据车站形式不同，分为地下车站通风空调系统和地上车站通风空调系统。

二、综合指标的取定

1. 地下车站通风空调系统包括车站公共区通风空调（防排烟）系统、车站设备管理用房通风空调（防排烟）系统、空调水系统。车站公共区通风空调系统设计为双风机，车站送风机与隧道风机合用，设备用房采用全空气系统。每个车站设置冷冻站一个。地下车站综合指标以标准的地下两层车站为基准编制，车站建筑面积为 18 756.00m^2。

2. 地下车站通风空调系统指标按照轨顶风道为钢筋混凝土结构的工况考虑。

3. 高架车站通风空调系统指标方案为设备用房采用变频空调系统，综合指标以建筑面积 5 552.30m^2 的车站为基准进行编制。

4. 如果车站规模与取定基准不符，可相应调整。

5. 区间隧道通风系统按闭式系统考虑。

三、综合指标的计算规则

1. 车站通风空调系统以"建筑面积"为单位计算。

2. 地下区间通风系统按需要设置区间风井的区段以"处"为单位计算。

四、其他有关问题的说明

1. 计算指标时，建筑面积应扣除车站配线及上方物业开发区域。

2. 本指标不含供暖等内容。当考虑供暖等内容时，各地区可根据实际情况自行调整指标。

3. 地下车站的综合支吊架一般可以按照 120 万 ~ 150 万元 / 站估算。

10.1 车站通风空调

工程内容：风道制安，风道阀门、风口等安装，消声器安装，冷却水管、冷凝水管的安装，水阀、过滤器、温度计、压力表等附件安装，管道保温安装，系统设备安装，管道刷漆、吹扫、冲洗等。

单位：m^2

序号		指标编号		10Z-001	
				地下车站	
		项目	单位	不含配线及物业开发区域	占指标基价 /%
指标基价			元	850.00	100.00
一		建筑安装工程费	元	566.00	66.50
二		设备购置费	元	285.00	33.50
建筑安装工程费					
直接费	人工费	人工	工日	0.96	—
		措施费分摊	元	1.70	—
		人工费小计	元	100.37	11.80
	材料费	型钢	kg	0.29	—
		圆钢 ϕ10 以内	kg	0.05	—
		圆钢 ϕ10 以外	kg	0.20	—
		角钢 63 以内	kg	2.63	—
		角钢 63 以外	kg	0.15	—
		扁钢 60 以内	kg	0.12	—
		槽钢 16 以内	kg	0.34	—
		普通钢板 δ 1 ~ 1.5	kg	0.01	—
		柴油	kg	0.06	—
		铝箔玻璃布胶带 60	m	2.40	—
		玻璃棉板 δ 50	m^2	0.02	—
		电	kW·h	0.04	—
		无缝钢管 D159	m	0.03	—
		无缝钢管 D133	m	0.03	—
		低压不锈钢管 DN300	m	0.03	—
		硅酸镁 δ 40	m^2	0.39	—
		硅酸镁 δ 50	m^2	0.12	—
		其他材料费	元	170.23	—
		措施费分摊	元	18.45	—
		材料费小计	元	230.95	27.16
	施工机具使用费	施工机具使用费	元	7.41	—
		措施费分摊	元	1.06	—
		施工机具使用费小计	元	8.47	1.00
	直接费小计		元	339.79	39.96
综合费用			元	225.73	26.54
建筑安装工程费用合计			元	565.52	66.50

续表

序号	指标编号		10Z-001	
			地下车站	
	项目	单位	不含配线及物业开发区域	占指标基价 /%
设备购置费				
设备购置费	隧道风机 L=60m^3/s，H=1 000Pa，N=90kW 可逆轴流风机	台	0.000 2	—
	大型表冷器（含过滤器）$Q_冷$=950kW，L=155 000m^3/h	套	0.000 1	—
	人防加压排风机 L=22 000m^3/h，H=650Pa，N=7.5kW	台	0.000 1	—
	组合式空调机组 L=32 000m^3/h，$Q_冷$=146kW，H=600Pa，N=15kW	台	0.000 2	—
	回 / 排风机 L=32 000m^3/h，H=600Pa，N=11kW	台	0.000 2	—
	排风（烟）风机 L=18 000/19 000m^3/h，H=600Pa，N=4kW	台	0.000 2	—
	送风机 L=7 200m^3/h，H=600Pa，N=2.2kW	台	0.000 2	—
	多联式空调机组室外机 $Q_冷$=107kW，N=37.3kW	台	0.000 5	—
	分体空调 $Q_冷$=2.8kW	台	0.000 1	—
	水冷冷水机组 $Q_冷$=1 100kW，N=249kW	台	0.002 0	—
	冷却塔 L=300m^3/h，N=5.5×2kW，220V	台	0.000 1	—
	冷却水泵 L=282m^3/h，H=30mH$_2$O，N=50kW	台	0.000 3	—
	分水器及集水器 L（长度）=4 200，ϕ630	台	0.000 1	—
	定压补水装置 罐体 DN=700，补水泵流量 L=1.5m^3/h，H=28m，N=3×2kW	个	0.000 1	—
	旁通水处理仪 DN50	个	0.000 1	—
	全程水处理器 DN300	个	0.000 1	—
	全自动加药装置 L=600m^3/h	套	0.000 1	—
	设备购置费小计	元	284.91	33.50
合计		元	850.00	100.00

工程内容：风管制安，阀门及风口等安装，系统设备安装，管道吹扫、冲洗等。

单位：m^2

序号	指标编号			10Z-002	
	项目		单位	地上车站	占指标基价 /%
指标基价			元	344.00	100.00
一	建筑安装工程费		元	190.00	55.22
二	设备购置费		元	154.00	44.78
建筑安装工程费					
直接费	人工费	人工	工日	0.33	—
		措施费分摊	元	0.61	—
		人工费小计	元	35.46	10.31
	材料费	型钢	kg	0.19	—
		圆钢 ϕ10 以内	kg	0.06	—
		圆钢 ϕ10 以外	kg	0.05	—
		角钢 63 以内	kg	0.78	—
		角钢 63 以外	kg	0.03	—
		扁钢 60 以内	kg	0.05	—
		普通钢板 δ 8～15	kg	0.05	—
		普通钢板 δ 16～20	kg	0.01	—
		镀锌钢板 δ 0.5～0.65	kg	0.18	—
		镀锌钢板 δ 0.7～0.9	kg	0.60	—
		镀锌钢板 δ 1.0～1.5	kg	0.13	—
		镀锌钢管 15	m	0.13	—
		镀锌钢管 20	m	0.02	—
		镀锌钢管 25	m	0.01	—
		镀锌钢管 32	m	0.03	—
		镀锌钢板	kg	0.01	—
		螺栓	个	0.03	—
		柴油	kg	0.06	—
		SD 橡胶减振垫	块	0.06	—
		醇酸防锈漆	kg	0.01	—
		防火板	m^2	0.01	—
		其他材料费	元	48.11	—
		措施费分摊	元	6.63	—
		材料费小计	元	66.40	19.30
	施工机具使用费	施工机具使用费	元	3.33	—
		措施费分摊	元	0.38	—
		施工机具使用费小计	元	3.71	1.08
	直接费小计		元	105.57	30.68
综合费用			元	84.46	24.54
建筑安装工程费用合计			元	190.03	55.22

续表

序号	指标编号		10Z-002	
	项目	单位	地上车站	占指标基价 /%
设备购置费				
设备购置费	排风机 L=21 421/14 186m³/h	台	0.003 4	—
	多联体空调室内机 2.8 ~ 90kW	台	0.011 7	—
	耐高温排烟风机 L=7 200m³/h	台	0.000 2	—
	耐高温排烟风机 L=11 064m³/h	台	0.000 2	—
	耐高温排烟风机 L=12 138m³/h	台	0.000 2	—
	吸顶式通风器 L=500m³/h	台	0.000 9	—
	多联体室内遥控器	个	0.006 7	—
	网络控制器	套	0.000 2	—
	分体空调 3.6kW	台	0.000 5	—
	分体空调 4.5kW	台	0.000 5	—
	全热交换器	台	0.000 2	—
	电采暖	台	0.002 0	—
	设备购置费小计	元	154.07	44.78
合计		元	344.00	100.00

10.2 区间通风

工程内容： 风阀安装，消声器安装，系统设备安装等。

单位： 处

序号	指标编号			10Z-003	
	项目		单位	地下区间	占指标基价 /%
指标基价			元	1 878 290.00	100.00
一	建筑安装工程费		元	522 209.00	27.80
二	设备购置费		元	1 356 081.00	72.20
建筑安装工程费					
直接费	人工费	人工	工日	742.98	—
		措施费分摊	元	463.00	—
		人工费小计	元	82 126.58	4.37
	材料费	圆钢 ϕ10 以内	kg	15.44	—
		圆钢 ϕ10 以外	kg	488.59	—
		角钢 63 以内	kg	1 415.13	—
		扁钢 60 以内	kg	24.01	—
		槽钢 16 以内	kg	10 876.41	—
		普通钢板 δ 1～1.5	kg	0.68	—
		普通钢板 δ 2～2.5	kg	0.48	—
		普通钢板 δ 4.1～7	kg	0.37	—
		普通钢板 δ 8～15	kg	423.07	—
		角钢	kg	509.20	—
		镀锌钢板	kg	66.75	—
		镀锌膨胀螺栓 ϕ12	套	1 044.28	—
		电焊条（综合）	kg	11.27	—
		镀锌膨胀螺栓 ϕ10	套	21.76	—
		螺栓（带帽）（综合）	kg	119.86	—
		柴油	kg	164.92	—
		橡胶板	kg	3.84	—
		醇酸防锈漆	kg	12.82	—
		醇酸防锈漆	kg	4.91	—
		红丹防锈漆	kg	1.19	—
		酚醛调和漆	kg	12.12	—
		煤油	kg	0.34	—
		酚醛调和漆	kg	0.85	—
		电	kW·h	549.59	—
		三防布	m^2	35.39	—
		连接板	个	560.00	—

续表

<table>
<tr><td rowspan="2">序号</td><td colspan="3">指 标 编 号</td><td colspan="2">10Z–003</td></tr>
<tr><td colspan="2">项　　目</td><td>单位</td><td>地下区间</td><td>占指标基价 /%</td></tr>
<tr><td colspan="6">建筑安装工程费</td></tr>
<tr><td rowspan="11">直接费</td><td rowspan="7">材料费</td><td>万向轮</td><td>套</td><td>21.00</td><td>—</td></tr>
<tr><td>减振器</td><td>台</td><td>138.67</td><td>—</td></tr>
<tr><td>防火补风口 250 × 250</td><td>个</td><td>6.67</td><td>—</td></tr>
<tr><td>镀锌钢板内保温风管 0.75</td><td>m^2</td><td>133.33</td><td>—</td></tr>
<tr><td>其他材料费</td><td>元</td><td>4 726.07</td><td>—</td></tr>
<tr><td>措施费分摊</td><td>元</td><td>1 678.37</td><td>—</td></tr>
<tr><td>材料费小计</td><td>元</td><td>135 636.57</td><td>7.22</td></tr>
<tr><td rowspan="3">施工机具使用费</td><td>施工机具使用费</td><td>元</td><td>5 113.63</td><td>—</td></tr>
<tr><td>措施费分摊</td><td>元</td><td>289.37</td><td>—</td></tr>
<tr><td>施工机具使用费小计</td><td>元</td><td>5 403.00</td><td>0.29</td></tr>
<tr><td colspan="2">直接费小计</td><td>元</td><td>223 166.15</td><td>11.88</td></tr>
<tr><td colspan="3">综合费用</td><td>元</td><td>299 042.65</td><td>15.92</td></tr>
<tr><td colspan="3">建筑安装工程费用合计</td><td>元</td><td>522 208.80</td><td>27.80</td></tr>
<tr><td colspan="6">设备购置费</td></tr>
<tr><td rowspan="6">设备购置费</td><td colspan="2">隧道风机 L=60m³/s, H=1 000 Pa, N=90kW</td><td>台</td><td>1.33</td><td>—</td></tr>
<tr><td colspan="2">送风机 L=4 000 ~ 38 000m³/h, 全压 = 600 ~ 800Pa, N=2.2 ~ 11kW</td><td>台</td><td>4.00</td><td>—</td></tr>
<tr><td colspan="2">排风机 L=4 000 ~ 38 000m³/h, 全压 = 600 ~ 800Pa, N=2.2 ~ 11kW</td><td>台</td><td>2.67</td><td>—</td></tr>
<tr><td colspan="2">轴流风机 L=12 000 ~ 48 000m³/h, 全压 = 600 ~ 800Pa, N=6 ~ 11kW</td><td>台</td><td>2.67</td><td>—</td></tr>
<tr><td colspan="2">分体空调 $Q_{冷}$=20kW</td><td>台</td><td>0.67</td><td>—</td></tr>
<tr><td colspan="2">设备购置费小计</td><td>元</td><td>1 356 081.33</td><td>72.20</td></tr>
<tr><td colspan="3">合　　计</td><td>元</td><td>1 878 290.00</td><td>100.00</td></tr>
</table>

主要材料、设备单价取定表

工程名称：通风空调系统

序号	名称	规格型号	单位	单价 / 元
一	**地下车站**			
1	镀锌钢管	*DN*25	m	7.85
2	镀锌钢管	*DN*40	m	13.15
3	镀锌钢管	*DN*70	m	24.96
4	镀锌钢管	*DN*80	m	33.25
5	焊接钢管	SC20	m	4.52
6	焊接钢管	SC40	m	10.33
7	焊接钢管	SC50	m	14.31
8	焊接钢管	SC70	m	20.66
9	焊接钢管	SC125	m	61.68
10	焊接钢管	SC150	m	61.68
11	焊接钢管	SC200	m	92.92
12	无缝钢管	273 × 6	m	197.30
13	无缝钢管	377 × 8	m	368.21
14	醇酸防锈漆	—	kg	16.70
15	酚醛调和漆	—	kg	18.70
16	平焊法兰	1.6MPa 以下 50	片	26.44
17	平焊法兰	1.6MPa 以下 80	片	28.98
18	平焊法兰	1.6MPa 以下 100	片	51.38
19	平焊法兰	1.6MPa 以下 150	片	63.80
20	平焊法兰	1.6MPa 以下 200	片	105.50
21	低压不锈钢管	*DN*300	m	413.97
22	平衡阀	*DN*40	个	680.00
23	平衡阀	*DN*150	个	2 050.00
24	平衡阀	*DN*200	个	2 700.00
25	闸阀	*DN*25	个	240.00
26	闸阀	*DN*40	个	440.00
27	闸阀	*DN*80	个	900.00
28	闸阀	*DN*300	个	6 120.00
29	闸阀	*DN*350	个	9 360.00

续表

序号	名称	规格型号	单位	单价 / 元
30	止回阀	*DN*150	个	650.00
31	止回阀	*DN*200	个	1 360.00
32	止回阀	*DN*250	个	2 720.00
33	电动两通阀	*DN*200	个	10 209.00
34	电动两通阀	*DN*250	个	15 050.00
35	蝶阀	*DN*150	个	2 050.00
36	蝶阀	*DN*200	个	2 820.00
37	蝶阀	*DN*250	个	3 490.00
38	蝶阀	*DN*300	个	5 270.00
39	蝶阀	*DN*350	个	7 730.00
40	Y 形除污器	200	个	1 500.00
41	Y 形除污器	250	个	1 800.00
42	Y 形除污器	350	个	3 200.00
43	电动风量调节阀	1 250 × 800	个	2 204.00
44	电动风量调节阀	1 500 × 1 000	个	2 355.00
45	电动风量调节阀	1 800 × 1 000	个	2 657.00
46	电动风量调节阀	2 000 × 1 200	个	2 898.00
47	排烟防火阀	1 250 × 800	个	2 254.00
48	排烟防火阀	1 800 × 800	个	2 760.00
49	防烟防火阀	1 000 × 800	个	1 897.50
50	手动风量调节阀	200 × 200	个	414.00
51	手动风量调节阀	400 × 250	个	629.63
52	手动风量调节阀	400 × 320	个	690.00
53	手动风量调节阀	1 000 × 630	个	1 474.88
54	全电动防烟防火阀	400 × 250	个	1 207.50
55	全电动防烟防火阀	400 × 400	个	1 345.50
56	全电动防烟防火阀	1 000 × 630	个	2 109.10
57	单层百叶风口	200 × 200	个	82.66
58	单层百叶风口	300 × 300	个	112.33
59	单层百叶风口	800 × 600	个	324.96
60	单层百叶风口	1 000 × 700	个	441.17
61	双层百叶风口	150 × 150	个	79.58
62	双层百叶风口	250 × 250	个	107.18
63	双层百叶风口	450 × 450	个	195.50

续表

序号	名称	规格型号	单位	单价 / 元
64	隧道风机	Q=60m^3/s，H=1 000Pa，P=90kW 可逆轴流风机	台	300 000.00
65	大型表冷器（含过滤器）	$Q_{冷}$=950kW，L=155 000m^3/h	套	400 000.00
66	土建结构片式消声器	3 800 × 3 000 × 4 000	台	94 802.40
67	土建结构片式消声器	3 800 × 4 000 × 4 000	台	126 403.20
68	土建结构片式消声器	4 000 × 4 000 × 4 000	台	133 056.00
69	土建结构片式消声器	5 000 × 4 000 × 4 000	台	166 320.00
70	电动组合风阀	2 400 × 3 200	套	26 880.00
71	电动组合风阀	3 000 × 3 200	套	33 600.00
72	电动组合风阀	3 400 × 4 000	套	47 600.00
73	电动组合风阀	3 600 × 4 300	套	54 180.00
74	人防加压排风机	L=22 000m^3/h，P=650Pa，N=7.5kW	台	25 000.00
75	人防加压送风机	L=22 000m^3/h，P=650Pa，N=7.5kW	台	25 000.00
76	空气杀菌过滤装置	L=180 000m^3/h，灭菌率 >94%	台	261 000.00
77	组合式空调机组	L=17 000m^3/h，Q=81kW，H=550 Pa，N=7kW	台	44 447.50
78	组合式空调机组	L=29 300m^3/h，Q=139kW，H=650 Pa，N=11kW	台	65 577.90
79	回 / 排风机	Q=40 000m^3/h，H=750Pa，N=15kW	台	44 198.00
80	回 / 排风机	L=30 000m^3/h，H=700Pa，N=5.5/7kW	台	41 229.00
81	排风机	L=8 000/13 800m^3/h，H=550Pa，N=2.2kW	台	27 062.70
82	排烟风机	L=35 000m^3/h，H=550Pa，N=7kW	台	45 351.90
83	送风机	L=35 000m^3/h，H=550Pa，N=7kW	台	45 351.90
84	多联式空调机组室外机	L=11.2kW，N=10W	台	4 101.00
85	多联式空调机组室外机	L=5.6kW，N=106W	台	2 679.00
86	多联式空调机组室外机	L=7.1kW，N=184W	台	2 926.00
87	多联式空调机组室外机	L=20kW，N=290W	台	6 733.50
88	多联式空调机组室外机	L=10kW，N=184W	台	4 101.00
89	多联式空调机组室外机	L=9.0kW，N=216W	台	4 004.00

续表

序号	名称	规格型号	单位	单价 / 元
90	分体空调	L=2.8kW	台	5 146.00
91	水冷冷水机组	$Q_{冷}$=1 260kW，N=169kW	台	424 622.00
92	水冷冷水机组	$Q_{冷}$=556kW，N=92kW	台	239 207.00
93	冷却塔	T=300t/h，P=5.5×2kW，220V	台	160 000.00
94	冷却水泵	Q=82m^3/h，H=28mH$_2$O，N=14kW	台	33 300.00
95	冷却水泵	Q=100m^3/h，H=22mH$_2$O，N=16kW	台	39 600.00
96	分水器及集水器	L=4 200，ϕ630	台	21 000.00
97	定压补水装置	罐体 DN=700，补水泵 L=1.5m^3/h，H=28m，N=3×2kW	个	62 000.00
98	全程水处理器	DN350	个	126 000.00
99	全自动加药装置	L=600m^3/h	套	150 000.00
二	**高架车站**			
1	防烟防火阀	500×400	个	240.00
2	防烟防火阀	500×500	个	625.00
3	防烟防火阀	630×400	个	630.00
4	防烟防火阀	1 600×1 000	个	4 000.00
5	排烟防火阀	500×500	个	285.00
6	排烟防火阀	630×500	个	352.50
7	多叶调节阀	250×200	个	100.00
8	多叶调节阀	320×250	个	160.00
9	多叶调节阀	320×320	个	204.80
10	多叶调节阀	500×320	个	320.00
11	排风机	L=21 421/14 186m^3/h	台	16 500.00
12	排 / 送风机	L= 4 740m^3/h	台	8 000.00
13	耐高温排烟风机	L=7 200m^3/h	台	9 600.00
14	多联体空调室外机	28kW	台	89 000.00
15	多联体空调室外机	40kW	台	123 200.00
16	吸顶式通风器	L=500m^3/h	台	2 100.00
17	全热交换器	—	台	8 000.00
三	**地下区间**			
1	隧道风机	L=60m^3/s，H=1 000 Pa，N=90kW	台	225 342.00

续表

序号	名称	规格型号	单位	单价 / 元
2	送风机	L=38 000m^3/h，全压 = 600~800Pa，N=2.21kW	台	41 229.00
3	排风机	L=38 000m^3/h，全压 = 600~800Pa，N=2.2~11kW	台	41 229.00
4	轴流风机	L=48 000m^3/h，全压 = 600~800Pa，N=6~11kW	台	45 000.00
5	片式消声器	3 000 × 3 000 × 4 000	套	30 636.00
6	管式消声器	630 × 500	套	900.00

11　给水与排水、消防

说　　明

本章内容为给水与排水、消防系统的综合指标。

一、综合指标的项目划分

包括车站给水与排水、消防，地下区间给水与排水、消防，气体灭火系统。

二、综合指标的取定

1. 地下车站给水与排水、消防及气体灭火指标选用标准地下两层车站，车站建筑面积为 16 909.00m^2。

2. 地面站与高架站指标选用车站建筑面积为 5 552.00m^2 的车站作为参考依据。

3. 车站给水系统。

（1）给水系统水源采用城市自来水，车站由附近城市自来水管引出两路不同的给水管。

（2）指标用水量标准按以下设定：车站工作人员的生活用水为每班每人 50L，车站乘客的卫生间用水为每天每人 6L，冷却水系统补充水量为循环水量的 2%；车站冲洗用水量为每次 2L/m^2。

4. 车站及区间排水系统的主要技术标准。

（1）车站及区间排水系统包括车站污水排水系统、废水排水系统；出入口雨水排水系统；区间隧道给排水系统；车站局部排水系统。

（2）每座地下车站的线路下坡向的站端均设置一处车站废水泵房，泵房内主要设置两台立式排水泵。

（3）局部排水设施设在地面进入车站站厅层的出入口处的自动扶梯基坑及风道表冷器附近，设置两台小型潜污泵，一用一备。

5. 消防系统。

（1）地下车站室内消火栓用水量为 20L/s，室外消火栓用水量为 20L/s，区间消防用水量为 10L/s，车站室内自动喷水灭火系统用水量为 30L/s。

（2）地下车站消防泵房设置两台立式消防泵（一用一备），不设稳压装置。

（3）地面及高架车站消防泵房设置两台消防泵及一套稳压装置。

6. 气体灭火系统。

气体灭火系统仅在地下车站设置。

（1）灭火介质为 IG541 混合惰性气体，采用全淹没式。

（2）气体灭火保护的范围包括地下车站环控电控室、通信设备室（含电源室）、信号设备室（含电源室）、公网机房、降压变电所、牵引变电所、站台门控制室、蓄电池室、自动售检票设备室等不宜用水扑救的重要电气设备房间。

（3）气体灭火系统由气瓶及其组件、启动装置、高压软管、集流管、安全阀、止回阀、减压装置、选择阀、压力开关、喷头、输气管道及报警设备等组成。

（4）本指标气体灭火系统按电气启动方式，并采用集中式控制。

三、综合指标的计算规则

1. 地下车站给水与排水及消防、地上车站给水与排水及消防、均以“建筑面积”为单位计算；气体灭火以“站”为单位计算；区间给水与排水及消防以“正线公里”为单位计算。

2. 指标仅为红线内给水与排水及消防的工程费用，不包括红线外的市政接口费用，如发生可按各地情况实际计列。

四、其他有关问题的说明

1. 计算指标时，建筑面积应扣除车站配线及上方物业开发区域。

2. 本指标不含供暖等内容。当考虑供暖等内容时，各地区可根据实际情况自行调整指标。

3. 气体灭火指标中不含气体灭火的控制系统费用。

11.1 车站给水与排水、消防

工程内容：车站内给水与排水、消防管道及材料设备的安装、调试及相关工作等。

单位：m^2

序号	指标编号		单位	11Z-001	
				地下车站（站内）	
	项目			不含配线及物业开发区域	占指标基价 /%
指标基价			元	283.00	100.00
一	建筑安装工程费		元	191.00	67.30
二	设备购置费		元	93.00	32.70
建筑安装工程费					
直接费	人工费	人工	工日	0.23	—
		措施费分摊	元	0.42	—
		人工费小计	元	24.93	8.81
	材料费	钢筋 ϕ10 以内	kg	0.03	—
		钢筋 ϕ10 以外	kg	0.03	—
		型钢	kg	0.17	—
		型钢	kg	0.13	—
		镀锌钢管 80	m	0.02	—
		镀锌钢管 100	m	0.02	—
		镀锌钢管 150	m	0.03	—
		镀锌机螺钉（6～12）×（12～120）	个	0.03	—
		柴油	kg	0.05	—
		下水铸铁管 150	m	0.02	—
		下水铸铁管 200	m	0.01	—
		下水铸铁管接头零件（室内）150	个	0.01	—
		下水铸铁管接头零件（室内）200	个	0.01	—
		PVC-U 下水塑料管 75	m	0.01	—
		PVC-U 排水塑料管件（室内）75	个	0.01	—
		PVC-U 下水塑料管 150	m	0.01	—
		PVC-U 排水塑料管件（室内）150	个	0.01	—
		钢塑复合管 32	m	0.01	—
		钢塑复合管 50	m	0.01	—
		钢塑复合管 80	m	0.02	—
		内外涂环氧复合钢管 100	m	0.03	—
		室内镀锌钢管接头零件（丝接）80	个	0.01	—
		室内镀锌钢管接头零件（丝接）100	个	0.05	—
		钢塑复合管件（综合）*DN*32	个	0.01	—
		钢塑复合管件（综合）*DN*50	个	0.01	—
		钢塑复合管件（综合）*DN*80	个	0.01	—
		钢塑复合管件（综合）*DN*100	个	0.01	—
		内外热镀锌钢管 *DN*80	m	0.02	—
		内外热镀锌钢管 *DN*150	m	0.09	—
		内外热镀锌钢管 *DN*100	m	0.02	—
		其他材料费	元	97.26	—
		措施费分摊	元	4.53	—
		材料费小计	元	101.90	35.99

续表

序号	指标编号		单位	11Z-001	
	项　目			地下车站（站内）	
				不含配线及物业开发区域	占指标基价 /%
建筑安装工程费					
直接费	施工机具使用费	施工机具使用费	元	1.67	—
		措施费分摊	元	0.26	—
		施工机具使用费小计	元	1.93	0.68
	直接费小计		元	128.77	45.48
综合费用			元	61.81	21.83
建筑安装工程费合计			元	190.58	67.30
设备购置费					
设备购置费	自动耦合泵导轨		套	0.001 7	—
	车站污水泵 Q=25m^3/h，H=32m，N=11kW		套	0.000 2	—
	全自动密闭式污水提升装置		套	0.000 2	—
	车站废水泵 Q=80m^3/h，H=25m，N=15kW		套	0.000 1	—
	移动式潜水泵 Q=10m^3/h，H=22m，N=2.2kW		台	0.000 2	—
	固定式潜水泵 Q=15m^3/h，H=22m，N=2.2kW		台	0.001 1	—
	消防加压泵（带控制柜）Q=20L/s，H=45m，N=18.5kW		台	0.000 1	—
	消火栓稳压设备		台	0.000 1	—
	室外消火栓泵（带控制柜）Q=30L/s，H=40m，N=30kW		台	0.000 1	—
	手动单轨小车		台	0.000 3	—
	环形手拉葫芦		台	0.000 3	—
	全自动净化电开水器		台	0.000 1	—
	设备费购置小计		元	92.58	32.70
合　计			元	283.00	100.00

工程内容：车站内给水与排水、消防管道及材料设备的安装、调试及相关工作等。

单位：m^2

序号		指标编号		11Z-002	
		项目	单位	地上车站（站内）	占指标基价 /%
指标基价			元	275.00	100.00
一		建筑安装工程费	元	243.00	88.39
二		设备购置费	元	32.00	11.61
建筑安装工程费					
直接费	人工费	人工	工日	0.25	—
		措施费分摊	元	0.45	—
		人工费小计	元	26.31	9.57
	材料费	钢筋 ϕ10 以内	kg	0.14	—
		钢筋 ϕ10 以外	kg	0.18	—
		型钢	kg	0.21	—
		圆钢 ϕ10 以内	kg	0.01	—
		镀锌钢管 50	m	0.01	—
		镀锌钢管 80	m	0.01	—
		烧结标准砖	块	4.43	—
		柴油	kg	0.35	—
		PVC-U 下水塑料管 100	m	0.01	—
		PVC-U 排水塑料管件（室内）100	个	0.01	—
		钢塑复合管 25	m	0.02	—
		钢塑复合管 40	m	0.01	—
		钢塑复合管 70	m	0.02	—
		PVC-U 上水塑料管 200	m	0.05	—
		PVC-U 上水塑料管件（室内）200	个	0.01	—
		刚性防水套管	kg	0.02	—
		室内镀锌钢管接头零件（丝接）50	个	0.01	—
		钢塑复合管件（综合）*DN*25	个	0.02	—
		钢塑复合管件（综合）*DN*65	个	0.01	—
		不锈钢管件 *DN*150	个	0.01	—
		低压不锈钢管	m	0.09	—
		其他材料费	元	94.11	—
		措施费分摊	元	4.84	—
		材料费小计	元	151.71	55.19

续表

序号		指 标 编 号		11Z-002	
		项　目	单位	地上车站（站内）	占指标基价 /%
建筑安装工程费					
直接费	施工机具使用费	施工机具使用费	元	1.67	—
		措施费分摊	元	0.28	—
		施工机具使用费小计	元	1.95	0.71
	直接费小计		元	179.97	65.48
综合费用			元	62.99	22.92
建筑安装工程费合计			元	242.96	88.39
设备购置费					
设备购置费		自动耦合泵导轨	台	0.002 0	—
		消防泵组	台	0.000 4	—
		电开水器	台	0.000 2	—
		电热水器（含淋浴龙头）	组	0.000 4	—
		自动耦合泵导轨（含控制箱）	套	0.000 2	—
		设备费购置小计	元	31.90	11.61
合　计			元	275.00	100.00

11.2 地下区间给水与排水、消防

工程内容：区间排水泵站设备安装以及区间管线敷设等。

单位：正线公里

序号	指 标 编 号			11Z-003	
	项 目		单位	地下区间	占指标基价 /%
指标基价			元	1 039 549.00	100.00
一	建筑安装工程费		元	1 002 790.00	96.46
二	设备购置费		元	36 759.00	3.54
建筑安装工程费					
直接费	人工费	人工	工日	1 408.34	—
		措施费分摊	元	2 506.92	—
		人工费小计	元	146 617.91	14.10
	材料费	型钢	kg	720.02	—
		型钢	kg	90.42	—
		圆钢 ϕ10 以内	kg	5.73	—
		圆钢 ϕ10 以内	kg	87.70	—
		镀锌钢管 50	m	32.53	—
		镀锌钢管 70	m	46.08	—
		镀锌钢管 100	m	63.86	—
		焊接钢管 80	m	3.18	—
		焊接钢管 150	m	3.20	—
		焊接钢管 200	m	160.24	—
		酚醛防锈漆	kg	393.86	—
		酚醛清漆	kg	118.49	—
		铸铁地漏 100	个	1.81	—
		下水铸铁管 150	m	2 105.06	—
		下水铸铁管 150	m	30.07	—
		下水铸铁管 *DN*300	m	36.84	—
		下水铸铁管接头零件（室内）150	个	1 640.48	—
		下水铸铁管接头零件（室内）250	个	15.18	—
		室内镀锌钢管接头零件（丝接）50	个	21.63	—
		室内镀锌钢管接头零件（丝接）70	个	24.08	—
		室内镀锌钢管接头零件（丝接）100	个	57.15	—
		丝扣闸阀 25	个	4.26	—
		弹簧压力表 0～40kg/m^2	个	3.80	—
		弹簧压力表 0～40kg/m^2	个	0.60	—
		内外热镀锌钢管 *DN*150	m	57.47	—
		内外热镀锌钢管 *DN*100	m	38.31	—
		橡胶球形接头 *DN*100	个	1.27	—
		截止阀 *DN*25	个	4.22	—
		扁嘴橡胶瓣止回阀 *DN*300	个	1.81	—
		软密封闸阀 *DN*150	个	9.04	—

续表

序号		指标编号		11Z-003	
		项目	单位	地下区间	占指标基价 /%
建筑安装工程费					
直接费	材料费	泄水阀 *DN*50	个	4.22	—
		自动排气阀 *DN*25	个	4.26	—
		消火栓 单栓 *DN*65	套	45.18	—
		手提式灭火器 MF/ABC5	个	12.05	—
		铸铁雨水箅子 350×680	个	18.07	—
		其他材料费	元	38 104.80	—
		措施费分摊	元	27 262.77	—
		材料费小计	元	564 731.88	54.32
	施工机具使用费	施工机具使用费	元	23 346.33	—
		措施费分摊	元	1 566.83	—
		施工机具使用费小计	元	24 913.15	2.40
	直接费小计		元	736 262.94	70.83
综合费用			元	266 527.19	25.64
建筑安装工程费合计			元	1 002 790.13	96.46
设备购置费					
设备购置费		立式排水泵 Q=50m^3/h，H=35m	台	1.08	—
		潜水排污泵 Q=50m^3/h，H=35m	台	0.18	—
		立式排水泵 Q=400m^3/h，H=20m	台	1.14	—
		设备购置费小计	元	36 759.04	3.54
合计			元	1 039 549.00	100.00

11.3 气体灭火

工程内容:气体灭火管道铺设、管道密闭性试验及材料设备安装等。

单位:站

序号	指标编号			11Z-004	
	项目		单位	地下车站	占指标基价 /%
指标基价			元	1 965 971.00	100.00
一	建筑安装工程费		元	1 078 603.00	54.86
二	设备购置费		元	887 368.00	45.14
建筑安装工程费					
直接费	人工费	人工	工日	1 191.94	—
		措施费分摊	元	2 201.68	—
		人工费小计	元	126 163.91	7.73
	材料费	型钢	kg	1 890.07	—
		圆钢 ϕ10 以内	kg	113.45	—
		普通钢板 δ 16~20	kg	21.89	—
		镀锌钢板 δ 1.0~1.5	kg	15.10	—
		镀锌钢管 20	m	1.10	—
		镀锌钢管 25	m	8.77	—
		焊接钢管 25	m	4.20	—
		焊接钢管 40	m	4.13	—
		焊接钢管 50	m	3.91	—
		焊接钢管 70	m	13.41	—
		焊接钢管 80	m	63.30	—
		焊接钢管 125	m	10.34	—
		柴油	kg	6.15	—
		醇酸防锈漆	kg	15.73	—
		酚醛调和漆	kg	54.33	—
		无缝钢管 管外径 22×3.0	m	43.20	—
		无缝钢管 管外径 34×4.0	m	54.00	—
		无缝钢管 管外径 42×4.0	m	54.00	—
		无缝钢管 管外径 48×4.0	m	172.80	—
		无缝钢管 管外径 60×5.0	m	648.00	—
		无缝钢管 管外径 89×7.0	m	205.20	—
		止回阀 *DN*50	个	18.00	—
		泄压阀	个	19.00	—
		安全阀 *DN*50	个	2.00	—
		其他材料费	元	20 006.41	—
		措施费分摊	元	23 915.24	—
		材料费小计	元	573 171.26	29.15
	施工机具使用费	施工机具使用费	元	6 498.32	—
		措施费分摊	元	1 374.44	—
		施工机具使用费小计	元	7 945.67	0.40
	直接费小计		元	707 280.84	35.98

续表

<table>
<tr><td rowspan="2">序号</td><td colspan="2">指 标 编 号</td><td colspan="3">11Z-004</td></tr>
<tr><td colspan="2">项　目</td><td>单位</td><td>地下车站</td><td>占指标基价 /%</td></tr>
<tr><td colspan="6">建筑安装工程费</td></tr>
<tr><td colspan="3">综合费用</td><td>元</td><td>371 322.44</td><td>18.89</td></tr>
<tr><td colspan="3">建筑安装工程费合计</td><td>元</td><td>1 078 603.28</td><td>54.86</td></tr>
<tr><td colspan="6">设备购置费</td></tr>
<tr><td rowspan="10">设备购置费</td><td colspan="2">钢瓶支架</td><td>个</td><td>84.00</td><td>—</td></tr>
<tr><td colspan="2">钢瓶集流瓶</td><td>个</td><td>84.00</td><td>—</td></tr>
<tr><td colspan="2">IG541 钢瓶及 CV98 阀</td><td>套</td><td>84.00</td><td>—</td></tr>
<tr><td colspan="2">加力器</td><td>个</td><td>24.00</td><td>—</td></tr>
<tr><td colspan="2">电磁启动器</td><td>个</td><td>24.00</td><td>—</td></tr>
<tr><td colspan="2">手动启动器</td><td>个</td><td>24.00</td><td>—</td></tr>
<tr><td colspan="2">压力开关压力控制器</td><td>台</td><td>11.00</td><td>—</td></tr>
<tr><td colspan="2">加力器复位工具</td><td>个</td><td>1.00</td><td>—</td></tr>
<tr><td colspan="2">电磁启动器复位工具</td><td>个</td><td>1.00</td><td>—</td></tr>
<tr><td colspan="2">设备购置费小计</td><td>元</td><td>887 368.00</td><td>45.14</td></tr>
<tr><td colspan="3">合　计</td><td>元</td><td>1 965 971.00</td><td>100.00</td></tr>
</table>

主要材料、设备单价取定表

工程名称： 给水与排水、消防

序号	名称	规格型号	单位	单价 / 元
一	**地下车站站内给排水及消防**			
1	型钢	—	kg	4.40
2	镀锌钢管	*DN*50	m	22.69
3	镀锌钢管	*DN*70	m	28.40
4	镀锌钢管	*DN*80	m	38.47
5	镀锌钢管	*DN*100	m	49.55
6	镀锌钢管	*DN*150	m	70.03
7	无缝钢管	273 × 6	m	194.93
8	酚醛防锈漆	—	kg	16.70
9	酚醛调和漆	—	kg	14.18
10	平焊法兰	1.6MPa 以下 *DN*50	片	26.44
11	平焊法兰	1.6MPa 以下 *DN*80	片	28.98
12	平焊法兰	1.6MPa 以下 *DN*100	片	51.38
13	平焊法兰	1.6MPa 以下 *DN*150	片	63.80
14	平焊法兰	1.6MPa 以下 *DN*200	片	105.50
15	丝扣法兰	1.6MPa 以下 *DN*25	片	11.84
16	内外热镀锌钢管	*DN*80	t	6 106.00
17	内外热镀锌钢管	*DN*100	t	6 060.00
18	内外热镀锌钢管	*DN*150	t	6 380.00
19	防水型复合硅酸镁保温	—	m^3	741.38
20	橡胶球形接头	*DN*80	个	90.52
21	橡胶球形接头	*DN*100	个	137.94
22	橡胶球形接头	*DN*150	个	189.66
23	管道电拌热	*DN*100	m	200.00
24	软密封闸阀	*DN*50	个	444.40
25	软密封闸阀	*DN*100	个	1 850.00
26	蝶阀	*DN*50	个	453.00
27	蝶阀	*DN*70	个	658.10
28	截止阀	*DN*25	个	70.00
29	截止阀	*DN*32	个	110.00
30	鸭嘴止回阀	*DN*200	个	7 300.00
31	橡胶瓣止回阀	*DN*80	个	1 380.00
32	橡胶瓣止回阀	*DN*100	个	1 800.00

续表

序号	名称	规格型号	单位	单价 / 元
33	橡胶瓣止回阀	*DN*150	个	2 800.00
34	倒流防止器	*DN*150	个	11 000.00
35	弹簧安全阀	*DN*80	个	1 068.00
36	泄水阀	*DN*50	个	6 384.00
37	防护闸阀	*DN*100	个	2 370.00
38	防护闸阀	*DN*150	个	4 980.00
39	静音止回阀	*DN*150	个	2 160.00
40	自动排气阀	*DN*25	个	44.87
41	洗脸盆	—	件	1 040.00
42	小便器	—	件	1 160.00
43	大便器	—	件	1 500.00
44	残疾人用坐便器	—	件	2 100.00
45	拖布盆	—	个	400.00
46	专用消防水龙带箱	—	套	1 500.00
47	消火栓 单栓	*DN*65	套	1 800.00
48	消火栓 双栓	*DN*65	套	2 200.00
49	手提式灭火器	MF/ABC5	个	116.20
50	电接点压力表	—	个	85.47
51	冲洗水栓	*DN*25	只	360.00
52	铸铁雨水箅子	350 × 500	个	110.00
53	复合式排气阀	*DN*25	个	891.00
54	自动耦合泵导轨	—	套	2 000.00
55	车站污水泵	Q=25m^3/h，H=32m，N=11kW	套	12 000.00
56	全自动密闭式污水提升装置	—	套	160 000.00
57	车站废水泵	Q=80m^3/h，H=25m，N=15kW	套	16 800.00
58	移动式潜水泵	Q=10m^3/h，H=22m，N=2.2kW	台	3 000.00
59	固定式潜水泵	Q=15m^3/h，H=22m，N=2.2kW	台	9 600.00
60	消防加压泵（带控制柜）	Q=20L/s，H=45m，N=18.5kW	台	36 000.00
61	消火栓稳压设备	—	台	36 000.00
62	室外消火栓泵（带控制柜）	Q=30L/s，H=40m，N=30kW	台	36 000.00
63	手动单轨小车	—	台	18 000.00
64	环形手拉葫芦	—	台	1 800.00
65	全自动净化电开水器	—	台	8 600.00

续表

序号	名称	规格型号	单位	单价 / 元
二	**地上车站站内给水与排水、消防**			
1	镀锌钢管	*DN*15	m	6.60
2	镀锌钢管	*DN*50	m	22.69
3	镀锌钢管	*DN*70	m	28.40
4	镀锌钢管	*DN*80	m	38.47
5	焊接钢管	*DN*32	m	8.79
6	焊接钢管	*DN*40	m	12.63
7	焊接钢管	*DN*50	m	17.45
8	焊接钢管	*DN*70	m	22.55
9	焊接钢管	*DN*80	m	30.72
10	焊接钢管	*DN*125	m	57.31
11	焊接钢管	*DN*150	m	69.43
12	焊接钢管	*DN*200	m	102.02
13	蝶阀	*DN*100	个	881.00
14	蝶阀	*DN*150	个	1 210.00
15	蝶阀	*DN*200	个	1 800.00
16	截止阀	*DN*20	个	120.00
17	截止阀	*DN*32	个	159.00
18	截止阀	*DN*40	个	220.00
19	橡胶瓣止回阀	*DN*50	个	525.00
20	截止阀	*DN*40	个	220.00
21	闸阀	*DN*65	个	810.00
22	闸阀	*DN*80	个	965.00
23	闸阀	*DN*150	个	2 145.00
24	闸阀	*DN*200	个	3 120.00
25	浮球阀	—	个	50.00
26	洗涤盆	—	件	1 200.00
27	小便器	—	件	2 000.00
28	大便器	—	件	4 500.00
29	水嘴及给水与排水配件	—	套	1 800.00
30	消火栓	—	套	3 500.00
31	水表	—	块	100.00
32	压差液位传感器	—	个	3 500.00
33	超声波液位传感器	—	个	3 500.00
34	水泵接合器	—	座	2 280.00

续表

序号	名称	规格型号	单位	单价 / 元
35	Y 形过滤器	—	台	1 220.00
36	手提式灭火器	—	组	120.00
37	手推车式灭火器	—	组	300.00
38	自动耦合泵导轨	—	台	6 000.00
39	消防泵组	—	台	60 000.00
40	电开水器	—	台	5 000.00
41	电热水器（含淋浴龙头）	—	组	8 800.00
42	自动耦合泵导轨（含控制箱）	—	套	15 000.00
三	**地下区间给水与排水及消防**			
1	橡胶球形接头	—	个	102.56
2	管道电拌热	—	m	200.00
3	截止阀	DN25	个	70.00
4	扁嘴橡胶瓣止回阀	DN300	个	3 500.00
5	橡胶瓣止回阀	DN100	个	1 800.00
6	软密封闸阀	DN100	个	1 850.00
7	电动软密封闸阀	DN50	个	750.00
8	信号电动蝶阀	DN150	个	1 160.00
9	软密封闸阀	DN150	个	2 750.00
10	泄水阀	DN50	个	320.00
11	自动排气阀	DN25	个	44.87
12	消火栓 单栓	DN65	套	1 800.00
13	手提式灭火器	MF/ABC5	个	116.20
14	铸铁雨水箅子	350 × 680	个	120.00
15	潜污泵	Q=50m^3/h，H=35m，N=18kW	套	24 000.00
16	立式排水泵	Q=400m^3/h，H=20m，N=22kW	套	48 000.00
17	环形手拉葫芦	—	台	1 800.00
四	**地下车站气体灭火系统**			
1	止回阀	DN50	个	690.00
2	安全阀	DN50	个	560.00
3	接头型减压装置	DN80	个	8 000.00
4	不锈钢软管三通	—	个	640.00
5	不锈钢软管弯头	—	个	992.00
6	不锈钢软管接头	—	个	744.00
7	钢瓶支架	—	个	94 080.00

续表

序号	名称	规格型号	单位	单价 / 元
8	钢瓶集流瓶	—	个	126 000.00
9	IG541 钢瓶及 CV98 阀	—	套	714 000.00
10	加力器	—	个	1 488.00
11	电磁启动器	—	个	24 000.00
12	手动启动器	—	个	24 000.00
13	压力开关压力控制器	—	台	11 000.00
14	加力器复位工具	—	个	1 000.00
15	电磁启动器复位工具	—	个	1 000.00

12　自动售检票

说　明

本章内容为自动售检票系统的综合指标。

一、综合指标的项目划分

分为车站自动售检票系统、控制中心自动售检票系统和模拟维修培训系统。

二、综合指标的取定

1. 车站自动售检票系统指标按照一般车站进、出检票机最低 8 通道进行配置，自动售票机安装最低 6 台进行配置，对于车站客流等其他要求不同时，可相应调整。

2. 进站、出站检票机每增减 1 通道（包含 1 进 1 出），车站指标增减 25 万人 / 站；自动售票机每增减 1 台，车站指标增减 24 万人 / 站。

3. 进站、出站检票机的车站乘客通过各部位的最大通过能力按进站 30 人 /（min · 台）考虑。

4. 自动售票机的售票处理能力按 5 人 /（min · 台）考虑。

三、综合指标的计算规则

1. 车站自动售检票系统以“站”为单位计算。

2. 控制中心自动售检票系统以“座”为单位计算。

3. 模拟维修培训系统以“座”为单位计算。

四、其他有关问题说明

1. 清分中心系统因共用地铁线路的数量不同及清分中心的功能不同，指标存在较大差异，可结合项目具体情况参照下述两城市清分中心的投资指标估列：

（1）重庆地铁自动售检票清分中心规划为 7 条地铁线共用，概算投资为 7 793 万元；

（2）南京地铁自动售检票清分中心为 3 条线共用，概算投资为 6 492 万元。

2. 自动售检票系统指标的安装工程费按设备购置费的 10% 计取。

12.1 车站自动售检票系统

工程内容：车站自动售检票工作站、检票机、售票机、查询机等设备及材料安装。

单位：站

序号	指标编号		12Z-001	
	项目	单位	车站	占指标基价 /%
指标基价		元	5 835 830.00	100.00
一	建筑安装工程费	元	530 530.00	9.09
二	设备购置费	元	5 305 300.00	90.91
建筑安装工程费				
建筑安装工程费合计		元	530 530.00	9.09
设备购置费				
设备购置费	车站计算机	台	1.00	—
	车站管理工作站	台	1.00	—
	票务工作站	台	1.00	—
	维修工区工作站	台	0.20	—
	紧急按钮控制器	套	1.00	—
	车站三层交换机	台	1.00	—
	车站二层交换机	台	6.00	—
	激光打印机	台	1.00	—
	进站检票机	通道	8.00	—
	出站检票机	通道	8.00	—
	双向检票机	通道	2.00	—
	宽通道检票机	台	2.00	—
	自动售票机	台	6.00	—
	半自动售票机	台	2.00	—

续表

序号	指标编号		12Z-001	
	项　　目	单位	车站	占指标基价 /%
设备购置费				
设备购置费	自动查询机	台	2.00	—
	自动充值机	台	2.00	—
	便携式检验票机	台	4.00	—
	验钞机	个	4.00	—
	纸币清点机（点钞机）	台	2.00	—
	硬币清点机	台	2.00	—
	卡式车票清点机	台	2.00	—
	装运手推车	台	2.00	—
	保险柜（大）	台	1.00	—
	保险柜（小）	台	1.00	—
	票务柜	个	2.00	—
	单程票票箱	个	10.00	—
	废票箱	个	5.00	—
	硬币补币箱	个	10.00	—
	硬币回收箱	个	5.00	—
	纸币补币箱	个	5.00	—
	纸币回收箱	个	5.00	—
	售票盒	个	8.00	—
	车站 UPS 电源	台	1.00	—
	客服显示系统接口	套	1.00	—
	车站网络设备	套	1.00	—
	车站电源设备	套	1.00	—
	车站控制台	座	1.00	—
	设备购置费小计	元	5 305 300.00	90.91
合　　计		元	5 835 830.00	100.00

12.2 控制中心自动售检票系统

工程内容: 控制中心服务器、工作站、软件等设备及材料安装。

单位: 座

<table>
<tr><td rowspan="2">序号</td><td colspan="2">指 标 编 号</td><td colspan="2">12Z-002</td></tr>
<tr><td>项 目</td><td>单位</td><td>控制中心</td><td>占指标基价 /%</td></tr>
<tr><td colspan="2">指标基价</td><td>元</td><td>14 058 880.00</td><td>100.00</td></tr>
<tr><td>一</td><td>建筑安装工程费</td><td>元</td><td>1 278 080.00</td><td>9.09</td></tr>
<tr><td>二</td><td>设备购置费</td><td>元</td><td>12 780 800.00</td><td>90.91</td></tr>
<tr><td colspan="5">建筑安装工程费</td></tr>
<tr><td colspan="2">建筑安装工程费合计</td><td>元</td><td>1 278 080.00</td><td>9.09</td></tr>
<tr><td colspan="5">设备购置费</td></tr>
<tr><td rowspan="13">设备购置费</td><td>主数据库服务器</td><td>台</td><td>2.00</td><td>—</td></tr>
<tr><td>前置通信服务器</td><td>台</td><td>2.00</td><td>—</td></tr>
<tr><td>历史数据服务器</td><td>台</td><td>1.00</td><td>—</td></tr>
<tr><td>报表管理服务器</td><td>台</td><td>1.00</td><td>—</td></tr>
<tr><td>网络管理服务器</td><td>台</td><td>1.00</td><td>—</td></tr>
<tr><td>系统测试服务器</td><td>台</td><td>1.00</td><td>—</td></tr>
<tr><td>硬件加密机</td><td>台</td><td>2.00</td><td>—</td></tr>
<tr><td>运行控制室工作站</td><td>台</td><td>2.00</td><td>—</td></tr>
<tr><td>清算票务室工作站</td><td>台</td><td>3.00</td><td>—</td></tr>
<tr><td>便携式计算机</td><td>台</td><td>1.00</td><td>—</td></tr>
<tr><td>移动存储设备</td><td>台</td><td>1.00</td><td>—</td></tr>
<tr><td>磁盘阵列</td><td>台</td><td>1.00</td><td>—</td></tr>
<tr><td>磁带库</td><td>台</td><td>1.00</td><td>—</td></tr>
</table>

续表

序号	指 标 编 号		12Z-002	
	项　　目	单位	控制中心	占指标基价 /%
设备购置费				
设备购置费	网络激光打印机	台	2.00	—
	核心路由器	台	2.00	—
	控制中心三层交换机	台	2.00	—
	控制中心二层交换机	台	2.00	—
	防火墙	套	2.00	—
	车票清点包装设备	套	2.00	—
	弱电机柜	套	7.00	—
	配电柜	套	2.00	—
	储票柜	套	6.00	—
	附属设施	套	1.00	—
	单程票票箱	台	270.00	—
	中央操作系统软件	套	1.00	—
	数据库系统软件	套	1.00	—
	工具软件	套	1.00	—
	AFC 应用软件	套	1.00	—
	中央信息安全系统（含异常检测系统、核心 / 边界 / 互联防火墙系统、数据库审计系统、漏洞扫描系统、防病毒软件等）	套	1.00	—
	编码分拣机	台	2.00	—
	储值票	张	100 000.00	—
	单程票	张	600 000.00	—
	设备购置费小计	元	12 780 800.00	90.91
合　　计		元	14 058 880.00	100.00

12.3 模拟维修培训系统

工程内容：模拟维修培训系统内的服务器、工作站、系统软件、检票机、售票机、查询机等设备及材料安装。

单位：座

序号	指标编号			12Z-003	
	项目		单位	模拟维修培训系统	占指标基价 /%
指标基价			元	3 929 860.00	100.00
一	建筑安装工程费		元	357 260.00	9.09
二	设备购置费		元	3 572 600.00	90.91
建筑安装工程费					
建筑安装工程费合计			元	357 260.00	9.09
设备购置费					
设备购置费		维修基地服务器	台	1.00	—
		维修监控工作站	台	1.00	—
		维修管理工作站	台	1.00	—
		便携式计算机	台	1.00	—
		网络激光打印机	台	2.00	—
		维修基地三层交换机	台	1.00	—
		维修基地二层交换机	台	1.00	—
		服务器操作系统	台	1.00	—
		工作站操作系统	台	2.00	—
		维修中心应用软件	台	1.00	—
		弱电机柜	台	1.00	—
		维修基地 UPS 及蓄电池	台	1.00	—
		配电柜	台	1.00	—

续表

序号	指标编号		12Z-003	
	项目	单位	模拟维修培训系统	占指标基价 /%
设备购置费				
设备购置费	维修设施	台	1.00	—
	线路模拟测试数据库服务器	套	1.00	—
	线路模拟测试多功服务器	套	1.00	—
	车站计算机	台	2.00	—
	紧急按钮控制器	套	2.00	—
	车站三层交换机	台	2.00	—
	车站二层交换机	台	2.00	—
	激光打印机	台	2.00	—
	进站检票机	通道	2.00	—
	出站检票机	通道	2.00	—
	双向检票机	通道	2.00	—
	宽通道检票机	台	2.00	—
	自动售票机	台	2.00	—
	半自动售票机	台	2.00	—
	自动查询机	台	2.00	—
	自动充值机	台	2.00	—
	便携式检验票机	台	2.00	—
	培训用车站终端设备内部模块	套	1.00	—
	双电源自切配电箱	台	1.00	—
	培训 UPS 及蓄电池	套	1.00	—
	弱电机柜	台	1.00	—
	配电柜	台	1.00	—
	其他附件	项	1.00	—
	设备购置费小计	元	3 572 600.00	90.91
合计		元	3 929 860.00	100.00

主要材料、设备单价取定表

工程名称：自动售检票系统

序号	设备名称	规格型号	单位	单价 / 元
一	**车站**			
1	车站计算机	—	台	60 000.00
2	车站管理工作站	—	台	10 000.00
3	票务工作站	—	台	10 000.00
4	维修工区工作站	—	台	10 000.00
5	紧急按钮控制器	—	套	3 000.00
6	车站三层交换机	—	台	35 000.00
7	车站二层交换机	—	台	20 000.00
8	激光打印机	—	台	12 000.00
9	进站检票机	—	通道	110 000.00
10	出站检票机	—	通道	120 000.00
11	双向检票机	—	通道	130 000.00
12	宽通道检票机	—	台	140 000.00
13	自动售票机	—	台	200 000.00
14	半自动售票机	—	台	80 000.00
15	自动查询机	—	台	38 000.00
16	自动充值机	—	台	150 000.00
17	便携式检验票机	—	台	20 000.00
18	验钞机	—	个	1 000.00
19	纸币清点机（点钞机）	—	台	5 000.00
20	硬币清点机	—	台	30 000.00
21	卡式车票清点机	—	台	15 000.00
22	装运手推车	—	台	3 000.00
23	保险柜（大）	—	台	8 000.00
24	保险柜（小）	—	台	5 000.00
25	票务柜	—	个	3 000.00
26	单程票票箱	—	个	1 500.00
27	废票箱	—	个	1 500.00
28	硬币补币箱	—	个	10 000.00
29	硬币回收箱	—	个	10 000.00
30	纸币补币箱	—	个	10 000.00
31	纸币回收箱	—	个	10 000.00
32	售票盒	—	个	100.00

续表

序号	设备名称	规格型号	单位	单价 / 元
33	车站 UPS 电源	—	台	120 000.00
34	客服显示系统接口	—	套	50 000.00
35	车站网络设备	—	套	50 000.00
36	车站电源设备	—	套	70 000.00
37	车站控制台	—	座	45 000.00
二	**控制中心**			
1	主数据库服务器	—	台	390 000.00
2	前置通信服务器	—	台	65 000.00
3	历史数据服务器	—	台	65 000.00
4	报表管理服务器	—	台	65 000.00
5	网络管理服务器	—	台	65 000.00
6	系统测试服务器	—	台	195 000.00
7	硬件加密机	—	台	65 000.00
8	运行控制室工作站	—	台	11 700.00
9	清算票务室工作站	—	台	11 700.00
10	便携式计算机	—	台	19 500.00
11	移动存储设备	—	台	2 600.00
12	磁盘阵列	—	台	975 000.00
13	磁带库	—	台	390 000.00
14	网络激光打印机	—	台	12 000.00
15	核心路由器	—	台	52 000.00
16	控制中心三层交换机	—	台	200 000.00
17	控制中心二层交换机	—	台	28 000.00
18	防火墙	—	套	130 000.00
19	车票清点包装设备	—	套	52 000.00
20	弱电机柜	—	套	2 600.00
21	配电柜	—	套	9 100.00
22	储票柜	—	套	7 800.00
23	附属设施	—	套	39 000.00
24	单程票票箱	—	台	6 500.00
25	中央操作系统软件	—	套	300 000.00
26	数据库系统软件	—	套	700 000.00
27	工具软件	—	套	1 000 000.00
28	AFC 应用软件	—	套	1 000 000.00
29	中央信息安全系统（含异常检测系统、核心 / 边界 / 互联防火墙系统、数据库审计系统、漏洞扫描系统、防病毒软件等）	—	套	1 000 000.00

续表

序号	设备名称	规格型号	单位	单价 / 元
30	编码分拣机	—	台	390 000.00
31	储值票	—	张	5.00
32	单程票	—	张	3.00
三	**模拟维修培训系统**			
1	维修基地服务器	—	台	60 000.00
2	维修监控工作站	—	台	11 000.00
3	维修管理工作站	—	台	11 000.00
4	便携式计算机	—	台	18 000.00
5	网络激光打印机	—	台	12 000.00
6	维修基地三层交换机	—	台	60 000.00
7	维修基地二层交换机	—	台	24 000.00
8	服务器操作系统	—	台	7 200.00
9	工作站操作系统	—	台	1 200.00
10	维修中心应用软件	—	台	6 000.00
11	弱电机柜	—	台	2 400.00
12	维修基地 UPS 及蓄电池	—	台	120 000.00
13	配电柜	—	台	9 100.00
14	维修设施	—	台	240 000.00
15	线路模拟测试数据库服务器	—	套	100 000.00
16	线路模拟测试多功服务器	—	套	100 000.00
17	车站计算机	—	台	60 000.00
18	紧急按钮控制器	—	套	3 000.00
19	车站三层交换机	—	台	35 000.00
20	车站二层交换机	—	台	20 000.00
21	激光打印机	—	台	12 000.00
22	进站检票机	—	通道	110 000.00
23	出站检票机	—	通道	120 000.00
24	双向检票机	—	通道	130 000.00
25	宽通道检票机	—	台	140 000.00
26	自动售票机	—	台	200 000.00
27	半自动售票机	—	台	80 000.00
28	自动查询机	—	台	38 000.00
29	自动充值机	—	台	150 000.00
30	便携式检验票机	—	台	20 000.00
31	培训用车站终端设备内部模块	—	套	300 000.00
32	双电源自动切换配电箱	—	台	20 000.00

续表

序号	设备名称	规格型号	单位	单价 / 元
33	培训 UPS 及蓄电池	—	套	120 000.00
34	弱电机柜	—	台	2 400.00
35	配电柜	—	台	9 100.00
36	其他附件	—	项	50 000.00

13　站内客运设备、站台门

说 明

本章内容为站内客运设备、站台门的综合指标。

一、站内客运设备系统

1. 综合指标的项目划分。分为自动扶梯、电梯及轮椅升降台。

2. 综合指标的取定。

(1)自动扶梯名义速度为0.65m/s,控制方式为变频控制,驱动方式为上部驱动,供电制式为AC 380V/220V,50Hz。

(2)垂直电梯为无机房电梯,载重1t,额定速度为1.0m/s,电梯驱动方式为曳引。

(3)垂直电梯分为普通混凝土井道电梯及观光梯,观光梯轿厢轿壁采用发纹不锈钢(性能不低于304)和安全玻璃制造,玻璃厚度应不小于8mm+1.5mm+8mm。轿门采用带框安全玻璃制造,玻璃厚度应不小于8mm+1.5mm+8mm。观光电梯钢井架井道,轿顶的布置应简洁、美观,具有观赏性。轿底部件不应暴露在外,轿厢底部应有用发纹不锈钢(性能不低于304)制造的围罩。车站观光电梯门框用发纹不锈钢制造,镶夹层安全玻璃,玻璃厚度应不小于8mm+1.5mm+8mm。当电梯穿越井道安全门时,该处电梯层门采用不透明层门。

(4)轮椅升降台额定速度为0.1~0.15m/s。

3. 综合指标计算规则:

(1)自动扶梯系统按提升高度以"部"为单位计算。

(2)轮椅升降台按提升高度以"部"为单位计算。

4. 其他有关问题说明。

(1)自动扶梯根据提升高度分4m以下、4~6m、6~10m、10~15m以及15m以上5档,设备单价按区间范围内暂定某一提升高度进行计算,若提升高度有变化,设备单价可按10万元/m进行调整。

(2)观光梯费用不包含钢结构井道及玻璃幕墙费用,若需计列可按井道长度乘以2万元/m计算。

(3)轮椅升降台系统指标中的建筑安装工程费按设备费的10%计取。

二、站台门系统

1. 综合指标的取定。

(1)滑动门的开启方式:中分双开式。

(2)滑动门的净开度:1 900~2 000mm(2扇一道)。

(3)应急门的净开度:不小于1 100mm。

(4)司机门的净开度:1 200mm。

(5)门体总高度:全高站台门≤3 300mm,半高站台门≤1 600mm。

(6)门体外部为不锈钢材质或铝型材。

2. 综合指标的计算规则。站台门系统以"门单元"为单位计算。

3. 其他有关问题说明。

指标中的建筑安装工程费按设备费的10%计取。

13.1 站内客运设备

13.1.1 自 动 扶 梯

工程内容：扶梯运输、安装、调试、电气设备安装等。

单位：部

<table>
<tr><td rowspan="3">序号</td><td colspan="3">指 标 编 号</td><td colspan="2">13Z–001</td></tr>
<tr><td colspan="2" rowspan="2">项 目</td><td rowspan="2">单位</td><td colspan="2">提升高度</td></tr>
<tr><td>4m 以下</td><td>占指标基价 /%</td></tr>
<tr><td colspan="3">指标基价</td><td>元</td><td>412 637.00</td><td>100.00</td></tr>
<tr><td>一</td><td colspan="2">建筑安装工程费</td><td>元</td><td>52 637.00</td><td>12.76</td></tr>
<tr><td>二</td><td colspan="2">设备购置费</td><td>元</td><td>360 000.00</td><td>87.24</td></tr>
<tr><td colspan="6">建筑安装工程费</td></tr>
<tr><td rowspan="11">直接费</td><td rowspan="4">人工费</td><td>人工</td><td>工日</td><td>126.00</td><td>—</td></tr>
<tr><td>脚手架搭拆费</td><td>元</td><td>217.35</td><td>—</td></tr>
<tr><td>措施费分摊</td><td>元</td><td>284.30</td><td>—</td></tr>
<tr><td>人工费小计</td><td>元</td><td>14 991.65</td><td>3.63</td></tr>
<tr><td rowspan="4">材料费</td><td>脚手架搭拆费</td><td>元</td><td>652.05</td><td>—</td></tr>
<tr><td>其他材料费</td><td>元</td><td>2 915.15</td><td>—</td></tr>
<tr><td>措施费分摊</td><td>元</td><td>3 091.81</td><td>—</td></tr>
<tr><td>材料费小计</td><td>元</td><td>7 957.14</td><td>1.93</td></tr>
<tr><td rowspan="3">施工机具使用费</td><td>施工机具使用费</td><td>元</td><td>3 503.99</td><td>—</td></tr>
<tr><td>措施费分摊</td><td>元</td><td>177.69</td><td>—</td></tr>
<tr><td>施工机具使用费小计</td><td>元</td><td>3 681.68</td><td>0.89</td></tr>
<tr><td colspan="2">直接费小计</td><td>元</td><td>26 630.48</td><td>6.45</td></tr>
<tr><td colspan="3">综合费率</td><td>元</td><td>26 006.26</td><td>6.30</td></tr>
<tr><td colspan="3">建筑安装工程费合计</td><td>元</td><td>52 636.74</td><td>12.76</td></tr>
<tr><td colspan="6">设备购置费</td></tr>
<tr><td rowspan="2">设备购置费</td><td colspan="2">自动扶梯 提升高度 4m</td><td>部</td><td>1.00</td><td>—</td></tr>
<tr><td colspan="2">设备购置费小计</td><td>元</td><td>360 000.00</td><td>87.24</td></tr>
<tr><td colspan="3">合 计</td><td>元</td><td>412 637.00</td><td>100.00</td></tr>
</table>

工程内容：扶梯运输、安装、调试、电气设备安装等。

单位：部

序号	指标编号			13Z-002	
	项目		单位	提升高度	
				4~6m	占指标基价 /%
指标基价			元	511 939.00	100.00
一	建筑安装工程费		元	61 939.00	12.10
二	设备购置费		元	450 000.00	87.90
建筑安装工程费					
直接费	人工费	人工	工日	152.25	—
		脚手架搭拆费	元	262.63	—
		措施费分摊	元	335.75	—
		人工费小计	元	18 107.13	3.54
	材料费	板方材	m^3	0.63	—
		脚手架搭拆费	元	787.89	—
		其他材料费	元	2 955.88	—
		措施费分摊	元	3 651.30	—
		材料费小计	元	8 693.20	1.70
	施工机具使用费	施工机具使用费	元	3 699.97	—
		措施费分摊	元	209.85	—
		施工机具使用费小计	元	3 909.82	0.76
	直接费小计		元	30 710.15	6.00
综合费率			元	31 228.68	6.10
建筑安装工程费合计			元	61 938.83	12.10
设备购置费					
设备购置费	自动扶梯 提升高度 5m		部	1.00	—
	设备购置费小计		元	450 000.00	87.90
合　　计			元	511 939.00	100.00

工程内容：扶梯运输、安装、调试、电气设备安装等。

单位：部

序号		指标编号	单位	13Z-003	
		项　目		提升高度	
				6~10m	占指标基价 /%
指标基价			元	802 409.00	100.00
一		建筑安装工程费	元	82 409.00	10.27
二		设备购置费	元	720 000.00	89.73
建筑安装工程费					
直接费	人工费	人工	工日	207.90	—
		脚手架搭拆费	元	358.63	—
		措施费分摊	元	451.62	—
		人工费小计	元	24 718.75	3.08
	材料费	板方材	m^3	0.63	—
		脚手架搭拆费	元	1 075.88	—
		其他材料费	元	3 146.40	—
		措施费分摊	元	4 911.34	—
		材料费小计	元	10 431.75	1.30
	施工机具使用费	施工机具使用费	元	4 581.95	—
		措施费分摊	元	282.26	—
		施工机具使用费小计	元	4 864.21	0.61
	直接费小计		元	40 014.71	4.99
综合费率			元	42 394.11	5.28
建筑安装工程费合计			元	82 408.82	10.27
设备购置费					
设备购置费		自动扶梯　提升高度 8m	部	1.00	—
		设备购置费小计	元	720 000.00	89.73
合　计			元	802 409.00	100.00

工程内容：扶梯运输、安装、调试、电气设备安装等。

单位：部

序号	指标编号			13Z-004	
	项目		单位	提升高度	
				10~15m	占指标基价 /%
指标基价			元	1 232 504.00	100.00
一	建筑安装工程费		元	107 504.00	8.72
二	设备购置费		元	1 125 000.00	91.28
建筑安装工程费					
直接费	人工费	人工	工日	278.25	—
		脚手架搭拆费	元	479.98	—
		措施费分摊	元	591.12	—
		人工费小计	元	33 069.85	2.68
	材料费	板方材	m^3	0.63	—
		脚手架搭拆费	元	1 439.94	—
		其他材料费	元	3 268.30	—
		措施费分摊	元	6 428.42	—
		材料费小计	元	12 434.79	1.01
	施工机具使用费	施工机具使用费	元	5 218.67	—
		措施费分摊	元	369.45	—
		施工机具使用费小计	元	5 588.12	0.45
	直接费小计		元	51 092.76	4.15
综合费率			元	56 411.10	4.58
建筑安装工程费合计			元	107 503.86	8.72
设备购置费					
设备购置费	自动扶梯 提升高度 12.5m		部	1.00	—
	设备购置费小计		元	1 125 000.00	91.28
合　　计			元	1 232 504.00	100.00

工程内容：扶梯运输、安装、调试、电气设备安装等。

单位：部

序号	指标编号		单位	13Z-005	
	项目			提升高度	
				15m 以上	占指标基价 /%
指标基价			元	1 463 851.00	100.00
一	建筑安装工程费		元	113 851.00	7.78
二	设备购置费		元	1 350 000.00	92.22
建筑安装工程费					
直接费	人工费	人工	工日	294.00	—
		脚手架搭拆费	元	507.15	—
		措施费分摊	元	629.16	—
		人工费小计	元	34 946.31	2.39
	材料费	板方材	m^3	0.63	—
		脚手架搭拆费	元	1 521.45	—
		其他材料费	元	3 380.44	—
		措施费分摊	元	6 842.09	—
		材料费小计	元	13 042.11	0.89
	施工机具使用费	施工机具使用费	元	5 828.21	—
		措施费分摊	元	393.22	—
		施工机具使用费小计	元	6 221.43	0.43
	直接费小计		元	54 209.85	3.70
综合费率			元	59 640.85	4.07
建筑安装工程费合计			元	113 850.70	7.78
设备购置费					
设备购置费		自动扶梯 提升高度 15m	部	1.00	—
		设备购置费小计	元	1 350 000.00	92.22
合　计			元	1 463 851.00	100.00

13.1.2 电　　梯

工程内容：电梯运输、安装、调试等。

单位：部

序号	指标编号			13Z-006	
	项　　目		单位	垂直电梯 混凝土梯	占指标基价 /%
指标基价			元	421 697.00	100.00
一	建筑安装工程费		元	121 697.00	28.86
二	设备购置费		元	300 000.00	71.14
建筑安装工程费					
直接费	人工费	人工	工日	328.90	—
		脚手架搭拆费	元	567.35	—
		措施费分摊	元	658.40	—
		人工费小计	元	39 049.25	9.26
	材料费	普通钢板 δ 8~15	kg	38.50	—
		板方材	m^3	0.63	—
		调和漆	kg	10.00	—
		防锈漆	kg	3.80	—
		脚手架搭拆费	元	1 702.06	—
		其他材料费	元	2 288.61	—
		措施费分摊	元	7 160.06	—
		材料费小计	元	12 813.22	3.04
	施工机具使用费	施工机具使用费	元	3 402.11	—
		措施费分摊	元	411.50	—
		施工机具使用费小计	元	3 813.61	0.90
	直接费小计		元	55 676.07	13.20
综合费用			元	66 021.13	15.66
建筑安装工程费合计			元	121 697.20	28.86
设备购置费					
设备购置费	垂直电梯 混凝土井道		台	1.00	—
	设备购置费小计		元	300 000.00	71.14
合　　计			元	421 697.00	100.00

工程内容：电梯运输、安装、调试等。

单位：部

序号	指标编号			13Z-007	
	项目		单位	垂直电梯 观光梯	占指标基价/%
指标基价			元	521 697.00	100.00
一	建筑安装工程费		元	121 697.00	23.33
二	设备购置费		元	400 000.00	76.67
建筑安装工程费					
直接费	人工费	人工	工日	328.90	—
		其他人工费	元	567.35	—
		措施费分摊	元	658.40	—
		人工费小计	元	39 049.25	7.49
	材料费	普通钢板 δ 8~15	kg	38.50	—
		板方材	m^3	0.63	—
		调和漆	kg	10.00	—
		防锈漆	kg	3.80	—
		脚手架搭拆费	元	1 702.06	—
		其他材料费	元	2 288.61	—
		措施费分摊	元	7 160.06	—
		材料费小计	元	12 813.22	2.46
	施工机具使用费	施工机具使用费	元	3 402.11	—
		措施费分摊	元	411.50	—
		施工机具使用费小计	元	3 813.61	0.73
	直接费小计		元	55 676.07	10.67
综合费用			元	66 021.13	12.66
建筑安装工程费合计			元	121 697.20	23.33
设备购置费					
设备购置费	垂直电梯 观光梯		台	1.00	—
	设备购置费小计		元	400 000.00	76.67
合计			元	521 697.00	100.00

13.1.3 轮椅升降台

工程内容：轮椅升降台运输、安装、调试等。

单位：部

序号	指标编号		13Z-008	
	项目	单位	提升高度	
			5m 以内	占指标基价 /%
指标基价		元	280 500.00	100.00
一	建筑安装工程费	元	25 500.00	9.09
二	设备购置费	元	255 000.00	90.91
建筑安装工程费				
建筑安装工程费合计		元	25 500.00	9.09
设备购置费				
设备购置费	轮椅升降台 提升高度 5m 以内	台	1.00	—
	设备购置费小计	元	255 000.00	90.91
合　　计		元	280 500.00	100.00

工程内容：轮椅升降台运输、安装、调试等。

单位：部

序号	指标编号		13Z-009	
	项目	单位	提升高度	
			5~10m	占指标基价 /%
指标基价		元	319 000.00	100.00
一	建筑安装工程费	元	29 000.00	9.09
二	设备购置费	元	290 000.00	90.91
建筑安装工程费				
建筑安装工程费合计		元	29 000.00	9.09
设备购置费				
设备购置费	轮椅升降台 提升高度 5~10m	台	1.00	—
	设备购置费小计	元	290 000.00	90.91
合　计		元	319 000.00	100.00

13.2 站 台 门

工程内容：设备及设备安装、电缆、光缆、线槽、管道及其他材料安装等。

单位：门单元

序号	指标编号			13Z-010	
	项 目		单位	全高（半高）站台门	占指标基价 /%
指标基价			元	95 809.00	100.00
一	建筑安装工程费		元	8 710.00	9.09
二	设备购置费		元	87 100.00	90.91
建筑安装工程费					
直接费		指示灯 LED	个	2.08	—
		电缆、管线、线槽、桥架	套	0.02	—
		支承件、紧固件等	套	0.04	—
		设备安装调试费	项	1.00	—
建筑安装工程费合计			元	8 709.95	9.09
设备购置费					
设备购置费		指示灯 LED	套	2.08	—
		电缆、管线、线槽、桥架	套	0.02	—
		支承件、紧固件等	套	0.04	—
		标准滑动门 2 050×950（1 350×950）	道	0.92	—
		非标准滑动门 2 050×750（1 350×950）	道	0.08	—
		固定门 2 050×2 680（1 500×600）	套	0.71	—
		固定侧盒 1 500×600	套	1.92	—
		非标准固定侧盒 1 500×1 340	道	0.08	—
		顶盒	道	0.04	—
		应急门 2 050×1 340（1 500×1 480）	套	0.25	—
		端门单元 2 050×1 200（1 500×1 200）	套	0.08	—
		绝缘层	套	0.04	—
		中央控制盘（PSC）	套	0.02	—
		单元控制器（PEDC）	套	0.04	—
		就地控制盘（PSL）	套	0.04	—
		门机系统（全高、半高）	套	1.00	—
		门控单元（DCU）	套	1.00	—
		就地控制盒（LCB）	套	1.00	—
		障碍物探测装置	套	0.04	—
		瞭望灯带	套	0.04	—
		门槛（含防踏空装置）	套	0.04	—
		轨侧防护挡板	个	2.00	—
		密封绝缘件	套	0.04	—
		网络连接设备	套	0.02	—
		电源设备	套	0.02	—
		软件、钥匙、手提电脑等	套	0.02	—
	设备购置费小计		元	87 099.50	90.91
合 计			元	95 809.00	100.00

主要材料、设备单价取定表

工程名称：站内客运设备

序号	名称	规格型号	单位	单价 / 元
自动扶梯及电梯系统				
1	自动扶梯	提升高度	部	高度 ×9（若室外再加 15 万元）
2	垂直电梯	混凝土井道 两站两停	部	280 000.00
3	垂直电梯	混凝土井道 三站三停	部	300 000.00
4	垂直电梯	观光梯 两站两停	部	380 000.00
5	垂直电梯	观光梯 三站三停	部	400 000.00
6	轮椅升降台	提升高度 5m 以内	部	255 000.00
7	轮椅升降台	提升高度 5~10m	部	290 000.00

主要材料、设备单价取定表

工程名称：站台门

序号	名称	规格型号	单位	单价 / 元
	站台门系统			
（一）	全高站台门系统	—	—	—
1	指示灯 LED	—	套	285.20
2	电缆、管线、线槽、桥架	—	套	78 000.00
3	支承件、紧固件等	—	套	59 800.00
4	标准滑动门	2 050 × 950	道	9 072.00
5	非标准滑动门	2 050 × 750	道	8 210.00
6	固定门	2 050 × 2 680	套	6 720.00
7	应急门	2 050 × 1 340	道	9 240.00
8	端门单元	2 050 × 1 200	套	15 600.00
9	顶盒	—	套	100 000.00
10	绝缘层	—	套	60 000.00
11	中央控制盘（PSC）	—	套	200 000.00
12	单元控制器（PEDC）	—	套	45 000.00
13	就地控制盘（PSL）	—	套	15 000.00
14	门机系统	—	套	20 000.00
15	门控单元（DCU）	—	套	18 000.00
16	就地控制盒（LCB）	—	套	2 000.00
17	障碍物探测装置	每侧一套	套	60 000.00
18	瞭望灯带	每侧一套	套	3 000.00
19	门槛（含防踏空装置）	每侧一套	套	80 000.00
20	轨侧防护挡板	—	个	1 456.00
21	密封绝缘件	—	套	5 264.00
22	网络连接设备	—	套	10 304.00
23	电源设备	—	套	190 400.00
24	软件、钥匙、手提电脑等	每站一套	套	200 000.00
（二）	半高站台门系统	—	—	—
1	指示灯 LED	—	套	285.20
2	电缆、管线、线槽、桥架	—	套	78 000.00
3	支承件、紧固件等	—	套	59 800.00
4	标准滑动门	1 350 × 950	道	6 000.00
5	非标准滑动门	1 350 × 600	道	5 000.00
6	固定侧盒	1 500 × 600	套	2 000.00

续表

序号	名称	规格型号	单位	单价 / 元
7	非标准固定侧盒	1 500 × 1 340	套	3 000.00
8	应急门	1 500 × 1 480	道	8 000.00
9	端门单元	1 500 × 1 200	套	9 676.80
10	绝缘层	—	套	60 000.00
11	中央控制盘(PSC)	—	套	200 000.00
12	单元控制器(PEDC)	—	套	45 000.00
13	就地控制盘(PSL)	—	套	15 000.00
14	门机系统	半高安全门	套	12 000.00
15	门控单元(DCU)	—	套	15 000.00
16	就地控制盒(LCB)	—	套	2 000.00
17	障碍物探测装置	每侧一套	套	60 000.00
18	瞭望灯带	每侧一套	套	3 000.00
19	门槛(含防踏空装置)	每侧一套	套	80 000.00
20	轨侧防护挡板	—	个	1 456.00
21	密封绝缘件	—	套	5 264.00
22	网络连接设备	—	套	10 304.00
23	电源设备	—	套	190 400.00
24	软件、钥匙、手提电脑等	每站一套	套	150 000.00

14 车辆基地

说　　明

本章内容为车辆基地的综合指标。

一、综合指标的项目划分

综合指标分为生产及办公用房、工艺设备、车辆基地盖板。

二、综合指标的取定

1. 车辆基地根据作业范围可分为大、架修车辆段、定修车辆段、停车场三种类型：

（1）大、架修车辆段主要承担车辆的大修和架修及其以下修车作业；定修段车辆段主要承担车辆的定修及其以下修车作业；停车场主要承担列检和停车场作业，必要时可承担双周 / 三月及临修作业。

（2）每条运营线路宜至少设一个定修段车辆段，当车辆段距终点站超过 20km 时，宜增设停车场。

2. 生产及办公用房主要包括建筑装饰、动力照明、通风空调、给水及排水部分内容。分为排架结构、框架结构。

（1）生产及办公用房类型主要包括：

1）检修库（联合车库）：主要包括大 / 架修库、定修库、静调库、油漆库、吹扫库、车体检修库、不落轮镟修库以及辅跨等。

2）运用库：主要包括停车列检库、双周及三月检库等。

3）综合楼：主要包括综合维修中心、综合办公用房等。

4）其他检修及辅助房屋：主要包括食堂、乘务员公寓、动调试验间、洗车库、牵引降压变电所、调机及工程车库、污水处理厂、物质总库、材料棚等。

（2）大、架修车辆段建筑面积一般在 80 000~100 000m^2、定修段车辆段建筑面积一般在 60 000~80 000m^2、停车场建筑面积一般在 20 000~40 000m^2。

（3）检修库（联合车库）和运用车库一般采用排架结构，而其他房屋一般采用框架结构。

3. 工艺设备。车辆基地工艺设备一般由车辆检修设备、综合维修中心设备、物质总库设备、培训中心设备等部分组成。分大、架修车辆段工艺设备、定修车辆段工艺设备、停车场工艺设备。

指标中的建筑安装工程费按设备购置费的 10% 计取。

4. 附属工程。

附属工程主要包括土石方、软基处理及边坡防护、场区道路、桥涵、室外综合管线、场区绿化以及围墙等工程。

附属工程指标可参考表 14–1。

表 14–1　附属工程指标

序号	工程项目或费用名称	单位	单方造价 / 元	备注
1	土石方	m^3	40~80	土方按挖方、填方数量合计计算，指标中含购土费
2	软基处理及边坡防护	项	—	如方案未定一般根据设计方案暂估一笔金额
2.1	搅拌桩	m^3	参照 1F–027	城市轨道交通工程投资估算指标汇总表项目
2.2	CFG 桩	m^3	参照 1F–026	城市轨道交通工程投资估算指标汇总表项目

续表 14-1

序号	工程项目或费用名称	单位	单方造价 / 元	备注
2.3	旋喷桩	m^3	参照 1F-028	城市轨道交通工程投资估算指标汇总表项目
3	场区道路	m^2	300~450	—
4	场区绿化	m^2	150~300	—
5	围墙	m	800~1 200	—
6	室外排水沟	m	1 000~1 200	—
7	室外综合管沟	项	1 500 万 ~2 500 万（车辆段）、1 000 万 ~ 1 500 万（停车场）	—
8	检查坑	项	3 000 万 ~4 000 万（车辆段）、1 500 万 ~ 2 000 万（停车场）	—

5. 车辆基地盖板系统主要有带转换层和不带转换层两种形式，本指标主要以带转换层为研究对象，不带转换层可参照使用。带转换层的盖板系统主要包括土石方、钻孔灌注桩基础、承台、基础梁、柱、有梁板等土建工程，不含装修及风水电等机电系统费用。使用时，如与模型项目特征有区别，可重点对桩长、桩径及桩基钢筋含量几个方面进行调整，详细调整方式详见“14Z-006”表格备注。本次测算模型的项目特征如下：

（1）建筑结构形式：带上盖开发，带转换层的两层盖板系统；

（2）盖板系统结构高度：13.8m；

（3）基础形式：800mm 钻孔灌注桩 + 承台基础；

（4）桩长：37m；

（5）盖板板厚：250mm；

（6）夹层板厚：150mm。

三、综合指标计算规则

1. 生产及办公用房按建筑面积以“m^2”为单位计算；

2. 工艺设备以车辆基地“座”为单位计算；

3. 车辆基地盖板系统以投影面积“m^2”为单位计算。

14.1 生产及办公用房

工程内容：土石方、基础、主体结构、装修及通风、给排水及动力照明、屋面结构、防水保温等。

单位：m^2

指标编号				14Z-001		14Z-002	
序号	项目		单位	类型			
				排架结构	占指标基价/%	框架结构	占指标基价/%
指标基价			元	4 895.00	100.00	4 218.00	100.00
一	建筑安装工程费		元	4 747.00	96.98	3 884.00	92.08
二	设备购置费		元	147.83	3.02	334.16	7.92
建筑安装工程费							
直接费	人工费	人工	工日	3.81	—	4.62	—
		措施费分摊	元	19.05	—	11.94	—
		人工费小计	元	430.16	8.79	511.02	12.11
	材料费	预拌混凝土 C15	m^3	1.36	—	—	—
		预拌混凝土 C35	m^3	—	—	0.39	—
		预拌混凝土 C30	m^3	—	—	0.24	—
		钢结构防火涂料（综合）	kg	9.07	—	—	—
		H 型钢（综合）	kg	20.34	—	—	—
		角钢（综合）	kg	19.71	—	—	—
		钢板（综合）	kg	14.82	—	—	—
		钢筋 ϕ10 以内	kg	17.06	—	25.96	—
		钢筋 ϕ10 以外	kg	6.86	—	79.91	—
		水泥 42.5#	kg	31.91	—	58.93	—
		柴油	kg	0.90	—	—	—
		水	t	0.61	—	0.66	—
		其他材料费	元	1 185.90	—	1 375.89	—
		措施费分摊	元	207.20	—	129.80	—
		材料费小计	元	2 516.82	51.42	2 249.36	53.32
	施工机具使用费	旋挖钻机 150	台班	0.06	—	0.02	—
		其他施工机具使用费	元	435.21	—	60.01	—
		措施费分摊	元	11.91	—	7.46	—
		施工机具使用费小计	元	620.14	12.67	131.81	3.12
	直接费小计		元	3 567.13	72.87	2 892.20	68.56
综合费用			元	1 180.13	24.11	992.01	23.52
建筑安装工程费小计			元	4 747.25	96.98	3 884.21	92.08
设备购置费		设备费	元	147.83	—	334.16	—
设备购置费			元	147.83	3.02	334.16	7.92
合　计			元	4 895.00	100.00	4 218	100.00

14.2 工 艺 设 备

工程内容：车辆检修设备、综合维修中心设备、物质总库设备、培训中心设备等内容。

单位：座

指标编号			14Z-003		14Z-004		14Z-005	
序号	项目	单位	工艺设备					
			大、架修车辆段	占指标基价 /%	定修车辆段	占指标基价 /%	停车场	占指标基价 /%
指标基价		元	178 846 976.00	100.00	78 631 080.00	100.00	21 796 390.00	100.00
一	建筑安装工程费	元	16 258 816.00	9.09	7 148 280.00	9.09	1 981 490.00	9.09
二	设备购置费	元	162 588 160.00	90.91	71 482 800.00	90.91	19 814 900.00	90.91
建筑安装工程费								
建筑安装工程费小计		元	16 258 816.00	9.09	7 148 280.00	9.09	1 981 490.00	9.09
设备购置费	工艺设备	元	162 588 160.00	—	71 482 800.00	—	19 814 900.00	—
设备购置费		元	162 588 160.00	90.91	71 482 800.00	90.91	19 814 900.00	90.91
合　计		元	178 846 976.00	100.00	78 631 080.00	100.00	21 796 390.00	100.00

14.3 车辆基地盖板系统

工程内容：土石方、基础、承台、基础梁、柱、盖板有梁板、夹层有梁板、盖板等工程。

单位：m^2（投影）

指标编号				14Z-006	
序号	项目		单位	车辆基地平台盖板	
				—	占指标基价 /%
指标基价			元	6 736.00	100.00
一	建筑安装工程费		元	6 736.00	100.00
二	设备购置费		元	—	—
建筑安装工程费					
直接费	人工费	人工	工日	8.89	—
		措施费分摊	元	22.76	—
		人工费小计	元	983.34	14.60
	材料费	钢筋 ϕ10 以外	kg	370.30	—
		钢筋 ϕ10 以内	kg	75.59	—
		预拌混凝土 C40	m^3	1.31	—
		预拌混凝土 C35（水下）	m^3	0.88	—
		预拌混凝土 C45	m^3	0.46	—
		柴油	kg	9.19	—
		电	kW·h	11.63	—
		水	t	0.26	—
		其他材料费	元	375.92	—
		措施费分摊	元	247.50	—
		材料费小计	元	3 729.96	55.37
	施工机具使用费	旋挖钻机 150	台班	0.03	—
		汽车起重机 16t	台班	0.04	—
		载重汽车 15t	台班	0.03	—
		自卸汽车 12t	台班	0.03	—
		轮式装载机（综合）	台班	0.02	—
		履带式起重机 15t	台班	0.02	—
		汽车泵	台班	0.02	—
		其他施工机具使用费	元	66.59	—
		措施费分摊	元	14.22	—
		施工机具使用费小计	元	253.98	3.77
	直接费小计		元	4 967.28	73.74
综合费用			元	1 768.87	26.26
合　计			元	6 736.00	100.00

备注：本表中材料费的“预拌混凝土 C35（水下）”含量 $0.88m^3/m^2$、“钢筋 ϕ10 以外”含量 $370.30kg/m^2$、“钢筋 ϕ10 以内”含量 $75.59kg/m^2$，是在钻孔桩直径 800mm、桩长 37m、钢筋含量 $100kg/m^3$ 下测得，若桩长 X、桩径 Y、钢筋含量 Z 有变化，（钢筋 ϕ10 以外含量）可按照公式 $A=370.30+[X\times Y\times Y/(37\times 0.64)\times 0.88\times Z-0.88\times 100]\times 0.85$ 计算，（钢筋 ϕ10 以内含量可按公式）$B=75.59+[X\times Y\times Y/(37\times 0.64)\times 0.88\times Z-0.88\times 100]\times 0.15$、C［预拌混凝土 C35（水下）含量］$=X\times Y\times Y/(37\times 0.64)\times 0.88$ 计算，调整本表中“预拌混凝土 C35（水下）、钢筋 ϕ10 以外、钢筋 ϕ10 以内”三个材料费项目的含量。

主要材料、设备单价取定表

工程名称:车辆基地

序号	名称	规格型号	单位	单价 / 元
1	钢筋	ϕ10 以内	t	4 544.00
2	钢筋	ϕ10 以外	t	3 938.00
3	型钢	—	t	3 774.00
4	商品混凝土	C20	m^3	427.20
5	商品混凝土	C25	m^3	436.90
6	商品混凝土	C30	m^3	456.30
7	商品混凝土	C35	m^3	475.70
8	商品混凝土	C40	m^3	495.10
9	商品混凝土	C50	m^3	524.30
10	抗渗混凝土	C35	m^3	485.40
11	抗渗混凝土	C40	m^3	504.90
12	细石混凝土	C20	m^3	436.90
13	细石混凝土	C25	m^3	456.30
14	普通硅酸盐水泥	P.O 42.5 散装	t	513.30
15	普通硅酸盐水泥	P.O 42.5 低碱 散装	t	548.70
16	中砂	—	t	110.00
17	碎石	—	t	140.00
18	自粘聚合物改性沥青防水卷材	PYⅠ PE3.0	m^2	33.63
19	自粘聚合物改性沥青防水卷材	PYⅡ PE4.0	m^2	43.36
20	EVA 防水板	1.5	m^2	36.28
21	单组分聚氨酯防水涂料	SⅡ EB	kg	27.43
22	单组分聚氨酯防水涂料	SⅡ EA	kg	28.32
23	水泥基渗透结晶型防水材料	涂料型	kg	58.41
24	预拌喷射混凝土干料	C20	t	336.30
25	预拌喷射混凝土干料	C25	t	345.10
26	预拌盾构注浆料	水泥砂浆(有砂)	t	336.30
27	预拌盾构注浆料	水泥水玻璃干料(无砂)	t	371.70
28	水费	—	m^3	9.22
29	电费	—	kW·h	0.87
30	柴油	$0^{\#}$	kg	6.82
31	汽油	$92^{\#}$(Ⅴ)	kg	8.17

主要材料、设备单价取定表

工程名称：工艺设备

序号	设备名称	规格型号	单位	单价/元
1	QD 吊钩桥式起重机	Q=16t，Lk=24.5m，A5 级，司机室操作	台	500 000.00
2	交流弧焊机	BX 3-500	台	6 800.00
3	受电弓吊具	—	套	20 000.00
4	室内移车台	浅坑式 27m，40t	台	855 000.00
5	地坑式架车机	每套提升车辆≥40t	组	1 310 000.00
6	钩缓装置拆装小车	起重能力 3t	台	100 000.00
7	工艺转向架	—	个	50 000.00
8	转向架转盘	ϕ4000 手动	个	50 000.00
9	空调吊具	—	套	20 000.00
10	移动式升降作业平台	—	台	65 000.00
11	车下设备升降拆装小车	—	台	50 000.00
12	门页拆装升降机	—	台	160 000.00
13	门驱机构拆卸升降装置	—	个	60 000.00
14	QD 吊钩桥式起重机	Q=10t，Lk=15.5m，A5 级，司机室操作	台	300 000.00
15	转向架吊具	—	套	35 000.00
16	空调吊具	—	套	20 000.00
17	移动式上司机室平台	—	个	800.00
18	受电弓吊具	—	套	20 000.00
19	移动式架车机	—	组	300 000.00
20	固定式二层作业平台	—	m	8 050.00
21	存放架	2 000×600×1 800	个	2 500.00
22	存放柜	1 000×500×1 800	个	2 500.00
23	限界检测装置	—	台	200 000.00
24	专用工具	—	套	250 000.00
25	静调电源柜	DC1500 400A	个	200 000.00
26	存放柜	—	台	2 500.00
27	固定式二层作业平台	—	m	8 050.00
28	限界检测装置	—	台	200 000.00
29	高压吹扫枪	—	套	3 000.00
30	高压水清洗机	—	套	50 000.00
31	固定式二层作业平台	—	m	8 050.00

续表

序号	设备名称	规格型号	单位	单价 / 元
32	吸尘器	DL-2078B	台	3 500.00
33	QD 吊钩桥式起重机	Q=10t, Lk=24.5m，A5 级，司机室操作	台	350 000.00
34	QD 吊钩桥式起重机	Q=10t, Lk=15.5m，A5 级，司机室操作	台	300 000.00
35	整车称重调簧试验台	—	台	805 000.00
36	裂纹磁粉探伤机	DCE 型	台	50 000.00
37	存放架	2 000 × 600 × 1 800	个	2 500.00
38	框架吊	—	台	60 360.00
39	车门矫正台	—	台	60 000.00
40	车门压力试验台	—	台	200 000.00
41	橡胶、地板面料工作台	—	台	10 060.00
42	玻璃工作台	—	台	5 000.00
43	车门存放架	—	个	6 000.00
44	门驱机构存放架	—	个	6 000.00
45	齿带张紧力检测仪	—	台	25 000.00
46	双人检修钳工台	—	台	3 000.00
47	双人检修工作台	—	台	3 000.00
48	台式钻床	ZQ4015	台	3 500.00
49	手摇试压泵	SB-60	个	3 000.00
50	除尘式砂轮机	MC3030	台	5 200.00
51	划线平台	—	个	5 000.00
52	弓锯机	G7025A 型	台	30 000.00
53	砂轮切割机	J3GA-400	台	5 000.00
54	单柱式校正液压机	Y41-25B	台	90 000.00
55	移动式磁粉探伤机	—	台	50 000.00
56	车钩分解组装台	—	个	35 000.00
57	钩头检修升降装置	—	台	160 000.00
58	缓冲器拆装压力机	—	个	65 000.00
59	车钩检测仪	—	台	12 000.00
60	车钩存放架	—	台	3 000.00
61	清洗槽	—	个	2 000.00
62	缓冲器性能试验台	—	台	200 000.00
63	密接式车钩试验台	—	台	160 000.00
64	QD 吊钩桥式起重机	Q=10t, Lk=21.5m，A5 级，司机室操作	台	330 000.00
65	LD 单梁桥式起重机	Q=3t, Lk=21.5m，A5 级，地面操作	台	200 000.00

续表

序号	设备名称	规格型号	单位	单价 / 元
66	转向架提升工作台	—	个	126 000.00
67	悬臂吊	3T R4M	个	50 300.00
68	联轴节拆装设备	—	台	200 000.00
69	移动式轴箱 / 轴承拆装机	—	台	180 000.00
70	轮对提升台	—	台	181 000.00
71	轮对测量工具	—	台	120 000.00
72	轮对清洗除锈机	—	台	177 000.00
73	轮对专用磁粉探伤机	—	台	503 000.00
74	轮对超声波探伤机	—	台	300 000.00
75	轮对转盘	—	台	25 200.00
76	偏心轮对转盘	—	台	25 000.00
77	转向架转盘	—	台	50 000.00
78	轴箱吊装设备	—	台	100 000.00
79	轮对跑合试验台	—	台	400 000.00
80	转向架静载试验台	—	台	1 460 000.00
81	车轮车床	CK-8011	台	1 810 000.00
82	齿轮箱支撑托架	—	台	2 500.00
83	工具箱	—	台	1 500.00
84	人工清洗设备	—	台	20 000.00
85	构架翻转架	—	台	120 000.00
86	构架液压手动搬运车	—	台	40 000.00
87	构架尺寸测量平台	—	台	300 000.00
88	构架存放架	—	台	15 090.00
89	构架磁粉探伤机	—	台	45 000.00
90	轴承存放柜	—	台	10 000.00
91	轴箱存放架	—	台	10 000.00
92	轴承存放架	—	个	5 000.00
93	手动搬运车	0.5t	台	5 000.00
94	轴承检测及优化组装微机系统	—	套	160 000.00
95	轴承几何尺寸测量工作台	—	台	120 000.00
96	轴承油封套筒拆装台	—	台	80 000.00
97	轴承清洗槽（煤油）	—	台	30 000.00
98	轴承检修专用工具	—	套	50 000.00
99	电机吹扫室	—	套	161 000.00
100	轴承感应加热器	—	台	20 000.00
101	牵引电机空转试验台	—	台	240 000.00
102	轴承端盖拆装装置	YYW-1000	台	96 000.00

续表

序号	设备名称	规格型号	单位	单价 / 元
103	移动式耐压试验台	—	台	35 000.00
104	存放架	—	台	2 500.00
105	工具柜	—	台	1 800.00
106	电机检修工具	—	套	50 300.00
107	空气弹簧存放架	—	个	6 000.00
108	空气弹簧分解组装台	—	台	120 000.00
109	空气弹簧试验台	—	台	260 000.00
110	一系弹簧存放架	—	台	6 000.00
111	一系弹簧试验机	KTS-Ⅱ型	台	200 000.00
112	油压减振器存放架	—	个	6 000.00
113	油压减振器试验台	YGZQ-Ⅰ型	台	321 000.00
114	单柱压力机	Y41-63	台	60 000.00
115	恒温箱	—	台	50 000.00
116	检修工作台	—	台	6 000.00
117	轴箱存放架	—	个	6 000.00
118	齿轮箱存放架	—	台	10 000.00
119	工具柜	—	个	1 800.00
120	磁粉探伤机	—	台	51 000.00
121	橡胶关节压力机	—	台	80 000.00
122	牵引装置存放架	—	个	3 000.00
123	单注液压压力机	—	台	60 000.00
124	手动搬运车	—	台	5 000.00
125	单元制动器存放架	—	台	6 000.00
126	单元制动器检修台	—	台	6 000.00
127	单元制动器拆装工具	—	台	126 000.00
128	移动式制动装置试验台	—	台	50 000.00
129	手动搬运车	—	台	5 000.00
130	超声波清洗机	—	台	60 000.00
131	阀门综合试验台	—	台	75 000.00
132	软管试验台	—	台	75 000.00
133	空压机试验台	—	台	220 000.00
134	空压机存放架	—	个	10 000.00
135	拆解组装台	—	台	81 000.00
136	绝缘电阻测试仪	—	台	28 000.00
137	LD 单梁桥式起重机	Q=3t，Lk=15.5m，A5 级，地面操作	台	160 000.00

续表

序号	设备名称	规格型号	单位	单价 / 元
138	LD 单梁桥式起重机	*Q*=10t，*Lk*=15.5m，A5 级，地面操作	台	350 000.00
139	空调液压手动搬运车	—	台	10 000.00
140	空调机组存放架	—	个	10 000.00
141	升降工作台	—	台	130 000.00
142	清洗室	—	套	140 000.00
143	真空吸水机	—	台	10 000.00
144	高压水清洗机	—	台	50 000.00
145	吹扫枪	—	个	3 000.00
146	配件存放架	—	个	3 000.00
147	手动搬运车	—	台	5 000.00
148	冷媒加注回收装置	RDC–10	台	30 000.00
149	氩弧焊机	NSA–300	台	20 000.00
150	冷媒检漏仪	—	台	15 000.00
151	空调机组性能试验台	—	台	380 000.00
152	碳滑板切割打磨装置	—	台	30 000.00
153	存放柜	—	个	2 500.00
154	受电弓试验台	—	台	221 320.00
155	受电弓检修台	—	台	25 000.00
156	受电弓存放架	—	台	6 000.00
157	受电弓检修专用工具	—	套	2 000.00
158	受电弓气阀试验台	—	台	50 000.00
159	受电弓降弓弹簧拆装工具	—	套	25 000.00
160	工具箱	—	个	1 500.00
161	车下电气存放架	—	个	6 000.00
162	液压手动搬运车	—	台	7 500.00
163	绝缘耐压试验设备	—	台	50 000.00
164	吹扫除尘设备	—	台	200 000.00
165	热风烘干机	DGF30012	台	20 000.00
166	超声波清洗机	—	台	60 000.00
167	列车广播设备试验台	—	台	600 000.00
168	检修工作台	—	台	6 000.00
169	存放柜	—	个	2 500.00
170	吹扫台	—	台	55 000.00
171	手动搬运车	—	台	5 000.00
172	高速断路器试验台	—	台	200 000.00
173	司机控制器试验台	—	台	120 000.00

续表

序号	设备名称	规格型号	单位	单价 / 元
174	电压、电流传感器试验台	—	台	131 000.00
175	速度传感器试验台	—	台	120 000.00
176	继电器试验台	—	台	120 000.00
177	电磁阀试验台	—	台	120 000.00
178	综合电器试验台	—	台	130 000.00
179	绝缘耐压试验台	ZNY-7	台	50 000.00
180	压力继电器试验台	—	台	100 600.00
181	自动开关试验台	—	台	120 000.00
182	避雷器试验台	—	台	100 000.00
183	压力表校验台	—	台	100 600.00
184	电动单梁悬挂起重机	Q=1t，Lk=7.5m	台	70 000.00
185	双人检修工作台	—	台	3 000.00
186	自动恒流充放电机	—	台	100 000.00
187	电动单梁悬挂起重机	Q=1t，Lk=4.5m	台	50 000.00
188	手动搬运车	—	台	5 000.00
189	螺杆式空气压缩机	FHOG75A-10/8	台	151 000.00
190	储气罐	C-6	台	15 000.00
191	无热再生吸附式干燥器	SPHL800	台	81 000.00
192	过滤器	—	台	8 000.00
193	轮对故障动态检测系统	—	套	5 030 000.00
194	受电弓动态检测系统	—	套	2 515 000.00
195	LD 单梁桥式起重机	Q=2t，Lk=13.5m，A5 级，地面操作	台	100 000.00
196	内燃叉车	5t	台	320 000.00
197	电动叉车	3t	台	96 000.00
198	固定式上司机室平台	—	个	4 200.00
199	移动式上车顶平台	—	个	70 000.00
200	地面清扫车	BR 855	台	310 000.00
201	不落轮镟机床	—	套	9 557 000.00
202	公铁两用车	—	台	1 400 000.00
203	车顶作业平台	—	m	2 700.00
204	手动液压托盘搬运车	0.5t	台	20 000.00
205	零件搬运手推车	0.5t	台	6 000.00
206	中层平台	—	m	5 000.00
207	冷媒充放装置	HBKJ-2	套	15 000.00
208	便携式空调检漏仪	—	个	21 000.00
209	便携式受电弓检测仪	WKBG-2B	个	40 000.00

续表

序号	设备名称	规格型号	单位	单价 / 元
210	便携式计算机	—	台	15 000.00
211	不间断电源系统（UPS）	—	台	25 000.00
212	运用管理系统	—	套	1 310 000.00
213	列检专用工具	—	套	320 000.00
214	五防锁及地线管理系统	—	套	2 012 000.00
215	LZM 相控阵移动式车轴探伤仪	—	台	810 000.00
216	交流接地线	—	台	1 000.00
217	接地电阻测量仪器	—	台	17 000.00
218	示波器	—	个	50 000.00
219	数字万用表	—	个	400.00
220	数字频率计	—	台	1 800.00
221	双踪示波器	—	套	50 000.00
222	风速仪	—	台	1 500.00
223	数字式温湿度测试仪	—	台	1 200.00
224	管道疏通机	—	台	1 500.00
225	强力管道疏通机	—	台	4 000.00
226	激光测距仪	—	个	2 000.00
227	电缆故障测试仪	—	m	3 500.00
228	热像仪	—	台	82 000.00
229	振动测试仪	—	套	7 800.00
230	数字照度计	—	套	400.00
231	漏电流计	—	套	12 000.00
232	数字绝缘测试仪	—	台	5 000.00
233	数字钳形功率计	—	个	4 400.00
234	任意函数信号发生器	—	个	14 000.00
235	马达相序测试仪	—	个	1 000.00
236	电缆测试仪	—	台	1 200.00
237	车载液压升降台	—	个	180 000.00
238	曲臂型升降梯	—	个	160 000.00
239	切管器	—	台	2 000.00
240	扭矩扳手	—	个	2 500.00
241	内六角扳手	—	台	200.00
242	套筒扳手组合工具	—	台	200.00
243	强光方位灯	—	台	3 000.00
244	橡胶锤	—	台	101.00
245	圆头锤	—	套	100.00
246	钢锯架	—	套	80.00

续表

序号	设备名称	规格型号	单位	单价 / 元
247	塞尺	—	套	200.00
248	人字梯	—	台	1 500.00
249	回路电阻测试仪	—	台	7 800.00
250	套丝机	—	台	35 000.00
251	砂轮切割机	—	台	5 000.00
252	手持式砂轮机	—	套	2 000.00
253	继电保护测试仪	—	套	8 000.00
254	大电流发生器	—	台	6 500.00
255	携带式发电机	—	台	15 000.00
256	手动液压钳	—	台	7 000.00
257	电锤钻	—	套	800.00
258	免出力电锤钻	—	台	1 800.00
259	便携式直流电焊机	—	台	4 800.00
260	沟槽机	—	台	9 000.00
261	便携式蓄电池	—	台	1 200.00
262	测试仪	—	台	800.00
263	管道疏通枪	—	台	1 500.00
264	手动测压泵	—	台	3 500.00
265	管道疏通器	—	台	2 000.00
266	手提潜水泵	—	台	4 800.00
267	工具车	—	个	10 000.00
268	轻型铝合金环链手扳葫芦	0.75t	台	5 500.00
269	轻型铝合金环链手扳葫芦	1.5t 8m	台	10 000.00
270	手动板车	—	台	1 360.00
271	智能电压事件记录仪	—	台	7 500.00
272	屏蔽门 DCU 测试仪	—	台	4 000.00
273	手提电脑（配屏蔽门系统诊断软件）	—	台	20 000.00
274	多用途干燥箱	—	台	18 000.00
275	安全标识制作器	—	台	50 000.00
276	手提标识制作器	—	台	50 000.00
277	冷媒回收装置	—	台	5 500.00
278	铭牌印字机	—	套	18 000.00
279	水准仪	—	个	100 000.00
280	轨距水平测量仪	—	台	8 800.00
281	全站仪	—	台	450 000.00
282	铁路标准道尺	—	台	500.00
283	半道尺	—	台	600.00

续表

序号	设备名称	规格型号	单位	单价 / 元
284	道尺（半道尺）检定台	—	m	27 000.00
285	乙炔切割、氧气焊设备	—	台	10 000.00
286	超声波钢轨探伤仪	—	台	55 000.00
287	遥测绝缘表	—	台	4 500.00
288	光电测温仪	—	台	2 300.00
289	钢轨钻孔机	—	套	9 700.00
290	锯轨机	—	套	10 000.00
291	道岔打磨机	—	个	20 000.00
292	轨道轮缘打磨机	—	套	15 000.00
293	轨道接头打磨机	—	组	3 500.00
294	液压捣固机（电动）	—	m	20 000.00
295	液压捣固机（手动）	—	个	63 000.00
296	移动式小型气压焊轨机	—	个	84 000.00
297	手提式砂轮机	—	台	2 300.00
298	液压起道器	—	台	1 800.00
299	液压拔道器	—	台	1 600.00
300	液压轨缝调整器	—	套	2 000.00
301	液压弯轨器	—	台	5 000.00
302	汽油发电机	—	台	7 000.00
303	手提式电动扳手	—	台	3 800.00
304	边坡回填机	—	台	9 500.00
305	弓锯机	G72	台	30 000.00
306	硅整流弧焊机	ZXG1-300	套	7 000.00
307	液压拉轨器	—	台	27 000.00
308	电镐	—	组	5 500.00
309	液压方枕器	—	台	900.00
310	微型计算机及打印机	—	个	18 000.00
311	千斤顶	60t	个	5 000.00
312	波磨测量仪	—	套	3 000.00
313	铝热焊设备	—	台	53 000.00
314	钢轨补焊机	—	台	20 000.00
315	电钻（手提式）	—	台	5 000.00
316	电钻（大功率冲击钻）	—	台	8 100.00
317	钢轨探伤小车	—	个	29 000.00
318	轨道焊接修整器	—	台	100 000.00
319	钢轨磨耗测量仪	—	台	3 000.00
320	道岔磨耗测量器	—	台	3 500.00

续表

序号	设备名称	规格型号	单位	单价 / 元
321	轨底坡测量仪	—	台	5 000.00
322	手动液压弯管机	—	台	6 000.00
323	路面切割机	—	台	15 000.00
324	潜水泵	—	台	8 000.00
325	自吸无堵塞排污泵	—	个	5 500.00
326	型材切割机	—	台	2 500.00
327	移动式空压机	—	台	5 500.00
328	柴油发电机组	—	台	110 000.00
329	电控卷扬机	—	台	9 000.00
330	混凝土钻孔机	—	台	15 000.00
331	电动松紧机	—	台	5 000.00
332	钢轨外形测试仪	—	台	300 000.00
333	便携锯轨机	—	个	3 200.00
334	便携式电动扭矩扳手	—	个	4 000.00
335	便携式角向磨光机	—	台	8 000.00
336	螺母劈开器	—	台	3 000.00
337	除尘吹风机	—	台	6 000.00
338	激光测距 / 测高仪	—	个	2 000.00
339	钢轨接头无孔夹紧装置	—	台	2 000.00
340	齿条式起道机	—	台	5 500.00
341	推拉两用液压轨缝调整器	—	台	5 000.00
342	救援复轨设备	—	个	2 520 000.00
343	室内管线综合支吊架	—	台	12 072 000.00
344	室内压缩空气管线	—	个	1 500 000.00
345	列车自动清洗机	—	套	3 018 000.00
346	LD 电动单梁起重机	Q=3t，Lk=25.5m，A5 级，地面操作	台	200 000.00
347	焊接烟尘净化器	LB-JZ1500	台	31 000.00
348	液压手动油桶搬运车	coy 0.3	台	4 000.00
349	蓄电池轨道车	400kW	台	7 042 000.00
350	平板车	30t	台	350 000.00
351	携吊平板车	30t，带 6t · m 液压吊	台	453 000.00
352	液力传动内燃机车	300kW	台	2 515 000.00
353	QD 吊钩桥式起重机	Q=10t，Lk=14.5m，A5 级，司机室操作	台	260 000.00
354	堆垛机	—	台	119 000.00
355	立体货架	—	台	360.00

续表

序号	设备名称	规格型号	单位	单价 / 元
356	水平输送系统	—	台	166 000.00
357	立体仓库微机管理控制系统	—	台	100 600.00
358	托盘	—	台	450.00
359	台式计算机	—	台	15 000.00
360	打印机	—	台	5 000.00
361	钢瓶存放架	—	台	2 100.00
362	列车模拟驾驶培训系统	—	套	14 000 000.00
363	吊钩桥式起重机	QD 型, Gn=10t, S=16.5m, A5 级	台	500 000.00
364	电动单梁起重机	LD 型, Gn=3t, S=16.5m, A5 级	台	350 000.00
365	存放柜	1 000 × 500 × 1 800	个	2 500.00
366	静调电源柜	DC1 500V, 400A	台	200 000.00
367	移动式空压机	2V–0.4/1.2 型	台	45 000.00
368	蓄电池叉车	CPD2 Q=2t	辆	120 000.00
369	蓄电池搬运车	2DB Q=2t	辆	85 000.00
370	蓄电池叉车	3t	辆	230 000.00
371	车钩拆装工具	—	套	89 000.00
372	移动式升降平台	—	个	150 000.00
373	定修专用工具	—	套	200 000.00
374	固定式架车机	—	套	7 300 000.00
375	钩缓拆装小车	—	套	60 000.00
376	内燃叉车	5t	套	320 000.00
377	移动式车门测试装置	—	套	100 000.00
378	起重机登车平台	—	套	20 000.00
379	双层作业平台	—	套	4 800.00
380	三层作业平台（单侧）	—	套	6 500.00
381	车门试验台	—	套	150 000.00
382	三层作业平台（单侧）（含悬挂防护网）	—	延米	6 500.00
383	110V 直流电源设备	KBA01–30/165 型	台	11 000.00
384	8 通道示波器	—	台	2 000.00
385	车底吹扫设备	—	套	2 000 000.00
386	移动式空调清洗机	—	台	150 000.00
387	压缩空气管路	—	米	450.00
388	电动单梁起重机	LD 型, Gn=2t, S=10.5m	台	200 000.00
389	喷射式高压清洗机	—	台	25 000.00
390	车辆空调检修架	—	台	7 500.00

续表

序号	设备名称	规格型号	单位	单价 / 元
391	环保冷媒加注机	—	台	40 000.00
392	车辆空调检修搬运车	—	辆	120 000.00
393	空调检漏仪	—	台	20 000.00
394	电子微风仪	—	台	5 000.00
395	旋片式真空泵	—	个	2 500.00
396	库内存放柜	1 000 × 500 × 1 800	个	2 500.00
397	空调检修小车	—	个	20 000.00
398	噪声计	—	个	10 000.00
399	风速、温度检测仪	—	个	10 000.00
400	受电弓检修工作台	2 600 × 1 500 × 800	台	3 500.00
401	受电弓测试装置	—	套	230 000.00
402	台式钻床	ZQ4116 型，ϕ16	台	3 500.00
403	零件存放架	1 500 × 500 × 1 800	个	2 500.00
404	受电弓拆装工具	—	套	8 000.00
405	电动单梁起重机	LD 型，Gn=2t，S=10.5m	台	200 000.00
406	库内存放柜	1 000 × 500 × 1 800	个	2 500.00
407	电子检修工作台	2 400 × 800 × 800	台	3 000.00
408	直流稳压电源	0~110V 可调	套	15 000.00
409	微机工作台	—	台	2 500.00
410	交流稳压电源	—	个	3 500.00
411	数字存储示波器	—	个	55 000.00
412	数字频率计	E-312 型	个	5 500.00
413	逻辑分析仪	—	个	44 000.00
414	函数信号发生器	—	个	22 000.00
415	微型计算机	—	台	12 000.00
416	可调双电源	—	套	10 000.00
417	晶体管特性图示仪	—	个	10 000.00
418	可控硅元件综合参数测试仪	—	个	80 000.00
419	程序擦除器	—	个	4 500.00
420	程序写入器	—	个	4 500.00
421	电子测量仪器仪表	—	个	30 000.00
422	电路板吹扫装置	—	套	10 000.00
423	传输协议分析仪	—	个	15 000.00
424	电器检测设备	—	套	100 000.00
425	除尘式砂轮机	MC3030，ϕ300	台	5 200.00
426	万能升降铣床	—	台	80 000.00
427	车床	—	台	70 000.00

续表

序号	设备名称	规格型号	单位	单价 / 元
428	划线平台	1 200 × 1 000，1 级	台	5 000.00
429	手持式电动砂轮机 S3S	—	台	8 000.00
430	直流弧焊机	—	台	8 500.00
431	交流弧焊机	—	台	8 500.00
432	立式钻床	ZQ5025 型	台	53 000.00
433	双人钳工台	2 400mm × 800 mm × 800	个	3 000.00
434	台式钻床	ZQ4116 型，ϕ16	台	3 500.00
435	工业吸尘器	—	台	9 800.00
436	移动式焊接烟尘净化器	—	台	11 000.00
437	电动单梁起重机	LD 型，Gn=10t，S=10.5m	台	400 000.00
438	转向架转盘	—	个	50 000.00
439	存放架	2 000 × 500 × 1 800	个	2 500.00
440	存放柜	—	个	2 500.00
441	移动式磁粉探伤机	—	台	56 000.00
442	便携式超声波探伤仪	—	个	48 000.00
443	超声波清洗机	—	个	60 000.00
444	除尘式砂轮机	—	个	5 200.00
445	双人钳工台	—	个	3 000.00
446	移动式耐压试验设备	—	个	35 000.00
447	电器综合试验台	—	个	350 000.00
448	双人工作台	—	个	3 000.00
449	存放柜	—	个	2 500.00
450	存放架	—	个	2 500.00
451	多用途干燥箱	—	个	2 000.00
452	高压无损绝缘检测仪	—	个	38 000.00
453	接触电阻检测仪	—	个	5 000.00
454	电机匝间检测仪	—	个	5 000.00
455	电工工具	—	个	5 000.00
456	存放架	—	个	2 500.00
457	存放柜	—	个	2 500.00
458	液压平板升降小推车	—	个	50 000.00
459	存放架	1 500 × 500 × 1 800	个	2 000.00
460	备品备件计算机管理系统	—	套	100 000.00
461	登车梯	—	个	5 000.00
462	工具设备柜	—	个	3 000.00
463	洗地机	—	台	50 000.00
464	中层作业平台	—	延长米	4 000.00

续表

序号	设备名称	规格型号	单位	单价 / 元
465	受电弓检修登顶梯及护栏	—	套	50 000.00
466	工业洗衣机	—	台	12 000.00
467	三层作业平台(含悬挂防护网)	—	延长米	8 000.00
468	二层作业平台	—	延长米	4 000.00
469	蓄电池搬运车	2DB Q=2t	辆	85 000.00
470	月检专用工具	—	套	200 000.00
471	自动洗地机	—	台	50 000.00
472	会议室文件柜	—	台	2 500.00
473	办公室文件柜	—	台	2 500.00
474	钥匙柜	—	台	2 500.00
475	DCC 办公台	—	台	25 000.00
476	隔离开关微机防误闭锁系统	—	套	15 000.00
477	电话录音系统	—	套	3 000.00
478	车辆状态显示屏	—	个	80 000.00
479	股道状态显示屏	—	个	80 000.00
480	数码相机	—	个	3 500.00
481	传真机	—	个	5 000.00
482	扫描仪	—	个	5 000.00
483	投影仪	—	个	10 000.00
484	列车运用管理信息系统	—	套	900 000.00
485	洗车机(带控制柜)	—	套	3 300 000.00
486	数控不落轮镟床	—	台	9 500 000.00
487	轮对及受电弓在线检测设备	—	台	8 000 000.00
488	文件柜	—	台	2 500.00
489	单人钳工台	—	台	2 000.00
490	电动单梁防爆悬挂起重机	1t	台	100 000.00
491	手动液压搬运车	SPB1.5-685 型	辆	7 000.00
492	自动恒流充电机	—	台	100 000.00
493	自动恒流放电机	—	台	100 000.00
494	微型电瓶叉车	—	辆	155 000.00
495	纯水储存容器	—	个	10 000.00
496	碱液计量箱	—	个	10 000.00
497	碱液储存槽	—	个	10 000.00
498	配液槽	—	个	10 000.00
499	充电台	—	个	8 000.00
500	电池组存放架	—	个	2 500.00
501	内燃调机	—	台	3 750 000.00

续表

序号	设备名称	规格型号	单位	单价 / 元
502	电化教室设备	—	套	15 000.00
503	投影仪	—	个	10 000.00
504	多媒体电脑	—	台	10 000.00
505	多媒体课件电脑及电脑外设	—	套	12 000.00
506	电动单梁桥式起重机	LD 型，Gn=3t，S=10.5m	台	200 000.00
507	救援指挥车	—	台	480 000.00
508	救援成套设备（含救援设备 1 套，起复、复轨、发电、照明、焊割、吊具救援工具车等）	—	套	3 000 000.00
509	笔记本电脑	—	台	15 000.00
510	计算机	—	台	8 000.00
511	激光打印机	A3	台	9 800.00
512	客货两用工具车	—	辆	200 000.00
513	小型客车（7 座）	—	辆	250 000.00
514	中型客车（20 座）	—	辆	300 000.00
515	大型客车（63 座）	—	辆	550 000.00
516	车辆段周界防护	—	套	1 000 000.00
517	汽车油槽车	—	辆	250 000.00
518	综合支吊架	—	套	5 800 000.00
519	安全监控系统（五防）	—	套	800 000.00
520	弧焊机	—	台	7 200.00
521	计算机终端台	—	台	21 200.00
522	顶层平台门安全联控设备	—	台	6 360 000.00
523	移动式空调机组测试仪	—	台	42 000.00
524	抢险机具	—	套	313 000.00
525	轨道检测小车	—	台	30 000.00
526	长钢轨位移检测仪	—	个	58 000.00
527	无缝线路应力检测仪	—	个	95 000.00
528	站台维修升降车	—	个	26 000.00
529	电参数微机数据采集仪	—	个	200 000.00
530	轨型修整机	—	个	72 000.00
531	长钢轨拉伸机	—	个	100 000.00

15 人　　防

说　　明

本章内容为人防门、防淹门的综合指标。

一、人防门

1. 综合指标的设人防门 1 个项目。

2. 综合指标的取定。

6B 标准车站，出入口设置 6 樘、2 组风道设置 10 樘、1 个疏散楼梯间设置 1 樘、区间设置 2 樘，共设置 19 樘人防门。

3. 综合指标计算规则。

人防门以“站”为单位计算。

二、防淹门

1. 综合指标的设防淹门 1 个项目。

2. 综合指标的取定。

液压立转式防淹防护密闭隔断门 YTYFM3845H30。

3. 综合指标计算规则。

防淹门以“处”为单位计算。

15.1 人 防 门

工程内容：人防门制安。

单位：站

指标编号				15Z-001	
序号	项目		单位	人防门	
				—	占指标基价 /%
指标基价			元	5 521 890.00	100.00
一	建筑安装工程费		元	2 079 989.00	37.67
二	设备购置费		元	3 441 901.00	62.33
建筑安装工程费					
直接费	人工费	人工	工日	5 778.90	—
		措施费分摊	元	10 559.83	—
		人工费小计	元	634 681.25	11.49
	材料费	型钢	kg	12 485.09	—
		FZD-Ⅱ非硬化堵料	kg	3 889.15	—
		橡胶垫	个	950.00	—
		柴油	kg	218.94	—
		汽油 60#~70#	kg	153.60	—
		电	kW·h	7 046.81	—
		其他材料费	元	69 753.76	—
		措施费分摊	元	114 838.11	—
		材料费小计	元	321 726.41	5.83
	施工机具使用费	电动葫芦	台班	334.30	—
		冲击钻机	台班	15.00	—
		汽车起重机 20t	台班	5.70	—

续表

指标编号				15Z-001	
序号	项目		单位	人防门	
				—	占指标基价 /%
建筑安装工程费					
直接费	施工机具使用费	千分经纬仪	台班	50.22	—
		其他施工机具使用费	元	7 720.60	—
		措施费分摊	元	6 599.89	—
		施工机具使用费小计	元	41 862.00	0.76
	直接费小计		元	998 269.66	18.08
综合费用			元	1 081 719.40	19.59
建筑安装工程费小计			元	2 079 989.06	37.67
设备购置费	钢结构活门槛单扇防护密闭门 GHFM1525（6）		樘	1.00	—
	钢结构无门槛双扇防护密闭门 BGFM5026-15（6）		樘	2.00	—
	钢结构无门槛双扇防护密闭门 BGFM6526-15（6）		樘	2.00	—
	钢结构无门槛双扇密闭门 BGM6526		樘	2.00	—
	钢结构单扇防护密闭门 BGDKFM3030-15（6）		樘	1.00	—
	钢结构双扇防护密闭门 BGKFM5035-15（6）		樘	2.00	—
	钢结构双扇防护密闭门 BGKFM6035-15（6）		樘	2.00	—
	清洁式排风双扇防护密闭门 BFFM4035-15（6）		樘	1.00	—
	清洁式排风双扇风机密闭门 BPM4035		樘	1.00	—
	清洁式进风单扇防护密闭门 BFDFM3030-15（6）		樘	1.00	—
	清洁式进风单扇风机密闭门 BJDM3030		樘	1.00	—
	钢结构双扇防护密闭门 GSFM4035（6）		樘	1.00	—
	区间防护密闭隔断门 WTHFM3845（6）		樘	2.00	—
设备购置费			元	3 441 901.00	62.33
合　计			元	5 521 890.00	100.00

15.2 防 淹 门

工程内容：防淹门制安。

单位：处

<table>
<tr><td colspan="4">指 标 编 号</td><td colspan="2">15Z-002</td></tr>
<tr><td rowspan="2">序号</td><td colspan="2" rowspan="2">项 目</td><td rowspan="2">单位</td><td colspan="2">防淹门</td></tr>
<tr><td>—</td><td>占指标基价 /%</td></tr>
<tr><td colspan="3">指标基价</td><td>元</td><td>1 965 800.00</td><td>100.00</td></tr>
<tr><td>一</td><td colspan="2">建筑安装工程费</td><td>元</td><td>277 042.00</td><td>14.09</td></tr>
<tr><td>二</td><td colspan="2">设备购置费</td><td>元</td><td>1 688 759.00</td><td>85.91</td></tr>
<tr><td colspan="6">建筑安装工程费</td></tr>
<tr><td rowspan="21">直接费</td><td rowspan="3">人工费</td><td>人工</td><td>工日</td><td>752.59</td><td>—</td></tr>
<tr><td>措施费分摊</td><td>元</td><td>1 380.37</td><td>—</td></tr>
<tr><td>人工费小计</td><td>元</td><td>82 660.58</td><td>4.20</td></tr>
<tr><td rowspan="8">材料费</td><td>型钢</td><td>kg</td><td>2 536.10</td><td>—</td></tr>
<tr><td>槽钢 16 以内</td><td>kg</td><td>1 961.26</td><td>—</td></tr>
<tr><td>橡胶垫</td><td>个</td><td>118.65</td><td>—</td></tr>
<tr><td>柴油</td><td>kg</td><td>27.34</td><td>—</td></tr>
<tr><td>电</td><td>kW·h</td><td>1 517.532 6</td><td>—</td></tr>
<tr><td>其他材料费</td><td>元</td><td>7 932.51</td><td>—</td></tr>
<tr><td>措施费分摊</td><td>元</td><td>15 011.50</td><td>—</td></tr>
<tr><td>材料费小计</td><td>元</td><td>47 018.65</td><td>2.39</td></tr>
<tr><td rowspan="7">施工机具使用费</td><td>电动葫芦</td><td>台班</td><td>77.83</td><td>—</td></tr>
<tr><td>汽车起重机 20t</td><td>台班</td><td>0.71</td><td>—</td></tr>
<tr><td>电焊机（综合）</td><td>台班</td><td>31.52</td><td>—</td></tr>
<tr><td>千分经纬仪</td><td>台班</td><td>6.00</td><td>—</td></tr>
<tr><td>其他施工机具使用费</td><td>元</td><td>619.53</td><td>—</td></tr>
<tr><td>措施费分摊</td><td>元</td><td>862.73</td><td>—</td></tr>
<tr><td>施工机具使用费小计</td><td>元</td><td>5 808.17</td><td>0.30</td></tr>
<tr><td colspan="2">直接费小计</td><td>元</td><td>135 487.40</td><td>6.89</td></tr>
<tr><td colspan="3">综合费用</td><td>元</td><td>141 554.32</td><td>7.20</td></tr>
<tr><td colspan="3">建筑安装工程费小计</td><td>元</td><td>277 041.72</td><td>14.09</td></tr>
<tr><td colspan="2">设备购置费</td><td>液压立转式防淹防护密闭隔断门 YTYFM3845 H30</td><td>扇</td><td>1.00</td><td>—</td></tr>
<tr><td colspan="3">设备购置费</td><td>元</td><td>1 688 758.75</td><td>85.91</td></tr>
<tr><td colspan="3">合 计</td><td>元</td><td>1 965 800.00</td><td>100.00</td></tr>
</table>

主要材料、设备单价取定表

工程名称：人防

序号	名称	规格型号	单位	单价 / 元
一	**人防门**			
1	钢结构活门槛单扇防护密闭门	GHFM1525（6）	樘	21 095.00
2	钢结构无门槛双扇防护密闭门	BGFM5026-15（6）	樘	115 000.00
3	钢结构无门槛双扇防护密闭门	BGFM6526-15（6）	樘	130 000.00
4	钢结构无门槛双扇密闭门	BGM6526	樘	129 600.00
5	钢结构单扇防护密闭门	BGDKFM3030-15（6）	樘	115 000.00
6	钢结构双扇防护密闭门	BGKFM5035-15（6）	樘	190 000.00
7	钢结构双扇防护密闭门	BGKFM6035-15（6）	樘	232 250.00
8	清洁式排风双扇防护密闭门	BFFM4035-15（6）	樘	271 080.00
9	清洁式排风双扇风机密闭门	BPM4035	樘	165 000.00
10	清洁式进风单扇防护密闭门	BFDFM3030-15（6）	樘	166 526.00
11	清洁式进风单扇风机密闭门	BJDM3030	樘	135 000.00
12	钢结构双扇防护密闭门	GSFM4035（6）	樘	174 500.00
13	区间防护密闭隔断门	WTHFM3845（6）	樘	400 000.00
二	**防淹门**			
—	液压立转式防淹防护密闭隔断门	YTYFM3845 H30	扇	1 688 758.75

编制单位及人员名单

住房和城乡建设部标准定额研究所

胡传海、刘大同、赵彬、王海宏、王敏、王豫婉、徐梦熊、王书鹏

北京城建设计发展集团股份有限公司

袁超、刘立、王文江、李鸿岩、董少华、张鑫磊、古琳、姜红、李欣、刘贺、陈冲

中国铁路设计集团有限公司

张建芳、赵永超、朱红军、张继清、王国新

上海市隧道工程轨道交通设计研究院

朱成瑶、孙佳乐、周健、王芳英、王骏

北京市市政工程设计研究总院有限公司

李永洁、宋宪、丁玲玲、马玉硕、王文娟

广州地铁设计研究院股份有限公司

纪沿光、唐祖旺、朱智清、谢国胜、巫玲玲

中铁二院工程集团有限责任公司

刘晓丽、鲍振邦、刘怡君、余廷、谭云勇

中铁第四勘察设计院集团有限公司

王立勇、余轲、徐纳、彭慧琼、林兴贵

审查专家

张明焕、李景元、张勇胜、杨瑜莎、陈国华、刘德起、孙欣红